최신개정법령 완벽반영

사제출격! 합격비기!

CFP®
사례형

핵심정리문제집

TOMATOPASS

합격으로 가는 하이패스
토마토패스

저자직강 동영상강의 www.tomatopass.com

자격시험 출제 기준

출제 범위

지식형, 단일사례, 복합·종합사례의 출제 범위는 다음과 같습니다.

구분	시험과목	출제 범위		제외되는 범위
지식형	재무설계 원론	각 과목 기본서 중심 (단, 개인재무설계 사례집 내용 포함)	교재 내용을 토대로 응용이 가능한 부분	• 재무설계사 직업윤리 「제3장(징계규정)」 및 「부록(관련 규정)」
	재무설계사 직업윤리			
	위험관리와 보험설계			
	은퇴설계			
	부동산설계			
	투자설계			
	세금설계			
	상속설계			
사례형	단일사례	각 과목 기본서 + 개 인재무설계 사례집		
	복합사례(Ⅰ, Ⅱ, Ⅲ)			
	종합사례			

지식형과 사례형의 출제 형태

지식형과 사례형은 다음과 같은 출제 형태를 지니고 있습니다.

구분		출제 형태	비고
지식형		• 과목이 명시적으로 구분되어 있음 • 과목별 문항 수가 확정되어 있음	과목 구분에 따라 총 170문항

사례형	단일사례	• 과목이 명시적으로 구분되어 있지 않음
		  – 단, 윤리를 제외한 7과목 모두 출제
		• 과목별 문항 수가 확정되어 있지 않음
		  – 예를 들어 어느 회차에서는 원론이 5문항, 다른 회차에서는 원론이 4문항만 출제될 수 있음
		• 과목의 순서가 서로 섞여 있지 않음
		  – 예를 들어 원론 5문항, 보험 4문항이 해당 회차에 출제될 경우, 1번부터 5번까지는 연속적으로 원론 문항이, 6번부터 9번까지는 연속적으로 보험 문항이 출제됨
		  – 단, 어느 회차에서는 원론 다음 보험이 나올 수 있고, 다른 회차에서는 보험 다음 원론이 나올 수 있음
			과목 구분 없이
			총 30문항

구분	출제 형태	비고

복합사례
(Ⅰ, Ⅱ, Ⅲ)
및
종합사례
	• 과목이 명시적으로 구분되어 있지 않음
	  – 단, 윤리를 제외한 7과목 모두 출제
	• 과목에 대한 문항 수가 확정되어 있지 않음
	  – 회차마다 시나리오에 따라 과목별 문항 수가 변경될 수 있음
	• 과목의 순서가 섞여 있음
	  – 예를 들어 복합사례 I 에서 원론 4문항, 보험 4문항, 상속 2 문항이 출제될 경우, 1번은 원론, 2번은 보험, 3번은 상속, 4번은 보험과 같이 과목의 순서가 섞여서 출제됨
	• 한 문항 내에서 과목이 섞여 있을 수 있음
	  – 예를 들어 한 문항에서 답지 1~4번까지는 원론 과목 내용이고, 5번 답지는 보험 관련 내용일 수 있음
		과목 구분 없이
		총 50문항
		(복합사례 각 10문항,
		종합사례 20문항)

〈복합사례 또는 종합사례 출제 형태 예시〉

고객 재무목표	문항 번호	관련 과목
〈재무목표1 : 자녀 대학 및 결혼자금 마련〉	1	원론
	2	투자
	3	원론
	4	투자
〈재무목표2 : 부부의 은퇴설계〉	5	은퇴
	6	은퇴 + 세금
	7	투자
	8	세금
〈재무목표3 : 소득세 절세방안〉	9	세금
	10	세금

지식형과 사례형의 문항 특성

CFP 자격시험에서 지식형과 사례형 형태는 다음 과정에 따라 정립되었습니다.

1단계: CFP 자격인증자의 필요 역량	
개인재무설계 관련 지식의 이해 및 구체적인 수치 계산능력	지식 및 계산능력을 바탕으로 한 고객 상담

▼

2단계 : 필요 역량을 측정하기 위한 CFP 자격시험 문제		
• 법률 및 제도의 이해를 측정할 수 있는 문제 • 공식을 이해하고 의미를 파악하고 있는지를 측정할 수 있는 문제	• 구체적인 수치 산출 여부를 측정할 수 있는 문제	• 고객 시나리오를 바탕으로 구체적인 Solution을 제시할 수 있는지를 측정할 수 있는 문제

▼

3단계 : CFP 자격시험의 구체적인 형태		
지식형	단일사례	복합사례 + 종합사례

지식형과 사례형 문항 특성은 다음과 같습니다.

1. 지식형과 단일사례

지식형의 경우 법률 및 제도의 이해와 공식의 이해 중심으로 출제됩니다.
반면, 단일사례의 경우 법률 및 제도의 이해를 바탕으로 한 계산문제 중심으로 출제됩니다.

〈지식형 문항의 예시〉

부동산 투자를 채택해야 하는 경우가 아닌 것은?

① PI(수익성지수) 값이 0.8로 산정된 경우

〈단일사례 문항의 예시〉

다음 부동산 투자 시 수익성 지수로 맞는 것은?

① 0.8

하지만, 지식형에서 계산문제가 출제될 수 있으며, 단일사례에서도 공식의 이해 문제가 출제될 수 있습니다. **지식형은 기본서에서만 출제되고, 단일사례는 개인재무설계 사례집에서만 출제되는 것이 아닙니다.** 따라서, 학습 시 기본서와 개인재무설계 사례집을 병행하여 공부하는 것이 필요합니다.

이론적 바탕이 없다면 계산문제를 풀 수 없으며, 계산문제 풀이를 통해 오히려 쉽게 이론에 접근할 수도 있습니다. 예를 들어, 다음 지식형 답지의 경우 실제 계산문제를 풀어봤다면 쉽게 틀린 답지라는 것을 알 수 있습니다.

〈예시〉

① 총은퇴일시금은 은퇴 전(前) 기간의 세후투자수익률이 클수록 커지게 된다.

※ 총은퇴일시금은 물가상승률과 은퇴 후(後) 세후투자수익률로 계산하기 때문에, 실제 계산문제를 풀어봤다면 은퇴 전(前) 세후투자수익률과 관계가 없다는 것을 쉽게 알 수 있음

2. 복합사례와 종합사례

하나의 복합사례 10문항에는 3개 이상의 과목이 연결되어 출제되며, 종합사례 20문항에는 5개 이상의 과목이 연결되어 출제됩니다. 그리고 복합사례와 종합사례 문항은 고객 니즈의 해결이라는 측면에서 다음과 같은 과정에 따라 개발됩니다.

1단계 : 고객 Needs의 발생

- 자녀가 자동차 사고를 당하여 장애가 발생하였음
- 장애가 발생한 자녀의 부양대책이 필요함

▼

2단계 : 고객 Needs와 관련된 다양한 Solution 시나리오 발생

- 시나리오 1. 자동차 사고에 따른 보험금이 궁금할 수 있음
- 시나리오 2. 보유하고 있는 상가를 자녀에게 증여하여 자녀 명의의 소득이 발생할 수 있도록 하는 방안을 고려해 볼 수 있음
  - 시나리오 2-1. 절세를 위해 상가의 부담부증여를 고려할 수 있으며, 부담부증여 시 발생하는 세금에 대해 궁금할 수 있음
  - 시나리오 2-2. 만약 자녀가 상가를 증여받아 소득이 발생하는 경우, 국민연금을 납부하여 자녀 노후소득을 보장받을 수 있음
  - 시나리오 2-3. 만약 자녀가 상가를 증여받아 소득이 발생하는 경우, 해당 소득으로 주식에 장기투자하여 소득을 증대시킬 수 있음

▼

3단계 : Solution 시나리오를 바탕으로 한 구체적인 시험문항

고객 Needs	문항번호	문항 주제	과목
〈1번부터 4번까지의 문제는 '재무목표1 : 장애인 자녀의 부양계획'과 관련된 문제입니다.〉	1	자녀의 자동차 사고 후유장애 보험금	보험
	2	장애인 자녀에게 상가 부담부증여 시 양도소득세	세금
	3	증여받은 상가 임대소득 발생에 따른 국민연금 가입	은퇴
	4	증여받은 상가 임대소득으로 주식 투자	투자

복합사례 및 종합사례의 경우 과목의 순서가 고객 니즈에 맞게 구성되어 있고, 지식형 문항과 단일사례형 문항이 혼합되어 출제되기 때문에, **고객 니즈에 맞는 종합적인 판단이 요구됩니다.**

CFP 자격시험 문제 출제 유형

1. 긍정형 문제 예시

〈예시〉

1. A씨가 올해 말 8,000천원을 시작으로 매년 말 4%씩 투자액을 증가시켜 7년간 투자할 경우 7년 후 원리금 합계 금액은 얼마인가? (단, 투자 상품의 세후투자수익률은 연 6%임)
   ① 57,054천원
   ② 65,707천원
   ③ 75,079천원
   ④ 78,082천원
   ⑤ 79,584천원

2. 부정형 문제 예시

〈예시〉

1. 주식 포트폴리오 투자전략 중 적극적 운용전략이 아닌 것은?
   ① 시장예측에 근거하여 자산배분비율을 적극적으로 조정
   ② 시장이 효율적이라는 전제하에 시장평균 수준의 수익률 추구
   ③ 시장의 효율성에 벗어나는 이상현상을 활용하여 초과수익 획득 추구
   ④ 개별종목의 내재가치를 추정해 시장가치에 비해 저평가된 종목에 투자
   ⑤ 강세장이 예상될 때는 베타가 높은 종목, 약세장이 예상될 때는 베타가 낮은 종목에 투자

3. 조합형 문제 예시

〈예시〉

1. 집합투자기구(펀드) 소득세 과세에 대한 적절한 설명으로만 모두 묶인 것은?

> 가. 펀드의 이익은 소득 원천에 따라 이자소득 또는 배당소득으로 구분하여 과세된다.
> 나. 펀드의 이익 구성 중 채권의 이자수입은 과세대상에서 제외된다.
> 다. 펀드에서 발생한 금융소득은 조건부 분리과세 대상이다.

① 다
② 가, 나
③ 가, 다
④ 나, 다
⑤ 가, 나, 다

4. 순서형 문제 예시

〈예시〉

1. 워크시트 접근법 6단계를 순서대로 나열한 것은?

> 가. 총은퇴일시금 계산
> 나. 추가적으로 필요한 은퇴일시금 계산
> 다. 은퇴시점에서 자산의 미래가치 계산
> 라. 공적연금 등을 차감한 은퇴 후 필요한 연간소득의 부족액 계산
> 마. 은퇴시점에서 자산의 순미래가치 계산
> 바. 연간 저축액 계산

① 가-나-다-라-마-바
② 가-나-마-라-다-바
③ 다-나-라-바-마-가
④ 다-라-나-마-가-바
⑤ 다-마-라-가-나-바

5. 연결형 문제 예시

〈예시〉

1. 유언의 종류와 그에 대한 설명이 적절하게 연결된 것은?

가. 자필증서 유언
나. 공정증서 유언
다. 구수증서 유언

A. 증인이 필요 없는 유언 방식
B. 유언서 작성 시 비용이 든다는 단점이 있음
C. 질병, 기타 급박한 사유로 보통 방식에 의하여 유언할 수 없는 경우에 사용하는 방식

	가	나	다
①	A	B	C
②	A	C	B
③	B	A	C
④	B	C	A
⑤	C	B	A

6. 응용형 문제 예시

최근 CFP 자격시험에는 다양한 응용형 문항들을 출제하고 있습니다.
단순 암기보다는 상황에 대한 종합적인 판단이 요구되는 유형의 문제입니다.

〈예시_ 그래프 해석형 문제〉

1. 다음과 같은 효용곡선을 가진 김경민씨의 특성(위험수용성향)으로 가장 적절하지 **않은** 것은?

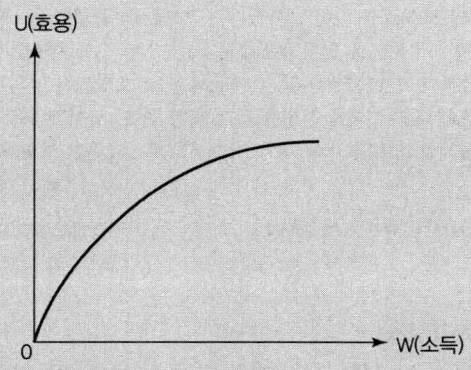

① 위험회피형 성향으로 분류할 수 있다.
② 대부분의 투자자에게서 많이 나타나는 유형이다.
③ 소득이 증가할 때 효용의 증가분(한계효용)이 일정하다.
④ 가격 변동이 적은 지역의 주택 상품을 추천하기에 적합하다.
⑤ 소득이 10만원 증가했을 때 얻는 효용의 증가분(한계효용)보다 소득이 10만원 감소했을 때 얻는 효용의 감소분(한계효용)이 크다.

※ 단순 지식의 암기가 아니라 그림이나 그래프를 해석하고 평가할 수 있는지를 측정하는 문항

〈예시_ 문제해결형 문제〉

1. 다음 사례에서 신호영씨가 행사할 수 있는 보험계약자의 권리에 대한 설명으로 적절한 것은?(단, 각 답지는 각각 별개의 사례임)

> 신호영씨는 보험설계사로부터 생명보험에 가입하였는데, 약관 및 청약서 부본을 받지 못하였으며 약관의 주요 내용에 대해 설명을 듣지 못하였다.

① 신호영씨가 보험료를 이미 납부했다면, 보험계약을 취소할 수 없다.
② 약관 및 청약서 부본을 받지 못한 사유로 신호영씨는 계약을 취소할 수 없다.
③ 만약 청약철회 가능기한(15일)이 지났다면, 신호영씨는 임의해지만을 할 수 있다.
④ 약관의 주요 내용에 대해 설명을 듣지 못한 경우, 보험계약은 처음부터 무효가 된다.
⑤ 신호영씨가 일정 기간 내에 계약 취소 시 이미 납입한 보험료에 일정 이자를 더한 금액을 반환받을 수 있다.

※ 사례를 제시하고, 해당 사례에 적용될 수 있는 내용을 종합적으로 판단할 수 있는지를 측정하는 문항

〈예시_ 시나리오형 문제〉

1. 현재까지 교통사고로 인한 부친과 형의 사망시점이 명확하지 않다. 다음 '가~다' 상황에 따른 민법상 상속관계에 대한 설명으로 적절한 것은?

> 가. 부친과 형이 동시사망한 것으로 추정되는 경우
> 나. 부친이 먼저 사망한 경우
> 다. 형이 먼저 사망한 경우

① '가~다' 모든 경우 허기찬씨의 최종 상속분은 동일하다.
② '나'의 경우 이경희(모친)씨는 허윤찬(형)씨의 재산을 상속받을 수 있다.
③ '다'의 경우 허민정(형의 자녀)은 허윤찬(형)씨의 재산을 단독으로 상속받는다.
④ '가'의 경우 서민주(형의 배우자)씨는 허정호(부친)씨의 재산을 상속받지 못한다.
⑤ '다'의 경우 김윤식(서민주의 자녀)은 허윤찬(형)씨의 재산을 상속받을 수 있다.

※ 여러 가지 시나리오 발생 상황을 고려하여 고객에게 시나리오별 Soluton을 제시할 수 있는지를 측정하는 문항

〈예시_ 종합개념형 문제〉

1. 이현구씨는 오피스텔 B를 현재시점에서 자녀들에게 증여하고자 한다. 자녀들이 아직 소득이 없는 상황이라 오피스텔 B의 증여에 따른 증여세와 취득세(부가세 포함)가 어느 정도인지 궁금해 한다. 자녀 1인의 오피스텔 B(지분 50%)에 대한 증여세 산출세액과 취득세(부가세 포함)를 올바르게 연결한 것은?

	증여세 산출세액	취득세(부가세 포함)
①	7,000천원	4,200천원
②	7,000천원	4,800천원
③	10,000천원	4,800천원
④	10,000천원	5,520천원
⑤	10,000천원	9,600천원

※ 하나의 문제에 상속(증여세) 과목과 세금(취득세) 과목을 종합하여 동시에 측정하는 문항

법률 혹은 제도가 변경된 경우의 출제

법률 혹은 제도가 변경되어 교재 내용이 현실과 상이한 경우, 다음 기준에 따라 출제가 이루어집니다.

1. 문제에 변경된 조건을 제시하여 출제

〈예시〉(2023년 소득세법 개정 당시)

1. 홍길동씨의 종합소득세 산출세액은 얼마인가?

※ 세법 개정에 따라 세율구간이 변경되었으므로 종합소득세 세율은 다음 세율을 적용함

과세표준	세율
14,000천원 초과~50,000천원 이하	840천원+14,000천원 초과액의 15%

① 4,340천원　　② 4,750천원
③ 5,360천원　　④ 5,910천원
⑤ 6,170천원

2. 교재 내용만을 학습하였더라도 문제 풀이가 가능하도록 구성하여 출제

〈예시〉 (2023년 주택임대차보호법 개정 당시)
주택임대차보호법상 최우선변제를 받을 권리가 있는 임차인의 범위(보증금이 일정 금액 이하인 임차인)

교재 내용	법률 변경
서울특별시 : <u>1억 5천만원</u>	서울특별시 : <u>1억 6천 5백만원</u>

상기와 같이 최우선변제를 받을 임차인의 범위에 대한 내용이 교재와 실제 법률 간에 서로 상이한 경우, "서울특별시 소재의 주택 임차인은 최우선변제를 받을 수 없다.", "주택임대차보호법상 최우선변제를 받을 수 있는 임차인의 범위는 서울특별시의 경우 보증금 1억원 이하이다."와 같이 **교재 내용만을 학습하였더라도 문제 풀이(틀린 지문임을 알 수 있음)가 가능하도록 출제**

3. 출제 불가
1번 혹은 2번의 경우로도 출제가 어려운 경우 출제하지 않음

🔍 CFP 시험지에 나오는 조건문 및 정보

CFP 시험지에는 각 교시별 시험지 첫 장에 다음과 같은 조건문과 추가 정보가 들어가 있습니다.

1. 1~4교시 공통 조건문

조건문의 경우 **모든 시험문항에 적용되는 전제조건**입니다.
개별 문항에서 따로 언급되지 않으므로 **반드시 숙지**하여 주시기 바랍니다.

- 각 문제의 일반 계산이나 TVM 계산 시 별도의 지시사항이나 지문이 없을 경우 중간 계산의 값은 참값 또는 반올림하여 사용할 것
  - 참값 계산 : 반올림, 절사, 절상하지 않고 그 전 계산의 값을 그대로 사용함
  - 반올림 계산 : 금액은 백원 단위에서, 물가상승률조정수익률(K값 또는 △%)은 소수점 5자리에서 각각 반올림(물가상승률조정수익률 이외의 이율은 참값을 사용)하여 사용함
- 투자(대출)상품의 투자수익률(대출이율) 표시 : 별도의 언급이 없는 한 연복리를 말하며 이외의 경우 별도로 표기함(예시 : 연 6% 연복리상품 – 연 6%, 연 6% 월복리상품 – 연 6% 월복리)
- 문제의 지문이나 보기에서 별다른 제시가 없으면, 모든 개인은 세법상 거주자이고, 모든 법인은 내국법인이며 모든 자산, 부채 및 소득은 국내에 있거나 국내에서 발생한 것으로 가정하고, 주식은 국내 제조법인의 주식으로서 우리사주조합원이 보유한 주식이 아니며, 소득세법상 양도소득세 세율이 누진세율(6%~45%)로 적용되는 특정주식 등 기타자산에 해당하지 않는 일반주식이라고 가정함

- 문제의 지문이나 보기에서 별다른 제시가 없으면, 나이는 만 나이이며, 기준시점은 1월 초이고 나이로 표시된 시점은 해당 나이의 기시 시점임
  (예시 : 가입연령 40세 – 40세 초를 의미, 연금지급시기 60세 – 60세 초를 의미)

2. 3~4교시 추가 정보

복합사례와 종합사례 시나리오의 기준 시점은 해당 시험연도 1월 초입니다.
따라서 문제(단일사례 포함)에서 해당 시험연도 귀속 소득세나 상속세 및 증여세 계산 요구 시 시험지 첫장에 있는 세율을 참고하여 계산하시기 바랍니다.

Ⅰ. 해당 시험연도의 종합소득세 및 양도소득세 기본세율

14,000천원 이하	6%
14,000천원 초과~50,000천원 이하	840천원+14,000천원 초과액의 15%
50,000천원 초과~88,000천원 이하	6,240천원+50,000천원 초과액의 24%
88,000천원 초과~150,000천원 이하	15,360천원+88,000천원 초과액의 35%
150,000천원 초과~300,000천원 이하	37,060천원+150,000천원 초과액의 38%
300,000천원 초과~500,000천원 이하	94,060천원+300,000천원 초과액의 40%
500,000천원 초과~1,000,000천원 이하	174,060천원+500,000천원 초과액의 42%
1,000,000천원 초과	384,060천원+1,000,000천원 초과액의 45%

Ⅱ. 해당 시험연도의 상속세 및 증여세 기본세율

100,000천원 이하	10%
100,000천원 초과~500,000천원 이하	10,000천원+100,000천원 초과액의 20%
500,000천원 초과~1,000,000천원 이하	90,000천원+500,000천원 초과액의 30%
1,000,000천원 초과~3,000,000천원 이하	240,000천원+1,000,000천원 초과액의 40%
3,000,000천원 초과	1,040,000천원+3,000,000천원 초과액의 50%

참고정보

1. 종합소득세 세율

과세표준	세율	
1,400만 원 이하	과세표준×6%	과세표준×6%
1,400만 원 초과 5,00만 원 이하	84만 원+1,400만 원 초과액의 15%	과세표준×15%−126만 원
5,00만 원 초과 8,800만 원 이하	624만 원+5,000만 원 초과액의 24%	과세표준×24%−576만 원
8,800만 원 초과 1억 5천만 원 이하	1,536만 원+8,800만 원 초과액의 35%	과세표준×35%−1,544만 원
1억 5천만 원 초과 3억 원 이하	3,706만 원+1억 5천만 원 초과액의 38%	과세표준×38%−1,994만 원
3억 원 초과 5억 원 이하	9,406만 원+3억 원 초과액의 40%	과세표준×40%−2,594만 원
5억 원 초과 10억 원 이하	1억 7,406만 원+5억 원 초과액의 42%	과세표준×42%−3,594만 원
10억원 초과	3억 8,406만 원+10억 원 초과액의 45%	과세표준×45%−6,594만 원

2. 상속세 및 증여세 세율

과세표준	세율
1억 원 이하	과세표준×10%
1억 원 초과 5억 원 이하	과세표준×20%−1천만 원
5억 원 초과 10억 원 이하	과세표준×30%−6천만 원
10억 원 초과 30억 원 이하	과세표준×40%−1억 6천만 원
30억 원 초과	과세표준×50%−4억 6천만 원

3. 장기보유특별공제율

토지·건물		1세대 1주택[주1)]			
보유기간	공제율	보유기간	공제율	거주기간	공제율
3년 이상 4년 미만	6%	3년 이상 4년 미만	12%	2년 이상 3년 미만[주2)]	8%
4년 이상 5년 미만	8%			3년 이상 4년 미만	12%
5년 이상 6년 미만	10%	4년 이상 5년 미만	16%	4년 이상 5년 미만	16%
6년 이상 7년 미만	12%	5년 이상 6년 미만	20%	5년 이상 6년 미만	20%
7년 이상 8년 미만	14%	6년 이상 7년 미만	24%	6년 이상 7년 미만	24%
8년 이상 9년 미만	16%	7년 이상 8년 미만	28%	7년 이상 8년 미만	28%
9년 이상 10년 미만	18%	8년 이상 9년 미만	32%	8년 이상 9년 미만	32%
10년 이상 11년 미만	20%	9년 이상 10년 미만	36%	9년 이상 10년 미만	36%
11년 이상 12년 미만	22%	10년 이상	40%	10년 이상	40%
12년 이상 13년 미만	24%				
13년 이상 14년 미만	26%				
14년 이상 15년 미만	28%				
15년 이상	30%				

주1) 1세대 1주택자가 양도하는 주택으로서 보유기간 중 거주기간이 2년 이상인 주택을 말하며, 보유기간별 공제액과 거주기간별 공제액을 합산하여 장기보유특별공제를 계산
주2) 보유기간 3년 이상에 한정

4. 퇴직소득세 계산 시 근속연수 대비 소득공제

근속 연수	공제액
5년 이하	100만 원×근속연수
5년 초과 10년 이하	500만 원+200만 원×(근속연수−5년)
10년 초과 20년 이하	1,500만 원+250만 원×(근속연수−10년)
20년 초과	4,000만 원+300만 원×(근속연수−20년)

5. 퇴직소득세 계산 시 환산급여 대비 소득공제

환산급여	공제액
800만 원 이하	환산급여의 100%
800만 원 초과 7,000만 원 이하	800만 원+800만 원 초과분의 60%
7,000만 원 초과 1억 원 이하	4,520만 원+7,000만 원 초과분의 55%
1억 원 초과 3억 원 이하	6,170만 원+1억 원 초과분의 45%
3억 원 초과	5,170만 원+3억 원 초과분의 35

6. 연금소득공제액(최대 900만 원 한도)

총연금액	공제액
350만 원 이하	전액 공제
350만 원 초과 700만 원 이하	350만 원+350단 원 초과금액×40%
700만 원 초과 1,400만 원 이하	490만 원+700만 원 초과금액×20%
1,400만 원 초과	630만 원+1,400만 원 초과금액×10%

7. 국민연금 노령연금 수급개시연령

출생년도	노령연금	조기노령연금	분할연금
1952년생 이전	60세	55세	60세
1953~1956년생	61세	56세	61세
1957~1960년생	62세	57세	62세
1961~1964년생	63세	58세	63세
1965~1968년생	64세	59세	64세
1969년생 이후	65세	60세	65세

CONTENTS
목차

PART 01 단일사례

CHAPTER 01	재무설계 원론	20
CHAPTER 02	위험관리와 보험설계	47
CHAPTER 03	투자설계	82
CHAPTER 04	부동산설계	111
CHAPTER 05	은퇴설계	136
CHAPTER 06	세금설계	187
CHAPTER 07	상속설계	213

PART 02 복합사례

CHAPTER 01	복합사례 기본 A 유형	248
CHAPTER 02	복합사례 기본 B 유형	255
CHAPTER 03	복합사례 응용 A-b 유형	264
CHAPTER 04	복합사례 응용 B-a 유형	309
CHAPTER 05	복합사례 응용 A-B 유형	362

PART 03 종합사례

CHAPTER 01	종합사례 I	376
CHAPTER 02	종합사례 II	398
CHAPTER 03	종합사례 III	421
CHAPTER 04	종합사례 IV	440

PART 01
단일사례

CONTENTS

- CHAPTER 01 | 재무설계 원론
- CHAPTER 02 | 위험관리와 보험설계
- CHAPTER 03 | 투자설계
- CHAPTER 04 | 부동산설계
- CHAPTER 05 | 은퇴설계
- CHAPTER 06 | 세금설계
- CHAPTER 07 | 상속설계

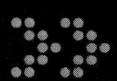

CHAPTER 01 재무설계 원론

···TOPIC 1 영구연금

01 조원희씨는 기금을 조성해서 매분기 초 2,000천원씩 영구히 고아원에 기부하려고 한다. 출연기금을 세후 연 6.5%로 운용한다고 가정할 때 조원희씨가 현재 출연해야 하는 금액으로 가장 적절한 것을 고르시오.

① 123,078천원 ② 125,078천원
③ 126,038천원 ④ 128,038천원
⑤ 131,058천원

정답 | ④
해설 | • 연 6.5% 연복리의 분기수익률(이율전환)
  〈TVM방식〉
   PV : −100, N : 4, FV : 106.5, I/Y? 분기 1.5868%
  〈ICONV방식〉
   ICONV, EFF : 6.5, C/Y : 4, NOM? 연 6.3473% 분기복리÷4=분기 1.5868%=0.0159
• 출연기금(기시급의 영구연금)
  〈일반적인 방식〉
   $\dfrac{2,000}{0.0159} + 2,000 = 128,038$천원
  〈TVM방식〉
   PMT(B) : 2,000, N : 9999, I/Y : 1.5868, PV? 128,038천원

02 평소 아이들을 좋아하는 H그룹 이상일 회장은 기금을 조성하여 지금부터 매분기 2,000천원씩 영구히 고아원에 기부하려고 한다. 출연기금을 세후 연 6.5% 월복리로 운용한다고 가정할 때 이상일 회장이 현재 출연해야 하는 금액으로 가장 적절한 것은?

① 30,769천원
② 119,453천원
③ 121,453천원
④ 122,413천원
⑤ 124,413천원

정답 | ⑤
해설 | • 연 6.5% 월복리의 분기수익률(이율전환)
  〈TVM방식〉
  PV : 100, N : 12, I/Y : 6.5÷12, FV? 106.6972, N : 4, I/Y? 1.6338% = 0.0163
  〈ICONV방식〉
  ICONV, NOM : 6.5, C/Y : 12, EFF? 6.6972, C/Y : 4, NOM? 연 6.5353% 분기복리÷4 = 1.6338% = 0.0163
• 출연기금(기시급의 영구연금)
  〈일반적인 방식〉
  $$\frac{2,000}{0.0163} + 2,000 = 124,413천원$$
  〈TVM방식〉
  PMT(B) : 2,000, N : 9999, I/Y : 1.6338, PV? 124,413천원

···TOPIC ❷   교육자금, 결혼자금, 주택자금, 사업자금 등 각종 목적자금

03 박미진씨와 김세진씨는 입사동기로 현재 (주)토마토의 과장직을 맡고 있다. 두 사람은 앞으로의 삶의 향방에 대한 진지한 대화 중 노후자금에 대한 대화를 나누었다. 두 사람은 앞으로 20년 뒤에 은퇴 할 것으로 예상을 했으나, 저축 시작시기에 대해서는 의견을 달리 했다. 김세진씨는 올해부터 저축하기 시작하여 10년간 매월 말 600천원씩 연 7% 월복리 상품에 저축 후 10년간 거치하는 것을 계획함에 반해, 지금 저축하나 앞으로 저축하나 거기서 거기라는 박미진씨는 앞으로 5년 뒤 시점부터 저축 후 김세진씨와 마찬가지로 10년간 저축 후 거치시키기로 했다. 이 경우 두 사람의 은퇴시점 원리금 차액은 얼마인지 고르시오.

① 31,834천원
② 61,483천원
③ 69,837천원
④ 147,222천원
⑤ 208,705천원

정답 | ②
해설 | • 박미진씨의 은퇴시점 저축 원리금
    PMT(E) : 600, N : 10×12, I/Y : 7/12, FV? 103,851천원
    PV : 103,851, N : 5×12, I/Y : 7/12, FV? 147,222천원
• 김세진씨의 은퇴시점 저축 원리금
    PMT(E) : 600, N : 10×12, I/Y : 7/12, FV? 103,851천원
    PV : 103,851, N : 10×12, I/Y : 7/12, FV? 208,705천원
• 두 사람의 은퇴시점 원리금 차액 : 208,705 − 147,222 = 61,483천원

04 김갑돌 고객은 20년 뒤 은퇴자금 마련을 위해 매월 말 1,000천원씩 투자를 하려고 한다. 김갑돌 고객이 아래 제시한 두 가지 방안 중 상품 B에 투자할 경우 20년 후 원리금은 상품 A의 몇 배에 해당하는지 적절한 것을 고르시오.

[상품 A] 연 6% 월복리
[상품 B] 연 11% 월복리

① 약 1.2배   ② 약 1.5배
③ 약 1.9배   ④ 약 2.3배
⑤ 약 2.5배

정답 | ③
해설 | • 상품 A : PMT(E) : 1,000, N : 240, I/Y : 6÷12 = 0.5, FV? 462,041천원
    • 상품 B : PMT(E) : 1,000, N : 240, I/Y : 11÷12 = 0.9167, FV? 865,638천원
    ∴ 865,638÷462,041 = 1.8735배

05 정윤호씨는 세후투자수익률 연 8% 투자상품에 금년 말 2,000천원을 시작으로 매년 말 5%씩 투자액을 증가시켜 10년간 투자할 계획이다. 10년 후의 원리금 합계로 적절한 것은?

① 24,227천원   ② 35,335천원
③ 36,344천원   ④ 37,102천원
⑤ 38,162천원

정답 | ②
해설 | PMT(E) : 2,000÷1.05, N : 10, I/Y : (8−5)÷1.05, PV? 16,367×1.08^{10} = 35,335천원

06 안영주씨는 향후 7년 내 집을 마련한다는 재무목표를 세운 후 내 집 마련에 필요한 자금 중 70%는 저축을 통해서, 나머지 30%는 주택모기지를 이용해 내 집을 마련할 계획을 가지고 있다. 안영주씨가 아래의 조건으로 투자를 실행해 나갈 경우 모기지를 포함해 7년 뒤 내 집 마련을 위해 조달할 수 있는 총 자금의 규모로 가장 가까운 것을 고르시오.

- 연 수입 : 현재 36,000천원(매년 7%씩 증가)
- 연 지출 : 현재 15,000천원
- 내 집 마련을 위한 저축은 오늘 18,000천원 저축을 시작으로 매년 4%씩 증액할 예정
- 세후 투자수익률 : 연 6%

① 165,547천원 ② 179,064천원
③ 190,723천원 ④ 194,391천원
⑤ 255,806천원

정답 | ⑤
해설 | • 저축만기액
  PMT(B) : 18,000, N : 7, I/Y : (6−4)÷1.04, PV? 119,088×1.06^7=179,064천원
• 저축만기액 179,064 = 총 자금×70%
• 총 자금 = 179,064÷0.7 = 255,806천원

07 양지성(45세)씨는 자녀 양동근(10세)의 교육자금 마련방안을 계획 중이다. 아래 정보를 참고하여 자녀교육자금 마련을 위한 현재시점의 필요자금으로 가장 적절한 것을 고르시오.

[자녀교육비 관련 정보]
- 16세에 고등학교 입학하여 3년간 재학 후 19세 졸업
- 20세에 대학교 입학하여 2년간 재학 후 군대에 입대하여 2년간 군 생활 후 복학하여 2년간 재학 후 졸업
- 대학교 졸업 후 2년간 유학
- 필요교육비 : 현재물가기준 연간 고등학교교육자금 5,000천원, 대학교육자금 15,000천원, 유학자금 20,000천원
- 세후투자수익률 : 대학교 입학 전 연 5%, 대학교 입학 후 연 4%
- 교육비상승률 : 대학교 입학 전 연 4%, 대학교 입학 후 연 3%
- 교육비는 매년 교육비상승률만큼 인상되며 교육지출은 기시에 이루어짐

① 87,290천원 ② 101,319천원
③ 101,400천원 ④ 102,167천원
⑤ 103,157천원

정답 | ③

해설 | • 고등학교교육자금 마련을 위해 필요한 오늘일시금
CF0 : 0, C01 : 0, F01 : 5, C02 : 5,000, F02 : 3, I : (5−4)÷1.04, NPV? 14,029천원
• 대학교육자금 및 유학자금 마련을 위해 필요한 금액의 대학입학시점 물가기준 가치
CF0 : 15,000, C01 : 15,000, F01 : 1, C02 : 0, F02 : 2, C03 : 15,000, F03 : 2, C04 : 20,000, F04 : 2, I : (4−3)÷1.03, NPV? 96,145천원
• 대학교육자금 및 유학자금 마련을 위해 필요한 오늘일시금
FV : 96,145, N : 10, I/Y : (5−4)÷1.04, PV? 87,371천원
• 현재시점 필요자금 : 14,029+87,371=101,400천원

08 대기업에 근무한 지 15년째 되는 김형수 차장은 지금부터 5년 뒤 퇴직 후의 사업을 구상하고 있다. 김형수씨가 사업자금을 마련하기 위해 매년 말 임금인상률만큼 증액해서 투자한다고 할 때 첫해 말 투자금액으로 가장 적절한 것을 고르시오.

- 5년 뒤 사업 필요자금 : 1억원
- 세후투자수익률 : 연 7%
- 임금인상률 : 연 5%

① 14,803천원　　② 14,786천원
③ 15,085천원　　④ 15,839천원
⑤ 18,361천원

정답 | ④

해설 | • 5년 뒤 사업 필요자금 1억원을 마련하기 위해 필요한 오늘일시금
$100,000 ÷ 1.07^5 = 71,299$천원
• 첫해 말 투자금액
PV : 71,299, N : 5, I/Y : (7−5)÷1.05, PMT(E)? 15,085×1.05=15,839천원

09 신찬용씨는 지금부터 5년 뒤 퇴직 후의 사업을 구상하고 있다. 사업 필요자금은 5년 뒤 물가기준 2억원으로 예상하고 있다. 신찬용씨가 사업자금을 마련하기 위해 지금부터 5년 간 매년 말 4%만큼 증액해서 투자한다고 할 때 첫해 말 투자금액으로 가장 적절한 것을 고르시오.(단, 세후 투자수익률은 연 7%이다.)

① 30,164천원
② 31,034천원
③ 32,276천원
④ 37,758천원
⑤ 39,268천원

정답 I ③
해설 I • 5년 뒤 물가기준 2억원을 마련하기 위해 필요한 오늘일시금
　　　　$200,000 \div 1.07^5 = 142,597$천원
　　• 첫해 말 투자금액
　　　　PV : 142,597, N : 5, I/Y : (7－4)÷1.04, PMT(E)? 31,034×1.04＝32,276천원

10 김경호, 한경희 부부는 담당 CFP® 자격인증자와 자녀교육자금 마련방안을 협의하고 금년부터 투자를 시작하기로 하였다. 자녀교육을 위해 필요한 자금을 마련하기 위해서 김씨 부부가 첫해 말 투자해야 할 금액으로 가장 적절한 것을 고르시오.

- 자녀 연령 : 11세
- 대학입학 예정시기 : 19세
- 교육비 지출기간 : 4년
- 필요교육비 : 현재 물가기준 15,000천원 소요
- 물가상승률 연 3%, 교육비상승률 연 6%, 세후투자수익률 연 7%
- 교육비설계시점과 교육비지출은 기시에 이루어짐
- 교육자금 마련을 위한 저축은 매년 말 물가상승률만큼 증액시켜 나갈 예정임
- 교육비 마련을 위한 투자는 자녀가 대학교 입학 전까지 8년간 실시하기로 함

① 7,155천원
② 7,584천원
③ 7,809천원
④ 8,112천원
⑤ 8,356천원

정답 I ⑤
해설 I • 현재시점 교육자금 필요자금
　　　　CF0 : 0, C01 : 0, F01 : 7, C02 : 15,000, F02 : 4, I : (7－6)÷1.06, NPV? 54,883천원
　　• 첫해 말 저축액
　　　　PV : 54,883, N : 8, I/Y : (7－3)÷1.03, PMT(E)? 8,112×1.03＝8,356천원

11 라한아 고객은 SS기업에서 대리로 근무하고 있으며, 향후 10년 후에는 퇴직하여 카페를 운영하고 싶어한다. 카페를 운영하기 위한 사업자금은 현재 물가기준으로 300,000천원 정도의 비용이 소요된다. 현재 그는 50,000천원을 3.2%의 MMF에 투자하고 있으며, 재무목표달성을 위하여 향후 10년 동안 매년 말 일정한 금액을 저축하려고 한다. 다음 가정하에 매년 얼마만큼을 저축하면 목표달성이 가능한지 적절한 것을 고르시오.

> 〈가정〉
> 세후투자수익률은 연 6%, 물가상승률은 연 4%이며, MMF는 수익률을 맞추기 위해 정리, 세후투자수익률이 연 6%인 상품에 투자한다.

① 15,063천원
② 15,966천원
③ 18,234천원
④ 25,375천원
⑤ 26,898천원

정답 | ⑤
해설 | • 사업자금 마련을 위해 필요한 오늘일시금
  FV : 300,000, N : 10, I/Y : (6−4)÷1.04, PV? 247,968천원
• 사업자금 마련을 위해 추가로 필요한 오늘일시금
  247,968−50,000=197,968천원
• 부족자금 마련을 위한 매년 말 추가 저축액
  PV : 197,968, N : 10, I/Y : 6, PMT(E)? 26,898천원

12 김민규, 한소정 부부는 자녀의 교육을 위해 현재 20,000천원의 자금을 보유하고 있다. 아래 정보를 참고하여 자녀교육을 위해 부족한 자금을 마련하기 위해서 김민규, 한소정 부부가 첫해 말 투자해야 할 금액으로 가장 적절한 것을 고르시오.

> [자녀교육비 관련 정보]
> • 자녀 연령 : 12세
> • 대학입학 예정시기 : 19세
> • 교육비 지출기간 : 대학 4년, 유학 2년
> • 필요교육비 : 현재물가기준 연간 대학교육자금 15,000천원, 유학자금 20,000천원
> • 세후투자수익률 : 연 8%, 교육비상승률 : 연 5%
> • 교육비는 매년 교육비상승률만큼 인상되며 교육비지출은 기시에 이루어짐
> • 교육자금 마련을 위한 저축은 매년 말 교육비상승률만큼 증액시켜 나갈 예정임
> • 교육비 마련을 위한 투자는 자녀가 대학교 입학 전까지 7년간 실시하기로 함

① 8,720천원
② 8,969천원
③ 9,156천원
④ 9,417천원
⑤ 10,480천원

정답 | ④

해설 | • 현재시점 교육자금 필요자금
  CF0 : 0, C01 : 0, F01 : 6, C02 : 15,000, F02 : 4, C03 : 20,000, F03 : 2, I : (8−5)÷1.05, NPV? 76,181천원
• 현재시점 교육자금 부족자금 : 76,181−20,000=56,181천원
• 첫해 말 저축액
  PV : 56,181, N : 7, I/Y : (8−5)÷1.05, PMT(E)? 8,969×1.05=9,417천원

13 유지원씨는 지금부터 7년 후 결혼할 예정이다. 아래 정보를 참고하여 유지원씨의 7년 후 결혼자금(주택임차비용, 기타 혼수비용) 중 부족자금 마련을 위한 첫해 말 추가 저축금액으로 적절한 것을 고르시오.

[결혼자금 관련 정보]
• 결혼 시 주택임차비용 : 현재물가기준으로 300,000천원, 매년 5%씩 증가함
• 기타 혼수비용 : 현재물가기준으로 50,000천원, 매년 3.5%씩 증가함
• 매년 말 20,000천원씩 7년간 정액으로 저축할 상품의 세후투자수익률은 연 6%로 가정하며, 현재 보유 중인 결혼 준비자금 예금 50,000천원(세후수익률 연 4%)은 정리 후 세후투자수익률 연 6%인 상품에 투자하기로 함
• 부족자금 마련을 위한 추가 저축은 지금부터 7년간 세후투자수익률 연 6%인 상품에 매년 3%씩 증액하여 매년 말에 이루어짐

① 25,089천원 ② 25,820천원
③ 25,842천원 ④ 26,595천원
⑤ 36,753천원

정답 | ④

해설 | • 매년 말 정액저축액의 현가상당액
  PMT(E) : 20,000, N : 7, I/Y : 6, PV? 111,648천원
• 현재 보유중인 결혼자금 예금 : 50,000천원
• 현재시점 준비자금 총액 : 111,648+50,000=161,648천원
• 주택임차비용을 마련하기 위해 필요한 오늘일시금
  FV : 300,000, N : 7, I/Y : (6−5)÷1.05, PV? 280,741천원
• 기타 혼수비용을 마련하기 위해 필요한 오늘일시금
  FV : 50,000, N : 7, I/Y : (6−3.5)÷1.035, PV? 42,307천원
• 현재시점 총필요자금 : 280,741+42,307=323,048천원
• 현재시점 추가로 필요한 오늘일시금 : 323,048−161,648=161,400천원
• 부족자금 마련을 위한 첫해 말 추가저축액
  PV : 161,400, N : 7, I/Y : (6−3)÷1.03, PMT(E)? 25,820×1.03=26,595천원

TOPIC 3 모니터링

14 김형수, 성애심씨 부부는 자녀의 대학교육비를 마련하기 위해 투자를 시작한 후, 5년이 지난 시점에서 투자내용을 평가하게 되었다. 평가한 결과 아래와 같이 투자수익률과 교육비상승률에 변화가 예상됨으로써 교육비 마련방안에 대한 수정이 불가피한 상황이다. 현재시점에서 김씨 부부에게 부족한 대학교육자금은 얼마인지 고르시오.

[5년 전 상황]
- 자녀 나이 : 11세
- 교육비상승률 : 연 3%, 세후투자수익률 : 연 5%
- 대학교는 19세에 입학, 연간 필요교육비 15,000천원
- 대학교는 4년간 다니며, 교육비는 매년 초 지출 예정
- 대학교육비를 위한 투자는 8년간 매년 말 정액으로 이루어지며, 대학 입학 전까지 완료 예정

[현재시점에서 변동사항]
- 자녀나이 : 16세
- 연간필요교육비 : 17,389천원
- 교육비상승률 : 연7%, 세후투자수익률 : 연 8%

① 23,967천원
② 25,694천원
③ 49,993천원
④ 66,708천원
⑤ 68,434천원

정답 | ①
해설 | • 당초 필요교육자금
CF0 : 0, C01 : 0, F01 : 7, C02 : 15,000, F02 : 4, I : (5−3)÷1.03, NPV? 49,993천원
• 당초 연간 저축액
PV : 49,993, N : 8, I/Y : 5, PMT(E)? 7,735천원
• 모니터링 전까지 투자한 금액(5년간 투자한 원리금)
PMT(E) : 7,735, N : 5, I/Y : 5, FV? 42,741천원
• 5년 경과된 시점에서 새로 산정한 필요교육자금
CF0 : 0, C01 : 0, F01 : 2, C02 : 17,389, F02 : 4, I : (8−7)÷1.07, NPV? 66,708천원
• 부족자금 : 66,708−42,741=23,967천원

15 윤지애씨는 자녀의 대학교육비를 마련하기 위해 아래와 같이 투자를 시작한 후, 4년이 지난 시점에서 투자내용을 평가하게 되었다. 평가한 결과 투자수익률이 연 6%에서 연 5%로 변화가 예상됨으로써 교육비 마련방안에 대한 수정이 불가피한 상황이다. 현재시점에서 윤지애씨에게 부족한 대학교육자금을 마련하기 위한 향후 저축액은 얼마인지 고르시오.(단, 교육비는 매년 교육비상승률로 인상된다.)

> [4년 전 상황]
> - 자녀 나이 : 12세
> - 교육비상승률 : 연 4%, 세후투자수익률 : 연 6%
> - 대학교는 19세에 입학, 연간 필요교육비 4년 전 물가기준 10,000천원
> - 대학교는 4년간 다니며, 교육비는 매년 초 지출
> - 대학교육비를 위한 투자는 7년간 매년 말 정액으로 이루어지며, 대학입학 전까지 완료 예정

① 2,675천원 ② 3,965천원
③ 4,043천원 ④ 6,096천원
⑤ 6,668천원

정답 | ⑤
해설 | - 당초 필요교육비
  CF0 : 0, C01 : 0, F01 : 6, C02 : 10,000, F02 : 4, I : (6−4)÷1.04, NPV? 34,028천원
- 당초 필요 저축액
  PV : 34,028, N : 7, I/Y : 6, PMT(E)? 6,096천원
- 모니터링 전까지 투자한 금액
  PMT(E) : 6,096, N : 4, I/Y : 6, FV? 26,666천원
- 4년 경과된 시점에서 새로 산정한 필요교육비
  CF0 : 0, C01 : 0, F01 : 2, C02 : 10,000, F02 : 4, I : (5−4)÷1.04, NPV? 38,316×1.04^4 = 44,825천원
- 부족액 : 44,825−26,666 = 18,159천원
- 향후 저축액
  PV : 18,159, N : 3, I/Y : 5, PMT(E)? 6,668천원

16 한소정씨 부부는 자녀의 결혼자금을 마련하기 위해 투자를 시작한 후, 5년이 지난 시점에서 투자내용을 평가하게 되었다. 평가한 결과 아래와 같이 결혼비용상승률에 변화가 예상됨으로써 결혼자금 마련방안에 대한 수정을 하고자 한다. 현재시점에서 한소정씨 부부가 올해 말부터 자녀 결혼시점까지 저축해야 할 금액으로 적절한 것을 고르시오.

[5년 전 상황]
- 자녀 나이 : 19세
- 결혼비용상승률 : 연 4%, 세후투자수익률 : 연 7%
- 결혼비용은 5년 전 물가기준으로 1억원이 필요하며 29세에 결혼하는 것으로 가정
- 결혼준비자금 : 10,000천원
- 부족자금 마련을 위한 투자는 10년간 매년 말 정액으로 이루어지며, 결혼 전까지 완료 예정

[현재시점에서 변동사항]
- 자녀 나이 : 24세
- 모니터링 결과 향후 예상되는 결혼비용상승률 연 3%로 저하

① 7,598천원 ② 8,076천원
③ 9,290천원 ④ 10,245천원
⑤ 10,889천원

정답 | ②

해설 |
- 결혼자금 마련을 위해 필요한 5년 전 일시금
  FV : 100,000, N : 10, I/Y : (7−4)÷1.04, PV? 75,248천원
- 결혼자금 마련을 위해 추가로 필요한 5년 전 일시금 : 75,248−10,000=65,248천원
- 결혼자금 마련을 위한 5년 전 매년 말 추가 저축액
  PV : 65,248, N : 10, I/Y : 7, PMT(E)? 9,290천원
- 모니터링 전까지 투자한 금액(현재시점 준비자금)
  $10,000 \times 1.07^5 = 14,026$천원
  PMT(E) : 9,290, N : 5, I/Y : 7, FV? 53,424천원
  14,026+53,424=67,450천원
- 결혼자금 마련을 위해 필요한 오늘일시금
  FV : $100,000 \times 1.04^5 = 121,665$, N : 5, I/Y : (7−3)÷1.03, PV? 100,562천원
- 결혼자금 마련을 위해 추가로 필요한 오늘일시금 : 100,562−67,450=33,112천원
- 결혼자금 마련을 위한 새로운 매년 말 저축액
  PV : 33,112, N : 5, I/Y : 7, PMT(E)? 8,076천원

17 정민선씨 부부는 사업자금을 마련하기 위해 투자를 시작한 후, 5년이 지난 시점에서 투자내용을 평가하게 되었다. 평가한 결과 아래와 같이 투자수익률에 변화가 예상됨으로써 사업자금 마련방안에 대한 수정이 불가피한 상황이다. 현재시점에서 정씨 부부에게 부족한 사업자금을 마련하기 위해 매년 물가상승률만큼 증액하여 투자한다고 할 때 첫해 말 투자금액으로 가장 적절한 것을 고르시오.

> [5년 전 상황]
> • 당시 나이 : 45세
> • 물가상승률 : 연 4%, 세후투자수익률 : 연 7%
> • 55세 시점 사업개시, 필요자금 : 45세 시점 물가기준 100,000천원
> • 사업자금 마련을 위한 투자는 10년간 매년 말 정액으로 이루어지며, 사업개시 전까지 완료 예정
>
> [현재시점에서 변동사항]
> • 현재 나이 : 50세
> • 물가상승률 : 연 4%, 세후투자수익률 : 연 5%
> • 부족한 사업자금 마련을 위한 새로운 투자는 5년간 매년 말 물가상승률만큼 증액하여 이루어지며, 사업개시 전까지 완료 예정

① 7,217천원 ② 11,190천원
③ 11,637천원 ④ 23,870천원
⑤ 24,824천원

정답 | ③

해설 | • 사업자금 마련을 위해 필요한 5년 전 일시금
　　　FV : 100,000, N : 10, I/Y : (7−4)÷1.04, PV? 75,248천원
• 사업자금 마련을 위한 매년 말 정액 저축액
　　　PV : 75,248, N : 10, I/Y : 7, PMT(E)? 10,714천원
• 모니터링 전까지 투자한 금액(현재시점 준비자금)
　　　PMT(E) : 10,714, N : 5, I/Y : 7, FV? 61,611천원
• 사업자금 마련을 위해 필요한 오늘일시금
　　　FV : 100,000×1.04^5 = 121,665, N : 5, I/Y : (5−4)÷1.04, PV? 115,981천원
• 사업자금 마련을 위해 추가로 필요한 오늘일시금 : 115,981−61,611=54,370천원
• 사업자금 마련을 위한 새로운 첫해 말 증액저축액
　　　PV : 54,370, N : 5, I/Y : (5−4)÷1.04, PMT(E)? 11,190×1.04=11,637천원

18 한영식씨는 퇴직 시 창업자금을 마련하기 위해 투자를 시작한 후, 5년이 지난 시점에서 투자내용을 평가하게 되었다. 평가한 결과 아래와 같이 물가상승률에 변화가 예상됨으로써 창업자금 마련방안에 대해 수정이 불가피한 상황이다. 현재시점에서 부족한 창업자금을 충당하기 위해 매년 추가적으로 저축해야 하는 금액은 얼마인지 고르시오.

[5년 전 상황]
- 한영식씨 나이 : 50세
- 물가상승률 : 연 3%, 세후투자수익률 : 연 6%
- 60세 시점에 창업, 필요 창업자금 : 5년 전 물가기준 200,000천원
- 창업자금 마련을 위한 투자는 10년간 매년 말 정액으로 이루어질 예정

[현재시점에서 변동사항]
- 한영식씨 나이 : 55세
- 물가상승률 : 5%
---

① 1,604천원
② 2,158천원
③ 2,407천원
④ 4,813천원
⑤ 5,813천원

정답 | ④

해설 |
- 당초 필요자금
  FV : 200,000, N : 10, I/Y : (6−3)÷1.03, PV? 150,087천원
- 당초 필요저축액
  PV : 150,087, N : 10, I/Y : 6, PMT(E)? 20,392천원
- 모니터링 전까지 투자한 금액
  PMT(E) : 20,392, N : 5, I/Y : 6, FV? 114,952천원
- 5년 경과 된 시점에서 새로 산정한 필요자금
  FV : 200,000, N : 5, I/Y : (6−5)÷1.05, PV? 190,742×1.03^5=221,123천원
- 부족액 : 221,123−114,952=106,171천원
- 향후 저축액
  PV : 106,171, N : 5, I/Y : 6, PMT(E)? 25,205천원
- 추가 저축액 : 25,205−20,392=4,813천원

19 심창민씨는 자녀의 교육자금을 위하여 세후 투자수익률이 연 5%인 금융상품에 가입을 하였다. 5년 뒤 금융상품의 성과를 점검해 보니 세후 투자수익률이 5%에서 7%로 상향된 것을 발견하였다. 이 경우 심창민씨가 남는 저축액을 새로운 금융상품인 연 7% 월복리 상품에 저축을 했을 경우 추가 저축액의 원리금이 얼마가 되는지 적절한 것을 고르시오.

> [5년 전 상황]
> • 세후투자수익률 연 5%, 교육비상승률 연 4%
> • 고등학교 교육비 5,000천원, 대학교 교육비 10,000천원
> • 연간 필요비용 고등학교 3년, 대학교 4년간 필요
> • 교육비 마련을 위한 금융상품에 8년간 매년 말 정액으로 저축
> • 자녀나이 8세
> • 고등학교는 16세에 입학할 예정이고 대학교는 19세에 입학할 예정(필요 교육비는 매년 초에 지출)
>
> [현재시점에서 변동사항]
> • 세후투자수익률 연 5%에서 연 7%로 상향
> • 남는 저축액을 3년간 매년 말 연 7% 월복리인 금융상품에 정액 저축

① 5,152천원 ② 7,621천원
③ 7,938천원 ④ 7,955천원
⑤ 13,520천원

정답 | ④
해설 | • 당초 필요자금
　　CF0 : 0, C01 : 0, F01 : 7, C02 : 5,000, F02 : 3, C03 : 10,000, F03 : 4, I : (5−4)÷1.04, NPV? 49,255천원
• 필요자금 49,255천원 마련을 위해 8년간 정액저축 시 매년 납입할 금액
　　PV : 49,255, N : 8, I/Y : 5, PMT(E)? 7,621천원
• 모니터링 전까지 투자된 금액(준비자금)
　　PMT(E) : 7,621, N : 5, I/Y : 5, FV? 42,110천원
• 새로 산정한 필요자금
　　CF0 : 0, C01 : 0, F01 : 2, C02 : 5,000, F02 : 3, C03 : 10,000, F03 : 4, I : (7−4)÷1.04, NPV? 45,724×1.04^5 = 55,630천원
• 부족자금 : 55,630−42,110 = 13,520천원
• 부족자금 13,520천원 마련을 위해 3년간 정액저축 시 매년 납입할 금액
　　PV : 13,520, N : 3, I/Y : 7, PMT(E)? 5,152천원
• 남은 저축액 = 7,621−5,152 = 2,469천원
• 남은금액을 7% 월복리 금융상품에 납입할 경우 추가저축액의 원리금
　　PMT(E) : 2,469, N : 3, I/Y : 7.229, FV? 7,955천원
　　(이율전환 : ICONV, NOM : 7, C/Y : 12, EFF? 7.229)

TOPIC 4 대출

20 A아파트에 거주하고 있는 정주리씨는 A아파트를 매도하고, 매도한 금액과 대출금을 보태서 B아파트를 매수하려고 한다. B아파트는 정주리씨가 현재 거주하고 있는 아파트보다 모기지 외 주거 관련 비용이 20% 더 필요하다. 정주리씨는 B아파트를 매수하면서 주거 관련 비용을 총소득 대비 30% 이하로 유지하면서 대출을 받으려고 한다. 아래 아파트 및 대출에 대한 세부정보와 정주리씨의 정보를 토대로 최대 대출 가능액을 구하시오.

> [아파트 및 대출 세부정보]
> - A아파트 모기지상환금 외 주거 관련 비용 : 재산세 600천원, 아파트 관리비 3,400천원
> - 대출이율 : 연 7% 월복리
> - 대출기간 : 20년
> - 대출상환방식 : 매월 말 원리금균등분할상환
> - 정주리씨의 연간 총소득 : 63,000천원

① 146,221천원　　② 151,554천원
③ 158,968천원　　④ 165,876천원
⑤ 172,025천원

정답 | ②
해설 |
- A아파트의 모기지 외 주거 관련 비용 : 600 + 3,400 = 4,000천원
- B아파트의 모기지 외 주거 관련 비용 : 4,000 × 1.2 = 4,800천원
- 총소득 대비 30%를 충족하는 주거 관련 비용 : 63,000 × 30% = 18,900천원
- B아파트 모기지 연상환금 : 18,900 - 4,800 = 14,100천원
- B아파트 모기지 월상환금 : 14,100 ÷ 12 = 1,175천원
- 최대 대출 가능액
　PMT(E) : 1,175, N : 20 × 12 = 240, I/Y : 7 ÷ 12, PV? 151,554천원

21 김형수씨는 아래와 같은 조건으로 대출을 받으려고 한다. 김형수씨가 20년차 말에 상환해야 하는 금액은 얼마인지 고르시오.

> - 대출금액 : 3억원
> - 대출기간 : 20년
> - 대출금리 : 연 8%
> - 대출상환방식 : 1~19년차까지 매년 말 25,000천원씩 상환하고, 20년차 말에는 나머지 대출잔액과 이자를 전액상환하는 조건

① 254,238천원 ② 258,554천원
③ 262,549천원 ④ 271,542천원
⑤ 279,238천원

정답 | ⑤
해설 | 〈접근방식 1〉
  매년 말 25,000천원씩 20회 상환했을 경우 대출 잔액
  PV : 300,000, I/Y : 8, PMT(E) : −25,000, N : 20, FV? −254,238천원
  마지막 20회차에 상환해야 할 총 금액 : 254,238+25,000=279,238천원
〈접근방식 2〉
  매년 말 25,000천원씩 19회 상환했을 경우 대출 잔액
  PV : 300,000, I/Y : 8, PMT(E) : −25,000, N : 19, FV? −258,554천원
  1년 후인 마지막 20회차에 상환해야 할 금액 : 258,554×1.08=279,238천원

22 케서방은 교육에 대한 열의가 대단하다. 그는 자녀들의 교육을 위해 아낌없는 지원을 할 생각이다. 케서방은 교육비 필요자금 마련을 위하여 채권형 펀드에 일정 금액을 투자할 예정이다. 그러나 사치스럽기로 유명한 케서방은 만약 자신에게 불행한 일이 닥쳐서 교육비 투자를 못하더라도 자녀의 교육은 반드시 마쳐야 한다는 생각을 가지고 있다. 이에 담당 재무설계사는 만약의 경우를 대비하여 케서방에게 9세인 자녀가 필요한 교육비만큼 보험을 가입하되, 투자하는 채권형 펀드가 늘어날수록 보험금이 줄어드는 체감 정기보험을 추천했다. 케서방은 다음과 같은 가정하에서 체감 정기보험을 가입했다. 케서방의 자녀가 13살이 되었을 때 체감정기보험의 보험금에 해당하는 것을 고르시오.

- 고등학교 교육비 6,000원, 대학교 교육비 12,000원(연간 비용이며 현재 기준금액임)
- 고등학교는 16세, 대학교는 19세부터 교육자금이 필요함(고교 3년, 대학 4년)
- 물가상승률 연 4%, 교육비 상승률 연 5%, 세후 투자수익률 연 6%.
- 교육비는 기시에 필요하고 지금 현재는 1월 초임
- 채권형펀드는 지금부터 매년 정액으로 7년간 투자하며 펀드의 수익률은 세후 연 6%임

① 10,094천원 ② 10,700천원
③ 26,982천원 ④ 28,601천원
⑤ 59,731천원

정답 | ④
해설 | • 현재시점의 교육자금 필요액
  CF0 : 0, C01 : 0, F01 : 6, C02 : 6,000, F02 : 3, C03 : 12,000, F03 : 4, I : (6−5)÷1.05, NPV? 59,731천원
• 매년 초 정액저축액
  PV : 59,731, N : 7, I/Y : 6, PMT(B)? 10,094천원
• 13세 시점의 체감정기보험의 보험금액
  N : 4, FV? 28,601천원

23 김성균씨는 어린 시절 자신들의 부모님께서 병환으로 일찍 세상을 여의는 바람에 정규교육을 모두 마치지 못한 것을 평생의 한으로 생각하고 있다. 그래서 어떤 일이 있더라도 자녀는 반드시 대학교육까지 시키려는 생각을 가지고 있다. 게다가 자녀도 독자라서 교육에 대한 열의도 대단하다. 그래서 김성균씨는 담당 CFP® 자격인증자를 찾아와서 필요교육자금에 대해 자신이 잘못될 경우를 대비할 수 있는 방안에 대해 상담하였다. 담당 CFP® 자격인증자는 김성균씨의 유고 시를 대비하여 체감정기보험 가입을 권하였다. 김성균씨가 CFP® 자격인증자의 조언대로 아래와 같은 체감정기보험을 가입했을 경우, 자녀 연령이 21세일 때 김성균씨가 가입한 체감정기보험의 보험금으로 적절한 것을 고르시오.

[자녀교육비 관련 정보]
- 자녀 연령 : 7세
- 대학입학 예정시기 : 19세
- 교육비 지출기간 : 대학 4년
- 필요교육비 : 현재물가기준 연간 20,000천원
- 세후투자수익률 : 연 7%
- 교육비상승률 : 연 4%
- 교육비는 매년 교육비상승률 만큼 인상되며 교육비지출은 기시에 이루어짐

[체감정기보험 관련 정보]
- 체감정기보험의 보험금은 김성균씨 사망 시 자녀가 대학교육까지 마칠 수 있는 교육자금이 일시금으로 지급되어야 함

① 9,753천원
② 10,435천원
③ 14,210천원
④ 39,439천원
⑤ 68,296천원

정답 | ⑤
해설 | CF0 : 20,000, C01 : 20,000, F01 : 1, I : (7−4)÷1.04, NPV? 39,439×1.04¹⁴ = 68,296천원

24 이혜진 고객은 아파트 구입을 위해 행복은행에서 20년 만기의 연 7% 월복리, 매월 말 원리금균등분할상환 조건으로 5년 전 150,000천원을 대출받아 지금까지 총 60회 원리금을 상환하였다. 최근 시장금리가 하락하여 성공은행에서 행복은행 대출을 모두 상환하는 조건으로 15년 만기 연 5.5% 월복리, 매월 말 원리금균등분할상환 대출상품으로 리파이낸싱하려고 하자, 행복은행에서는 현행 대출을 유지한다면 대출금리를 연 6% 월복리로 변경하고, 남은 대출기간 동안 이자만 상환하는 조건을 제시하였다. 이혜진씨는 행복은행과 성공은행의 대출조건을 비교해보고 어느 은행을 선택할지 고민하고 있다. 재무적인 측면에서 대출조건의 비교에 대한 적절한 설명을 고르시오.(단, 물가상승률은 연 4%, 동일한 금액으로 비교하기 위해 두 은행의 신규대출에 따른 부대비용은 감안하지 않는다.)

① 행복은행이 성공은행의 대출조건보다 현재물가기준으로 약 15,615천원 유리하다.
② 행복은행이 성공은행의 대출조건보다 현재물가기준으로 약 16,109천원 유리하다.
③ 성공은행이 행복은행의 대출조건보다 현재물가기준으로 약 6,598천원 유리하다.
④ 성공은행이 행복은행의 대출조건보다 현재물가기준으로 약 15,615천원 유리하다.
⑤ 성공은행이 행복은행의 대출조건보다 현재물가기준으로 약 16,109천원 유리하다.

정답 | ⑤
해설 | • 행복은행 최초 대출금의 매월 상환금액
   PV : 150,000, N : 240, I/Y : 7÷12=0.5833, PMT(E)? 1,163천원
• 60회 상환 후 원금 잔고
   AMORT, P1 : 1, P2 : 60, BAL? 129,385천원
• 성공은행 대출금의 매월 상환금액
   PV : 129,385, N : 180, I/Y : 5.5÷12=0.4583, PMT(E)? 1,057천원
• 물가상승률 이율전환
   ICONV, EFF : 4, C/Y : 12, NOM? 연 3.9285% 월복리÷12=월 0.3274%
• 성공은행 대출금의 현재물가기준 가치
   PMT(E) : 1,057, N : 180, I/Y : 0.3274%, PV? 143,618천원
• 행복은행 대출금의 매월 이자상환금액 : 129,385×0.005=647천원
• 행복은행 대출금의 현재물가기준 가치
   PMT(E) : 647, FV : 129,385, N : 180, I/Y : 0.3274%, PV? 159,727천원
• 비교 : 159,727−143,618=16,109천원
∴ 성공은행 대출이 행복은행 대출보다 현재물가기준으로 16,109천원 적다.

25 장동건, 고소영씨 부부는 주택을 구입하면서 A은행의 모기지대출 100,000천원을 매월 말 원리금균등분할, 대출기간 20년, 대출이율 연 7% 월복리 조건으로 대출받았다. 5년이 지난 현재 시중 대출금리가 연 5.5% 월복리로 내려 해당 대출금을 상환하고 B은행의 대출로 리파이낸싱하려고 한다. 장씨 부부가 아래 조건으로 리파이낸싱하려고 할 경우 줄어드는 매월 상환금으로 가장 적절한 것을 고르시오.

[B은행 대출조건]
- 연 5.5% 월복리, 매월 말 원리금균등분할상환대출
- 대출기간 15년
- A은행에서 남은 대출잔액만큼 B은행에서 대출하여 전액 상환하고, 신규대출에 따른 수수료는 없는 것으로 가정

① 48천원 ② 49천원
③ 54천원 ④ 56천원
⑤ 70천원

정답 | ⑤
해설 | • A은행 대출 잔액
　　　PV : 100,000, N : 20×12, I/Y : 7÷12, PMT(E)? 775천원
　　　AMORT, P1 : 1, P2 : 60, BAL? 86,257천원
　• B은행으로 리파이낸싱 후 매월 상환금액
　　　PV : 86,257, N : 15×12, I/Y : 5.5÷12, PMT(E)? 705천원
　∴ 줄어드는 매월 상환금 : 775−705＝70천원

26 이가영씨는 상가 구입을 위해 장미은행에서 5년 전 400,000천원을 대출받아 지금까지 총 60회 원리금을 상환하였다. 최근 대출금리가 내려서 백합은행에서 장미은행 대출을 모두 상환하는 조건으로 리파이낸싱하려고 한다. 이가영씨가 백합은행에서의 리파이낸스로 인해 발생하는 월 상환원리금 차액을 저축할 경우 대출기간 종료 시점의 적립총액으로 적절한 것을 고르시오.

[장미은행 대출조건]
- 대출기간 : 20년
- 연 7% 월복리, 매월 말 원리금균등분할상환대출

[백합은행 대출조건]
- 대출기간 : 15년
- 연 5.6% 월복리, 매월 말 원리금균등분할상환대출
- 장미은행에서 남은 대출잔액만큼 백합은행에서 대출하여 전액 상환하고, 신규대출에 따른 수수료는 없는 것으로 가정
- 리파이낸싱 할 경우 줄어드는 매월 상환금으로 세후투자수익률 연 6% 상품에 투자

① 72,600~72,800천원
② 73,600~73,800천원
③ 74,600~74,800천원
④ 75,600~75,800천원
⑤ 76,600~76,800천원

정답 | ④

해설 |
- 장미은행 대출금의 매월 상환금액
  PV : 400,000, N : 240, I/Y : 7÷12 = 0.5833, PMT(E)? 3,101천원
- 60회 상환 후 원금 잔고
  AMORT, P1 : 1, P2 : 60, BAL? 345,027천원
- 백합은행 대출금의 매월 상환금액
  PV : 345,027, N : 180, I/Y : 5.6÷12 = 0.4667, PMT(E)? 2,837천원
- 리파이낸싱을 통해 매월 줄어드는 상환금액 : 3,101 − 2,837 = 264천원
- 연 6%의 월이율(이율전환)
  ICONV, EFF : 6, C/Y : 12 NOM? 연 5.8411% 월복리÷12 = 월 0.4868%
- 월 저축액의 적립총액
  PMT(E) : 264, N : 180, I/Y : 0.4868, FV? 75,658천원

27 유지원씨 부부는 현재의 주택 구입 시 A은행의 모기지대출 300,000천원을 매월 말 원리금균등분할, 대출기간 15년, 대출이율 연 7% 월복리 조건으로 대출받아 현재 60회차 상환하였다. 유지원 씨 부부는 현재 시중 대출금리가 연 5.5% 월복리로 내려 A은행 대출금을 상환하고 B은행 대출로 리파이낸싱하려고 한다. 유지원씨 부부가 아래 조건으로 리파이낸싱하려고 할 경우 줄어드는 매월 상환금으로 재투자를 하여 10년 후 30,000천원을 마련하고자 한다면 연 몇 %의 세후투자수익률로 재투자를 해야 하는지 적절한 것을 고르시오.

[B은행 대출조건]
- 연 5.5% 월복리, 매월 말 원리금균등분할상환대출
- 대출기간 : 10년
- A은행에서 남은 대출잔액만큼 B은행에서 대출하여 전액 상환하고, 신규대출에 따른 수수료는 없는 것으로 가정

① 연 6.7% ② 연 6.9%
③ 연 7.1% ④ 연 7.7%
⑤ 연 8.3%

정답 | ②
해설 | • A은행 대출잔액
  PV : 300,000, N : 180, I/Y : 7÷12, PMT(E)? 2,696.48천원
  AMORT, P1 : 1, P2 : 60, BAL? 232,238천원
• 리파이낸싱 할 경우 B은행 매월 상환금
  PV : 232,238, N : 120, I/Y : 5.5÷12, PMT(E)? 2,520.40천원
• 리파이낸싱 할 경우 줄어드는 매월 상환금 : 2,696.48 − 2,520.40 = 176.09천원
• 줄어드는 매월 상환금으로 10년간 투자하여 30,000천원을 마련하기 위한 세후투자수익률
  PMT(E) : −176.09, N : 120, FV : 30,000, I/Y? 월 0.5593%×12 = 연 6.7121% 월복리
• 월복리 수익률의 연 실효수익률(이율전환)
  NOM : 6.7121, C/Y : 12, EFF? 6.9225%

TOPIC 5 NPV, IRR, 수정 IRR

28 중소기업에 근무하는 박수하씨는 지금부터 10년 뒤 직장 퇴직 후의 사업자금을 마련하기 위해 매년 말 20,000천원씩 10년간 투자하여 사업자금 300,000천원을 준비하려고 한다. 매년 말 투자하는 20,000천원의 자금 중 5,000천원은 연 5% 상품에, 5,000천원은 연 6% 상품에 투자하기로 하였다면 박수하씨가 10년 뒤 사업자금 300,000천원을 충당하기 위해 나머지 10,000천원을 투자할 금융상품의 세후투자수익률로 적절한 것을 고르시오.

① 연 5.51%
② 연 7.02%
③ 연 8.84%
④ 연 11.49%
⑤ 연 14.53%

정답 | ④
해설 | PMT(E) : 5,000, N : 10, I/Y : 5, FV? 62,889천원
PMT(E) : 5,000, N : 10, I/Y : 6, FV? 65,904천원
- 10년 후 준비자금 : 62,889 + 65,904 = 128,793천원
- 10년 후 부족자금 : 300,000 − 128,793 = 171,207천원
- 부족자금 마련을 위한 금융상품의 세후투자수익률
  FV : 171,207, N : 10, PMT(E) : −10,000, I/Y? 11.4888%

29 중소기업에 근무하는 강애심씨는 지금부터 20년 뒤 직장 퇴직 후의 사업자금을 마련하기 위해 매년 말 10,000천원씩 10년간 투자한 후 그 자금을 10년간 예치하여 사업자금을 준비하려고 한다. 사업을 위해 필요한 자금은 현재물가기준으로 150,000천원이다. 강애심씨가 20년 뒤 사업자금을 충당하기 위해 투자할 금융 품의 세후투자수익률로 적절한 것을 고르시오.(단, 사업자금은 매년 4%씩 증가한다고 가정한다.)

① 7.23%
② 7.82%
③ 8.35%
④ 8.44%
⑤ 9.04%

정답 | ③
해설 | CF0 : 0, C01 : −10,000, F01 : 10, C02 : 0, F02 : 9, C03 : 150,000 × 1.04^{20} = 328,668, F03 : 1, IRR? 8.3546%

30 대기업에 근무하는 정민선씨는 지금부터 15년 뒤 직장 퇴직 후의 사업자금을 마련하기 위해 세후투자수익률 연 5% 투자상품에 매년 말 10,000천원씩 투자하려고 한다. 사업을 위해 필요한 자금은 현재물가기준으로 300,000천원이다. 정민선씨가 15년 뒤 사업자금을 충당하기 위한 부족자금을 마련하기 위해 매년 말 15,000천원씩 7년간 투자한 후 그 자금을 8년간 예치하여 부족자금을 마련하려고 한다면 정민선씨가 부족자금을 위해 추가로 투자할 금융상품의 세후투자수익률로 적절한 것을 고르시오.(단, 사업자금은 매년 3%씩 증가한다고 가정한다.)

① 6.12%
② 7.46%
③ 8.15%
④ 12.97%
⑤ 14.17%

정답 | ③
해설 | • 매년 말 정액저축의 미래가치
　　　PMT(E) : 10,000, N : 15, I/Y : 5, FV? 215,786천원
　• 예치기간을 포함한 추가 저축의 수익률
　　　CF0 : 0, C01 : −15,000, F01 : 7, C02 : 0, F02 : 7, C03 : 300,000×1.03^{15}−215,786, F03 : 1, IRR? 8.1482%

31 최승진씨는 상가건물을 매입하여 5년간 운영하고 나서 매각할 예정이다. 매입가는 1,000,000천원이며 5년 후 매도가는 1,500,000천원으로 예상된다. 이 기간 동안 현금 유입은 연 6%로 투자되고, 현금유출은 연 10%의 이자비용이 지출된다. 초년도 말에는 인테리어 비용으로 −200,000천원이 지출되고 2차년도말부터 각 년도말마다 50,000천원, 60,000천원, 80,000천원, 80,000천원의 현금유입이 발생할 경우 상가건물 투자에 대한 수정내부수익률은 얼마인지 고르시오.(단, 상가의 매입·매도에 따른 세금 등 부대비용은 없는 것으로 가정한다.)

① 7.36%
② 7.38%
③ 8.68%
④ 8.76%
⑤ 8.95%

정답 | ③
해설 | • 현금유출의 현재가치
　　　CF0 : −1,000,000, C01 : −200,000, F01 : 1, I : 10, NPV? −1,181,818천원
　• 현금유입의 미래가치
　　　CF0 : 0, C01 : 0, F01 : 1, C02 : 50,000, F02 : 1, C03 : 60,000, F03 : 1, C04 : 80,000, F04 : 1, C05 : 1,500,000+80,000, F05 : 1, I : 6, NPV? 1,338,912천원
　　　1,338,912×1.06^5=1,791,767천원
　• 수정내부수익률
　　　FV : 1,791,767, N : 5, PV : −1,181,818, I/Y? 8.6791%

32 김형수씨는 인근지역 상가건물 매입을 고민 중이다. 매입가는 1,000,000천원이며 5년 후 매도가는 1,700,000천원으로 예상된다. 이 기간 중 매년 말 임대수익은 첫해 말 30,000천원부터 시작하여 매년 말 3%씩 증액된 금액이 현금으로 유입될 것으로 예상된다. 상가건물 투자에 대한 수정내부수익률 및 투자에 대한 현명한 선택으로 가장 적절한 것을 고르시오.(단, 세금은 없는 것으로 가정하며, 요구수익률은 세후 연 14%이고, 현금유입에 대한 재투자수익률은 세후 연 6%이며, 부동산 매매 및 운용에 대한 비용은 무시한다.)

① 13.32%, 투자안 기각　　② 13.32%, 투자안 선택
③ 13.44%, 투자안 기각　　④ 13.44%, 투자안 선택
⑤ 13.79%, 투자안 선택

정답 | ③
해설 | 〈TVM방식〉
　　　• 현금유입의 종가
　　　　PMT(E) : 30,000÷1.03=29,126, N : 5, I/Y : (6−3)÷1.03, PV? 133,723 ×1.06^5=178,952천원
　　　　178,952+1,700,000=1,878,952천원
　　　• 수정내부수익률
　　　　FV : 1,878,952, N : 5, PV : −1,000,000, I/Y? 13.4444%
　　〈CF방식〉
　　　• 현금유입의 종가
　　　　CF0 : 0, C01 : 30,000, F01 : 1, C02 : 30,000×1.03=30,900, F02 : 1, C03 : 30,000×1.03^2=31,827, F03 : 1, C04 : 30,000×1.03^3=32,782, F04 : 1, C05 : 30,000×1.03^4+1,700,000=1,733,765, I : 6, NPV? 1,404,062×1.06^5=1,878,952천원
　　　• 수정내부수익률
　　　　FV : 1,878,952, N : 5, PV : −1,000,000, I/Y? 13.4444%

33 현재 아래와 같은 포트폴리오를 가지고 있는 오지섭씨는 일부 자산으로 매수가격이 500,000천원인 부동산 투자를 고려하고 있다. 이 부동산을 매수할 경우 순영업수익이 1차년도에는 40,000천원, 2차년도에는 30,000천원, 3차년도에는 50,000천원이 될 것으로 예상되고, 3년 후에는 550,000천원의 가격으로 매도할 수 있을 것으로 예상되며, 이 기간 동안 현금유입은 연 5%로 재투자할 예정이다. 투자 포트폴리오에 대한 오지섭씨의 요구수익률이 7%일 경우, 투자 포트폴리오에 대한 적절한 설명으로 모두 묶인 것은?

포트폴리오	투자비중	기대수익률
현금자산	500,000천원	3%
주식	250,000천원	9%
채권	250,000천원	4.5%

가. 현재 포트폴리오를 그대로 유지할 경우 요구수익률 달성이 가능하다.
나. 부동산 투자를 통해 발생한 현금유입을 5%로 재투자할 경우 기대수익률은 10.55%이다.
다. 현금자산을 부동산에 투자할 경우 요구수익률 달성이 가능하다.
라. 주식과 채권을 부동산에 투자할 경우 요구수익률 달성이 가능하다.
마. 부동산에 투자할 경우 전체 포트폴리오를 통해 요구수익률 달성이 불가능하다.

① 가, 나
② 가, 마
③ 나, 다
④ 다, 라
⑤ 라, 마

정답 | ③

해설 | 가. 현재 포트폴리오의 기대수익률 : 0.5×3%+0.25×9%+0.25×4.5%=4.875%
나. 부동산 투자안의 기대수익률
  • 현금유입의 종가
    CF0 : 0, C01 : 40,000, F01 : 1, C02 : 30,000, F02 : 1, C03 : 50,000+550,000=600,000, F03 : 1, I : 5, NPV? 583,609×1.05^3=675,600천원
  • 수정내부수익률
    FV : 675,600, N : 3, PV : −500,000, I/Y? 10.5537%
다. 현금자산을 부동산에 투자할 경우 포트폴리오의 기대수익률 : 0.5×10.55%+0.25×9%+0.25×4.5%=8.65%
라. 주식과 채권을 부동산에 투자할 경우 포트폴리오의 기대수익률 : 0.5×3%+0.5×10.55=6.775%
마. 부동산에 투자할 경우 전체 포트폴리오를 통해 요구수익률 달성이 가능하다.

TOPIC 6 재무제표 분석

34 장혁, 왕빛나 부부의 재무상태표를 분석·평가한 내용으로 적절하지 않은 것은?

재무상태표(20××년 12월 31일 현재)

(단위 : 천원)

자산				부채 및 순자산			
	항목		금액	명의	항목	금액	명의
금융 자산	현금성자산				유동 부채			
		현금			비유동 부채	자동차할부잔액	12,500	장혁
		MMF	100,000	장혁		부동산담보대출	500,000	공동
		보통예금 등			총부채		512,500	
	저축성자산							
	투자자산							
		비상장주식	80,000	왕빛나				
		상장주식	210,000	장혁				
		펀드, ETF 등						
	금융자산 총액		390,000					
부동산 자산	주거용 부동산							
	수익형 부동산							
	토지 등		300,000	장혁				
	부동산자산 총액		300,000					
사용 자산	거주 아파트		700,000	공동				
	임차보증금							
	자동차 등		30,000	장혁				
	사용자산 총액		730,000					
기타 자산	퇴직연금 등							
	보험해약환급금		30,000	왕빛나				
	투자목적 미술품 등							
	기타자산 총액		30,000					
총자산			1,450,000		순자산		937,500	

① 사용자산을 포함한 가계 부동산자산의 비중이 69%, 금융자산이 차지하는 비중이 29%이다.
② MMF의 경우 20××년 12월 31일 기준 해지환급금으로 평가한 것이다.
③ 고객의 위험수용성향이 안정성장형일 경우 MMF의 1억원은 예금자보호 대상 금융상품이 아니므로 예금자보호 대상 금융상품인 CMA나 MMDA를 추천하는 것이 바람직하다.
④ 비상장주식의 경우 20××년 12월 31일 종가로 평가한 것이고, 상장주식의 경우 공정가치 평가액으로 평가한 것이다.
⑤ 토지의 경우 시장가치평가 시 실무적으로 부동산가격공시법에 따라 감정평가사가 적정가격으로 산정한 표준지공시지가와 비교하는 방법을 사용하고 있다.

정답 | ④
해설 | 〈자산의 종류별 평가방법 및 기준〉

자산의 종류	평가방법 및 기준
저축성자산	작성일 기준 해지환급금
상장주식	작성일 기준 종가
비상장주식	거래가 또는 공정가치 평가액
채권, 펀드, 신탁, 변액보험 등	작성일 기준 평가액
연금계좌(연금저축, DC, IRP 등)	작성일 기준 평가액
아파트	최종 실거래가(취득시기/가액 구분 표시)
단독, 다가구, 다세대 주택	탐문조사(현지중개사)에 의한 거래가격
상가 등 건물	실거래가, 감정평가액, 기준시가
토지	실거래가, 감정평가액, 개별공시지가
기타자산	공정시장가

- 사용자산을 포함한 가계 부동산자산의 비중 : (토지 300,000 + 거주 아파트 700,000) ÷ 1,450,000 = 68.97%

35. 장혁, 왕빛나 부부에 대한 다음 정보를 바탕으로 분석·평가한 소비성 부채비율로 가장 적절한 것은?

- 연간 총소득(세전) : 60,000천원
- 월 순수입 : 4,500천원
- 신용카드 잔액 : 800천원
- 가계자금대출 : 20,000천원(1년 만기 만기일시상환방식, 대출금리 연 11%)

① 5%
② 5.56%
③ 34.67%
④ 38.52%
⑤ 42.59%

정답 | ⑤
해설 |
- 소비성부채 : 800 + 20,000천원 + 20,000 × 11% = 23,000천원
- 소비성부채상환액 : 23,000 ÷ 12 = 1,917천원
- 소비성 부채비율 = $\dfrac{\text{소비성부채상환액}}{\text{월 순수입}}$ = $\dfrac{1,917}{4,500}$ = 42.59%

CHAPTER 02 위험관리와 보험설계

···TOPIC 1 조기사망위험

01 다음 정보를 고려할 때, 윤가이(40세)씨가 현재 일반사망 시 생애가치법을 통해 계산한 추가적인 생명보험 필요보장액으로 가장 적절한 것을 고르시오.

- 윤가이씨의 평균연봉 : 50,000천원
- 윤가이씨의 예상 정년 : 64세말까지 근무 가능
- 가계의 순소득(부양비) : 평균연봉의 70%
- 보험정보 : 종신보험(피보험자 : 윤가이) 일반사망 시 100,000천원의 사망보험금이 지급됨
- 가계의 순소득은 올해부터 윤가이씨 64세 말까지 매년 말 정액으로 필요함
- 부양비에 대한 할인율은 연 5%를 적용함

① 351,475천원 ② 393,288천원
③ 493,288천원 ④ 523,110천원
⑤ 623,110천원

정답 | ②
해설 | • 가계의 순소득(부양비) : 50,000×70%=35,000천원
　　　　• 장래소득의 현재가치
　　　　　PMT(E) : 35,000, N : 25, I/Y : 5, PV? 493,288천원
　　　　• 사망보험금을 고려한 추가적인 생명보험 필요보장 : 493,288−100,000=393,288천원

02 최승진 CFP® 자격인증자는 보다 정밀한 보험설계를 위해 니즈분석법을 사용하여 아래 정보를 기초로 하여 황달재씨 가정의 생명보험 필요보장액을 산정하고자 한다. 유가족의 니즈를 막내 독립 시까지의 부양가족 양육비와 배우자의 생애수입으로 한정할 경우 황달재씨 가정에 제시할 생명보험 필요보장액으로 가장 적절한 것을 고르시오.(단, 황달재씨 사망에 따른 사후정리자금 및 국민연금의 유족연금은 반영하지 않는다.)

> [황달재씨 가정의 가계 정보]
> - 황달재씨(남편) : 40세, 현재시점 연소득 세후 55,000천원, 은퇴기간은 65세에서 89세말까지 25년간임
> - 김연희씨(배우자) : 40세, 현재시점 연소득 세후 35,000천원, 은퇴기간은 65세에서 89세말까지 25년간임
> - 현재 막내나이 : 13세, 막내독립시기 : 28세
> - 사망 시 유족생활비 : 막내 독립 전 현재물가기준 48,000천원, 막내 독립 후 현재물가기준 35,000천원
> - 김연희씨의 국민연금은 65세부터 매년 초 8,000천원의 노령연금을 수령하는 것으로 가정
> - 필요비용 및 연 소득은 매 기간 초에 지급되며, 물가상승률로 인상하는 것으로 가정
> - 세후 투자수익률 : 연 7%, 물가상승률 : 연 4%

① 334,681천원
② 401,686천원
③ 443,378천원
④ 487,836천원
⑤ 530,263천원

정답 | ②

해설 | • 니즈분석법에 의한 생명보험 필요보장액 계산
CF0 : 48,000 − 35,000 = 13,000, C01 : 13,000, F01 : 14, C02 : 35,000 − 35,000 = 0, F02 : 10,
C03 : 35,000 − 8,000 = 27,000, F04 : 25, I : (7 − 4) ÷ 1.04, NPV? 401,686천원

03 노재승 CFP® 자격인증자는 최영수씨 가정의 생명보험 필요보장액을 산정하고자 한다. 유가족의 니즈를 막내 독립 시까지의 부양가족 양육비와 배우자의 생애수입으로 한정할 경우 최영수씨 가정에 제시할 추가적인 생명보험 필요보장액에 대한 설명으로 가장 적절한 것을 고르시오. (단, 각 니즈단계에서 남는 금액이 있으면 그 단계 필요보장액은 0으로 한다.)

> 현재 42세인 최영수씨는 중소기업 이사로 근무하고 있으며 연봉은 세후 70,000천원이다. 현재 40세인 부인 정혜미씨는 중소기업 대리로 근무하고 있으며 연봉은 세후 30,000천원이다. 이들 부부에게는 14살 된 아들 최민수와 12살 된 딸 최지우가 있다. 최영수씨 가정의 연간 가계지출은 50,000천원이며, 두 부부의 정년은 각각 60세이다.
>
> [최영수씨 가정의 추가정보]
> • 자산부채 현황
>   - 주택 전세보증금 : 150,000천원
>   - 해외주식형펀드 : 50,000천원
>   - 정기예금 : 30,000천원(이 중 10,000천원은 자녀의 대학교육을 위해 별도로 관리하고 있음)
>   - 신용대출 잔액 : 20,000천원
>   - 종신보험 : 200,000천원(60세 만기 정기특약 : 100,000천원, 재해사망특약 : 100,000천원)
> • 자녀들의 독립시기 : 27세
> • 사망 시 유족생활비 : 막내 독립 전 현 생활비의 80%, 막내 독립 후 50%
> • 정혜미씨의 기대여명 : 89세 말까지
> • 최영수씨의 소비, 각종 사회보험료 : 25,000천원
> • 최영수씨 사망에 따른 사후정리자금 및 국민연금의 유족연금은 반영하지 않으나, 정혜미씨의 국민연금 노령연금은 반영함
> • 정혜미씨는 60세부터 현재물가기준으로 매년 초 5,000천원의 국민연금 조기노령연금을 수령함
> • 비용과 수입은 매기간 초에 발생하며, 매년 물가로 상승함
> • 물가상승률은 연 4%, 세후투자수익률은 연 6%로 적용함

① 최영수씨가 현재시점에서 사망하는 경우 생애가치법에 의한 필요자금은 595,518천원이다.
② 생애가치법을 사용할 경우 87,242천원의 생명보험 필요보장액이 추가로 필요하다.
③ 현재시점에서 유동자산으로 분류해야 할 자산은 450,000천원이다.
④ 최영수씨가 현재시점에서 사망하는 경우 니즈분석법에 의한 필요자금은 428,865천원이다.
⑤ 니즈분석법을 사용할 경우 96,956천원의 생명보험 필요보장액이 추가로 필요하다.

정답 | ⑤

해설 | ① 생애가치법에 의한 생명보험 필요보장액
- 순소득 : 연소득 70,000 − 가장의 소비, 각종 사회보험료 25,000 = 45,000천원
- 잔려 근로기간 : 18년
- 장래소득의 현재가치
  PMT(E) : 45,000, N : 18, I/Y : 6, PV? 487,242천원

② 생애가치법에 의한 추가적인 생명보험 필요보장액
- 사망보험금 : 종신보험 200,000 + 정기특약 100,000 = 300,000천원
- 생애가치방법에 의한 추가적인 생명보험 필요보장액 : 487,242 − 300,000 = 187,242천원

③ 유동자산 : 사망보험금 300,000 + 해외주식형펀드 50,000 + 정기예금 30,000 − 대학교육자금 10,000 − 신용대출 잔액 20,000 = 350,000천원

④ 니즈분석법에 의한 생명보험 필요보장액
- 니즈분석법에 의한 비용의 산정
  − 막내 독립 전 부양가족 양육비 : 40,000(= 50,000×80%) − 배우자 연봉 30,000 = 10,000천원
  − 배우자 은퇴 전 수입 : 25,000(= 50,000×50%) − 배우자 연봉 30,000 = 0
  − 배우자 은퇴 후 수입 : 25,000 − 조기노령연금 5,000 = 20,000천원
- 니즈분석방법에 의한 지급횟수의 산정
  − 부양가족 양육비 : 15회(막내 12세가 독립할 때까지)
  − 배우자 은퇴 전 수입 : 5회(배우자 55세~59세 말까지)
  − 배우자 은퇴 후 수입 : 30회(배우자 60세~89세 말까지)
- 부양가족 양육비와 배우자 생애수입의 현재가치
  CF0 : 10,000, C01 : 10,000, F01 : 14, C02 : 0, F02 : 5, C03 : 20,000, F03 : 30, I : (6−4)÷1.04, NPV? 446,956천원

⑤ 니즈분석방법에 의한 추가적인 생명보험 필요보장액 : 446,956 − 350,000 = 96,956천원

04 아래 정보를 참고하여 이준희씨(35세)가 오늘 사망할 경우 유가족들이 유동자산만으로 실질적인 가계지출(부양비)을 유지할 수 있는 기간과 가장 가까운 것을 고르시오.(단, 사후정리비용은 감안하지 않으나, 국민연금의 유족연금은 감안한다).

> [이준희씨 가계 정보]
> 현재 35세인 이준희씨는 중소기업 과장으로 근무하고 있으며, 전업주부인 부인 김미화씨(32세), 딸 이나영(8세)이 있다. 이준희씨의 세후 연소득은 50,000천원이고, 이준희씨 가정의 연간 가계지출은 30,000천원이며, 지출 중 이준희씨의 소비, 각종 사회보험료 등 본인을 위해 지출하는 비용은 6,000천원이다. 이준희씨 가정의 재산보유현황은 다음과 같다.
> - 거주용 주택 : 350,000천원
> - 주식보유액 : 30,000천원(별도 사용목적이 없음)
> - 주택담보대출 미상환 잔액 : 55,000천원
> - 정기보험 : 55세 이전에 사망 시 일반사망보험금 100,000천원 지급
> - 이준희씨 사망 시 매년 초 현재물가기준 4,000천원의 국민연금의 유족연금이 지급됨
> - 필요비용은 매 기간 초에 지급되며, 물가상승률은 연 3%로, 세후투자수익률은 연 6%로 적용함

① 1년 초과~2년 이하 ② 2년 초과~3년 이하
③ 3년 초과~4년 이하 ④ 4년 초과~5년 이하
⑤ 5년 초과~6년 이하

정답 l ③
해설 l • 현재 활용 가능한 유동자산 : 주식보유액 30,000 + 정기보험 사망보험금 100,000 − 대출 잔액 55,000 = 75,000천원
• 연간 유가족의 가계지출 : 연간 가계지출 30,000 − 이준희씨 지출비용 6,000 − 유족연금 4,000 = 20,000천원
• 유가족의 생활 유지 가능 기간
PV : −75,000, I/Y : (6−3)÷1.03, PMT(B) : 20,000, N? 3.9079년

※ 다음 지문을 읽고 문제 5번부터 문제 6번까지 답하시오.

> 현재 38세인 신동수씨는 중소기업의 과장으로 근무하고 있으며, 부인 전지현씨는 35세로 전업주부이다. 두 부부에게는 12세 딸 신수지양과 11세 아들 신형석군이 있다. 신동수씨의 세후 연소득은 65,000천원이며 연간 가계지출은 40,000천원이다. 지출 중 신동수씨 본인의 생명보험료, 용돈 등 본인을 위해 지출하는 비용은 8,000천원이며, 25,000천원은 저축을 하고 있다. 신동수씨 가정의 재산 보유현황은 다음과 같다.
> - 거주용 주택의 전세 보증금 : 240,000천원
> - 주식보유액 : 5,000천원
> - 만기가 6개월 남은 정기예금 : 15,000천원
>   (내년 전세보증금을 올려주기 위해 별도로 관리하고 있음)
> - 만기가 3개월 남은 정기예금 : 15,000천원
> - 계약자와 피보험자가 전지현씨, 수익자가 신동수씨인 사망보험금이 100,000천원인 종신보험
> - 계약자와 피보험자가 신동수씨, 수익자가 전지현씨인 사망보험금이 100,000천원인 종신보험
> - 신용대출의 현재 잔액 : 10,000천원
> ※ 필요자금 및 준비자금 산출에 있어 별도의 가정이 없는 한 연간 물가상승률은 3%, 연봉상승률은 물가상승률+2%, 세후투자수익률 연 7%, 필요비용은 매기간 초에 지급되는 것으로 가정함

05 만약 신동수씨가 56세말까지 사망하지 않고 생존할 경우, 신동수씨 생애수입의 가치와 56세말까지의 매년 지출비용의 크기를 현재기준으로 비교해 보고자 한다. 다음 중 바르게 표현된 것을 고르시오.(단, 생애수입가치 계산 시 신동수씨의 연소득은 매년 말에 발생하고, 올해 말 연소득은 65,000천원으로 가정하며, 매년 지출비용은 현재의 가계지출이 매년 물가상승률 만큼 증가함을 가정한다.)

① 지출금액의 현가와 생애수입의 현가는 동일하다.
② 생애수입의 현가가 지출금액의 현가보다 427,950천원 더 크다.
③ 지출금액의 현가가 생애수입의 현가보다 427,950천원 더 크다.
④ 생애수입의 현가가 지출금액의 현가보다 476,907천원 더 크다.
⑤ 지출금액의 현가가 생애수입의 현가보다 476,907천원 더 크다.

정답 | ②
해설 | • 지출금액의 현가
  PMT(B) : 40,000, N : 19, I/Y : (7−3)÷1.03, PV? 551,201천원
 • 생애수입의 현가
  PMT(E) : 65,000÷1.05, N : 19, I/Y : (7−5)÷1.05, PV? 979,151천원
 • 생애수입의 현가와 지출금액의 현가 비교 : 979,151 − 551,201 = 427,950천원

06 신동수씨가 니즈분석법으로 막내 독립 전 가족의 부양을 위한 필요자금과 배우자 은퇴 전 필요한 자금을 알아보고자 한다. 막내 독립까지의 기간을 지금부터 15년으로 가정하고 이 기간 동안의 희망 연수입은 현재물가기준으로 32,000천원이며, 배우자의 은퇴시점을 60세로 가정하고 이 기간 동안의 희망 연수입은 현재물가기준으로 25,000천원이다. 필요자금을 막내 독립 전 부양자금과 배우자 은퇴 전 생활자금으로 한정할 경우, 만약 신동수씨가 지금 사망하지 않고 3년 후에 사망한다면 3년 후 시점에서 필요한 필요자금의 현재가치는 얼마인지 적절한 것을 고르시오.(단, 신동수씨 사망에 따른 사후정리비용은 감안하지 않으나, 국민연금관리공단으로부터 수령이 예상되는 매년 초 현재물가기준 6,000천원의 유족연금은 반영한다.)

① 134,755천원
② 222,393천원
③ 255,510천원
④ 357,148천원
⑤ 390,265천원

정답 | ⑤
해설 | • 3년 후 시점의 필요자금의 현재물가기준 가치
  CF0 : 32,000 – 6,000 = 26,000, C01 : 26,000, F01 : 11, C02 : 25,000 – 6,000 = 19,000, F02 : 10,
  I : (7 – 3) ÷ 1.03, NPV? 357,148천원 가치
• 3년 후 시점의 필요자금 : 357,148 × 1.03^3 = 390,265천원

···TOPIC 2 상해 · 질병위험

07 신동수씨는 장기개호상태가 발생할 경우 3년간 정액으로 매년 초 35,000천원을 지급하는 보험상품에 가입하고 있다. 아래 정보를 참고하여 만약 신동수씨가 사망하기 3년 전 실제로 개호상태가 발생할 경우를 대비하여 현재시점에서 추가로 준비해야 할 금액으로 적절한 것을 고르시오.

[개호비용 관련 정보]
• 신동수씨는 현재 35세로, 86세 말까지 생존할 것으로 생각하고 있다.
• 개호비용으로는 현재물가기준으로 연간 35,000천원이 기시에 필요하다.
• 계산을 위해 4%의 비용상승률과 6%의 세후투자수익률에 합의하였다.

① 30,514천원
② 34,808천원
③ 40,515천원
④ 50,439천원
⑤ 50,914천원

정답 | ②

해설 | • 현재시점 보험금의 가치
　　　CF0 : 0, C01 : 0, F01 : 48, C02 : 35,000, F02 : 3, I : 6, NPV? 5,707천원
• 현재시점의 장기개호 필요자금
　　　CF0 : 0, C01 : 0, F01 : 48, C02 : 35,000, F02 : 3, I : (6−4)÷1.04, NPV? 40,515천원
• 현재시점 부족자금 : 40,515 − 5,707 = 34,808천원

08 김흥국씨는 니즈분석법을 통해 노후의 장기개호위험에 대비하고자 한다. 아래 정보를 참고하여 김흥국씨가 은퇴시점에 가져야 할 장기개호 필요자금으로 적절한 것을 고르시오.

[개호비용 관련 정보]
• 현재 38세인 김흥국씨는 58세에 은퇴하기를 희망한다.
• 김흥국씨는 86세 말까지 생존할 것으로 기대하고 있으며, 개호상태 예상기간은 본인이 사망하기 3년 전부터 사망 시까지로 설정하였다.
• 개호상태 발생 시 필요비용은 현재물가기준으로 연 30,000천원으로 기시에 필요하며, 비용상승률은 4%로 세후투자수익률은 6%로 합의하였다.

① 68,427천원
② 115,699천원
③ 117,924천원
④ 182,416천원
⑤ 314,367천원

정답 | ③

해설 | • 은퇴시점에 필요한 장기개호자금 일시금의 현재가치
　　　CF0 : 0, C01 : 0, F01 : 25, C02 : 30,000, F02 : 3, I : (6−4)÷1.04, NPV? 53,819천원 가치
• 은퇴시점에 필요한 장기개호자금 일시금 : 53,819 × 1.04^{20} = 117,924천원

TOPIC 3 재산위험

09 4인 가족의 가장인 김흥국씨는 신축된 지 만 4년 경과한 132.2m²의 일반 주택에 거주하고 있다. 김흥국씨의 월평균 수입은 4,000천원이다. 이 주택은 철근콘크리트조 슬래브 구조의 양옥으로 최근 새로 장만한 가구가 많고 고가품도 많다(주택종류상 '상'으로 분류). 다음 간이 건물신축단가표와 가재도구 보험가액 간이평가를 위한 항목별 기준액 및 가중치를 활용하여 김흥국씨의 주택 및 가재도구에 대한 보험가액을 현재시점에서 계산하고자 한다. 다음 중 주택과 가재도구의 현재가액으로 가장 적절한 것을 고르시오.

[간이 건물신축단가표]

(단위 : 천원, %)

용도	구조	m²당 단가	경년감가율
일반주택	목조 목조지붕틀 기와	684.8	2
	시멘트벽돌조 목조지붕틀 슬레이트	533.6	1
	시멘트벽돌조 목조지붕틀 기와	663.6	1
	치장벽돌조 슬래브기와	827.3	1
	치장벽돌조 슬래브지붕	793.9	1
	철근콘크리트조 슬래브	890.90	1

[가재도구 보험가액 간이평가를 위한 항목별 기준액 및 가중치]

구분	주택종류	주택면적	가족수	월평균수입
고객상황	양옥(상)	132.0~148.5m²	3~4인	3,500~4,500천원
금액(천원)	23,637	20,067	11,326	35,117
가중치(%)	11.80	29.99	19.81	38.40

	건물	가재도구
①	71,424천원	13,485천원
②	85,478천원	24,536천원
③	85,478천원	9,404천원
④	113,066천원	13,485천원
⑤	113,066천원	24,536천원

정답 | ⑤

해설 | • 현재시점 건물의 보험가액 : 재조달가액 – 감가상각액 = 현재가액
　　　　재조달가액 : 연면적×신축단가 = 132.2×890.9 = 117,777천원
　　　　감가상각액 : 재조달가액×경년감가율 ×경과년수 = 117,777×1%×4년 = 4,711천원
　　　　현재가액 : 재조달가액 – 감가상각액 = 117,777 – 4,711 = 113,066천원
　　• 현재시점 가재도구의 보험가액 = 주택종류×가중치 + 주택면적×가중치 + 가족수×가중치 + 월평균수입×
　　　　가중치 = 23,637×11.8% + 20,067×29.99% + 11,326×19.81% + 35,117×38.4% = 24,536천원

TOPIC 4 정기보험과 종신보험의 보험료 비교

10 35세인 이학빈 고객은 55세 시점에 자녀결혼자금 1억원을 모으기 위한 저축계획 수립과 함께 저축기간(20년) 동안의 위험보장을 위해 정기보험(사망보험금 1억원)가입을 고려하고 있다. 이학빈 고객은 정기보험의 저렴한 보험료에는 만족하면서도 해약환급금이 없다는 점이 마음에 걸린다. 이학빈 고객의 선택을 돕기 위해 종신보험의 해약환급금과 동일한 금액을 수령하기 위한 저축금액을 산출한 후, 정기보험의 보험료를 더한 금액과 종신보험의 보험료를 비교하여 제시하고자 한다. 아래의 정보를 참고하여 정기보험의 연간 보험료와 연간 저축금액의 합계액으로 적절한 것을 고르시오.

[보험 관련 정보]
• 일반사망 1억원을 보장받기 위한 종신보험(20년납)의 연간 보험료는 2,000천원이며, 20년 경과시점의 해약환급금은 45,000천원으로 예상된다.
• 일반사망 1억원을 보장받기 위한 정기보험(20년 만기 전기납)의 연간 보험료는 350천원이며, 만기환급금은 없다.
• 비교를 위한 저축방식은 기말급으로, 세후투자수익률은 연 4%로 합의하였다.

① 1,511천원　　　　　　　② 1,861천원
③ 1,453천원　　　　　　　④ 1,803천원
⑤ 1,956천원

정답 | ②

해설 | • 종신보험 해약환급금과 동일한 금액을 수령하기 위한 연간 저축금액
　　　　FV : 45,000, N : 20, I/Y : 4, PMT(E)? 1,511천원
　　• 저축금액과 정기보험의 보험료의 합계 : 1,511 + 350 = 1,861천원

11 35세인 김형수 고객은 자녀교육이 끝나는 시점인 55세까지를 보장기간으로 하는 1억원의 사망보장보험에 가입하고자 한다. 정기보험을 가입하자니 보험료는 저렴하지만 만기환급금이 없다는 것이 마음에 걸리고, 종신보험은 만기환급금은 있으나 보험료가 너무 비싸서 고민이다. 김형수 고객의 선택을 돕기 위해 최승진 CFP® 자격인증자는 정기보험의 보험료에다 종신보험의 해약환급금(20년 경과시점)에 해당하는 금액을 수령할 수 있는 저축금액을 더하여 종신보험의 보험료와 비교해 주고자 한다. 종신보험에 가입하는 방안을 A안이라고 하고, 정기보험가입과 별도 저축을 동시에 하는 방안을 B안이라고 할 때, 아래의 정보를 참고하여 두 가지 제안을 비교한 내용에 대한 적절한 것을 고르시오.

> [보험 관련 정보]
> • 일반사망 1억원을 보장받기 위한 종신보험(20년납)의 연간보험료는 2,126천원이며, 20년 경과시점의 해약환급금은 61,800천원으로 예상된다.
> • 일반사망 1억원을 보장받기 위한 정기보험(20년 만기 전기납)의 연간보험료는 1,163천원이며, 만기환급금은 없다.
> • 비교를 위한 저축방식은 기말급으로, 투자수익률 연 6%로 합의하였다.

① A안의 납입금액이 B안에 비해 434천원 저렴하다.
② A안의 납입금액이 B안에 비해 717천원 저렴하다.
③ B안의 납입금액이 A안에 비해 434천원 저렴하다.
④ B안의 납입금액이 A안에 비해 673천원 저렴하다.
⑤ B안의 납입금액이 A안에 비해 717천원 저렴하다.

정답 l ②
해설 l • 종신보험 해약환급금과 동일한 금액을 수령하기 위한 연간 저축금액
　　　　FV : 61,800, N : 20, I/Y : 6, PMT(E)? 1,680천원
　　• 저축금액과 정기보험의 보험료의 합계(B안) : 1,680 + 1,163 = 2,843천원
　　• 종신보험의 보험료와의 차이 : 2,843 − 2,126 = 717천원

12 35세인 김만호 고객은 자녀교육이 끝나는 시점인 60세까지를 보장기간으로 하는 3억원의 사망보장보험에 가입하고자 한다. 정기보험을 가입하자니 보험료는 저렴하지만 만기환급금이 없다는 것이 마음에 걸리고, 종신보험은 만기환급금은 있으나 보험료가 너무 비싸서 고민이다. 김만호 고객의 선택을 돕기 위해 정기보험의 보험료에다 종신보험의 해약환급금(25년 경과시점)에 해당하는 금액을 수령할 수 있는 저축금액을 더하여 종신보험의 보험료와 비교해 주고자 한다. 종신보험에 가입하는 방안을 A안이라고 하고, 정기보험가입과 별도 저축을 동시에 하는 방안을 B안이라고 할 때, 아래의 정보를 참고하여 두 가지 제안을 비교한 내용에 대한 적절한 것을 고르시오.

[보험 관련 정보]
- 일반사망 3억원을 보장받기 위한 종신보험(25년납)의 연간보험료는 4,223천원이며, 25년 경과시점의 해약환급금은 68,000천원으로 예상된다.
- 일반사망 3억원을 보장받기 위한 정기보험(25년 만기 전기납)의 연간보험료는 2,806천원이며, 만기환급금은 없다.
- 비교를 위한 별도 저축은 기말급, 세후투자수익률 연 6%로 가정한다.

① A안의 납입금액이 B안에 비해 178천원 저렴하다.
② A안의 납입금액이 B안에 비해 213천원 저렴하다.
③ A안의 납입금액이 B안에 비해 257천원 저렴하다.
④ B안의 납입금액이 A안에 비해 178천원 저렴하다.
⑤ B안의 납입금액이 A안에 비해 213천원 저렴하다.

정답 | ④
해설 | • 종신보험 해약환급금과 동일한 금액을 수령하기 위한 연간 저축금액
    FV : 68,000, N : 25, I/Y : 6, PMT(E)? 1,239천원
- 저축금액과 정기보험의 보험료의 합계(B안) : 1,239 + 2,806 = 4,045천원
- 종신보험의 보험료와의 차이 : 4,045 − 4,223 = 178천원

···TOPIC 5 보험금 수령방법

13 홍은빈씨는 복권 당첨금 300,000천원에 대해 일정 기간 거치 후 매년 확정기간 분할수령방법으로 연금을 수령하고자 한다. 다음 중 홍은빈씨에게 수익률이 가장 높은 연금형태를 고르시오.(단, 연금은 기시에 수령하는 것으로 가정한다.)

① 5년간 거치 후 12년간 매년 25,000천원 수령
② 5년간 거치 후 14년간 매년 24,000천원 수령
③ 7년간 거치 후 12년간 매년 32,000천원 수령
④ 10년간 거치 후 15년간 매년 40,000천원 수령
⑤ 10년간 거치 후 12년간 매년 50,000천원 수령

정답 l ⑤
해설 l ① CF0 : −300,000, C01 : 0, F01 : 4, C02 : 25,000, F02 : 12, IRR? 0%
② CF0 : −300,000, C01 : 0, F01 : 4, C02 : 24,000, F02 : 14, IRR? 0.9974%
③ CF0 : −300,000, C01 : 0, F01 : 6, C02 : 32,000, F02 : 12, IRR? 2.0138%
④ CF0 : −300,000, C01 : 0, F01 : 9, C02 : 40,000, F02 : 15, IRR? 4.2609%
⑤ CF0 : −300,000, C01 : 0, F01 : 9, C02 : 50,000, F02 : 12, IRR? 4.6565%

14 2025년 1월 초 현재 유상완씨는 100,000천원으로 일시납 연금상품에 가입하려고 한다. 다음 중 유상완씨에게 수익률이 가장 높은 연금형태를 고르시오.

① 2026년 1월 초부터 총 40회 동안 매년 7,000천원씩 정액으로 연금 지급
② 2031년 1월 초부터 총 35회 동안 매년 10,000천원씩 정액으로 연금 지급
③ 2036년 1월 초부터 총 30회 동안 매년 15,000천원씩 정액으로 연금 지급
④ 2041년 1월 초부터 총 25회 동안 매년 20,000천원씩 정액으로 연금 지급
⑤ 2046년 1월 초부터 총 20회 동안 매년 30,000천원씩 정액으로 연금 지급

정답 l ③
해설 l ① CF0 : −100,000, C01 : 7,000, F01 : 40, IRR? 6.4187%
② CF0 : −100,000, C01 : 0, F01 : 5, C02 : 10,000, F02 : 35, IRR? 6.4937%
③ CF0 : −100,000, C01 : 0, F01 : 10, C02 : 15,000, F02 : 30, IRR? 6.7164%
④ CF0 : −100,000, C01 : 0, F01 : 15, C02 : 20,000, F02 : 25, IRR? 6.2744%
⑤ CF0 : −100,000, C01 : 0, F01 : 20, C02 : 30,000, F02 : 20, IRR? 6.2615%

15 조은실씨는 남편 사망 후 수령한 3억원의 사망보험금에 대해 매년 확정기간 분할수령방법으로 연금을 수령하고자 한다. 다음 중 조은실씨에게 수익률이 가장 높은 연금형태를 고르시오.

① 지금부터 10년간 39,000천원의 연금
② 지금부터 20년간 25,000천원의 연금
③ 지금부터 30년간 22,000천원의 연금
④ 지금부터 15년간 매년 초 25,000천원을 시작으로 3%의 물가상승률을 반영한 연금
⑤ 지금부터 20년간 매년 초 21,200천원을 시작으로 3%의 물가상승률을 반영한 연금

정답 | ⑤
해설 | ① PV : -300,000, N : 10, PMT(B) : 39,000, I/Y? 6.3741%
② PV : -300,000, N : 20, PMT(B) : 25,000, I/Y? 6.1833%
③ PV : -300,000, N : 30, PMT(B) : 22,000, I/Y? 6.7103%
④ PV : -300,000, N : 15, PMT(B) : 25,000, I/Y? 3.3921%,

$$k = \frac{100i - 100r}{1+r}$$ 이므로 $100i = (3.3921 \times 1.03) + 3 = 6.4939\%$

⑤ PV : -300,000, N : 20, PMT(B) : 21,200, I/Y? 3.9848%,
$100i = 3.9848 \times 1.03 + 3 = 7.1043\%$

16 성아름씨는 남편 사망 후 수령한 1억원의 사망보험금에 대해 연금 수령 방안을 놓고 고민 중이다. 다음 중 성아름씨에게 연 수익률이 가장 낮은 연금형태부터 가장 높은 형태까지 순서대로 나열된 것을 고르시오.

가. 지금부터 매년 초 4,800천원씩 영구히 수령하는 방안
나. 매년 말 5,000천원씩 영구히 수령하는 방안
다. 분기 말 3,000천원씩 10년간 수령하는 방안
라. 지금부터 20년간 매년 초 6,000천원을 시작으로 연 3%씩 증액된 연금을 수령하는 방안

① 가-나-다-라   ② 나-가-라-다
③ 나-라-가-다   ④ 다-가-나-라
⑤ 다-나-가-라

정답 | ⑤
해설 | 가. 이자지급방법 : 기시급 영구연금

• 원금 = $\frac{연금}{이율}$ + 연금

• 이율 = $\frac{연금}{(원금-연금)} = \frac{4,800}{(100,000-4,800)} = 0.0504 = 5.04\%$

또는 PV : -100,000, N : 9999, PMT(B) : 4,800, I/Y? 5.042%

나. 이자지급방법 : 기말급 영구연금
- 이율 = $\frac{연금}{(원금)} = \frac{5,000}{100,000} = 0.05 = 5\%$

  또는 PV : -100,000, N : 9999, PMT(E) : 5,000, I/Y? 5%

다. 기간확정방법 : 분기
- 분기수익률
  PV : -100,000, N : 4×10 = 40, PMT(E) : 3,000, I/Y? 분기 0.9209%
- 연 명목수익률 : 분기 0.9209%×4 = 연 3.6835% 분기복리
- 연 실효수익률
  ICONV, NOM : 3.6835, C/Y : 4, EFF? 연 3.7347%

라. 기간확정방법 : 기시급 증액연금
  PV : -100,000, N : 20, PMT(B) : 6,000, I/Y? 2.0082%(K율)

  $2.0082 = \frac{100i - 3}{1.03}$

  $100i = 2.0082 \times 1.03 + 3 = 5.0684\%$

17 이학빈씨(30세)는 아내가 불의의 사고로 사망하여 사망보험금 3억원을 수령하였다. 사망보험금을 일시에 받지 않고 매년 연금으로 받고자 할 경우 이학빈씨에게 가장 유리한 방법을 고르시오.(단, 연금은 매년 초에 수령하고, 이학빈씨는 80세 말까지 생존하는 것으로 가정하며, 세후 투자수익률은 연 6%이다.)

① 이자수령방법 : 매월 초 1,800천원을 지급 받고 사망 시 140,000천원 수령
② 확정기간 분할수령방법 : 20년간 매년 25,000천원 수령
③ 확정기간 분할수령방법 : 23년간 매년 24,000천원 수령
④ 평준생애수입방법 : 매년 20,000천원 수령
⑤ 보증부생애수입방법 : 10년간 보증 받고 매년 19,000천원 수령

정답 | ①
해설 | ① 이율전환(연 6%의 월이율)
  ICONV, EFF : 연 6%, C/Y : 12, NOM? 연 5.8411% 월복리÷12 = 월 0.4868%
  PMT(B) : 1,800, FV : 140,000, N : 51×12 = 612, I/Y : 0.4868, PV? 359,735천원
② PMT(B) : 25,000, N : 20, I/Y : 6, PV? 303,953천원
③ PMT(B) : 24,000, N : 23, I/Y : 6, PV? 312,998천원
④ PMT(B) : 20,000, N : 51, I/Y : 6, PV? 335,237천원
⑤ PMT(B) : 19,000, N : 51, I/Y : 6, PV? 318,475천원

18 고소영씨(40세)는 3억원을 일시납으로 즉시연금을 가입하였다. 연금은 매년 초에 수령하고자 할 경우 고소영씨에게 가장 유리한 방법을 고르시오.(단, 고소영씨는 79세 말까지 생존하는 것으로 가정하며, 세후투자수익률은 연 5%이다.)

① 이자수령방법 : 매월 초 950천원 지급받고 사망 시 100,000천원 수령
② 확정기간 분할수령방법 : 20년간 매년 17,000천원 수령
③ 평준생애수입방법 : 매년 12,500천원 수령
④ 보증부생애수입방법 : 10년간 보증받고 매년 12,000천원 수령
⑤ 연생생존자생애수입방식 : 매월 초 1,500천원 지급받고 3년 뒤 남편 사망 시 고소영씨만의 독거기간동안 매월 초 1,000천원 수령

정답 I ⑤
해설 I ① 연 5%의 월이율(이율전환)
　　　　　ICONV, EFF : 5, C/Y : 12, NOM? 연 4.8889% 월복리÷12=월 0.4074%
　　　　　PMT(B) : 950, FV : 100,000, N : 40×12=480, I/Y : 0.4074, PV? 215,077천원
　　② PMT(B) : 17,000, N : 20, I/Y : 5, PV? 222,450천원
　　③ PMT(B) : 12,500, N : 40, I/Y : 5, PV? 225,213천원
　　④ PMT(B) : 12,000, N : 40, I/Y : 5, PV? 216,204천원
　　⑤ 연 5%의 월이율(이율전환)
　　　　　ICONV, EFF : 5, C/Y : 12, NOM? 연 4.8889% 월복리÷12=월 0.4074%
　　　　　CF0 : 1,500, C01 : 1,500, F01 : 35, C02 : 1,000, F02 : 37×12=444, I : 0.4074, NPV? 228,223천원

19 연금보험의 급부선택에 있어 60세부터 매월 900천원을 받을 수 있는 종신수령형과 15년 동안 매월 1,200천원을 받을 수 있는 확정기간형이 있다. 임성철씨가 종신수령형을 선택할 경우 몇 년 이상 생존해야 확정기간형보다 유리해지는지 적절한 것을 고르시오.(단, 연금수령은 기시에 이루어지며, 할인율은 연 6% 월복리를 적용한다.)

① 25년　　　　　　　　　　　　② 26년
③ 27년　　　　　　　　　　　　④ 28년
⑤ 29년

정답 I ③
해설 I • 확정기간형 상품의 연금현가
　　　　PMT(B) : 1,200, N : 15×12=180, I/Y : 6÷12=0.5, PV? −142,915천원
　　• 확정기간형 상품의 연금현가에 해당하는 종신연금형 상품의 수령기간
　　　　PV : −142,915, I/Y : 6÷12=0.5, PMT(B) : 900, N? 312.9316개월÷12=26.0776년
　　　　26.0776년 보다 유리해지려면 27년 이상 생존해야 함

20 60세 동갑인 강민호씨 부부는 정년퇴직 후 받게 되는 퇴직금 300,000천원을 일시납 즉시연금에 가입하고 연금지급방식은 강민호씨가 생존했을 경우에만 매월 말 2,300천원의 연금을 받는 단생지급방식과 부부 중 한 사람만 생존하여도 매월 말 2,000천원의 연금을 받는 연생지급방식 중 하나를 선택하고자 한다. 배우자의 기대여명은 79세 말까지이고, 은퇴기간 중 세후투자수익률은 연 5% 월복리일 경우 단생지급방식을 선택할 경우 연생지급방식보다 유리해지는 시점은 강민호씨가 몇 세까지 생존했을 때인지 적절한 것을 고르시오.(단, 연생지급방식은 60세부터 79세 말까지 연금이 지급된다.)

① 68세 ② 70세
③ 72세 ④ 74세
⑤ 76세

정답 | ⑤
해설 | • 연생지급방식의 연금현가
  PMT(E) : 2,000, N : 240, I/Y : 5÷12, PV? -303,051천원
• 연생지급방식의 평가금액과 동일해지는 단생지급방식의 기간
  PV : -303,051, I/Y : 5÷12, PMT(E) : 2,300, N? 191.5095개월÷12=15.9591년
• 연생지급방식보다 유리해지는 단생지급방식의 나이
  15.9591+60세=75.9591세, 즉 76세

⋯ TOPIC 6 실손의료보험

21 양은지씨는 토마토손해보험회사에 4세대 실손의료보험에 가입하였다. 이후 다음과 같은 의료비가 발생한 경우 토마토손해보험회사에서 지급해야 할 보험금으로 가장 적절한 것을 고르시오.

[가입사항]
• 입원 : 50,000천원, 통원 : 회당 200천원(급여, 비급여)

[상해로 인한 진료비 내역]
• 입원의료비(진료기관 A병원)
  -본인부담금 : 1,400천원
  -비급여(상급병실료 제외) : 2,700천원
• 상급병실료 차액(별도) : 20일간 2인실 입원, 1일당 90천원

[질병으로 인한 진료비 내역]
• 통원의료비(진료기관 B의원)
  -본인부담금 : 20천원
  -비급여 : 50천원

① 3,010천원 ② 3,040천원
③ 3,910천원 ④ 3,940천원
⑤ 4,490천원

정답 | ④

해설 | [상해로 인한 입원의료비]
- 기본형 : 급여 보장대상 의료비 – 보장대상 의료비의 20% = 1,400×80% = 1,120천원
- 특별약관 : 비급여 보장대상의료비 – 보장대상 의료비의 30% = 2,700×70% = 1,890천원
- 상급병실료 차액 : 90×50%×20일 = 900천원
- 상해로 인한 입원의료비 : 1,120 + 1,890 + 900 = 3,910천원

[질병으로 인한 통원의료비]
- 기본형 : 급여 보장대상 의료비 – Max[보장대상 의료비의 20%, 최소자기부담금] = 20 – Max[20×20% = 4천원, 10천원] = 10천원
  ※ 최소자기부담금 : 병·의원 1만원, 상급·종합병원 2만원
- 특별약관 : 비급여 보장대상 의료비 – Max[보장대상 의료비의 30%, 최소자기부담금 3만원] = 50 – Max(50×30% = 15천원, 30천원) = 20천원
- 통원의료비 보험금 : 10 + 20 = 30천원
- 지급보험금 : 3,910 + 30 = 3,940천원

22 다음과 같은 실손의료보험을 가입하고 있는 심심해씨에게 다음과 같은 입원의료비가 발생한 경우 각 사가 지급해야 할 보험금이 적절하게 연결된 것은?

> [갑을손해보험회사] 3세대 실손의료보험 기본형(자기부담금 10%)
> [병정손해보험회사] 4세대 실손의료보험 기본형(자기부담금 20%)
> - 본인부담금 총액 6,000천원 발생(보상 제외금액 1,000천원 포함)
> - 비급여 및 상급병실료 차액 없음

	갑을손해보험회사	병정손해보험회사
①	2,118천원	2,382천원
②	2,382천원	2,118천원
③	2,353천원	2,647천원
④	2,647천원	2,353천원
⑤	4,500천원	4,000천원

정답 | ②

해설 | • 갑을손해보험회사의 보상책임 : 5,000천원 − 10% = 4,500천원
- 병정손해보험회사의 보상책임 : 5,000천원 − 20% = 4,000천원
- 비례분담액 = (각 계약의 보상대상 의료비 중 최고액 − 각 계약의 피보험자부담 공제금액 중 최소액)
  $\times \dfrac{\text{각 계약별 보상책임액}}{\text{각 계약별 보상책임액의 합계액}}$
- 갑을손해보험회사 : $4,500 \times \dfrac{4,500천원}{4,500천원 + 4,000천원} = 2,382천원$
- 병정손해보험회사 : $4,500 \times \dfrac{4,000천원}{4,500천원 + 4,000천원} = 2,118천원$

23 4세대 실손의료보험을 가입하고 있는 친절한씨에게 다음과 같은 의료비가 발생한 경우 손해보험회사에서 지급해야 할 통원의료비 보험금으로 가장 적절한 것은?

〈4세대 실손의료보험 기본형·특별약관 가입〉
보험기간 : 올해 1월 1일~12월 31일
약관상 보장하는 질병으로 아래와 같이 통원치료

통원일	진단명(병명)	진료기관	본인부담의료비 급여	본인부담의료비 비급여
3월 11일	위염	A의원	50,000원	10,000원
3월 11일	위염	B병원	250,000원	50,000원
5월 4일	위궤양	C상급·종합병원	250,000원	70,000원

① 440천원
② 476천원
③ 510천원
④ 544천원
⑤ 680천원

정답 | ③

해설 | • 3월 11일 외래와 처방 : 하나의 상해나 질병으로 인해 동일한 의료기관에서 같은 날 외래 및 처방을 함께 받은 경우 처방 일자를 기준으로 외래 및 처방조제를 합산하되 통원 1회로 보아 보상한다.
  − 급여 보장대상 의료비 300천원 − Max(300천원×20% = 60천원, 10천원) = 300천원 − 60천원 = 240천원
  − 비급여 보장대상 의료비 60천원 − Max(60천원×30% = 18천원, 30천원) = 60천원 − 30천원 = 30천원
- 5월 4일 외래
  − 급여 보장대상 의료비 250천원 − Max(250천원×20% = 50천원, 20천원) = 250천원 − 50천원 = 200천원
  − 비급여 보장대상 의료비 70천원 − Max(70천원×30% = 21천원, 30천원) = 70천원 − 30천원 = 40천원
- 지급보험금 : 질병의 치료로 발생한 통원의료비 보험금은 기본형 440천원과 특별약관 70천원을 합산한 510천원을 지급한다.
  − 급여 : 240천원 + 200천원 = 440천원
  − 비급여 : 30천원 + 40천원 = 70천원

TOPIC 7 화재보험

24 홍은빈씨는 주택 건물 및 가재도구에 대하여 보험가입금액이 각각 100,000천원, 30,000천원의 주택화재보험에 가입하였다. 5개월 후 원인 모를 화재가 발생하여 건물 30,000천원, 가재도구 10,000천원의 재산 손해액이 발생하였을 경우 이 주택화재보험을 통해 지급받을 수 있는 보험금으로 적절한 것을 고르시오.(단, 화재 발생 후 보험가액을 평가한 결과 보험가액은 건물 300,000천원, 가재도구 35,000천원이었고, 화재와 관련하여 홍은빈씨 및 가족의 과실은 없는 것으로 가정한다.)

① 18,750천원
② 22,500천원
③ 32,000천원
④ 32,500천원
⑤ 40,000천원

정답 | ②

해설 | • 주택 : $30,000 \times \dfrac{100,000}{300,000 \times 80\%} = 12,500$천원
- 가재도구 : 10,000천원(일부보험이지만 보험가입금액이 보험가액의 80% 이상이기 때문에 보험가입금액을 한도로 손해액 전액)
- 지급보험금 : 12,500+10,000=22,500천원

25 유민상씨는 주택 건물 및 가재도구에 대하여 보험가입금액 100,000천원의 주택화재보험에 가입하였다. 3개월 후 화재가 발생하여 건물 및 가재도구의 화재손해액 10,000천원, 잔존물제거비용 2,000천원, 손해방지비용 2,000천원이 각각 발생하였을 경우, 이 주택화재보험을 통해 지급받을 수 있는 보험금으로 적절한 것을 고르시오.(단, 화재발생 후 보험가액을 평가한 결과 보험가액은 100,000천원이었고, 관리사무소에서 별도로 가입한 화재보험은 없으며, 화재와 관련하여 유민상씨 및 가족의 과실은 없는 것으로 가정하며, 건물 및 가재도구에 대한 보험가입금액과 화재손해액은 구분하지 않는 것으로 가정한다.)

① 8,000천원
② 10,000천원
③ 12,000천원
④ 13,000천원
⑤ 20,000천원

정답 | ④

해설 | • 전부보험 : 보험가입금액 한도로 손해액 전액
- 재산보험금=10,000천원
- 잔존물제거비용 보험금=1,000천원(재산손해액의 10% 한도)
- 손해방지비용 보험금=2,000천원
- 지급보험금 총액=10,000+1,000+2,000=13,000천원

26 최송이씨는 점포를 매입한 후 점포 및 집기비품, 시설 등에 대하여 보험가입금액 100,000천원의 화재보험에 가입하였다. 3개월 후 화재가 발생하여 건물 및 집기비품, 시설 등의 화재손해액 150,000천원, 잔존물제거비용 40,000천원, 기타 협력비용 1,000천원이 발생하였다. 최송이씨가 받을 수 있는 보험금으로 가장 적절한 것을 고르시오.(단, 화재발생 후 보험가액은 200,000천원으로 평가되었으며, 건물, 집기비품, 시설에 대한 보험가입금액과 화재손해액은 구분하지 않는 것으로 가정한다.)

① 93,750천원 ② 100,000천원
③ 101,000천원 ④ 143,750천원
⑤ 144,750천원

정답 Ⅰ ③
해설 Ⅰ • 부보비율조건부 실손보상조항 적용

• 재산보험금 $150,000 \times \dfrac{100,000}{200,000 \times 80\%} = 93,750$천원

• 잔존물제거비용 보험금 : $40,000 \times \dfrac{100,000}{200,000 \times 80\%} = 25,000$천원(단, 재산손해액의 10% 한도이므로 15,000천원)

• 재산보험금 + 잔존물제거비용 보험금 : 93,750 + 15,000 = 108,750천원(단, 보험가입금액 한도를 초과하므로 100,000천원)

• 기타 협력비용 보험금 : 1,000천원(전액 보상)

• 지급보험금 총액 : 100,000 + 1,000 = 101,000천원

27 이학빈씨는 점포를 매입한 후 점포 및 집기비품, 시설 등에 대하여 보험가입금액 100,000천원의 화재보험에 가입하였다. 3개월 후 화재가 발생하여 건물 및 집기비품, 시설 등의 화재손해액 200,000천원, 잔존물 제거비용 50,000천원, 기타 협력비용 3,000천원이 발생하였다. 이학빈씨가 받을 수 있는 보험금으로 가장 적절한 것을 고르시오.(단, 화재발생 후 보험가액은 250,000천원으로 평가되었으며, 건물, 집기비품, 시설에 대한 보험가입금액과 화재손해액은 구분하지 않는 것으로 가정한다.)

① 103,000천원 ② 113,000천원
③ 123,000천원 ④ 121,500천원
⑤ 128,000천원

정답 | ①

해설 | • 부보비율조건부 실손보상조항 적용

- 재산보험금 : $200,000 \times \dfrac{100,000}{250,000 \times 80\%} = 100,000$천원

- 잔존물제거비용 보험금 : $50,000 \times \dfrac{100,000}{250,000 \times 80\%} = 25,000$천원(단, 재산손해액의 10% 한도이므로 20,000천원)

- 재산보험금 + 잔존물제거비용 보험금 : $100,000 + 20,000 = 120,000$천원(단, 보험가입금액 한도를 초과하므로 100,000천원)

- 기타 협력비용 보험금 : 3,000천원(전액 보상)

- 지급보험금 총액 : $100,000 + 3,000 = 103,000$천원

28 다음 중 공장물건의 지급보험금으로 적절하지 **않은** 것을 고르시오.

	보험가액	보험가입금액	손해액	지급보험금
①		100,000천원	70,000천원	70,000천원
②		50,000천원	100,000천원	50,000천원
③	100,000천원	50,000천원	50,000천원	20,000천원
④		50,000천원	10,000천원	5,000천원
⑤		150,000천원	100,000천원	100,000천원

정답 | ③

해설 | ① 전부보험이므로 손해액 70,000천원 전액 보상

② 일부보험이므로 비례보상 : $100,000\text{천원} \times \dfrac{50,000\text{천원}}{100,000\text{천원}} = 50,000$천원

③ 일부보험이므로 비례보상 : $50,000\text{천원} \times \dfrac{50,000\text{천원}}{100,000\text{천원}} = 25,000$천원

④ 일부보험이므로 비례보상 : $10,000\text{천원} \times \dfrac{50,000\text{천원}}{100,000\text{천원}} = 5,000$천원

⑤ 보험가입금액이 120,000천원(초과보험)이더라도 손해액인 100,000천원 보상

29 중소기업을 운영하는 임성철씨는 공장 건물 및 기계에 대하여 보험가입금액 400,000천원의 화재보험에 가입하였다. 6개월 후 화재가 발생하여 건물 및 기계의 화재손해액 300,000천원, 잔존물 제거비용 35,000천원, 손해방지비용 10,000천원, 기타협력비용 5,000천원이 각각 발생하였을 경우 이 화재보험을 통해 지급받을 수 있는 보험금으로 적절한 것을 고르시오.(단, 화재 발생 후 보험가액을 평가한 결과 보험가액은 기계를 포함하여 500,000천원이었으며, 건물 및 기계에 대한 보험가입금액과 화재 손해액은 구분하지 않는 것으로 가정한다.)

① 277,000천원
② 280,000천원
③ 281,000천원
④ 350,000천원
⑤ 355,000천원

정답 | ③

해설 | • 재산보험금 : $300,000 \times \dfrac{400,000천원}{500,000천원} = 240,000천원$

• 잔존물 제거비용 보험금 : $35,000 \times \dfrac{400,000천원}{500,000천원} = 28,000천원$

• 손해방지비용 보험금 : $10,000 \times \dfrac{400,000천원}{500,000천원} = 8,000천원$

• 기타협력비용 보험금 : 5,000천원(전액보상)
• 지급보험금 총액 : 240,000 + 28,000 + 8,000 + 5,000 = 281,000천원

30 신동수씨는 공장 건물 및 기계에 대하여 보험가입금액 500,000천원의 화재보험에 가입하면서 50% 실손보상 특별약관을 추가하여 가입하였다. 5개월 후에 원인 모를 화재가 발생하여 건물 및 기계의 화재손해액 400,000천원, 잔존물 제거비용 9,000천원, 손해방지비용 9,000천원이 각각 발생하였다. 신동수씨가 받을 수 있는 보험금으로 가장 적절한 것을 고르시오.(단, 화재발생 후 보험가액은 2,000,000천원이었으며, 건물 및 기계에 대한 보험가입금액과 손해액은 구분하지 않는 것으로 가정한다.)

① 209,000천원
② 218,000천원
③ 400,000천원
④ 409,000천원
⑤ 418,000천원

정답 | ①

해설 | • 재산보험금 : $400,000 \times \dfrac{500,000}{2,000,000 \times 50\%} = 200,000천원$

• 잔존물제거비용 보험금 : $9,000 \times \dfrac{500,000}{2,000,000 \times 50\%} = 4,500천원$

• 손해방지비용 보험금 : $9,000 \times \dfrac{500,000}{2,000,000 \times 50\%} = 4,500천원$

• 지급보험금 총액 : 200,000 + 4,500 + 4,500 = 209,000천원

31 이학빈씨의 창고에는 상품 및 재고품 등을 보관하고 있으며, 판매상황에 따라 재고품은 매월 변동이 있다. 이러한 변동에도 불구하고 상품 및 재고품을 실제 재고가액으로 보상받기 위하여 화재보험에 재고가액통지특약을 추가하여 가입하였다. 보험가입 후 매월 정해진 시기에 재고가액을 통지해왔으나 마침 최종통지 재고가액 작성 당시의 실제 재고가액보다 최종통지 재고가액이 적은 상태에서 화재가 발생하였다. 아래 정보를 참고하여 이재고씨가 보험회사로부터 지급받을 수 있는 재고가액통지특약의 보험금으로 가장 적절한 것을 고르시오.

[보험 및 보험사고 관련 정보]
- 보상한도액 : 400,000천원
- 손해액 : 600,000천원
- 최종통지 재고가액 : 500,000천원
- 최종통지 재고가액 작성 당시의 실제 재고가액 : 1,000,000천원
- 사고시점의 실제 재고가액 : 1,500,000천원

① 133,333천원   ② 200,000천원
③ 233,333천원   ④ 300,000천원
⑤ 400,000천원

정답 | ②

해설 | • 최종통지 재고가액 작성 당시의 실제 재고가액보다 재고가액을 적게 최종통지한 경우임

$$\text{Min[손해액, 보상한도액]} \times \frac{\text{최종통지 재고가액}}{\text{최종통지 재고가액 작성 당시의 실제재고가액}}$$

$$= \text{Min[600,000, 400,000]} \times \frac{500,000}{1,000,000} = 200,000\text{천원}$$

32 서강식씨의 창고에는 상품 및 재고품 등을 보관하고 있으며, 판매상황에 따라 재고품은 매월 변동이 있다. 이러한 변동에도 불구하고 상품 및 재고품을 실제 재고가액으로 보상받기 위하여 화재보험에 재고가액통지특약을 추가하여 가입하였다. 보험가입 후 매월 정해진 시기에 재고가액을 통지해왔으나 마침 최종통지 재고가액 작성 당시의 실제 재고가액보다 최종통지 재고가액이 적은 상태에서 화재가 발생하였다. 아래 정보를 참고하여 서강식씨가 보험회사로부터 지급받을 수 있는 재고가액통지특약의 보험금으로 가장 적절한 것을 고르시오.

[보험 및 보험사고 관련 정보]
- 보상한도액 : 1,000,000천원
- 손해액 : 500,000천원
- 최종통지 재고가액 : 800,000천원
- 최종통지 재고가액 작성 당시의 실제 재고가액 : 1,000,000천원
- 사고시점의 실제 재고가액 : 1,200,000천원

① 398,000천원　　　　　　　② 400,000천원
③ 417,000천원　　　　　　　④ 478,000천원
⑤ 512,000천원

정답 | ②
해설 | • 정한 기일 내에 최종 통지된 재고가액이 그 가액 작성 당시의 실제 재고가액보다 적게 통지된 경우임

• $\text{Min}[손해액, 보상한도액] \times \dfrac{최종통지\ 재고가액}{최고통지\ 재고가액\ 작성\ 당시의\ 실제재고가액} = \text{Min}[500,000,\ 1,000,000] \times \dfrac{800,000}{1,000,000} = 400,000천원$

33
신동수씨의 창고에는 상품 및 재고품 등을 보관하고 있으며, 이 상품 및 재고품은 매월 변동이 있을 수 있다. 이러한 변동에도 불구하고 상품 및 재고품을 실제 재고가액으로 보상받기 위하여 화재보험에 재고가액통지 특약을 추가하여 가입하였다. 보험가입 후 매월 정해진 시기에 재고가액을 통지해 왔으나 마침 기일 내에 통지를 하지 못한 상태에서 화재가 발생하였다. 다음 지문을 참고하여 신동수씨가 보험회사로부터 지급받을 수 있는 재고가액통지 특약의 보험금으로 가장 적절한 것을 고르시오.

• 보상한도액 : 400,000천원
• 손해액 : 1,000,000천원
• 최종통지 재고가액 : 1,000,000천원
• 최종통지 재고가액 작성 당시의 실제 재고가액 : 2,000,000천원
• 사고시점의 실제 재고가액 : 1,000,000천원

① 160,000천원　　　　　　　② 200,000천원
③ 400,000천원　　　　　　　④ 1,000,000천원
⑤ 2,000,000천원

정답 | ③
해설 | • 정한 기일 내에 통지를 하지 못한 경우임

• $\text{Min}[손해액, 보상한도액] \times \dfrac{\text{MAX}[보상한도액,\ 최종통지\ 재고가액]}{사고발생시점의\ 실제재고가액}$

$= \text{Min}[1,000,000,\ 400,000] \times \dfrac{\text{MAX}[400,000,\ 1,000,000]}{1,000,000} = 400,000천원$

34 이재고씨의 창고에는 상품 및 재고품 등을 보관하고 있으며, 판매상황에 따라 재고품은 매월 변동이 있다. 이러한 변동에도 불구하고 상품 및 재고품을 실제 재고가액으로 보상받기 위하여 화재보험에 재고가액통지특약을 추가하여 가입하였다. 보험가입 후 매월 정해진 시기에 재고가액을 통지해왔으나 마침 기일 내에 통지를 하지 못한 상태에서 화재가 발생하였다. 아래 정보를 참고하여 이재고씨가 보험회사로부터 지급받을 수 있는 재고가액통지특약의 보험금으로 가장 적절한 것을 고르시오.

[보험 및 보험사고 관련 정보]
- 보상한도액 : 1,200,000천원
- 손해액 : 200,000천원
- 최종통지 재고가액 : 700,000천원
- 최종통지 재고가액 작성 당시의 실제 재고가액 : 1,000,000천원
- 사고시점의 실제 재고가액 : 1,500,000천원

① 0원
② 93,333천원
③ 113,333천원
④ 140,000천원
⑤ 160,000천원

정답 | ⑤
해설 | • 정한 기일 내에 통지를 하지 못한 경우임

$$\text{Min}[\text{손해액, 보상한도액}] \times \frac{\text{MAX}[\text{보상한도액, 최종통지 재고가액}]}{\text{사고발생시점의 실제재고가액}}$$

$$= \text{Min}[200{,}000,\ 1{,}200{,}000] \times \frac{\text{MAX}[1{,}200{,}000,\ 700{,}000]}{1{,}500{,}000} = 400{,}000\text{천원}$$

TOPIC 8 배상책임보험 : 임차자배상책임보험

35 김선아씨는 10층 건물의 1층을 임차하여 가게를 운영하고 있다. 위험관리에 남다른 관심을 갖고 있는 김선아씨는 보상한도액 4억원의 임차자배상책임 특별약관을 가입하였다. 가게 운영 중 김선아씨의 중대한 과실로 가게에서 화재가 발생하여 가게 건물의 일부가 파손되었다. 사고 후 가게 부분에 대한 보험가액을 산정한 결과 8억원이며, 가게 건물의 손해액은 1억원이었다. 다음 중 김선아씨가 가입한 임차자배상책임 특별약관에서 지급보험금으로 적절한 것을 고르시오.

① 0원
② 50,000천원
③ 62,500천원
④ 100,000천원
⑤ 400,000천원

정답 | ①
해설 | 임차자배상책임 특별약관은 고의나 중대한 과실로 생긴 손해에 대해서는 면책으로 하고 있다.

36 위험관리에 남다른 관심을 갖고 있는 임양락씨는 점포를 임차하면서 보상한도액 50,000천원의 임차자배상책임 특별약관을 가입하였다. 점포 영업 중 누전에 의해 화재가 발생하여 점포 건물의 일부가 파손되었다. 사고 후 점포 부분에 대한 보험가액을 산정한 결과 200,000천원이며, 점포 건물의 손해액은 24,000천원이었다. 다음 중 임양락씨가 가입한 임차자배상책임 특별약관에서 지급보험금으로 적절한 것을 고르시오.

① 0원
② 6,000천원
③ 6,500천원
④ 7,000천원
⑤ 7,500천원

정답 | ②
해설 | • 일부보험의 경우 비례보상

• 지급보험금 : 손해액 $\times \dfrac{\text{보상한도액}}{\text{보험가액}} = 24,000 \times \dfrac{50,000}{200,000} = 6,000$천원

TOPIC 9 자동차보험

37 홍은빈씨는 자가용을 타고 출근하던 중, 맞은편 차선에서 중앙선을 침범하여 돌진한 중형 자동차와 충돌하여 사망하였다. 홍은빈씨의 월평균 현실소득액이 5,400천원이며, 직업정년은 70세이다. 홍은빈씨의 사망보험금 총액을 자동차보험금 지급기준에 의해 추정할 경우 근사치로 가장 적절한 것을 고르시오.

- 사망자 : 홍은빈(1977년 8월 6일생)
- 사망일(사고일) : 2025년 7월 6일
- 가족관계 : 배우자, 부모, 아들
- 과실관계 : 사망자 과실비율 15%
- 취업가능월수에 대한 호프만계수 : 264개월 – 177.803, 265개월 – 178.279
- 취업가능월수에 대한 라이프니쯔계수 : 264개월 – 159.9281, 265개월 – 160.2604
- 가해차량은 개인용 자동차보험의 모든 담보에 가입

① 561,630천원
② 562,647천원
③ 616,327천원
④ 617,784천원
⑤ 726,804천원

정답 | ④

해설 |
- 장례비 : 5,000천원
- 위자료 : 80,000천원
- 상실수익액
  - 정년 연월일 : 1977년 8월 6일생 + 70년 = 2047년 8월 6일
  - 취업가능 연월일 : 2047년 8월 6일 – 2025년 7월 6일 = 22년 1월
  - 취업가능월수 : 265개월
  - 상실수익액 계산 : 5,400 × 2/3 × 178.279 = 641,804천원
- 사망보험금 : 5,000 + 80,000 + 641,804 = 726,804천원
- 과실비율 적용 : 726,804 × 0.85 = 617,784천원

38 다음 정보를 참고하여 자동차보험의 보험금 지급기준에 의해 추정된 김정은씨의 사망보험금의 근사치로 가장 적절한 것을 고르시오.

[지급보험금 관련 정보]
김정은씨는 자가용을 타고 출근하던 중 교차로에서 상대방 승용차와 충돌하여 사망하였다. 김정은씨의 월평균 현실소득액은 4,500천원이며, 정년은 65세이다.
- 사망자 : 김정은(1988년 5월 20일생)
- 사망일(사고일) : 2025년 3월 25일
- 가족관계 : 배우자, 부모, 자녀(2명)
- 과실관계 : 사망자 과실비율 40%
- 취업가능월수에 대한 호프만계수 : 336개월−209.821, 337개월−210.237
- 취업가능월수에 대한 라이프니쯔계수 : 336개월−180.6443, 337개월−180.8906
- 가해차량은 개인용 자동차보험의 모든 담보에 가입되어 있음

① 376,160천원
② 376,603천원
③ 428,678천원
④ 429,427천원
⑤ 715,711천원

정답 | ④
해설 | • 장례비 : 5,000천원
  • 위자료 : 80,000천원
  • 상실수익액
    − 정년 연월일 : 1988년 5월 20일생 + 65년 = 2053년 5월 20일
    − 취업가능 연월일 : 2053년 5월 20일 − 2025년 3월 25일 = 28년 1월(일 단위 절사)
    − 취업가능월수 : 337개월
    − 상실수익액 계산 : 4,500 × 2/3 × 210.237 = 630,711천원
  • 사망보험금 : 5,000 + 80,000 + 630,711 = 715,711천원
  • 과실비율 적용 : 715,711 × 0.6 = 429,427천원

39 다음 자료를 참고하여 자동차보험의 보험금 지급기준에 의해 추정된 김수진양의 사망보험금의 근사치로 가장 적절한 것을 고르시오.

[지급 보험금 관련 정보]
- 사망자 : 김수진(2004년 1월 15일생)
- 사망일(사고일) : 2025년 4월 10일
- 가족관계 : 부모
- 과실관계 : 사망자 과실비율 30%
- 일용근로자 임금 : 3,400천원
- 취업가능월수에 대한 호프만계수 : 525개월 − 277.874
- 취업가능월수에 대한 라이프니쯔계수 : 525개월 − 212.95
- 가해차량은 개인용 자동차보험의 모든 담보에 가입

① 397,381천원 ② 500,393천원
③ 567,687천원 ④ 629,848천원
⑤ 714,848천원

정답 | ②
해설 |
- 장례비 : 5,000천원
- 위자료 : 80,000천원
- 상실수익액
  - 정년 연월일 : 2004년 1월 15일생 + 65년 = 2069년 1월 15일
  - 취업가능 연월일 : 2069년 1월 15일 − 2025년 4월 10일 = 43년 9월
  - 취업가능월수 : 525개월
  - 상실수익액 계산 : 3,400 × 2/3 × 277.874 = 629,848천원
- 사망보험금 : 5,000 + 80,000 + 629,848 = 714,848천원
- 과실비율 적용 : 714,848 × 0.7 = 500,393천원

40 다음 정보를 참고로 하여 자동차보험의 보험금 지급기준에 의한 임양락씨의 후유장해보험금을 추정하시오.

> [지급보험금 관련 정보]
> 임양락씨는 자가용을 몰고 대전으로 출장을 가던 중 옆차와 추돌하여 후유장해 평가율(노동능력상실률) 70%의 후유장해 진단을 받았다. 임양락씨의 월평균 현실소득액이 5,000천원이고 정년은 65세이다.
> - 부상자 : 임양락(1981년 2월 26일생)
> - 사고일 : 2025년 4월 28일
> - 임양락씨 과실비율 : 40%
> - 취업가능월수에 대한 호프만계수 : 249개월 – 170.559
> - 가해차량은 개인용 자동차보험의 모든 담보에 가입

① 374,239천원　　　　　　　　② 392,118천원
③ 596,957천원　　　　　　　　④ 623,732천원
⑤ 653,530천원

정답 | ①
해설 | • 위자료 : 45,000(65세 미만)×70%(노동능력상실률)×85%＝26,775천원
　　• 상실수익액
　　　－ 정년 연월일 : 1981년 2월 26일생＋65년＝2046년 2월 26일
　　　－ 취업가능 연월일 : 2046년 2월 26일－2025년 4월 28일＝20년 9월
　　　－ 취업가능월수 : 249개월
　　　－ 상실수익액 계산 : 5,000×70%×170.559＝596,957천원
　　• 후유장해보험금 : 26,775＋596,957＝623,732천원
　　• 과실비율 적용 : 623,732×0.6＝374,239천원

41 다음 정보를 참고로 하여 자동차보험의 보험금 지급기준에 의한 부동산임대사업자 신현준씨의 후유장해보험금으로 가장 적절한 것을 고르시오.

[지급 보험금 관련 정보]
- 신현준씨는 퇴근하던 중 교차로에서 상대방 차량과 충돌하여 후유장해평가율(노동능력상실률) 70%의 판정을 받았다.
- 생년월일 : 1995년 2월 20일
- 사고일 : 2025년 5월 10일
- 신현준씨 월평균 임대소득액(세후) : 50,000천원(부동산임대소득 외 타 소득 없음)
- 일용근로자의 월임금은 3,400천원으로 가정
- 신현준씨 과실비율 : 30%
- 취업가능월수에 대한 호프만계수 : 417개월 – 241.374
- 신현준씨 가해 차량은 개인용 자동차보험의 모든 담보에 가입

① 420,872천원
② 574,470천원
③ 601,245천원
④ 5,913,663천원
⑤ 5,932,406천원

정답 | ①

해설 |
- 위자료 : 45,000(65세 미만)×70%(노동능력상실률)×85%=26,775천원
- 상실수익액
  - 정년 연월일 : 1995년 2월 20일생+65년=2060년 2월 20일
  - 취업가능연월 : 2060년 2월 20일-2025년 5월 10일=34년 9월
  - 취업가능월수 : 417개월
  - 상실수익액 계산 : 3,400×70%×241.374=574,470천원(타 소득 없이 부동산임대소득만 있는 경우에는 일용직근로자 임금을 인정함)
- 후유장해보험금 : 26,775+574,470=601,245천원
- 과실비율 적용 : 601,245×0.7=420,872천원

TOPIC 10 장기운전자보험

42 최보윤씨가 가입한 A, B회사 운전자보험의 교통사고처리지원금 보험금으로 적절한 것은?

〈계약내용〉

보험회사	보험종목	보험기간	가입금액(담보내용)
A보험회사	장기운전자보험	2020.10.1~2035.10.1	교통사고처리지원금 3,000만원 한도
B보험회사	장기운전자보험2	2020.11.1~2030.11.1	교통사고처리지원금 2,000만원 한도

〈사고내용〉
자동차를 운전하던 중에 졸음운전으로 중앙선을 침범한 급격하고도 우연한 자동차 사고로 인하여 다른 차와 충돌하여 다른 차에 타고 있던 사람을 사망케 함. 동 사고로 피해자 유가족과 교통사고 형사합의서(합의금이 명시됨)를 작성하여 경찰서에 제출하고 형사합의서에 명시된 대로 유가족에게 형사합의금 3,000만원을 지급함

	A보험회사	B보험회사
①	1,500만원	1,500만원
②	1,800만원	1,200만원
③	2,000만원	1,000만원
④	2,000만원	2,000만원
⑤	3,000만원	2,000만원

정답 | ②

해설 | • 교통사고처리지원금을 지급하는 다수계약(각종 공제계약 포함)이 체결되어 있는 경우 각 계약의 보상책임액에 따라 각 계약의 비례분담액을 보상책임액으로 지급한다.

• A보험회사의 비례분담액 : $3{,}000만원 \times \dfrac{3{,}000만원(A사)}{3{,}000만원(A사) + 2{,}000만원(B사)} = 1{,}800만원$

• B보험회사의 비례분담액 : $3{,}000만원 \times \dfrac{2{,}000만원(B사)}{3{,}000만원(A사) + 2{,}000만원(B사)} = 1{,}200만원$

TOPIC 11 기존 보험계약의 평가 : 벨쓰방식

43 다음 내용을 참고로 벨쓰방법에 의한 단위 보험금액당 코스트를 평가하시오.

구분	토마토생명의 종신보험
일반사망보장금액	200,000천원
당해 보험년도 말의 해약환급금	52,000천원
직전 보험년도 말의 해약환급금	50,000천원
월간 납입보험료	월 120천원
재무설계사와 고객이 정한 이자율	연 4%
올해 배당금	1,200천원

① 201원　　② 211원
③ 222원　　④ 234원
⑤ 253원

정답 I ①

해설 I • 단위 보험금액 당 코스트 : $\dfrac{(CVP+P)(1+i)-(CV+D)}{(DB-CV)} \times 100,000$

$= \dfrac{(50,000+120\times 12)\times 1.04 - (52,000+1,200)}{(200,000-52,000)} \times 100,000 = 201.0811$원

44 김신영씨는 서울생명에 종신보험을 가입하고 계속 유지하고 있으나 최근 부산생명에서 판매하고 있는 종신보험이 사망보험금은 동일한데 보험료는 더 저렴하다는 것을 알게 되었다. 두 회사의 종신보험에서 적용하는 예정이율이 동일한데도 보험료의 차이가 발생하는 것은 사업비 차이에 있다는 말을 듣고 이준녕 CFP® 자격인증자에게 코스트 비교를 해 볼 수 있냐고 부탁하였다. 만약 가입설계서에 예시된 동일 연령기준의 정보가 다음과 같다면 벨쓰방식으로 계산할 경우 서울생명은 부산생명 대비 100천원당 코스트로 얼마를 더 부담하고 있는지 적절한 것을 고르시오.(단, 김신영 고객과 이준녕 CFP® 자격인증자가 정한 이자율은 연 5%이며, 두 상품은 무배당상품이다.)

구분	서울생명 종신보험	부산생명 종신보험
주계약 사망보험금	100,000천원	100,000천원
당해 보험년도 말의 해약환급금	5,871천원	5,851천원
직전 보험년도 말의 해약환급금	4,662천원	4,617천원
월 납입보험료	120천원	110천원

① 140.47원　　② 160.33원
③ 162.90원　　④ 344.16원
⑤ 425.37원

정답 | ③

해설 | • 단위 보험금액 당 코스트 : $\dfrac{(CVP+P)(1+i)-(CV+D)}{(DB-CV)} \times 100{,}000$

• 서울생명 : $\dfrac{(4{,}662+120\times12)\times1.05-5{,}871}{(100{,}000-5{,}871)} \times 100{,}000 = 569.5375$원

• 부산생명 : $\dfrac{(4{,}617+110\times12)\times1.05-5{,}851}{(100{,}000-5{,}851)} \times 100{,}000 = 406.6427$원

• 코스트 차이 : 569.5375 − 406.6427 = 162.8948

45 정구현씨는 토마토생명에 종신보험을 가입하고 계속 유지하고 있으나 최근 패스생명으로부터 종신보험 가입을 권유 받고 CFP® 자격인증자에게 코스트 비교를 해볼 수 있냐고 부탁하였다. 만약 가입설계서에 예시된 동일 연령기준의 정보가 다음과 같다면 벨쓰방식으로 계산할 경우 100천원당 코스트를 비교한 것으로 적절한 것을 고르시오.(단, 정구현 고객과 CFP® 자격인증자가 정한 이자율은 연 4%이다.)

구분	토마토생명 종신보험	패스생명 종신보험
주계약 사망보험금	100,000천원	100,000천원
직전 보험년도말 해약환급금	6,240천원	6,835천원
당해 보험년도말 해약환급금	7,223천원	7,679천원
월 납입보험료	100천원	130천원
배당금	무배당	340천원

① 토마토생명의 종신보험이 100천원당 코스트 면에서 153.53원을 더 적게 부과하고 있다.
② 패스생명의 종신보험이 100천원당 코스트 면에서 153.53원을 더 적게 부과하고 있다.
③ 토마토생명의 종신보험이 100천원당 코스트 면에서 216.34원을 더 적게 부과하고 있다.
④ 패스생명의 종신보험이 100천원당 코스트 면에서 316.34원을 더 적게 부과하고 있다.
⑤ 토마토생명의 종신보험이 100천원당 코스트 면에서 378.21원을 더 적게 부과하고 있다.

정답 | ③

해설 | • 단위 보험금액 당 코스트 : $\dfrac{(CVP+P)(1+i)-(CV+D)}{(DB-CV)} \times 100{,}000$

• 토마토생명 종신보험 코스트 : $\dfrac{(6{,}240+1{,}200)\times1.04-7{,}223}{(100{,}000-7{,}223)} \times 100{,}000 = 554.6633$원

• 패스생명 종신보험 코스트 : $\dfrac{(6{,}835+1{,}560)\times1.04-(7{,}679+340)}{(100{,}000-7{,}679)} \times 100{,}000 = 771.0055$원

• 코스트 차이 : 771.0055 − 554.6633 = 216.3422
• 토마토생명의 종신보험이 100천원당 코스트 면에서 216.34원을 더 적게 부과하고 있음

CHAPTER 03 투자설계

···TOPIC 1 선물환 거래 손익 계산, 해외투자수익률, 환율 결정 이론(구매력평가설, 이자율평가설)

01 그레이엄 투자신탁(주)에서 운용중인 'Smart글로벌인덱스 펀드'는 투자자금 1,200,000천원으로 이자율 6%인 미국국채에 투자하였다. 투자 당시의 환율이 1,200원/$이었고 1년 만기 선물환율은 1,200원/$이었다. 1년 후에 환율이 1,050원/$이라고 할 때 다음 설명 중 가장 적절하지 **않은** 것은?(단, 선물환 거래에 따른 제반 비용은 고려하지 않는다.)

① 선물환 거래를 통해 환헤지를 하더라도 예상을 초과한 환율하락시에는 손실이 크게 발생한다.
② 1년 후 원화표시 투자수익률은 선물환 거래를 이용하여 환헤지를 한 경우가 하지 않은 경우보다 13.25%p 더 많다.
③ 선물환 거래를 이용하며 환헤지를 하였다면 그렇지 않았을 경우보다 159,000,000원의 수익을 더 얻을 수 있었다.
④ 만약 1년 후의 환율이 1,300원으로 상승하여도 선물환을 이용한 헤지거래 시 최종수익률에 영향이 없다.
⑤ 선물환 거래를 통해 환헤지를 한 경우 1년 후 원화표시 금액은 1,272,000,000원이다.

정답 | ①
해설 | • 달러 환산금액 : 1,200,000,000원÷1,200(원/$)=$1,000,000
• 선물환 거래를 하지 않았을 경우의 기말의 원화표시 금액
  $1,000,000×1.06×1,050=1,113,000,000원
• 선물환 거래를 하지 않았을 경우의 기말의 원화표시 투자수익률
  (1,113,000,000÷1,200,000,000)−1=−0.0725=−7.25%
• 선물환 거래를 하였을 경우의 기말의 원화표시 금액
  $1,000,000×1.06×1,200=1,272,000,000원
• 선물환 거래를 하였을 경우의 기말의 원화표시 투자수익률
  (1,272,000,000÷1,200,000,000)−1=0.06=6%
∴ 1,272,000,000원−1,113,000,000원=+159,000,000원
∴ 6.00%−(−7.25%)=+13.25%

선물 환거래를 하였을 경우에 그렇지 않을 경우보다 13.25%의 수익률(금액으로는 159,000,000원)을 더 얻을 수 있으며, 선물환 거래 시 얻는 이익은 확정수익(6%)이다. 해외 국채에 투자하고 선물환 거래로 환헤지를 한 경우 국가위험이 없다면 1년 후의 환율변화와 관계없이 이익은 고정된다.

02 미 달러화에 대한 원화 환율이 1,200원/1$이다. 1년 이자율이 우리나라는 3%, 미국은 1%이고, 예상물가상승률이 우리나라는 2%, 미국은 4%라고 한다면 1년 후 환율을 이자율평가설과 구매력평가설로 예측하시오.

① 이자율평가설 1,223.7원/1$, 구매력평가설 1,176.9원/1$
② 이자율평가설 1,176.9원/1$, 구매력평가설 1,223.7원/1$
③ 이자율평가설 1,224.0원/1$, 구매력평가설 1,220.0원/1$
④ 이자율평가설 1,220.0원/1$, 구매력평가설 1,180.0원/1$
⑤ 이자율평가설 1,223.7원/1$, 구매력평가설 1,224.0원/1$

정답 | ①
해설 | • 이자율평가설 : (1,200×1.03)/1.01 = 1,223.7원
　　　• 구매력평가설 : (1,200×1.02)/1.04 = 1,176.9원

03 김성환씨는 해외 펀드에 투자하였다. 다음의 자료를 가지고 1년동안 각 펀드의 원화기준 투자수익률을 계산하시오.(단, 환율위험을 별도의 수단으로 헤지하지 않았다.)

구분		A 일본 주식펀드	B 유럽채권 펀드
1년 전	기준가격	1,000엔	30.10 유로
	환율	980원/100엔	1,250원/1유로
현재	기준가격	1,200엔	31.00 유로
	환율	870원/100엔	1,200원/1유로

① A 일본 주식펀드 : +20.0% B 유럽채권 펀드 : +2.99%
② A 일본 주식펀드 : -11.22% B 유럽채권 펀드 : -4.00%
③ A 일본 주식펀드 : +20.0% B 유럽채권 펀드 : -4.00%
④ A 일본 주식펀드 : +6.53% B 유럽채권 펀드 : -1.13%
⑤ A 일본 주식펀드 : +6.53% B 유럽채권 펀드 : +2.99%

정답 | ④
해설 | • 1년 전 A 일본 주식펀드 원화기준 기준가 : 1,000×980/100 = 9,800원
　　　• 1년 전 B 유럽채권 펀드 원화기준 기준가 : 30.10×1,250 = 37,625원
　　　• 현재 A 일본 주식펀드 원화기준 기준가 : 1,200×870/100 = 10,440원
　　　• 현재 B 유럽채권 펀드 원화기준 기준가 : 31.00×1,200 = 37,200원
　　　• A펀드 수익률 = (10,440 - 9,800)/9,800 = 0.0653 = +6.53%
　　　• B펀드 수익률 = (37,200 - 37,625)/37,625 = -0.0113 = -1.13%

TOPIC 2 포트폴리오 이론 : 기대수익률 계산, 표준편차 계산

*포트폴리오의 기대수익률 : $E(R_p) = \sum_{i=1}^{k}(W_i \times E(R_i))$

*포트폴리오 표준편차 계산(자산이 2개) : $\sigma_p = \sqrt{W_A^2 \sigma_A^2 + W_B^2 \sigma_B^2 + 2W_A \sigma_A W_B \sigma_B \rho_{AB}}$

04 이민강씨의 투자포트폴리오는 주식 30%, 채권 40%, 부동산 30%로 이루어져 있다. 각 자산의 기대수익률과 수익률의 표준편차, 자산수익률 간 상관계수가 다음과 같다면 포트폴리오의 기대수익률과 표준편차에 대한 다음 설명 중 가장 적절하지 **않은** 것은?

자산	투자비중	기대수익률	표준편차	상관계수 A	B	C
주식 A	30%	12.0%	11%	1		
채권 B	40%	5.5%	3%	+0.2	1	
부동산 C	30%	8.0%	6%	−0.2	+0.3	1

① 포트폴리오의 기대수익률은 8.2%이다.
② 포트폴리오의 총위험은 4.01%이다.
③ 부동산에 투자비중이 20%일 때 투자포트폴리오의 수익률이 9.25%가 되려면 주식에 50%를 투자해야 한다.
④ 수익률이 정규분포를 나타낸다고 가정하면, 세후실현수익률이 +0.18% ~ +16.22%에 있을 가능성이 95.45%이다.
⑤ 만약 채권 B가 국공채라면 포트폴리오의 표준편차는 3.05%이다.

정답 | ⑤
해설 | ① 포트폴리오의 기대수익률 : 0.3×0.12+0.4×0.055+0.3×0.08=0.082(8.2%)
② 포트폴리오의 기대수익률 : {(0.3×0.11)²+(0.4×0.03)²+(0.3×0.06)²+2×(0.3×0.11)(0.4×0.03× 0.2+2×(0.4×0.03)(0.3×0.06)×0.3+2×(0.3×0.06)(0.3×0.11)×(−0.2)}^(1/2)=0.0401(4.01%)
③ 주식의 투자비중을 X라 하면, 채권의 투자비중은 (0.8−X)이므로
  X×(0.12)+(0.8−X)×0.055+0.2×0.08=0.0925(9.25%)
  ∴ X=0.5, 주식 50%, 채권 30%, 부동산 20%
④ 수익률이 정규분포를 나타낸다고 할 때 실제수익률평균에 표준편차의 2배를 더하고 뺀 구간은 95.45%의 확률을 가진다.
  8.2%±2×(4.01%) : +0.18%~+16.24
⑤ 채권 B가 국공채라는 것은 '무위험수익률자산'이라는 것을 의미하며, 국공채의 경우 위험이 전혀 없으므로 미래 수익률의 표준편차가 '0'이며, 표준편차가 '0'이기 때문에 다른 자산과의 상관계수도 '0'이 된다.
  − 각 자산간 상관계수가 '0'일 경우, 포트폴리오의 기대수익률 :
    {(0.3×0.11)²+(0.3×0.06)²+2×(0.3×0.06)(0.3×0.11)×(−0.2)}^(1/2)=0.0343(3.43%)

05 자산 A, B, C의 기대수익률, 표준편차와 각 자산 사이의 상관계수가 다음과 같다. 자산 B, C의 투자비중이 각각 20%인 경우, 세 자산으로 구성된 포트폴리오의 기대수익률과 표준편차로 적절한 것을 고르시오.

자산	기대수익률	표준편차	상관계수		
			A	B	C
자산 A	4.0%	0.0%	1.0	0	0
자산 B	10.0%	8.0%	0	1.0	0.2
자산 C	20.0%	15.0%	0	0.2	1.0

① 포트폴리오의 기대수익률 : 6.40%, 포트폴리오 표준편차 : 3.67%
② 포트폴리오의 기대수익률 : 6.40%, 포트폴리오 표준편차 : 4.00%
③ 포트폴리오의 기대수익률 : 8.40%, 포트폴리오 표준편차 : 3.67%
④ 포트폴리오의 기대수익률 : 8.40%, 포트폴리오 표준편차 : 4.20%
⑤ 포트폴리오의 기대수익률 : 9.00%, 포트폴리오 표준편차 : 4.00%

정답 | ③
해설 | 자산 B, C의 투자비중이 각각 20%이므로, A의 투자비중은 60%이다.
- 포트폴리오의 기대수익률
  $0.6 \times 4\% + 0.2 \times 10\% + 0.2 \times 20\% = 8.4\%$
- 포트폴리오의 표준편차
  $\sqrt{(0.2 \times 0.08)^2 + (0.2 \times 0.15)^2 + 2 \times 0.2 \times 0.08 \times 0.2 \times 0.15 \times 0.2}$
  $= 0.0367 = 3.67\%$

⋯ TOPIC 3   포트폴리오 이론 : 증권시장선을 이용한 주식가격 평가

*베타계수산식 : $\beta = \dfrac{\sigma_i}{\sigma_M} \times \rho_{iM} = \dfrac{Cov_{iM}}{\sigma_M^2}$

*증권시장선 산식 : $E(R_i) = R_f + \beta_i \times (E(R_M) - R_f)$
  → $(E(R_M) - R_f)$: 주식시장의 위험 프리미엄

---

06 현재 증권시장선의 일반식은 SML = 5% + β×(10% – 5%) 로 나타난다고 할 때, 아래의 주식들 중에서 증권시장선보다 아래에 위치한 것은?

주식	베타계수	예상수익률{(자본이득+배당수입)/현재가}
A	1.0	11.5%
B	1.1	10.6%
C	1.2	12.5%
D	1.5	12.0%
E	1.8	15.9%

① A 주식
② B 주식
③ C 주식
④ D 주식
⑤ E 주식

정답 | ④

해설 | 요구수익률은 '① A 주식 : 10%, ② B 주식 : 10.5%, ③ C 주식 : 11%, ④ D 주식 : 12.5%, ⑤ E 주식 : 14%' 이므로 D 주식은 예상수익률이 요구수익률보다 낮으며 고평가되어 있어 증권시장선 아래에 위치한다.

---

07 증권시장선(SML)을 이용한 주식 현재가격 평가를 내린 것 중에서 가장 올바른 것을 고르시오.

주식	베타계수	현재가격	1년 후 예상가격	예상 배당금 수입
A	0.8	20,000	20,000	2,500
B	1.0	15,000	17,000	500
C	1.2	50,000	55,000	2,500
D	1.4	7,000	7,950	0
E	1.6	10,000	11,000	100

※ 무위험 이자율 : 5%, 주식시장 평균수익률 : 11%

① A 주식의 현재가격은 고평가되어 있다.
② B 주식의 현재가격은 고평가되어 있다.
③ C 주식의 현재가격은 적정가격 수준이다.
④ D 주식의 현재가격은 고평가되어 있다.
⑤ E 주식의 현재가격은 고평가되어 있다.

정답 | ⑤

해설 | • 요구수익률 = 무위험 이자율 + $\beta \times$ (시장기대수익률 − 무위험 이자율)
• 예상수익률 = (예상가격 + 예상 배당금수입)/현재가격 − 1

구분	요구수익률	예상수익률	평가
A주식	9.8%	12.5%	저평가
B주식	11.0%	16.67%	저평가
C주식	12.2%	15%	저평가
D주식	13.4%	13.57%	저평가
E주식	14.6%	11.1%	고평가

08 다음은 세 가지 투자안 A, B, C에 대한 분석자료이다. $E(R_i)$는 자산 i의 기대수익률, σ_i는 자산 i의 수익률의 표준편차, ρ_{im}은 자산 i와 시장포트폴리오와의 상관계수이다. 이 분석 자료를 참고로 투자결정을 내리려 한다. 주어진 자료를 기초로 세 가지 투자안 및 자본시장에 관하여 가장 적절하게 설명하고 있는 것을 고르시오.

구분	투자안 A	투자안 B	투자안 C
$E(R_i)$	12%	11%	10%
σ_i	0.40	0.60	0.60
ρ_{im}	0.75	0.20	0.50

※ 무위험 이자율 5%, 시장포트폴리오의 기대수익률 11%, 시장포트폴리오 수익률의 표준편차 0.20

① 투자안 A와 투자안 B는 고평가되어 있으므로 매각(공매)해야 한다.
② 투자안 A와 투자안 C는 저평가되어 있으므로 매입해야 한다.
③ 투자안 B와 투자안 C는 고평가되어 있으므로 매각(공매)해야 한다.
④ 투자안 A와 투자안 B는 저평가되어 있으므로 매입해야 한다.
⑤ 투자안 A와 투자안 C는 고평가되어 있으므로 매각(공매)해야 한다.

정답 | ⑤

해설 | • $\beta = \dfrac{\sigma_i}{\sigma_m} \times \rho_{im} = \dfrac{Cov_{im}}{\sigma_m^2} = \dfrac{\rho_{im} \times \sigma_i \times \sigma_m}{\sigma_m^2}$

− $\beta_A = \dfrac{0.4}{0.2} \times 0.75 = 1.5$

- $\beta_B = \dfrac{0.6}{0.2} \times 0.2 = 0.6$

- $\beta_C = \dfrac{0.6}{0.2} \times 0.5 = 1.5$

• 요구수익률$(E(R_i)) = R_f + \beta \times [E(R_m) - R_f]$
  - $k_A = 5\% + 1.5 \times (11\% - 5\%) = 14\%$
  - $k_B = 5\% + 0.6 \times (11\% - 5\%) = 8.6\%$
  - $k_C = 5\% + 1.5 \times (11\% - 5\%) = 14\%$

• 투자안 평가

투자안	$E(R_i)$	비교	k	평가
A	12%	<	14%	고평가(매각)
B	11%	>	8.6%	저평가(매입)
C	10%	<	14%	고평가(매각)

09

현재 무위험이자율은 5.4%, 시장포트폴리오의 기대수익률은 12%, 시장포트폴리오 수익률의 표준편차는 18%이다. SML(증권시장선)을 이용하여 A, B주식의 고평가 또는 저평가 여부를 판단하시오.

주식	기대수익률	수익률 표준편차	시장포트폴리오와의 상관계수
A	10.53%	23%	0.71
B	16.32%	29%	0.85

	A주식	B주식
①	고평가	적정
②	적정	저평가
③	저평가	고평가
④	저평가	적정
⑤	고평가	저평가

정답 | ⑤

해설 | • 베타계수$(\beta) = (\sigma i / \sigma m) \times \rho im$
  - A주식의 베타 = (0.23/0.18) × 0.71 = 0.9072
  - B주식의 베타 = (0.29/0.18) × 0.85 = 1.3694

• 요구수익률 계산
  - A주식의 요구수익률 = 0.054 + 0.9072 × (0.12 - 0.054) = 0.1139 = 11.39%
  - B주식의 요구수익률 = 0.054 + 1.3694 × (0.12 - 0.054) = 0.1444 = 14.44%

• 투자판단
  - A주식 : 요구수익률(11.39%) > 기대수익률(10.53%)이므로 고평가
  - B주식 : 요구수익률(14.44%) < 기대수익률(16.32%)이므로 저평가

10 고객인 신진식씨는 어떤 주식의 기대수익률이 12%이며 3가지 경제적 변수에 의해 영향을 받는다고 생각하고 있다. CFP가 각 변수에 대해 조사한 결과가 다음과 같다. 다음 중 CFP가 신진식씨에게 한 설명 중 적절하지 **않은** 것은?

변수	민감도(A)	예상수치(B)	실제수치(C)
1	2.0	4.0%	5.5%
2	0.5	5.0%	3.0%
3	-1.5	1.0%	2.0%

① 변수 1의 예상하지 못한 변화로 인한 이 주식수익률에 대한 영향은 +3.0%이다.
② 변수 2의 예상하지 못한 변화로 인한 이 주식수익률에 대한 영향은 -1.0%이다.
③ 1, 2, 3 변수들의 예상하지 못한 변화로 인한 영향은 +0.5%이다.
④ 만약 이 주식의 고유한 특성으로 인한 예상하지 못한 수익률 변화가 -2%일 경우 다요인 모형에 의하면 이 주식의 수익률은 10.5%이다.
⑤ 자산의 고유한 특성으로 인한 예상하지 못한 수익률 변화는 회피할 수 없다.

정답 | ⑤

해설 | • 다요인 모형의 기대수익률 $(R_i) = E_i + m + \varepsilon_i = E_i + (\delta_1 \times F_1 + \delta_2 \times F_2 + \cdots + \delta_n \times F_n) + \varepsilon_i$

여기서, E_i는 예측이 가능한 기대수익률
m은 시장전체가 영향을 받는 여러 변수에 의한 수익률 변화
ε_i는 개별기업의 특수성에 의해 영향을 더 받고 덜 받는 부분
δ_1는 특정 변수의 변화에 대한 이 자산 수익률의 민감도
F_i는 특정변수의 예상하지 못한 변화

변수	민감도(A)	예상수치(B)	실제수치(C)	예상하지 못한 변화 (C-B=D)	변화의 영향 (A×D)
1	2.0	4.0%	5.5%	1.5%	+3.0%
2	0.5	5.0%	3.0%	-2.0%	-1.0%
3	-1.5	1.0%	2.0%	1.0%	-1.5%

• 자산의 수익률 $(R_i) = E_i + m + \varepsilon_i$
  = 기대수익률 + 여러 변수에 의한 수익률 변화 + 예상하지 못한 수익률 변화
  = 12.0% + 0.5% - 2.0% = 10.5%
⑤ 자산의 고유한 특성으로 인한 예상하지 못한 수익률 변화는 분산투자를 통하여 제거 가능함

TOPIC 4 주식의 가치평가 및 투자전략

> *가중평균 자본비용(WACC) = 보통주 자본비용 × W_1 + 세후 부채비용 × W_2
> *보통주 자본비용 = 무위험 이자율 + 베타 × 시장 프리미엄
> *세후 부채비용 = 세전 부채비용 × (1 - 실효 법인세율)

11 다음의 자료를 바탕으로 20×1년 중 토마토식품의 가중평균 자본비용(WACC)을 계산한 것으로 적절한 것은?

> - 20×1년 중 평균 부채비용(세전) 7%, 실효법인세율 22%
> - 총자본 내 부채 시가총액비중 60%, 보통주 시가총액비중 40%
> - 토마토식품 주가수익률의 표준편차 10%, 시장 수익률의 표준편차 8%
>   토마토식품 주가수익률과 시장 수익률의 상관계수 0.25
> - 주식시장 리스크 프리미엄 6%, 무위험 이자율 5%

① 3.12%
② 5.32%
③ 6.02%
④ 6.79%
⑤ 10.00%

정답 | ③

해설 | • 세후 부채비용 = 세전 부채비용 × (1 - 실효법인세율) = 7% × (1 - 0.22) = 5.46%
• 보통주 자본비용 = 무위험 이자율 + (β × 시장 리스크 프리미엄) = 5% + (0.3125 × 6%) = 6.875%
※ β = (개별증권 수익률 표준편차 ÷ 시장 수익률 표준편차) × 상관계수

$$\beta = \frac{\sigma_i}{\sigma_m} \times \rho_{im} = \frac{0.1}{0.08} \times 0.25 = 0.3125$$

- W_1 : 총자본 내 부채 시가총액 비중 = 60%
- W_2 : 총자본 내 보통주 시가총액 비중 = 40%

∴ WACC = (5.46% × 0.6) + (6.875% × 0.4) = 6.026%

12 한성(주)의 다음 자료를 가지고 가중평균 자본비용(WACC)을 계산한 수치에 가장 가까운 것을 고르시오.

> 부채 총계 500억원, 자본총계 500억원
> 이자지급금액(세전) : 30억원, 실효법인세율 : 20%
> 보통주의 베타 : 1.4, 주식시장 평균수익률 : 11.0%
> 무위험 이자율 : 5%

① 7.05% ② 7.38%
③ 7.75% ④ 8.02%
⑤ 9.10%

정답 | ⑤
해설 | • 총자본 내 비중 : 부채비중 50%, 주식비중 50%
　　• 세전 부채비용 = 이자지급금액/부채 총계 = 30/500 = 0.06 = 6%
　　• 세후 부채비용 = 6×(1−0.2) = 4.8%
　　• 자본 비용 = 요구수익률 = 5% + 1.4×(11%−5%) = 13.4%
　　• 가중평균 자본비용 = 0.5×4.8% + 0.5×13.4% = 9.10%

13 토마토운송의 자기자본 이익률(ROE)을 분석하려고 한다. 다음 자료를 보고 토마토운송의 20×2년 ROE 변화와 관련한 다음 내용 중 가장 적절하지 못한 내용은 어느 것인가?

구분	20×1년	20×2년	변화율
순이익	50,000	60,000	
매출액	1,000,000	1,100,000	
평균총자산	500,000	500,000	
평균자기자본	250,000	275,000	
매출액순이익률(A)	(　)%	5.4545%	(　)%
총자산회전율(B)	2.00	2.20	(　)%
재무레버리지(C)	2.00	(　)	(　)%
ROE(=A×B×C)	(　)%	(　)%	(　)%

① 20×2년 ROE는 21.82%이다.
② 20×2년 ROE는 전년대비 9%가 넘게 증가하였다.
③ 총자산회전율 상승이 20×2년 ROE 상승의 가장 큰 원인이다.
④ 재무레버리지는 낮아져 ROE를 높이지는 못하였지만 재무위험은 낮아졌다.
⑤ 매출액이 증가하였으나 매출대비 수익성은 낮아졌다.

정답 | ⑤

해설 |

구분	20×1년	20×2년	변화율
순이익	50,000	60,000	
매출액	1,000,000	1,100,000	
평균총자산	500,000	500,000	
평균자기자본	250,000	275,000	
매출액순이익률(A)	(5.0)%	5.4545%	(9.09)%
총자산회전율(B)	2.00	2.20	(10.0)%
재무레버리지(C)	2.00	(1.82)	(−9.0)%
ROE(=A×B×C)	(20)%	(21.82)%	(−8.26)%

ROE = 순이익/평균자기자본
= (순이익/매출액)×(매출액/평균총자산)×(평균총자산/평균자가자본)
= 매출액순이익률×총자산회전율×재무레버리지

매출액순이익률이나 총자산회전율의 경우는 전년대비 증가함으로써 ROE증가에 기여한 반면, 재무레버리지는 전년대비 감소함으로써 ROE증가에 도움이 되지는 못하였다. 그렇지만 재무위험을 낮춘 결과이다. 매출액순이익률이 전년대비 증가하였으므로 매출대비 수익성이 증가한 것이다.

14 (주)토마토유통에 대하여 시장의 분석가들은 다음과 같은 공통된 예상을 하고 있다. "자기자본이익률(ROE)은 10%, 주식투자의 요구수익률은 13.05% 그리고 배당성향은 40%가 계속 유지될 것이다." 작년도 주당순이익은 2,000원이었으며 올해 배당금은 주당 800원이었다. 정률성장 배당할인 모형에 의한 이 기업의 내재가치와 적정PER가 가장 적절하게 연결된 것은?

① 내재가치 : 12,028 PER : 5.67배
② 내재가치 : 12,028 PER : 7.38배
③ 내재가치 : 18,048 PER : 5.67배
④ 내재가치 : 18,048 PER : 6.73배
⑤ 내재가치 : 18,048 PER : 7.38배

정답 | ①

해설 |
- 배당성장률(g) = 내부유보율×ROE = (1−0.4)×10% = 6%
- 내년도 배당금액 = 800원×(1+0.06) = 848원
- 주가 = 848/(0.1305−0.06) = 12,028원
- PER = 주식가격/EPS_1 = 12,028/(2,000×1.06) = 5.67배
  또는 적정PER = 배당성향/(k−g) = 0.4/(0.1305−0.06) = 5.67배

15 (주)토마토는 전년도 주당순이익이 1,000원일 경우, 정률성장배당할인 모형에 의한 기업의 내재가치를 구하시오.

- 자기자본이익률(ROE) : 7%
- 주식시장의 위험 프리미엄 : 5%
- (주)토마토의 베타 : 1.2
- 무위험 이자율 : 4%
- 배당성향 : 60%
---

① 6,567원　　　　　　　　② 7,243원
③ 8,432원　　　　　　　　④ 8,524원
⑤ 8,567원

정답 | ⑤
해설 | • 요구수익률(k) = 4% + 1.2×5% = 10%
　　　• 잠재성장률(g) = 내부유보율×ROE = (1 − 배당성향)×ROE
　　　　　　　　　　　= (1 − 0.6)×7% = 2.8%
　　　• 배당금 = 배당성향×EPS = 0.6×1,000 = 600
　　　• 적정가치 = {600×(1 + 0.028)}/(0.1 − 0.028)} = 8,567원

16 (주)영진에 대하여 시장의 분석가들은 "자기자본이익률(ROE)은 9%, 주식투자의 요구수익률은 10% 그리고 배당성향 50%가 계속 유지될 것이다."는 공통된 예상을 하고 있다. (주)영진의 올해의 EPS가 1,500원이었으며 올해의 배당은 지급되었다. 정률성장 배당할인모형에 의한 이 기업주식의 내재가치와 적정PER가 가장 적절하게 연결된 것을 고르시오.

	PER	내재가치
①	2	30,000
②	5	14,250
③	5	28,500
④	9.09	14,250
⑤	9.09	28,500

정답 | ④
해설 | • g = ROE×(1 − 배당성향) = 0.09×0.5 = 0.045
　　　• 적정 PER계산 = 배당성향/(k − g) = 0.5/(0.1 − 0.045) = 9.09(배)
　　　• 내년도 EPS1 = 1,500×1.045 = 1,567.5
　　　• 적정주가 = EPS1×PER = 1,567.5×9.09 = 14,250원

17 Z 회사의 자기자본이익률은 14%, 요구수익률 10%, 이익의 사내유보율은 60%이며 올해의 주당이익은 2,100원이었으며 올해의 배당은 지급되었다. 정률성장 배당할인모형에 의한 이 기업 주식의 적정 PER와 내재가치가 가장 적절하게 연결된 것을 고르시오.

① PER 15배, 내재가치 52,500원　　② PER 25배, 내재가치 52,500원
③ PER 10배, 내재가치 56,910원　　④ PER 15배, 내재가치 56,910원
⑤ PER 25배, 내재가치 56,910원

정답 | ⑤
해설 | · $k = 10\%$, $g = 0.14 \times 0.6 = 8.4\%$

· $PER = \dfrac{0.4}{(0.1 - 0.084)} = 25(배)$

· 내재가치 $= 25 \times 2,100 \times 1.084 = 56,910$원

18 김민규씨는 초고령화사회로 접어드는 한국의 경제상황에서 헬스케어 및 제약산업에 관심이 많으며 특히 제일양행(주)의 주식 매입을 적극 고려중이다. 제일양행(주)의 재무정보 및 최근 자본시장의 상황이 다음과 같을 때 제일양행(주)의 적정주가에 대한 설명이 가장 적절한 것은?

- 실질무위험 이자율 : 3%, 제일양행(주)의 위험프리미엄 : 5.8%
- 제일양행(주)의 현재주가 : 22,000원
- 제일양행(주)의 수익률의 표준편차 : 25%
- 시장포트폴리오의 표준편차 20%
- 제일양행(주)의 시장포트폴리오와의 상관계수 : 0.6
- 배당성향 : 60%, ROE : 15%
- 내년도 예상배당금액 : 주당 1,200원
※ 인플레이션 보상률 : 2%

① 정률성장배당할인모형에 의한 제일양행(주)의 적정주가는 26,500원으로 투자를 유보할 필요가 있다.
② 내년도 추정 순이익에 적정PER을 감안한 주가보다 현재의 주가가 낮으므로 적극매수 의견이 예상된다.
③ 정률성장배당할인모형에 의한 제일양행(주)의 적정주가는 21,250원으로 저평가되어 있으므로 매수를 고려할 필요가 있다.
④ 내년도 추정 순이익에 적정PER을 감안한 주가보다 현재의 주가가 높으므로 투자유보 의견이 예상된다.
⑤ 정률성장배당할인모형에 의한 제일양행(주)의 적정주가는 23,500원으로 투자를 유보할 필요가 있다.

정답 | ②

해설 | • 정률성장배당할인모형으로 적정주가를 산출시
  $V_0 = d_1/(k-g) = 1,200/(0.108-0.06) = 25,000$원
  - $d_1 = 1,200$원
  - $k = R_f + \beta \times \{E(R_m) - R_f\} = (0.03+0.02) + 0.058[=\{\beta \times \{E(R_m) - R_f\}\}] = 0.108$
    *R_f = 실질무위험이자율 + 인플레이션보상율 = 0.03 + 0.02 = 0.05
  - $g = RR \times ROE = (1-배당성향) \times 0.15 = 0.4 \times 0.15 = 0.06$
  ∴ 적정주가(25,000원)가 현재주가(22,000원)보다 높아 저평가되어 있으므로 매수를 고려할 필요가 있다.

• PER에 의한 적정주가를 산출시
  - 적정PER = 배당성향/$(k-g)$ = 0.6/(0.108-0.06) = 12.5(배)
  - 주당순이익 = 1,200/0.6 = 2,000원
  - 적정주가 = PER×EPS_1 = 12.5×2,000 = 25,000원
  ∴ 적정주가(25,000원)가 현재주가(22,000원)보다 높아 저평가되어 있으므로 매수를 고려할 필요가 있다.

19 투자자산운용사인 한고은씨가 최근 관심을 갖고 있는 기업들에 대한 다음 자료를 바탕으로 기업의 적정가치를 추정할 때 분석내용으로 가장 적절하지 **않은** 것은?

구분	엘리아(주)	어심(주)	해법(주)
현재가	20,000	30,000	50,000
EPS	1,500	3,000	2,500
BPS	5,000	5,000	25,000
산업평균 PER	13	10	30
시장 PER	20		
EV/EBITDA	5.5	6.5	9.5

① EV/EBITDA기준으로 볼 때 가장 저평가되어 있는 엘리아(주)에 투자하는 것이 유리하다.
② BPS가 가장 높은 해법(주)의 주가가 가장 고평가되어 있다.
③ 산업 평균과 비교할 경우에는 해법(주)의 주가가 상대적으로 가장 저평가되어 있다.
④ 단순히 PER만을 비교할 경우 해법(주)가 가장 고평가되어 있다고 할 수 있다.
⑤ 시장PER기준으로 볼 때 어심(주)가 가장 저평가되어 있다.

정답 | ②

해설 |

구분	엘리아(주)	어심(주)	해법(주)
현재가	20,000	30,000	50,000
EPS	1,500	3,000	2,500
PER	13.3	10.0	20.0
BPS	5,000	5,000	25,000
PBR	4.0	6.0	2.0
산업평균 PER	13	10	30

시장 PER	20		
EV/EBITDA	5.5	6.5	9.5

① EV/EBITDA기준으로 볼 때 가장 저평가되어 있는 엘리아(주)에 투자하는 것이 유리하다.
② BPS가 높은 것은 중요하지 않고, PBR기준으로 볼 때 해법(주)의 주가가 가장 저평가되어 있다.
③ 산업 평균과 비교할 경우에는 해법(주)의 주가가 상대적으로 가장 저평가되어 있다.
④ 단순히 PER만을 비교할 경우 해법(주)가 가장 고평가되어 있다고 할 수 있다.
⑤ 시장PER기준으로 볼 때 어심(주)가 가장 저평가되어 있다.

20 CFP® 자격인증자가 최근 조사한 (주)토마토에 대한 정보는 다음과 같다. 20×1년 말 현재 주식시장에서 (주)토마토의 주가는 24,000원에 거래되고 있으며 주가에 관련된 특이사항이 없다고 할 때, 분석가들의 의견은 어떻게 예상되는지 가장 적절한 것을 고르시오.

- 20×1년 주당순이익 : 2,000원
- 배당성장률 : 6%
- (주)토마토 주식투자자의 요구수익률 : 11.0%
- 내부유보율 : 50%

① 20×2년 추정 순이익에 적정PER을 감안한 주가보다 현재의 주가가 13% 정도 높으므로 비중축소 의견이 예상된다.
② 20×2년 추정 순이익에 적정PER을 감안한 주가보다 현재의 주가가 13% 정도 높으므로 비중확대 의견이 예상된다.
③ 20×2년 추정 순이익에 적정PER을 감안한 주가와 현재의 주가가 같으므로 시장평균 의견이 예상된다.
④ 20×2년 추정 순이익에 적정PER을 감안한 주가보다 현재의 주가가 2배 이상 높으므로 매도 의견이 예상된다.
⑤ 20×2년 추정 순이익에 적정PER을 감안한 주가보다 현재의 주가가 50% 정도 수준이므로 적극매수 의견이 예상된다.

정답 | ①
해설 | • 적정PER = 배당성향/(k − g) = 0.5/(0.11 − 0.06) = 10.0배
  • 적정주가 = 주당순이익(EPS_1) × 적정PER
             = (2,000원 × 1.06) × 10.0배 = 21,200원
  → 20×2년 추정 순이익에 적정PER을 감안한 주가보다 현재의 주가가 13% 정도 높으므로 비중축소 의견이 예상된다.

TOPIC 5 채권의 가치평가 및 채권투자전략

※ 다음 채권에 관하여 아래의 질문에 답하시오(문제 21~문제 22).

- 액면 : 10,000원, 표면이자율 : 4%(3개월 단위 후급 이표채)
- 채권 유통수익률 : 6%, 만기 : 3년, 발행일과 매매일 동일.

21 다음 중 위의 채권의 매매단가(세전단가)와 가장 가까운 것은?

① 8,323원
② 9,455원
③ 10,728원
④ 12,726원
⑤ 12,952원

정답 | ②
해설 | 채권가격 = CF0 = 0, C01 = 100, F01 = 11, C02 = 10,100, NPV, I = 6/4, NPV? 9,454.62

22 유통수익률이 6%에서 6.8%로 상승할 경우 상기 채권의 듀레이션으로 인한 채권가격은 얼마로 변화하는지 수정 듀레이션을 이용하여 계산한 것으로 적절한 것은? (단, 수정듀레이션은 2.75임)

① 8,979원
② 9,247원
③ 9,450원
④ 10,001원
⑤ 10,006원

정답 | ②
해설 | • 채권가격의 변화율 = -2.75×(+0.008) = -0.022
  • 채권가격 변동 = -0.022×9,455 = -208
  ∴ 시장이자율이 6%에서 6.8%로 상승할 때, 채권의 가격은 9,455에서 208원정도 하락한 9,247원이 된다.

23 홍길동씨가 20×1. 8. 1일, 액면금액 2억원인 (주)토마토 CP에 투자할 경우 필요한 금액(후과세 선택)은 얼마인지 적절한 것을 고르시오.(단, 유통수익률은 4%이며, 발행일 20×1. 8. 1일, 만기일 20×1. 10. 31이다.)

① 192,307,692원
② 198,005,479원
③ 198,027,397원
④ 198,053,867원
⑤ 199,978,082원

정답 | ②
해설 | 200,000,000×(1−0.04×91/365)=198,005,479원
후과세를 선택하였으므로 매매금액은 198,005,479원이며 만기 정산시 소득세와 주민세를 납부하면 됨

24 고객이 보유하고 있는 채권은 2년 만기 금융채이고, 이 채권을 아래의 조건으로 매매할 경우 채권의 세전단가로 적절한 것을 고르시오.

발행일	20×1. 6. 1	남은기간	701일
표면이자율	6.2%	매매일	20×1. 7. 1
매매수익율	6.1%	이자지급방식	3개월 단위 복리계산 만기지급

① 10,092원
② 10,499원
③ 10,904원
④ 11,104원
⑤ 11,254원

정답 | ①
해설 | • 상환원리금 = 10,000×(1+0.062/4)^8 = 11,309원
• 세전단가 = 11,309÷{(1.061)×(1+0.061×336/365)} = 10,092원

25 나우기업 회사채를 20×1년 7월 25일 매매수익률 6%로 매매할 때 세전 매매단가를 계산하시오.(단, 발생 당시 액면가 기준 10%로 할인된 가격으로 매출되었다).

발행일	20×1. 5. 20	만기일	20×4. 5. 20
표면이율	4%	이자지급방식	3개월 이표채

① 9,516원
② 9,536원
③ 9,556원
④ 9,576원
⑤ 9,596원

정답 | ③
해설 | • 이표금액 : 10,000×(0.04/4)=100원
• CF0:100, C01:100, F01:10, C02:10,100, F02:1, NPV, I:6/4=1.5, CPT? 9,596.4441
• 9,596.444÷(1+0.06/4×26/92)=9,555.935원

26 다음의 할인채를 20×1년 4월 5일에 매매할 경우 다음 보기 중 채권 세전단가와 가장 가까운 것을 고르시오.

- 표면이자율 : 6.2%
- 발행일 : 20×1. 1. 19.
- 매매수익률 : 7%
- 만기일 : 20×3. 1. 19.

① 9,732.5
② 9,474.8
③ 9,911.8
④ 8,275.7
⑤ 8,162.9

정답 | ④
해설 | 잔여일수 : 2년 289일

$$\frac{10,000}{(1.07)^2 \times \left(1 + 0.07 \times \frac{289}{365}\right)} = 8,275.7089$$

27 현재 매매수익률이 7%인 상황에서 향후 1% 하락하여 6%가 될 경우 채권가격은 얼마만큼 변하는지 수정듀레이션을 이용하여 예측한 값으로 가장 적절한 것을 고르시오.(단, 채권의 가격은 26번의 세전매매 단가를 적용한다.)

① −248.27원
② −232.02원
③ +159.40원
④ +232.02원
⑤ +248.27원

정답 | ④
해설 | 할인채의 경우 듀레이션이 만기와 동일하므로
수정듀레이션(Modified Duration) = 3/(1+0.07) = 2.8037
ΔP/8,275.7 = −2.8037×(−0.01)
ΔP = +232.0290

28 20×1년 4월 29일에 발행된 3년 만기 할인채(만기는 2013년 4월 29일)를 발행한지 40일이 경과한 시점에서, 매매수익률 8.5%로 매수하려고 할 때 매매단가로 적절한 것은?

① 7,897원
② 7,996원
③ 8,215원
④ 8,354원
⑤ 8,785원

정답 | ①
해설 | 세전단가 = 10,000/{(1+0.085)²×(1+0.085×325/365)} = 7,897원

29 현재 10.00%인 A회사채의 유통수익률이 시중금리 하락에 따라 1%p 하락한 9.00%가 될 경우 A회사채의 시장가격은 얼마로 변동하는지 수정듀레이션과 볼록성으로 추정한 값으로 가장 적절한 것은?

- 현재 채권가격 : 8,977
- 표면이자율(3개월마다 이자지급) : 8.0%
- 발행일 : 20×1. 8. 23
- 만기일 : 20×3. 8. 23
- 듀레이션(년) : 2.78
- 볼록성 : 8.94

① 7,897원
② 8,996원
③ 8,215원
④ 9,225원
⑤ 9,785원

정답 | ④
해설 | • 수정듀레이션(Modified Duration) = D/(1 + i/k) = 2.78/(1 + 0.1/4) = 2.7122
- 채권가격변동율 = [−2.7122×(−0.01)] + [0.5×8.94×(0.01)^2] = 0.0276
- 새로운 채권가격 = 8,977×(1 + 0.0276) = 9,225원

30 김용수씨가 보유하고 있는 표면이율 8%, 3개월 단위 후급 이표채, 액면가 10,000원인 3년 만기 채권의 현재 매매수익률이 7.7%인 경우 채권가격은 10,079원이며 연간 듀레이션은 2.6982이고 연간 볼록성(convexity)는 7.2870으로 계산되었다. 채권수익률이 0.7% 하락할 경우 수정듀레이션과 볼록성을 이용하여 계산한 채권의 새로운 가격에 가장 가까운 것을 고르시오.

① 9,894원
② 9,967원
③ 10,167원
④ 10,267원
⑤ 10,565원

정답 | ④
해설 | • 수정듀레이션 = 2.6982/(1 + 0.077/4) = 2.6472
- 채권가격변동률 = −2.6472×(−0.007) + 0.5×7.2870×(−0.007)^2 = +0.0187
- 채권가격변동 = 10,079×0.0187 = +188.57원
- 새로운 채권가격의 근사치 = 10,079 + 188.57 = 10,267.57원

31 현재 5.9%인 AS회사채의 유통수익률이 시중금리 상승에 따라 1%p 상승한 6.9%가 될 경우 AS회사채의 시장가격은 얼마로 변동하는지 수정듀레이션과 볼록성을 가지고 추정하시오.

> - 현재 채권가격 : 9,808원
> - 표면이자율(1년마다 이자지급) : 5.2%
> - 발행일 : 20×1. 9. 28
> - 만기일 : 20×3. 9. 28
> - 유통수익률 : 5.9%
> - 듀레이션(년) : 2.8527
> - 볼록성(년) : 7.2407

① 9,547원
② 9,642원
③ 9,785원
④ 10,087원
⑤ 11,084원

정답 | ①

해설 | • 채권가격변화율 = 수정듀레이션에 의한 설명 + 볼록성에 의한 설명
$$\frac{\Delta P}{P} = (-D_M \times \Delta r) + \frac{1}{2} \times Convexity \times (\Delta r)^2$$
- 수정듀레이션(Modified Duration) = 듀레이션/(1+i/k)
  = 2.8527/(1+0.059) = 2.6938
  (i : 유통수익률, k : 연간 이자지급 횟수)
- 채권가격변동율
  [−수정듀레이션×수익률변화 폭] + [1/2×볼록성×(수익률변화 폭)²]
  = [−2.6938×(0.01)] + [1/2×7.2407×(0.01)²] = −0.0266 = −2.66%
  ∴ −0.0266×9,808 = −260.65원 하락
→ 새로운 채권가격 = 9,808 − 260.65 = 9,547원

TOPIC 6 파생상품 운용전략

32 현재가치 기준으로 20억원 상당의 KOSPI200 포트폴리오를 보유하고 있는 김경호씨는 향후 선물만기일까지 여러 가지 경제상황으로 보아 주가하락을 예상하고 있다. 이에 따라 김경호씨는 주가하락에 따른 손실을 보전하기 위하여 20×1년 3월 9일에 만기가 되는 KOSPI200선물을 이용하기로 하였다. 20×1년 2월 2일 현재 KOSPI200지수는 100.00포인트이며 KOSPI200선물지수는 100.20포인트이며, 지수 1포인트당 거래승수는 250,000원이다. 베타계수가 1.2일 경우 김경호씨가 헤지를 위하여 매입 또는 매도하여야 할 선물계약수로 적절한 것을 고르시오.

① 92계약 매수
② 92계약 매도
③ 96계약 매수
④ 96계약 매도
⑤ 100계약 매수

정답 | ④
해설 | 김경호씨는 현물인 주식포트폴리오를 보유하고 있으므로 주식포트폴리오의 미래 가격변동위험을 없애기 위해서는 선물매도헤지를 하여야 한다. 현재 보유하고 있는 KOSPI200 포트폴리오는 선물은 (2,000,000,000×1.2)/(100×250,000)=96계약에 해당하는 것이다.

33 20×1년 6월 현재 KOSPI200지수는 180포인트이며, 9월 만기인 선물가격은 170포인트이다. 3개월 만기 CD금리는 4%이며 기간 중 배당수익률은 0.5%이다. 투자자는 자본금 1,800,000천원을 헤지가능 한 만기가 55일 남은 선물을 이용하여 차익거래 시 이 차익거래전략과 만기손익을 계산하시오.

① 매도차익거래, 100,800천원
② 매수차익거래, 100,849천원
③ 매도차익거래, 101,312천원
④ 매수차익거래, 101,300천원
⑤ 매도차익거래, 101,849천원

정답 | ⑤
해설 | (1) 먼저 이론선물가격을 계산한다.
  이론선물가격 = 180×(1+0.04×55/365−0.005) = 180.1849
(2) 이론선물가격과 선물가격을 비교한다.
  선물가격(170) < 이론선물가격(180.1849)
(3) 차익거래실시 : 비싼 것을 팔고 싼 것을 산다.
  → 선물매수 + 현물매도 → 매도차익거래
(4) 선물거래 규모 = 18억원/(25만원×180pt) = 40(계약)
(5) 거래비용이 없으므로 1계약당 10.1849pt (180.1849pt−170pt)
  차익거래이익 = 10.1849(pt)×40(계약)×250,000(원) = 101,849천원

34 CFP가 최근의 자본시장의 상황을 분석해 보니 다음과 같은 정보를 얻을 수 있었다. 이러한 상황에서 20억원을 가지고 선물을 이용한 차익거래를 하는 경우 계약당 차익과 차익거래 전략의 이름으로 적절한 것은?

> - KOSPI200지수=200
> - 기간 중 배당수익률=1%
> - 최근월물 선물만기까지 잔여일수=183일
> - 선물지수=200.5pt
> - 90일 CD 유통수익률=4%

① 2 pt, 매도차익거래
② 1.5 pt, 매수차익거래
③ 2 pt, 매수차익거래
④ 1.5 pt, 매도차익거래
⑤ 1pt, 매수차익거래

정답 | ④

해설 | 이론선물가격 $= \left(1 + 0.04 \times \dfrac{183}{365} - 0.01\right) = 202.01$

→ 202.01 − 200.5 = 1.51

∴ 이론선물가격이 현재의 선물가격보다 1.5pt 높기 때문에 현재의 선물은 저평가되어있기 때문에 저평가된 선물은 매수하고, 상대적으로 고평가된 현물을 매도하는 매도차익거래 전략을 하여야 한다. 매도차익거래 시 1계약당 1.5pt의 이익이 실현된다.

35 20억원의 주식 포트폴리오를 보유한 투자자가 선물을 이용하여 가격하락 위험을 100% 헤지하려고 한다. 현재의 KOSPI200지수가 205이고 포트폴리오 베타가 1.23이라고 하면 어떻게 헤지하는 것이 가장 적절한가?

① 선물 44계약 매수
② 선물 44계약 매도
③ 선물 48계약 매수
④ 선물 48계약 매도
⑤ 선물 50계약 매수

정답 | ④

해설 | $\dfrac{20억}{(205 \times 25만)} \times 1.23 = 48계약$

∴ 가격하락의 위험이 발생할 경우 매도헤지를 통하여 위험을 회피한다.

36 현재가치 기준으로 50억원 상당의 주식포트폴리오(베타 1.5)를 보유하고 있는 이민재씨는 향후 선물만기일까지 여러 가지 경제상황으로 보아 10%의 주가하락을 예상하고 있다. 이에 따라 이민재씨는 주가하락에 따른 손실을 보전하기 위하여 9월에 만기가 되는 KOSPI200지수선물을 이용하기로 하였다(KOSPI200지수선물 거래승수 250천원). 5월 현재 KOSPI200의 지수는 200.00이며 KOSPI200지수선물가격은 200.50이다. 이민재씨의 지수선물을 이용한 헤지전략에 대한 설명으로 가장 적절한 것을 고르시오.

① 현 상황은 백워데이션이며, 이론적인 선물가격에 근접한 가격으로 선물 매도헤지를 한 포지션을 선물만기까지 보유하면 무위험수익률만큼은 수익이 발생한다.
② 베타를 감안하는 경우 150계약의 매도헤지가 필요하며 만약 예측과 반대로 시장이 상승할 경우 주식시장에서는 이익이 선물시장에서는 손실이 발생한다.
③ 이민재씨의 예상대로 된다면 베타조정 후 위험을 헤지한 선물 거래에서 750,000천원의 손실이 발생할 것이다.
④ 선물시장에서는 선물만기 시점에 선물 150계약을 KOSPI200지수로 만기 정산하여 18,750천원의 이익이 발생할 것이다.
⑤ 헤지 결과 전체 포트폴리오의 손익은 768,750천원의 이익이 발생할 것이다.

정답 | ②

해설 | ① 현 상황은 콘탱고이며, 이민재씨는 현물인 주식포트폴리오를 보유하고 있으므로 주식포트폴리오의 미래 가격변동위험을 없애기 위해서는 선물 매도헤지를 하여야 한다.
② 현재 보유하고 있는 KOSPI200 포트폴리오를 헤지하기 위한 선물계약 수
50억원/(200×250천원) = 100계약
여기에 베타를 조정하면 100계약×1.5 = 150계약(150계약 선물 매도)
만약 주식시장이 예상과는 달리 상승하였다고 하여도 선물시장에서 손실을 보지만 주식포트폴리오에서는 이득을 보아 전체 포지션에서 손실은 없다.
③ 선물 만기 시에 주가가 10%하락하였다면 이 경우 헤지거래의 결과는 다음과 같다.

일자	현물시장	선물시장
헤지시점	보유 포트폴리오 시가 총액 : 50억원	선물 150계약 200.5에 매도
선물만기 시점	주가 10% 하락 : KOSPI200지수 180 포트폴리오의 가치 15% 하락 (베타 감안 시) 포트폴리오의 가치 4,250,000천원	선물 150계약 KOSPI200지수로 만기 정산
손익	42.5억원 - 50억원 = -7.5억원	(200.5 - 180)×25만원×150계약 = 768,750천원
헤지 결과		이익 18,750천원

이민재씨의 예상대로 주식가격이 하락하여 주식포트폴리오의 가치는 7.5억원 하락하였으나 선물거래에서 768,750천원의 이익이 실현되어 현물시장의 손실을 보전해 18,750천원의 순이익이 실현되었다.

37 현재가치 기준으로 50억원 상당의 KOSPI200포트폴리오(베타계수 1.2)를 보유하고 있는 최승진씨는 향후 선물만기일까지 여러 가지 경제상황으로 보아 10% 정도의 주가지수 하락을 예상하고 있다. 이에 따라 최승진씨는 주가하락에 따른 손실을 보전하기 위하여 11월 11일에 만기가 되는 KOSPI200지수선물을 이용하기로 하였다(KOSPI200지수선물 250,000원). 10월 4일 현재 KOSPI200의 지수는 100.00이며 KOSPI200지수선물가격은 102.00이다. 최승진씨의 지수선물을 이용한 헤지전략에 대한 설명으로 가장 적절한 것을 고르시오.

① 현재 시장상황은 정상적 백워데이션 상태로 최승진씨는 주가하락위험을 헤지하기 위해 매도헤지를 하여야한다.
② 주가하락위험을 최소한으로 줄이기 위해 거래해야 하는 선물계약 수는 100계약이다.
③ 주가가 10% 하락하였으므로 보유 포트폴리오의 가치는 45억원이 될 것이다.
④ 최승진씨의 예상대로 된다면 선물만기 시점에 선물시장에서 6억원 정도의 이익이 실현될 것이다.
⑤ 최승진씨의 예상대로 된다면 위험을 헤지한 선물거래에서 1계약당 500천원의 순이익이 실현될 것이다.

정답 | ⑤
해설 | ① 현재 시장상황은 콘탱고 상태로 최승진씨는 현물인 주식포트폴리오를 보유하고 있으므로 주식포트폴리오의 미래 가격변동을 없애기 위해서는 선물 매도헤지를 하여야 한다.
② $\frac{50억원 \times 1.2}{100 \times 250천원} = 240계약$
③, ④ 선물 만기 시에 주가가 10% 하락하였다면 이 경우 헤지거래의 결과는 다음과 같다.

일자	현물시장	선물시장
헤지시점	보유 포트폴리오 시가 총액 : 50억원	선물 240계약 102포인트에 매도
선물만기시점	주가 10% 하락 : KOSPI200지수 90포인트 포트폴리오 가치 12% 하락 포트폴리오 가치 44억원	선물 240계약 KOSPI200지수로 만기 정산
손익	44억원 - 50억원 = -6억원	(102-90)×250천원×240계약 = 7.2억원
헤지 결과		이익 1.2억원

TOPIC 7 자산배분전략

38 이성환씨는 해외 펀드에 투자하였다. 다음의 자료를 가지고 3년 동안 펀드의 원화기준 투자수익률을 연간 산술평균과 기하평균으로 나타낸 것으로 적절한 것은?(단, 환율위험을 별도의 수단으로 헤지하지 않았다.)

구분		미국채권 펀드
3년 전	기준가격	1,000
	환율	900원/1달러
현재	기준가격	1,350
	환율	600원/1달러

① 산술평균 : −9.65%, 기하평균 : −4.64%
② 산술평균 : −4.64%, 기하평균 : −3.45%
③ 산술평균 : −3.45%, 기하평균 : −3.33%
④ 산술평균 : −3.33%, 기하평균 : −3.45%
⑤ 산술평균 : −3.45%, 기하평균 : −4.64%

정답 | ④
해설 | • 총수익률 : {(600/900)×(1,350/1,000)} − 1 = −0.1 = −10%
• 산술평균 : −0.1/3 = −3.33%
• 기하평균 : PV : −1, N : 3, FV 0.9, CPT I/Y? −3.45%

39 고객인 김지성씨는 주식, 채권 부동산(개별 자산별 기대수익률 주식 : 8%, 채권 : 5%, 부동산 : 7%) 등을 이용하여 적절하게 분산투자를 계획하고 있다. 고객이 원하는 목표 수익률은 7.5% 이고, 부동산 보유비중을 10%로 가정할 경우 주식과 채권의 보유비중으로 적절한 것을 고르시오.

	주식	채권
①	76.7%	13.3%
②	13.3%	76.7%
③	64.3%	25.7%
④	25.7%	64.3%
⑤	55.7%	34.3%

정답 | ①
해설 | 포트폴리오 세후 기대수익률을 7.5%로 설정한 경우 주식의 투자비중을 A라고 하면 채권의 투자비중은 (0.9−A)이므로 A×8%+(0.9−A)×5%+0.1×7%=7.5%가 되도록하면 된다. 위의 식을 풀면 A는 0.7667, (1−A)는 0.133로 계산된다.

40 작년 주식의 수익률의 1% 감소로 인해 2009년 자기자본수익률을 8%로 상향 조정할 경우 현금 보유 비율은 그대로 가져가고자 한다. 이때 주식과 채권의 비율로 적절한 것은?(단, 현금의 비율은 10% 그대로 유지한다.)

구분	수익률	표준편차
현금	3%	5%
주식	10%	10%
채권	4%	8%

① 주식 75%, 채권 15%
② 주식 21.67%, 채권 68.33%
③ 주식 68.33%, 채권 21.67%
④ 주식 15%, 채권 75%
⑤ 주식 35.67%, 채권 54.33%

정답 | ③
해설 | 주식의 투자비중을 x라 하면 채권의 투자비중은 $0.9-x$
$8=(3\times0.1)+(10\times x)+\{4\times(0.9-x)\}$
$X=0.6833, 0.9-X=0.2167$

41 CFP는 김종학씨 부부의 은퇴자산을 마련하기 위한 자산배분을 주식과 채권만으로 구성하기로 하고 자료를 수집하였다. 다음의 자료를 토대로 전략을 수립한 결과에 대한 설명 중 가장 적절하지 **않은** 것을 고르시오.

> 주식에 대한 장기수익률 : 12%(세후) 수익률의 표준편차 : 20%
> 채권에 대한 장기수익률 : 5%(세후) 수익률의 표준편차 : 3%
> 주식 수익률과 채권 수익률의 상관계수 : −0.10
> ※수익률의 분포는 정규분포곡선의 형태를 나타낸다고 가정한다.

① 포트폴리오 세후 기대수익률을 7%로 설정한 경우 주식과 채권의 투자비중은 29%와 71%로 자산배분하는 것이 위험을 축소하면서 목표한 기대수익률을 달성하는 방안이다.
② 포트폴리오 세후 기대수익률을 높이기 위해 주식과 채권의 투자비중을 각각 50%로 설정하면 세후 기대수익률은 8.5로 상승한다.
③ 주식과 채권의 투자비중을 각각 50%로 설정하면 포트폴리오 위험(수익률 표준편차)은 9.96%로 계산된다.
④ 주식과 채권의 투자비중을 각각 50%로 설정하면 1년 후 세후실현수익률이 −1.46% ~ 18.46%에 있을 가능성이 68% 정도이다.
⑤ 포트폴리오 위험을 5% 이하로 축소하려면 주식 투자비중을 24%정도로 가져가야 하는데 이 경우 세후 실현수익률은 6.5%에 미달할 가능성이 높다.

정답 | ⑤
해설 | ① 포트폴리오 세후 기대수익률을 7%로 설정한 경우 주식의 투자비중을 A라고 하면 채권의 투자비중은 (1 − A)이므로 A×12%+(1−A)×5%=7%가 되도록 하면 된다. 해당 식을 풀면 A는 0.2857, (1−A)는 0.7143으로 계산된다.
② 주식, 채권의 투자비중을 각각 50%로 설정하면 0.5×12%+0.5×5%=8.5%
③ 주식과 채권의 투자비중을 각각 50%로 설정하면 포트폴리오 위험(표준편차)은 $\{0.5^2 \times 0.20^2 + 0.5^2 \times 0.03^2 + 2 \times 0.5 \times 0.5 \times 0.20 \times 0.03 \times (-0.1)\}^{1/2} = 0.0996 = 9.96\%$이다.
④ 세후 기대수익률에 표준편차를 가감한 −1.46%~18.46%에 실현수익률이 있을 가능성은 68%정도이다. 만약 95% 이상의 가능성을 보이려면 세후 기대수익률에 2배의 표준편차를 가감한 수치인 −11.42%~28.42%대가 되어야 한다.
⑤ 주식 투자비중을 24%, 채권 투자비중 76%인 경우 세후 기대수익률은 6.68%로, 실현수익률이 6.5%에 초과할 가능성이 높다고 할 수 있다. 이 경우 포트폴리오 위험은 5.1%이다.

···TOPIC 8 투자성과 평가

42 다음 중 펀드별 샤프척도와 정보비율의 값이 정확한 것을 고르시오.

구분	펀드실현수익률	표준편차	Tracking error 표준편차
펀드A	6.5%	0.20	0.5
펀드B	7.0%	0.35	0.7
펀드C	7.5%	0.45	1.2
펀드D	8.0%	0.50	0.25
펀드E	8.5%	0.55	1

※ 무위험이자율 : 5%, 벤치마크수익률 : 4%

	펀드명	샤프지수	정보비율
①	펀드A	0.075	0.07
②	펀드B	0.0571	0.529
③	펀드C	0.0556	0.0292
④	펀드D	0.07	0.16
⑤	펀드E	0.0636	0.035

정답 | ③
해설 | • 샤프지수=(펀드수익율−무위험이자율)/표준편차
• 정보비율=(펀드수익률−벤치마크수익률)/Tracking error표준편차

구분	샤프지수	정보비율
펀드A	(0.065 − 0.05)/0.2 = 0.075	(0.065 − 0.04)/0.5 = 0.05
펀드B	(0.07 − 0.05)/0.35 = 0.0571	(0.07 − 0.04)/0.7 = 0.0429
펀드C	(0.075 − 0.05)/0.45 = 0.0556	(0.075 − 0.04)/1.2 = 0.0292
펀드D	(0.08 − 0.05)/0.5 = 0.06	(0.08 − 0.04)/0.25 = 0.16
펀드E	(0.085 − 0.05)/0.55 = 0.0636	(0.085 − 0.04)/1 = 0.045

43 박유미 CFP인증자는 김경아씨를 위해 다음과 같은 주식형 펀드 자료를 준비하였다. 김경아씨를 위해 이 가운데 가장 우수한 펀드 두 개를 추천할 생각이다. 샤프척도와 트레이너 척도가 가장 우수한 펀드끼리 바르게 연결된 것은?(단, 무위험 수익률은 5%로 한다.)

주식형 펀드	평균 수익률	표준편차	베타
A	8%	0.12	0.37
B	9%	0.1	0.55
C	10%	0.09	1.45
D	11%	0.18	0.66
E	12%	0.15	0.83

① E, A
② B, C
③ C, B
④ D, C
⑤ C, D

정답 | ⑤

해설 |

구분	샤프척도	트레이너 척도
A	$\dfrac{0.08 - 0.05}{0.12} = 0.25$	$\dfrac{0.08 - 0.05}{0.37} = 0.0811$
B	$\dfrac{0.09 - 0.05}{0.1} = 0.4$	$\dfrac{0.09 - 0.05}{0.55} = 0.0727$
C	$\dfrac{0.10 - 0.05}{0.09} = 0.556$	$\dfrac{0.10 - 0.05}{1.45} = 0.0345$
D	$\dfrac{0.11 - 0.05}{0.18} = 0.3333$	$\dfrac{0.11 - 0.05}{0.66} = 0.0909$
E	$\dfrac{0.12 - 0.05}{0.15} = 0.4667$	$\dfrac{0.12 - 0.05}{0.83} = 0.0843$

44 이상윤 CFP® 인증자는 권보선씨를 위해 다음과 같이 펀드의 자료들을 준비하였다. 권보선씨를 위해 주식형/채권형 유형별로 각각 한 개씩 가장 우수한 펀드 두 개를 추천할 생각이다. 샤프척도가 가장 우수한 펀드끼리 바르게 연결된 것은?

구분	평균 수익률	표준편차	베타
A 주식형펀드	8.00%	0.12	0.37
B 주식형펀드	9.00%	0.1	0.55
C 채권형펀드	6.72%	0.09	1.45
D 채권형펀드	6.43%	0.18	0.66

※ 무위험 수익률은 5%로 가정

① D, A
② B, C
③ C, D
④ A, B
⑤ B, D

정답 | ②

해설 | 같은 유형의 펀드간 샤프척도를 비교해야 한다. 즉, A와 B펀드, 그리고 C와 D펀드를 비교한 뒤 각각 샤프척도가 높은 펀드를 선택하면 된다.

구분	샤프척도	트레이너 척도
A	$\frac{0.08-0.05}{0.12}=0.25$	$\frac{0.08-0.05}{0.37}=0.0811$
B	$\frac{0.09-0.05}{0.1}=0.40$	$\frac{0.09-0.05}{0.55}=0.0727$
C	$\frac{0.0672-0.05}{0.09}=0.19$	$\frac{0.0672-0.05}{1.45}=0.0119$
D	$\frac{0.0643-0.05}{0.18}=0.08$	$\frac{0.0643-0.05}{0.66}=0.0217$

CHAPTER 04 부동산설계

TOPIC 1 부동산가치평가

01 CFP® 자격인증자 이승훈씨는 고객 최원옥씨가 매입을 검토 중인 주택의 가치를 평가하고자 한다. 아래의 정보를 토대로 평가대상 부동산의 가치평가로 적절한 것을 고르시오.

> [평가대상 부동산 현황]
> - 토지면적 : 150m², 건물면적 : 1층(70m²), 2층(70m²)
> - 건물은 10년 전 신축(신축 당시 재조달원가 : m²당 1,500천원)
> - 인근지역 내 유사토지의 최근 거래가격은 m²당 3,000천원이었는데, 사례토지는 경사지에 위치하고 있어 본건이 약 7% 우세하나, 도로변에 위치하여 접근성 면에서 사례토지가 7% 우세하다.
> - 본건 건물의 내용년수는 20년이며, 현재 건물을 신축할 경우 재조달원가는 m²당 2,000천원이 예상된다. 조사결과 건물의 관리상태가 부적절하여 장부상 경과년수보다 3년 더 경과된 것으로 관찰되었다.
> - 주방의 현대화 등 건물의 기능을 보완하기 위해 50,000천원이 추가소요된다.
> - 건물의 잔존가치는 재조달원가의 10%인 것으로 추정된다.

① 400,000천원~430,000천원
② 450,000천원~470,000천원
③ 480,000천원~500,000천원
④ 510,000천원~530,000천원
⑤ 590,000천원~600,000천원

정답 | ④

해설 |
- 토지가격 : $150m^2 \times 3,000 \times \frac{107}{100} \times \frac{100}{107} = 450,000$천원
  - 재조달원가 : $(70m^2 + 70m^2) \times 2,000 = 280,000$천원
  - 감가수정액 : 물리적 감가$\left(280,000 \times 0.9 \times \frac{13}{20}\right)$ + 기능적 감가(50,000) = 213,800천원
  - 건물가격 : 280,000 − 213,800 = 66,200천원
  - 대상부동산의 가치 : 450,000 + 66,200 = 516,200천원

02
임양락씨는 임대사업을 목적으로 보유 중인 노후주택 건물을 멸실하고 다가구 주택 30가구를 신축하는 방안을 검토 중이다. 신축 시 기존 건물 철거비용 80,000천원, 폐자재 수입으로 철거비용의 10%가 예상되며, 건물 신축을 위한 직접비용 2,500,000천원, 간접비용은 직접비의 10%가 소요될 것으로 예상된다. 아래 정보를 참고하여 신축 검토 중인 부동산의 수익가치로 가장 적절한 것을 고르시오.

[신축 검토 중인 부동산 관련 정보]
- 신축 시 가구당 보증금 : 100,000천원, 가구당 월 임대료 3,500천원
- 공실 및 대손충당금 : 가능총수익의 7%
- 운영경비 : 유효총수익의 35%
- 유사부동산의 전형적인 종합환원율 : 15%
- 요구수익률 : 30%
- 보증금운용이익률 : 6%

① 2,822,000천원   ② 3,658,000천원
③ 4,432,000천원   ④ 5,803,200천원
⑤ 8,625,200천원

정답 | ④
해설 | • PGI : (3,500×12+100,000×0.06)×30가구=1,440,000천원
- EGI : 1,440,000×0.93=1,339,200천원
- NOI : 1,339,200×0.65=870,480천원
- 수익가치 : 870,480÷0.15=5,803,200천원

03
이숙씨는 매도자가 제시한 금액을 지불하여 상가건물을 구입하고자 한다. 매도자가 제시하는 금액의 5%에 해당하는 비용이 부대비용(취득 관련 세금 등)으로 추가 발생할 경우 총투자금액을 기준으로 예상되는 종합환원율로 가장 적절한 것은?

- 매도자가 제시한 상가건물 가액 : 2,000,000천원
- 예상 월 임대료 : 15,000천원
- 예상 연 운영경비 : 40,000천원

① 약 5.37%   ② 약 6.67%
③ 약 7.00%   ④ 약 8.57%
⑤ 약 9.00%

정답 | ②

해설 | • 총투자금액 : 2,000,000×1.05 = 2,100,000천원
- 연임대소득 : 15,000×12개월 = 180,000천원
- 순영업수익(NOI) : 180,000 – 예상 연 운영경비 연 40,000 = 140,000천원
- 종합환원율 : $\frac{140,000}{2,100,000} = 6.67\%$

04 투자하고 있는 부동산의 연간 순영업수익(NOI)은 10,000천원이다. 대출조건은 LTV 50%, 연 6% 월복리, 매월 말 원리금균등분할상환으로 대출기간은 10년이다. 자기자본 투자금에 대한 지분환원율이 5%라고 할 때, 금융적 투자결합법을 이용하여 부동산의 가치를 구하시오.

① 109,156천원
② 127,904천원
③ 128,301천원
④ 128,930천원
⑤ 129,301천원

정답 | ①

해설 | • 대출환원율(대출상수)
  PV : 1, N : 120, I/Y : 0.5, PMT(E)? 0.0111×12 = 0.1332
- 종합환원율 : 대출비율×대출환원율 + 지분비율×지분환원율 = 0.5×0.1332 + 0.5×0.05 = 0.0916
- 부동산의 가치 : $\frac{순영업수익(NOI)}{종합환원율} = \frac{10,000}{0.0916} = 109,156$천원

05 아래 정보를 토대로 금융적 투자결합법을 이용하여 부동산의 가치를 구하시오.

[평가대상 부동산 현황]
- 대출조건 : LTV 60%, 연 6% 월복리 매월 말 원리금균등분할상환
- 대출기간 : 10년
- 자기자본 투자금에 대한 지분환원율 : 10%
- 월 임대료 : 2,500천원
- 평균 공실 및 대손률 : 가능총수익의 5%
- 운영경비 : 가능총수익의 10%

① 110,000천원~111,000천원
② 212,000천원~213,000천원
③ 232,000천원~233,000천원
④ 255,000천원~256,000천원
⑤ 312,000천원~313,000천원

정답 | ②

해설 | • 대출환원율(대출상수)
　　PV : 1, N : 120, I/Y : 0.5, PMT(E)? 0.0111×12 = 0.1332
• 종합환원율(R) = 0.6×0.1332 + 0.4×0.1 = 0.1199

순영업수익(NOI) 산출	
가능총수익(PGI)	30,000천원
공실 및 대손(5%)	1,500천원
유효총수익(EGI)	28,500천원
운영경비(OE)	3,000천원
순영업수익(NOI)	25,500천원

• 부동산의 가치 : $\dfrac{NOI}{R} = \dfrac{25,500}{0.1199} = 212,616$천원

06 고객 최수지씨는 최근에 2,000,000천원을 투자하여 5층짜리 임대용 부동산을 구입하였다. 최수지씨는 투자자본에 대한 수익률이 최소한 15%는 되어야 할 것으로 생각하고 있다. 과거 몇 년 동안 대상 인근지역의 부동산 가격은 급속히 상승했는데, 이 같은 추세는 앞으로도 상당 기간 계속될 것으로 전망되고 있다. 과거 추세를 미루어 볼 때, 전형적인 보유 기간인 5년 후에는 대상 부동산의 가치는 2배로 상승할 것으로 예상된다. 다음 중 최수지씨의 요구수익률을 충족시킬 수 있는 매년 순영업소득의 수준으로 적절한 것을 고르시오.(단, 세금은 없는 것으로 가정한다.)

① 1,000천원~2,000천원　　② 3,000천원~4,000천원
③ 5,000천원~6,000천원　　④ 7,000천원~8,000천원
⑤ 9,000천원~10,000천원

정답 | ②

해설 | 〈방법1〉
• 요구수익률을 충족시킬 수 있는 매년 총수익 : 2,000,000×15% = 300,000천원
• 가치상승분으로 인해 덜 벌어도 되는 매년 순영업수익
　FV : 2,000,000, N : 5, I/Y : 15, PMT(E)? 296,631천원
• 요구수익률을 충족시킬 수 있는 매년 순영업소득 수준 : 300,000 − 296,631 = 3,369천원
〈방법2〉
PV : −2,000,000, FV : 4,000,000, N : 5, I/Y : 15, PMT(E)? 3,369천원

TOPIC 2 투자의사결정

07 김상현씨는 임대사업을 목적으로 노후주택을 매입 후 건물을 멸실하고 다가구주택 30가구를 신축하는 방안을 검토 중에 이범호 CFP® 자격인증자에게 상담을 요청하였다. 매입하고자 하는 노후주택의 매입가격은 25억원이고, 신축 시 기존 건물 철거비용 50,000천원, 건물 신축을 위한 직·간접비용 10억원이 소요될 것으로 예상되며, 철거로 인한 폐자재 수익 15,000천원이 예상된다. 아래 정보를 참고하여 신축 검토 중인 부동산의 경제적 타당성 여부에 대한 적절한 설명을 고르시오.

[신축 검토 중인 부동산 관련 정보]
- 신축 시 가구당 보증금 : 10,000천원, 월 임대료 : 800천원
- 공실 및 대손충당금 : 가능총수익의 6%
- 운영경비 : 가능총수익의 10%
- 종합환원율 : 7%
- 보증금운용이익은 고려하지 않음

① 수익가격 약 3,535백만원이며, 수익가격 < 원가가격으로 경제적 타당성이 없다.
② 수익가격 약 3,456백만원이며, 수익가격 < 원가가격으로 경제적 타당성이 없다.
③ 수익가격 약 2,456백만원이며, 수익가격 > 원가가격으로 경제적 타당성이 있다.
④ 수익가격 약 2,600백만원이며, 수익가격 > 원가가격으로 경제적 타당성이 없다.
⑤ 비교안의 가치산정방식이 달라 비교를 할 수가 없다.

정답 | ②
해설 | • 원가법에 의한 부동산가치 = 2,500,000 + 50,000 + 1,000,000 − 15,000 = 3,535,000천원

〈수익방식(직접환원법)에 의한 부동산가치〉
- 가능총수익(PGI) : 800 × 12 × 30가구 = 288,000천원
- 공실 및 대손(6%) : 288,000 × 6% = 17,280천원
- 유효총수익(EGI) : 288,000 − 17,280 = 270,720천원
- 운영경비(OE) : 288,000 × 10% = 28,800천원
- 순영업소득(NOI) : 270,720 − 28,800 = 241,920천원
- 부동산의 수익가치(V) : $\frac{241,920}{0.07}$ = 3,456,000천원
- 수익가격이 3,456,000천원이 원가가격 3,535,000천원보다 79,000천원 적으므로 경제적 타당성이 없음

08 이하나씨는 임대사업을 목적으로 노후주택을 매입 후 건물을 멸실하고 다가구주택 30가구를 신축하는 방안을 검토 중에 CFP® 자격인증자에게 상담을 요청하였다. 매입하고자 하는 노후주택의 매입가격은 1,500,000천원이며, 신축 시 건물 신축을 위한 직접비용(기존 건물 철거비용 포함) 850,000천원, 간접비용은 직접비의 10%가 소요될 것으로 예상된다. 신축 검토 중인 부동산의 경제적 타당성 여부에 대한 적절한 설명을 고르시오.

[신축 검토 중인 부동산 관련 정보]
- 신축 시 가구당 보증금 : 20,000천원, 월 임대료 : 600천원
- 공실 및 대손충당금 : 가능총수익의 5%
- 보험료 : 연 10,000천원
- 운영경비 : 유효총수익의 15%(보험료는 포함되어 있지 않음)
- 종합환원율 : 9%
- 보증금운용이익율 : 4%

① 수익가격은 약 1,700,000천원이며, 원가가격 > 수익가격으로 경제적 타당성이 없음
② 수익가격은 약 2,000,000천원이며, 원가가격 > 수익가격으로 경제적 타당성이 없음
③ 수익가격은 약 2,300,000천원이며, 원가가격 > 수익가격으로 경제적 타당성이 없음
④ 수익가격은 약 2,600,000천원이며, 원가가격 < 수익가격으로 경제적 타당성이 있음
⑤ 수익가격은 약 2,900,000천원이며, 원가가격 < 수익가격으로 경제적 타당성이 있음

정답 | ②

해설 |
- 원가가격 : $1,500,000 + 850,000 \times 1.1 = 2,435,000$천원
- PGI : $(600 \times 12 + 20,000 \times 0.04) \times 30$가구 $= 240,000$천원
- EGI : $240,000 \times (1-0.05) = 228,000$천원
- NOI : $228,000 \times (1-0.15) - 10,000 = 183,800$천원
- 수익가격 : $\dfrac{183,800}{0.09} = 2,042,222$천원
- 원가가격이 수익가격보다 크므로 경제적 타당성이 없음

09 김병규씨는 임대사업을 목적으로 부동산을 매입하는 방안을 검토 중에 CFP® 자격인증자에게 상담을 요청하였다. 아래 정보를 참고하여 매입 검토 중인 부동산의 경제적 타당성여부에 대한 적절한 설명을 고르시오.

> [평가대상 부동산 현황]
> - 토지면적 : $400m^2$, 건물면적 : $900m^2$
> - 월 임대료 : m^2당 40천원, 임대보증금 : 800,000천원
> - 공실 및 대손충당금 : 가능총수익의 5%, 보증금운용이익률 : 6%
> - 운영경비 : 유효총수익의 20%
> - 부동산 소재지역 내 유사한 부동산의 종합환원율은 8%이다.
> - 인근지역 내 유사토지의 최근 거래가격은 m^2당 6,000천원이었는데, 거래된 토지는 경사지에 위치하고 있어 본건이 약 8% 우세하다.
> - 5년 전 신축된 본건 건물의 내용년수는 50년이며, 현재의 건물을 신축할 경우 재조달원가는 m^2당 1,500천원이 예상된다.
> - 인근 쓰레기 매립장으로 인한 경제적 감가 70,000천원이 예상된다.
> - 건물의 잔존가치는 재조달원가의 10%인 것으로 추정된다.

① 수익가격으로 약 3,750,000천원이며, 수익가격 < 원가가격으로 경제적 타당성이 없다.
② 수익가격으로 약 3,750,000천원이며, 수익가격 > 원가가격으로 경제적 타당성이 있다.
③ 수익가격으로 약 3,380,000천원이며, 수익가격 < 원가가격으로 경제적 타당성이 없다.
④ 수익가격으로 약 4,560,000천원이며, 수익가격 > 원가가격으로 경제적 타당성이 있다.
⑤ 수익가격으로 약 4,560,000천원이며, 수익가격 < 원가가격으로 경제적 타당성이 없다.

정답 | ④
해설 | 〈원가방식에 의한 부동산가치〉

- 토지가격 : $400m^2 \times 6,000 \times \frac{108}{100} = 2,592,000$천원
- 건물가격
  - 재조달원가 : $900m^2 \times 1,500 = 1,350,000$천원
  - 감가수정 : 물리적 감가 $1,350,000 \times 0.9 \times \frac{5년}{50년}$ + 경제적 감가 $70,000 = 191,500$천원
  - 건물가격 : $1,350,000 - 191,500 = 1,158,500$천원
- 부동산의 원가가치 : $2,592,000 + 1,158,500 = 3,750,500$천원

〈수익방식에 의한 부동산가치〉
- 임대수입 : $900m^2 \times 40 \times 12 = 432,000$천원
- 보증금운영이익 : $800,000 \times 6\% = 48,000$천원
- 가능총수익(PGI) : $432,000 + 48,000 = 480,000$천원
- 유효총수익(EGI) : $480,000 \times 0.95 = 456,000$천원
- 순영업수익(NOI) : $456,000 \times 0.8 = 364,800$천원
- 부동산의 수익가치 : $\frac{364,800}{0.08} = 4,560,000$천원
- 수익가격이 4,560,000천원, 원가가격이 3,750,500천원으로 원가방식보다 수익방식에 의한 가치가 809,500천원 많으므로 경제적 타당성이 있음

10 홍창기씨는 임대사업을 목적으로 노후주택을 매입 후 건물을 멸실하고 근린상가건물을 신축하는 방안을 검토하고 있다. 기존 건물을 철거하고 근린상가건물을 신축하는데 드는 제반 비용은 200,000천원(노후주택 매입가격 제외)이 소요될 것으로 예상된다. 아래 정보를 참고하여 홍창기씨가 자신의 요구수익률을 충족시키는 범위 내에서 노후주택의 매입을 위해 지불할 수 있는 최대가격으로 적절한 것을 고르시오.

> [신축 검토 중인 부동산 관련 정보]
> • 신축 시 입주 점포 : 5개 점포, 월 임대료 : 3,000천원
> • 공실 및 대손충당금 : 가능총수익의 5%
> • 운영경비 : 유효총수익의 30%
> • 종합환원율 : 12%
> • 요구수익률 : 30%

① 467,308천원 ② 567,308천원
③ 587,508천원 ④ 598,600천원
⑤ 600,000천원

정답 | ②
해설 | • PGI : 3,000×12×5=180,000천원
  • EGI : 180,000×0.95=171,000천원
  • NOI : 171,000×0.7=119,700천원
  • 부동산가치 : $\frac{119,700}{0.12}$ =997,500천원
  • 노후주택의 매입을 위해 지불할 수 있는 최대가격 : (A+200,000)×1.3=997,500천원 → A=567,308천원

11 매수가격이 500,000천원인 부동산을 매수할 경우 순영업수익이 1차년도에는 30,000천원, 2차년도에는 40,000천원, 3차년도에는 30,000천원, 4차년도와 5차년도에는 각각 50,000천원이 될 것으로 예상된다. 5년 후 매도가격은 5차년도 순영업수익을 환원율 10%를 적용한 가격으로 예상된다. 순영업수익을 기준으로 하는 경우 부동산의 내부수익률로 적절한 것을 고르시오.

① -6.65% ② 4.29%
③ 5.56%   ④ 6.67%
⑤ 7.85%

정답 | ⑤
해설 | CF0 : -500,000, C01 : 30,000, F01 : 1, C02 : 40,000, F02 : 1, C03 : 30,000, F03 : 1, C04 : 50,000, F04 : 1, C05 : 50,000+50,000÷0.1=550,000, F05 : 1, IRR? 7.8504%

12 이승훈씨는 매수가격이 22억원인 부동산을 매수할 경우 순영업수익이 1차년도 200,000천원을 시작으로 매년 전년 대비 30%씩 상승할 것으로 예상하고 있다. 3년 후 매도가격은 3차년도 순영업수익을 환원율 10%를 적용한 가격으로 예상되며, 시장이자율은 연 15%이다. 순영업수익을 기준으로 하는 경우 부동산 매수의사결정에 대해 가장 타당한 것을 고르시오.

① NPV가 약 325,277천원이므로 투자가치가 있다.
② 현금흐름할인법에 의한 부동산가치는 약 2,525,277천원으로 투자가치가 있다.
③ 내부수익률은 19.58%로 내부수익률 > 요구수익률이므로 투자가치가 있다.
④ 내부수익률은 25.61%로 내부수익률 > 요구수익률이므로 투자가치가 있다.
⑤ NPV > 0이고 내부수익률 < 요구수익률이므로 투자가치가 있다.

정답 | ④
해설 | • 순영업수익
- 1차년도 200,000천원
- 2차년도 200,000×1.3 = 260,000천원
- 3차년도 260,000×1.3 = 338,000천원
  CF0 : −2,200,000, C01 : 200,000, F01 : 1, C02 : 260,000, F02 : 1,
  C03 : 338,000 + 3,380,000 = 3,718,000, F03 : 1, IRR? 25.6106%
  I : 15, NPV? 615,156천원
• 부동산가치 : 615,156 + 2,200,000 = 2,815,156천원
• NPV > 0이고, 내부수익률 > 요구수익률이므로 투자가치가 있다.

···TOPIC 3   레버리지효과의 활용

13 총투자수익률이 연 12%인 수익형 부동산의 LTV는 40%이다. 총투자수익률에는 변동이 없으나 대출금리가 5.5%에서 6.5%로 상승 시 자기자본수익률의 변화로 가장 적절한 것은?

① 0.42%p 상승   ② 0.51%p 상승
③ 0.66%p 하락   ④ 0.32%p 하락
⑤ 0.44%p 하락

정답 | ③
해설 | • 대출금리가 5.5%일 때 자기자본수익률
  12% = 0.4×5.5% + 0.6×자기자본수익률 → 자기자본 수익률 16.33%
• 대출금리가 6.5%일 때 자기자본수익률
  12% = 0.4×6.5 + 0.6×자기자본 수익률 → 자기자본수익률 15.67%
• 16.33% − 15.67% = 0.66%p 하락했음

14 윤석민씨가 보유하고 있는 부동산의 작년 총투자수익률이 10%이었으나, 올해에는 공실 증가로 9%로 하락하였고, 대출이자율은 작년 연 5%이었으나 올해 7%로 상승하였다. 이 부동산의 대출비율(LTV)이 60%일 경우 자기자본수익률의 변화에 대한 설명 중 가장 적절한 것을 고르시오.(단, 투자부동산의 공실발생과 금리인상은 동일한 시점에 발생한 것으로 본다.)

① 자기자본수익률이 전년도 대비 5%p 하락하였고, 작년에는 부정적 레버리지효과가 발생하였으나, 올해에는 긍정적 레버리지효과가 발생한다.
② 자기자본수익률이 전년도 대비 5%p 상승하였고, 작년과 올해 모두 긍정적 레버리지효과가 발생한다.
③ 자기자본수익률이 전년도 대비 5.5%p 하락하였고, 작년과 올해 모두 긍정적 레버리지효과가 발생한다.
④ 자기자본수익률이 전년도 대비 5.5%p 상승하였고, 작년과 올해 모두 부정적 레버리지효과가 발생한다.
⑤ 작년과 올해의 자기자본수익률의 변함이 없어 비교할 수가 없다.

정답 l ③
해설 l • 작년 총투자수익률 10%=(0.6×5%)+(0.4×A)
　　　　작년 자기자본수익률 A=17.5%
　　• 올해 총투자수익률 9%=(0.6×7%)+(0.4×B)
　　　　올해 자기자본수익률 B=12%
　　• 자기자본수익률의 변화 : 17.5%−12%=5.5%p 하락

15 수익용 부동산에 투자하려고 하는데 투자액이 커서 금융기관으로부터 차입을 통해 자금을 조달할 계획을 가지고 있다. 투자하고자 하는 대상부동산은 200억원에 매물로 나와 있으며, 향후 기대수익은 경기가 호황일 때 40억원, 불황일 때 20억원으로 예상되며 호황과 불황이 발생할 확률은 각각 50%, 50%이다. 금융기관으로부터 매수가격의 50%까지 대출을 받을 수 있는데, 대출 금리는 연 6%의 이자율로 차입할 수 있다. 본인의 자금이 부족하므로 가능한 최대의 금액을 차입 받아 투자할 경우 자기자본수익률, 수익의 레버리지효과, 표준편차, 리스크 레버리지효과 등에 대한 설명 중 적절한 것을 고르시오.

대출비율	투자금액		대출이자 (연 6%)	자기자본수익	
	자기자본	타인자본		호황(50%)	불황(50%)
0%	200억원	−	−	40억원	20억원
50%	100억원	100억원	6억원	34억원	14억원

① 대출을 받지 않을 경우 자기자본 기대수익률은 9%, 위험은 10%이다.
② 금융기관으로부터 매수가격의 50%까지 대출을 받을 경우 자기자본 기대수익률은 24%로 높아진다.
③ 금융기관으로부터 매수가격의 50%까지 대출을 받을 경우 위험은 5%로 낮아진다.
④ 차입금 비율이 높을수록 자기자본 기대수익률은 증가하여, 금융기관으로부터 매수가격의 50%까지 대출을 받을 경우 자기자본 기대수익률은 10% 증가한다.
⑤ 차입금의 비율이 높을수록 위험은 감소하여, 금융기관으로부터 매수가격의 50%까지 대출을 받을 경우 리스크는 5% 감소한다.

정답 | ②
해설 |

대출비율	투자금액		대출이자 (연 6%)	자기자본수익			표준편차
	자기자본	타인자본		호황(50%)	불황(50%)	기대수익	
0%	200억원	0	0	40억원 (20%)	20억원 (10%)	30억원 (15%)	5%
50%	100억원	100억원	6억원	34억원 (34%)	14억원 (14%)	24억원 (24%)	10%

- 수익의 레버리지 효과 : 9%p 상승
- 리스크 레버리지 효과 : 5%p 상승

16 수익용 부동산에 투자하려고 하는데 투자액이 커서 금융기관으로부터 차입을 통해 자금을 조달할 계획을 가지고 있다. 투자하고자 하는 대상부동산은 100억원에 매물로 나와 있으며, 향후 기대수익은 경기가 호황일 때 13억원, 불황일 때 7억원으로 예상되며 호황과 불황이 발생할 확률은 각각 50%이다. 금융기관으로부터 매수가격의 80%까지 대출을 받을 수 있는데, 대출금리는 50억원까지는 연간 6%의 이자율로, 50억원을 초과하는 부분은 연간 8%의 이자율로 차입할 수 있다. 본인의 자금이 부족하므로 가능한 최대의 금액을 차입받아 투자할 경우 자기자본수익률, 수익의 레버리지효과, 표준편차, 리스크 레버리지효과 등에 대한 설명 중 적절한 것을 고르시오.

① 수익의 레버리지효과 23%p 상승, 리스크레버리지효과 12%p 상승
② 자기자본수익률 23%p 상승, 리스크 레버리지효과 15%p 상승
③ 호황 시 자기자본수익률 38%, 호황 시 기대수익 38억원
④ 불황 시 자기자본수익률 8%, 불황 시 기대수익 8억원
⑤ 평균 자기자본수익률 23%, 이 경우 기대수익은 4.6억원

정답 | ⑤
해설 |

대출비율	투자금액		대출이자	자기자본수익			표준편차
	자기자본	타인자본		호황시	불황시	기대수익	
0%	100억원	0	0	13억원 (13%)	7억원 (7%)	10억원 (10%)	3%
80%	20억원	80억원	5.4억원 (6.75%)	7.6억원 (38%)	1.6억원 (8%)	4.6억원 (23%)	15%

- 수익의 레버리지 효과 : 23% − 10% = 13%p 상승
- 리스크 레버리지 효과 : 15% − 3% = 12%p 상승

TOPIC 4 Cash on Cash rate

17 아래 주어진 내용을 참고하여 부동산을 구입할 경우 Cash on Cash rate로 적절한 것을 고르시오.

- 나대지 구입비용 : 250,000천원
- 건축물 건립비용 : 200,000천원
- 대출금 : 150,000천원
- 상환조건은 만기 일시상환으로 이자율은 연 8%
- 운영경비 : 유효총수익의 20%
- 보증금 : 100,000천원
- 유효총수익 : 80,000천원

① 26%
② 28%
③ 30%
④ 32%
⑤ 36%

정답 | ①
해설 |
- 자기자본 실 투자금액 : 총투자금액 − 대출금 − 보증금 = 250,000 + 200,000 − 150,000 − 100,000 = 200,000천원
- NOI : 80,000 × (1 − 20%) = 64,000천원
- 대출이자(DS) : 150,000 × 8% = 12,000천원
- 수정 BTCF : 64,000 − 12,000 = 52,000천원
- Cash on Cash rate : $\dfrac{\text{수정 BTCF}}{\text{자기자본 실 투자금액}} = \dfrac{52,000}{200,000} = 26\%$

18 고객 강지환씨는 ○○구 ○○동에 원룸건물을 신축하고자 한다. 예상비용 및 예상수익은 아래 자료와 같다. 이를 토대로 자기자본 실투자금액 대비 수익을 고려한 연 수익률(Cash on Cash rate)로 적절한 것을 고르시오.

> - 토지면적 70m², 토지구입비 8,000천원(m²당), 건물 연면적 210m²의 지하 1층 지상 4층 규모로 원룸 15실임
> - 건축비는 m²당 2,500천원이며, 세금 등은 건축비의 8%
> - 대출금액은 400,000천원이며 실당 보증금 10,000천원, 임대료는 월 900천원이며 공실률은 5%임. 대출이자율은 연 10%이며, 5년 만기일시상환임
> - 원룸 관리 등에 소요되는 제반비용은 월 1,000천원 정도임

① 약 15.6%   ② 약 16.5%
③ 약 17.4%   ④ 약 18.3%
⑤ 약 19.2%

정답 | ③

해설 | • 자기자본 실투자금액 분석
   - 토지 : 70m² × 8,000 = 560,000천원
   - 건축비 : 210 × 2,500 = 525,000천원
   - 세금 등 : 525,000 × 8% = 42,000천원
   - 총투자금액 : 560,000 + 525,000 + 42,000 = 1,127,000천원
   - 보증금 : 15실 × 10,000 × (1 − 0.05) = 142,500천원
   - 실투자금액 = 총투자금액 − 대출금 − 보증금 = 1,127,000 − 400,000 − 142,500 = 584,500천원
 • 수정 BTCF 분석
  PGI : 15실 × 900 × 12 = 162,000천원
  EGI : 162,000 × (1 − 0.05) = 153,900천원
  OE : 1,000 × 12 = 12,000천원
  NOI : 153,900 − 12,000 = 141,900천원
  DS : 400,000 × 0.1 = 40,000천원
  BTCF : 141,900 − 40,000 = 101,900천원
 • Cash on Cash rate = $\dfrac{\text{수정 BTCF}}{\text{자기자본 실 투자금액}} = \dfrac{101,900}{584,500} = 17.43\%$

TOPIC 5 대출액 산정기준 및 리파이낸싱

19 아래 주어진 내용을 참고하여 고객 문병훈씨가 부동산 구입 시 금융기관으로부터 받을 수 있는 최대 대출 가능금액을 고르시오.

> [고객 문병훈씨가 구입을 고려하고 있는 부동산의 현황]
> • 해당 상가에는 총 30개호가 들어설 예정임
> • 월 임대료 : 각 호당 3,500천원, 임대보증금 : 각 호당 100,000천원
> • 예상 공실률 : 가능총수익의 7%, 임대보증금 운용수익률 : 6%
> • 운영경비 : 가능총수익의 15%
> • 부동산 소재지역 내 유사한 부동산의 종합환원율은 15%
> • 금융기관에서는 수익형 부동산은 직접환원법에 의한 가격을 기준으로 LTV 60%로 대출기준을 적용
> • 대출금은 연 6.5%, 5년 만기일시상환이며 또한 DCR은 1.5 이상을 요구
> • 금융기관은 위의 대출기준 중 보수적으로 낮게 산출된 대출금액을 적용

① 1,204,571천원
② 4,492,800천원
③ 4,553,280천원
④ 11,520,000천원
⑤ 11,675,077천원

정답 | ②

해설 | • 임대수입 : 3,500×12×30호 = 1,260,000천원
• 보증금운영이익 : 100,000×6%×30호 = 180,000천원
• 가능총수익(PGI) : 1,260,000+180,000 = 1,440,000천원
• 유효총수익(EGI) : 1,440,000×0.93 = 1,339,200천원
• 운영경비(OE) : 가능총수익의 15% = 1,440,000×15% = 216,000천원
• 순영업수익(NOI) : 1,339,200−216,000 = 1,123,200천원
• 부동산가치 : $\frac{1,123,200}{0.15}$ = 7,488,000천원
• LTV기준 : 7,488,000×60% = 4,492,800천원
• DCR기준 : $\frac{NOI}{대출상수 \times x} \geq 1.5 \rightarrow \frac{1,123,200}{0.065 \times x} \geq 1.5 \rightarrow x \leq 11,520,000$천원
• 금융기관은 위의 대출기준 중 보수적으로 낮게 산출된 대출금액을 적용하므로 4,492,800천원

20 아래 주어진 내용을 참고하여 고객 김민규씨가 부동산 구입 시 금융기관으로부터 받을 수 있는 최대 대출 가능금액을 고르시오.(단, 대출 가능금액은 백만원 미만 절사한다.)

> [고객 김민규씨가 구입을 고려하고 있는 부동산의 현황]
> • 해당 상가에는 총 30개호가 들어설 예정임
> • 월 임대료 : 각 호당 3,500천원, 임대보증금 : 각 호당 100,000천원
> • 예상 공실률 : 가능총수익의 7%, 임대보증금 운용수익률 : 6%
> • 운영경비 : 유효총수익의 15%
> • 부동산 소재지역 내 유사한 부동산의 종합환원율은 10%
> • 금융기관에서는 수익형 부동산은 수익환원법(직접환원방식)에 의한 가격을 기준으로 LTV 40%로 대출기준을 적용
> • 대출금은 연 7.5% 월복리, 3년 원리금균등분할상환이며 또한 DCR은 1.6 이상을 요구
> • 금융기관은 위의 대출기준 중 보수적으로 낮게 산출된 대출금액을 적용

① 1,100,000천원
② 1,905,000천원
③ 4,553,000천원
④ 8,783,000천원
⑤ 9,106,000천원

정답 Ⅰ ②

해설 Ⅰ • 임대수입 : 3,500×12×30호 = 1,260,000천원
 • 보증금운영이익 : 100,000×6%×30호 = 180,000천원
 • 가능총수익(PGI) : 1,260,000+180,000 = 1,440,000천원
 • 유효총수익(EGI) : 1,440,000×0.93 = 1,339,200천원
 • 순영업수익(NOI) : 1,339,200×0.85 = 1,138,320천원
 • 부동산가치 : $\dfrac{1,138,320}{0.1}$ = 11,383,200천원
 • LTV기준 : 11,383,200×40% = 4,553,280천원
 • 대출상수 : PV : 1, N : 36, I/Y : 7.5÷12, PMT(E)? 0.0311×12 = 0.3733
 • DCR기준 : $\dfrac{NOI}{대출상수 \times x} \geq 1.6 \rightarrow \dfrac{1,138,320}{0.3733 \times x} \geq 1.6 \rightarrow x \leq 1,905,969$천원
 • 금융기관은 위의 대출기준 중 보수적으로 낮게 산출된 대출금액을 적용하므로 1,905,000천원(백만원 미만 절사)

21 아래 주어진 내용을 참고하여 고객 최원옥씨가 부동산 구입 시 금융기관으로부터 받을 수 있는 최대 대출 가능금액을 고르시오.(단, 대출 가능금액은 백만원 미만 절사한다.)

> [고객 최원옥씨가 구입을 고려하고 있는 부동산의 현황]
> - 매수가 : 500,000천원
> - 최원옥씨의 월소득 : 4,000천원
> - 금융기관에서는 부동산의 매수가격을 기준으로 LTV 50%로 대출기준을 적용
> - 대출금은 연 6.5%, 3년 만기일시상환이며 또한 DTI는 30%를 요구
> - 금융기관은 위의 대출기준 중 보수적으로 낮게 산출된 대출금액을 적용

① 202,000천원   ② 214,000천원
③ 221,000천원   ④ 250,000천원
⑤ 273,000천원

정답 | ③
해설 |
- LTV 기준 대출가능 금액 : 500,000 × 50% = 250,000
- DTI 기준 대출가능 금액 : $0.3 = \dfrac{x \times 0.065}{4,000 \times 12}$ → $x = 221,538$천원
- 최대 대출 가능 금액 : min[250,000, 221,000] = 221,000천원

22 김신영씨는 임대용 부동산을 5년 전 매입하면서 대한은행으로부터 500,000천원을 대출받았다. 대출조건은 대출기간 20년, 연 7.5% 월복리, 매월 말 원리금균등분할상환이다. 최근 시장금리가 하락하여 대한은행의 대출금을 상환하고 민국은행에서의 리파이낸싱을 고려 중인데 지금 상환하게 되면 상환금액의 1%의 상환수수료가 발생하게 된다. 김신영씨는 리파이낸싱을 통해 절약되는 상환분을 연 6% 월복리의 15년 만기 저축상품에 매월 말 투자할 계획이다. 이러한 경우 다음과 같이 대출조건을 바꾸어 잔여기간 동안에 민국은행에서 재대출(리파이낸싱)하는 방안에 대한 설명 중 적절한 것을 고르시오.

> [신규대출조건]
> - 민국은행 : 연 6% 월복리, 취급수수료 대출금의 1%이며 매월 말 원리금균등분할상환, 대출기간 15년(상환 시 발생하는 제반비용은 별도 준비하여 현금으로 지급하는 것으로 한다)

① 약 32,900천원의 이익이 발생하므로 전환(리파이낸싱)하는 것이 유리하다.
② 약 33,500천원의 이익이 발생하므로 전환(리파이낸싱)하는 것이 유리하다.
③ 약 34,100천원의 이익이 발생하므로 전환(리파이낸싱)하는 것이 유리하다.
④ 약 40,500천원의 이익이 발생하므로 전환(리파이낸싱)하는 것이 유리하다.
⑤ 약 43,400천원의 이익이 발생하므로 전환(리파이낸싱)하는 것이 유리하다.

정답 | ③
해설 | • 대한은행 대출의 매월 납입액
    PV : 500,000, N : 240, I/Y : 7.5÷12, PMT(E)? 4,028천원
• 5년 경과 후 대출금 잔액
    AMORT, P1 : 1, P2 : 60, BAL? 434,510천원
• 신규대출 전환 시 총 수수료 434,510×2%=8,690천원
• 민국은행 리파이낸싱 후 15년간 매월 원리금균등분할상환액
    PV : 434,510, N : 180, I/Y : 0.5, PMT(E)? 3,667천원
• 리파이낸싱 차액의 현가(이익)액
    PMT(E) : 4,028−3,667=361, N : 180, I/Y : 0.5, PV? 42,818천원
• 리파이낸싱으로 발생한 순이익 : 42,818−8,690=34,128천원

TOPIC 6 할인현금흐름분석법(DCF)을 통한 수익형 부동산 투자분석

23 김형수씨가 투자하고자 하는 부동산의 순영업수익(NOI)이 1차년도부터 5년간 일정하게 100,000천원이 유입될 것으로 예상된다. 매입 후 5년간 보유할 계획이며, 5차년도 말 매각 시 매각금액은 1,700,000천원이며, 매도비용은 없는 것으로 한다. 부동산 매입 시 300,000천원을 15년 만기 연 6% 월복리, 매월 말 원리금균등상환조건으로 대출받아 부족자금을 충당할 계획이다. 김형수씨의 자기자본에 대한 요구수익률(세전)이 10%일 때 세전할인현금수익분석(BTCF)에 의한 부동산의 가치를 고르시오.

① 약 1,177,898천원
② 약 1,471,973천원
③ 약 1,477,898천원
④ 약 1,700,000천원
⑤ 약 2,280,270천원

정답 | ③
해설 | • 매년 원리금 상환액
    PV : 300,000, N : 15×12, I/Y : 6÷12, PMT(E)? 2,532×12=30,379천원
• 대출잔액
    2ND AMORT, P1 : 1, P2 : 60, BAL? 228,027천원

구분	소득수익					자본수익 (5년 말 매각)	
	1년차	2년차	3년차	4년차	5년차		
순영업수익 (NOI)	100,000	100,000	100,000	100,000	100,000	매각금액	1,700,000
원리금상환액 (DS)	30,379	30,379	30,379	30,379	30,379	대출잔액	228,027
세전현금흐름 (BTCF)	69,621	69,621	69,621	69,621	69,621	세전현금흐름 (BTCF)	1,471,973

- 자기자본의 가치
  CF0 : 0, C01 : 69,621, F01 : 4, C02 : 69,621 + 1,471,973 = 1,541,594, F02 : 1, I : 10, NPV? 1,177,898천원
- 부동산의 가치(V) = 자기자본의 가치 1,177,898 + 타인자본 300,000 = 1,477,898천원

24
투자하고자 하는 부동산의 순영업수익(NOI)이 작년 말 15,000천원이며, 1차년도부터 매년 10%씩 증가될 것으로 예상된다. 지금 매입하여 5년간 보유할 계획이며, 5차년도 말 매각 시 매각금액은 6차년도 말 순영업수익에 시장추출법에 따른 종합환원율 10%를 적용하며, 매도비용은 5%로 예상된다. 부동산 매입 시 1억원을 15년 만기 연 7% 월복리, 매월 말 원리금균등상환조건으로 대출받아 부족자금을 충당할 계획이다. 투자지분에 대한 요구수익률이 13%일 때 세전할인현금수익분석(BTCF)에 의한 부동산의 가치를 고르시오.

① 209,200천원
② 218,787천원
③ 226,299천원
④ 234,983천원
⑤ 245,288천원

정답 | ③

해설 |

구분	소득수익					자본수익 (5년 말 매각)	
	1년차	2년차	3년차	4년차	5년차		
순영업수익 (NOI)	16,500	18,150	19,965	21,962	24,158	순매도가	252,447
원리금상환액 (DS)	10,786	10,786	10,786	10,786	10,786	미상환 대출잔금	77,413
세전현금수익 (BTCF)	5,714	7,364	9,179	11,176	13,372	세전현금수익 (BTCF)	175,035

- 5년 후 매도가격 = 26,573 ÷ 0.1 = 265,734천원
- 순매도가 = 265,734 × (1 − 0.05) = 252,447천원
- 매년 원리금상환액
  PV : 100,000, N : 15×12 = 180, I/Y : 7÷12, PMT? 899천원 × 12 = 10,786천원
- 미상환대출 잔액
  AMORT, P1 : 1, P2 : 60, BAL? 77,413천원
- 자기자본의 가치
  CF0 : 0, C01 : 5,714, F01 : 1, C02 : 7,364, F02 : 1, C03 : 9,179, F03 : 1,
  C04 : 11,176, F04 : 1, C05 : 13,372 + 175,035 = 188,406, F05 : 1, I : 13, NPV? 126,299천원
- 부동산의 가치 : 자기자본의 가치 + 타인자본 = 126,299 + 100,000 = 226,299천원

25 고객이 오피스 투자가치를 의뢰하였으며 조건은 다음과 같다고 가정할 경우 투자가치에 대한 설명으로 적절하지 **않은** 것은?

> - 매수가격 : 500,000천원
> - 가능총수익 : 95,000천원(매년 3%씩 증가)
> - 공실률 : 10%
> - 대출비율 : 70%
> - 대출이자율 : 연 10.00% 연복리
> - 대출상환 : 매년 말 원리금균등분할상환
> - 대출기간 : 30년
> - 건물가치 : 350,000천원
> - 요구수익률 : 12.00%
> - 영업경비 : 38,000천원(매년 4%씩 증가)
> - 감가상각 : 40년 정액법
> - 예상 보유기간 : 5년
> - 예상 양도가액 : 550,000천원
> - 양도소득세율 : 30%
> - 사업소득세율 : 20%

① 가능총수익에서 공실 및 대손충당금을 제하면 유효총수익이 산출되고, 영업경비를 제하면 순영업소득이 산출되며, 순영업소득에서 부채서비스액을 제하면 세전현금흐름이 산출된다.
② 세전현금흐름과 달리 사업소득세 과세표준은 순영업소득에서 이자지급분과 감가상각비만이 공제되며 원금상환액은 공제되지 않는다.
③ 기간 말 현금흐름은 예상 양도가액원에서 미상환대출잔액과 양도소득세를 제하면 212,990천원이 산정된다.
④ 투자대상의 투자가치는 495,135천원으로 산출된다.
⑤ 투자대상의 최초 매수가격 500,000천원보다 투자가치가 작으며, 고객의 요구수익률을 충족할 수 없는 상황이 발생한다.

정답 | ③
해설 | 〈매 기간의 현금흐름〉

(단위 : 천원)

구분		매 기간의 현금흐름				
		1	2	3	4	5
	가능총수익	95,000	97,850	100,786	103,809	106,923
(−)	공실 및 대손충당금	9,500	9,785	10,079	10,381	10,692
=	유효총수익	85,500	88,065	90,707	93,428	96,231
(−)	영업경비	38,000	39,520	41,101	42,745	44,455
=	순영업소득	47,500	48,545	49,606	50,683	51,776

(−)	부채서비스액	37,128	37,128	37,128	37,128	37,128
=	세전현금흐름	10,372	11,417	12,478	13,556	14,649
(−)	사업소득세	750	1,002	1,261	1,527	1,803
=	세후현금흐름	9,622	10,415	11,217	12,029	12,846

※ 부채서비스액 → PV : 350,000, N : 30, I/Y : 10, PMT(E)? 37,128천원

〈매 기간의 사업소득세〉

(단위 : 천원)

	구분	매 기간의 사업소득세				
		1	2	3	4	5
	순영업소득	47,500	48,545	49,606	50,683	51,776
(−)	이자지급분	35,000	34,787	34,553	34,296	34,013
(−)	감가상각비	8,750	8,750	8,750	8,750	8,750
=	사업소득세 과세표준	3,750	5,008	6,303	7,637	9,013
(×)	사업소득세율	20%	20%	20%	20%	20%
=	사업소득세	750	1,002	1,261	1,527	1,803

※ 감가상각비 : 건물가치 350,000÷40년=8,750천원
※ 이자지급분 1기 → AMORT, P1 : 1, P2 : 1, INT? 35,000천원
※ 이자지급분 2기 → AMORT, P1 : 2, P2 : 2, INT? 34,787천원
※ 이자지급분 3기 → AMORT, P1 : 3, P2 : 3, INT? 34,553천원
※ 이자지급분 4기 → AMORT, P1 : 4, P2 : 4, INT? 34,296천원
※ 이자지급분 5기 → AMORT, P1 : 5, P2 : 5, INT? 34,013천원

〈기간 말 세후현금흐름〉

	구분	금액
	양도가액	550,000천원
(−)	미상환대출잔액	337,010천원
=	세전현금흐름	212,990천원
(−)	양도소득세	27,375천원
=	세후현금흐름	185,615천원

※ 미상환대출잔액 → AMORT, P1 : 5, P2 : 5, BAL? 337,010천원

〈양도소득세〉

	구분	금액
	양도가액	550,000천원
(−)	취득가액	456,250천원
(−)	양도소득 기본공제	2,500천원
=	양도소득 과세표준	91,250천원
(×)	양도소득세율	30%
=	양도소득 산출세액	27,375천원

※ 취득가액 : 500,000−43,750(=감가상각비 8,750×5년)=456,250천원

- CF0 : -150,000, C01 : 9,622, F01 : 1, C02 : 10,415, F02 : 1, C03 : 11,217, F03 : 1,
  C04 : 12,029, F04 : 1, C05 : 12,846 + 185,615 = 198,461, F05 : 1, I : 12, NPV? -4,865천원<0
- 자기자본의 가치 : -4,865 + 자기자본 150,000 = 145,135천원
- 오피스의 투자가치 : 145,135 + 타인자본 350,000 = 495,135천원

26 부동산 임대사업자인 한소정 고객은 시세 60억원이고 매월 48,000천원의 임대수입이 발생하는 즉시 매도 가능한 부동산을 보유하고 있다. 그런데 500,000천원을 투입하여 1년간 리모델링 후 새로운 임차인 유치 시 임대수입이 매월 60,000천원이 발생할 것으로 예상된다. 아래 정보를 근거로 하여 순영업수익을 기준으로 분석할 경우 매각이나 현 상태 유지 또는 리모델링 세 가지 방안의 투자분석에 대한 적절한 설명을 고르시오.

> [부동산 관련 정보]
> - 리모델링 공사비는 공사 시작과 함께 일괄 지급
> - 임차인은 1년간 공사종료와 동시에 입주할 예정
> - 현 건물 계속 보유 시 공실률 10%, 건물유지 관리비 월 6,000천원 발생
> - 리모델링 후 공실률 및 건물유지 관리비는 발생하지 않음
> - 현 상태 5년간 보유 후 매각가 6,100,000천원, 리모델링 후 4년 경과 시 매각가 6,500,000천원 예상
> - 요구수익률 연 8%
> - 임대수입과 관리비는 매년 말 발생
> - 매도 관련비용은 발생하지 않음

① 현 시세 6,000,000천원에 보유부동산을 매각하는 것보다 현 상태로 계속 보유하는 것이 약 48,000천원 유리하다.
② 보유부동산은 공실률은 다소 높으나 투입비용 500,000천원 및 공사기간 중 1년간의 공실을 감안할 때 현 상태로 유지하여 기대수익률 8.49%를 실현하는 방안이 리모델링보다 유리하다.
③ 보유부동산의 리모델링을 통한 임차인 교체가 현 시세 매각 시보다 131,875천원의 부동산 가치가 증가하므로 리모델링 방안을 선택한다.
④ 보유부동산을 현 상태로 유지하는 것보다 리모델링을 통한 임차인 교체 시 부동산 가치가 66,097천원 증가하므로 리모델링을 실시한다.
⑤ 보유부동산의 리모델링을 통한 임차인 교체 시 부동산가치가 현 상태를 유지하는 것보다 기대수익률이 4.9% 높으므로 리모델링 방안이 유리하다.

정답 I ③
해설 I
- 현 시점에서 매각 시 부동산 가치 : 6,000,000천원

⟨현 상태를 계속 유지하는 경우⟩
- 연간 순영업수익(NOI) : (48,000×12)×0.9 - (6,000×12) = 446,400천원
  CF0 : -6,000,000, C01 : 446,400, F01 : 4, C02 : 446,400 + 6,100,000 = 6,546,400, F02 : 1,
  IRR? 7.7257%, I : 8, NPV? -66,097천원
- 부동산가치 : -66,097 + 6,000,000 = 5,933,903천원

⟨리모델링을 하는 경우⟩
- 연간 순영업수익(NOI) : 60,000×12 = 720,000천원
  CF0 : -6,500,000, C01 : 0, F01 : 1, C02 : 720,000, F02 : 3,
  C03 : 720,000+6,500,000 = 7,220,000, F02 : 1, IRR? 8.4868%, I : 8, NPV? 131,875천원
- 부동산가치 : 131,875+6,000,000 = 6,131,875천원
- 리모델링하는 것이 6,000,000천원에 매각하는 것보다 131,875천원 유리하며, 현 상태를 유지하며 계속 보유하는 것보다 약 197,972천원, 내부수익률은 0.76%p 유리하다.

27
부동산 임대사업자인 권새미나 고객은 시세 2,000,000천원이고 매년 180,000천원의 임대수입이 발생하는 즉시 매도 가능한 부동산을 보유하고 있다. 그런데 300,000천원을 투입하여 1년간 리모델링 후 새로운 임차인 유치 시 임대수입이 매년 240,000천원이 발생할 것으로 예상된다. 아래 정보를 근거로 하여 매각이나 현 상태 유지 또는 리모델링 세 가지 방안의 투자분석에 대한 적절한 설명을 고르시오.(단, 순영업수익을 기준으로 분석한다.)

[부동산 관련 정보]
- 리모델링 공사비는 공사 시작 시 100,000천원 지급, 1년간 공사종료와 동시에 200,000천원 지급
- 임차인은 1년간 공사종료와 동시에 입주할 예정
- 현 건물 계속 보유 시 공실률 10%, 건물유지 관리비 매년 32,400천원 발생
- 리모델링 후 공실률 3%, 건물유지 관리비 매년 14,000천원 발생 예상
- 현 상태 5년간 보유 후 매각가 1,900,000천원, 리모델링 후 4년 경과 시 매각가 2,300,000천원 예상
- 요구수익률 연 12%
- 임대수입과 관리비는 매년 말 발생
- 매도 관련 비용은 발생하지 않음

① 현 상태로 계속 보유하는 것보다 현 시세 2,000,000천원에 보유부동산을 매각하는 것이 약 454,710천원 유리하다.
② 보유부동산은 공실률은 다소 높으나 투입비용 300,000천원 및 공사기간 중 1년의 공실을 감안할 때 현 상태로 유지하여 기대수익률 7.48%를 실현하는 방안이 리모델링보다 유리하다.
③ 보유부동산의 리모델링을 통한 임차인 교체가 현 시세 매각 시보다 약 80,122천원의 부동산 가치가 증가하므로 리모델링 방안을 선택한다.
④ 보유부동산을 현 상태로 유지하는 것보다 리모델링을 통한 임차인 교체 시 부동산 가치가 약 374,588천원 증가하므로 리모델링을 실시한다.
⑤ 보유부동산의 리모델링을 통한 임차인 교체 시 부동산가치가 현 상태를 유지하는 것보다 기대수익률이 1.89%p 낮으므로 리모델링 방안이 불리하다.

정답 | ①

해설 | • 현 시점에서 매각 시 부동산가치 : 2,000,000천원

〈현 상태를 계속 유지하는 경우〉
- 연간 순영업수익(NOI) : 180,000×0.9-32,400=129,600천원
  CF0 : -2,000,000, C01 : 129,600, F01 : 4, C02 : 129,600+1,900,000=2,029,600, F02 : 1, IRR? 5.5856%, I : 12, NPV? -454,710천원
- 부동산가치 : -454,710+2,000,000=1,545,290천원

〈리모델링을 하는 경우〉
- 연간 순영업수익(NOI) : 240,000×0.97-14,000=218,800천원
  CF0 : -2,100,000, C01 : -200,000, F01 : 1, C02 : 218,800, F02 : 3,
  C03 : 218,800+2,300,000=2,518,800, F02 : 1, IRR? 7.4761%, I : 12, NPV? -380,122천원
- 부동산가치 : -380,122+2,000,000=1,619,878천원
- 현 시점에서 2,000,000천원에 매각하는 방안이 가장 유리함

28 홍길동 고객은 매년 300,000천원의 임대수입이 발생하는 부동산을 보유하고 있다. 아래 정보를 근거로 하여 현 상태 유지 또는 리모델링에 대한 투자분석 중 홍길동 고객에게 제안할 가장 유리한 방안을 고르시오.(단, 순영업수익을 기준으로 분석한다.)

[부동산 관련 정보]
- 리모델링 공사비는 공사 시작과 함께 일괄 지급
- 5년 후 리모델링비용의 잔존가치는 없으며, 리모델링 기간 및 리모델링 후의 가치상승은 고려하지 않음
- 5년간 보유 후 매각가 3,000,000천원
- 요구수익률 연 7%, 무위험이자율 : 연 6%
- 임대수입은 매년 말 발생
- 공실, 관리비, 매도 관련비용은 발생하지 않음

① 현 상태 유지하여 5년간 보유 후 매각
② 리모델링 공사비 400,000천원을 투입하여 매년 임대수입이 45,000천원 늘어나는 방안
③ 리모델링 공사비 500,000천원을 투입하여 매년 임대수입이 50,000천원 늘어나는 방안
④ 리모델링 공사비 700,000천원을 투입하여 매년 임대수입이 100,000천원 늘어나는 방안
⑤ 리모델링 공사비 1,000,000천원을 투입하여 매년 임대수입이 150,000천원 늘어나는 방안

정답 | ①

해설 | ① CF0 : 0, C01 : 300,000, F01 : 4, C02 : 3,300,000, F02 : 1, I : 7, NPV? 3,369,018천원
② CF0 : -400,000, C01 : 345,000, F01 : 4, C02 : 3,345,000, F02 : 1, I : 7, NPV? 3,153,527천원
③ CF0 : -500,000, C01 : 350,000, F01 : 4, C02 : 3,350,000, F02 : 1, I : 7, NPV? 3,074,028천원
④ CF0 : -700,000, C01 : 400,000, F01 : 4, C02 : 3,400,000, F02 : 1, I : 7, NPV? 3,079,038천원
⑤ CF0 : -1,000,000, C01 : 450,000, F01 : 4, C02 : 3,450,000, F02 : 1, I : 7, NPV? 2,984,047천원

TOPIC 7 정비사업 투자사례

29 다음 정보를 토대로 ○○동 재건축사업 부동산에 투자하는 윤성빈씨의 추가부담금으로 가장 적절한 것은?

[○○시 ○○동 재건축사업 부동산]
- 현재 해당 아파트의 면적은 $104m^2$이며 대지지분은 $80m^2$로 시가는 3억원임
- 재건축을 위한 용적률은 200%로 재건축 후 분양받을 수 있는 아파트의 면적은 $145m^2$임
- 재건축사업 아파트 단지의 대지면적은 $40,000m^2$이며, m^2당 분양가는 5,000천원, m^2당 총공사비(제경비 포함)는 1,760천원으로 예상됨
- 재건축사업은 지분제를 적용한 사업으로 무상지분율을 산정한 후 조합원별 추가부담금을 결정함

① 128,000천원
② 140,800천원
③ 206,600천원
④ 259,200천원
⑤ 400,000천원

정답 | ③

해설 |
- 연면적 : 대지면적×용적률 = $40,000m^2 × 200% = 80,000m^2$
- 총수입 : 연면적×m^2당 분양가 = $80,000m^2 × 5,000 = 400,000,000$천원
- 총비용 : m^2당 총공사비×연면적 = $1,760 × 80,000m^2 = 140,800,000$천원
- 개발이익 : 총수입 − 총지출 = $400,000,000 − 140,800,000 = 259,200,000$천원
- 개발이익면적 : $\dfrac{개발이익}{m^2당 분양가} = \dfrac{259,200,000}{5,000} = 51,840m^2$
- 무상지분율 : $\dfrac{개발이익면적}{기존대지면적} × 100 = \dfrac{51,840m^2}{40,000m^2} × 100 = 129.6\%$
- 추가부담금 : [분양 후 면적 − (대지지분×무상지분율)]×분양가 = $[145m^2 − (80m^2 × 129.6\%)] × 5,000 = [145m^2 − 103.68m^2] × 5,000 = 206,600$천원

30 재개발구역 내에 단독주택을 보유하고 있는 이연수씨의 다음 자료를 참고하여 산정한 조합원 분담금으로 가장 적절한 것은?

> - 감정평가액 : 대지 90,000천원, 건물 10,000천원
> - 총사업비 : 1,100억원
> - 종전자산평가액 : 1,000억원
> - 종후자산평가액 : 2,000억원
> - 조합원 분양가 : 200,000천원

① 90,000천원
② 100,000천원
③ 110,000천원
④ 200,000천원
⑤ 210,000천원

정답 | ③
해설 | • 감정평가액 : 대지 + 건물 = 90,000천원 + 10,000천원 = 100,000천원
• 비례율 : $\dfrac{\text{종후자산평가액} - \text{총사업비}}{\text{종전자산평가액}} \times 100 = \dfrac{(2,000억원 - 1,100억원)}{1,000억원} \times 100 = 90\%$
• 권리가액 : 감정평가액 × 비례율 = 100,000천원 × 90% = 90,000천원
• 조합원 분담금 = 조합원 분양가 - 권리가액 = 200,000천원 - 90,000천원 = 110,000천원

31 다음 정보를 참고하여 재개발된 주택에 대한 비례율로 적절한 것을 고르시오.

> - 종전 건물 : 85m², 종전 토지 : 100m²의 주택을 158m² 아파트로 재개발
> - 분양시 거래시세 : 400,000천원
> - 감정평가액(조합설립인가시점) : 건물 m²당 500천원, 토지 m²당 1,000천원
> - 감정평가액(사업시행인가시점) : 건물 m²당 600천원, 토지 m²당 1,100천원
> - 조합에서 징수한 조합원분담금 : 20,000천원
> - 분양 시 아파트의 감정평가액 : m²당 1,500천원

① 1
② 1.31
③ 1.35
④ 1.41
⑤ 1.5

정답 | ③
해설 | • 사업시행인가시점 감정평가액 : 대지 + 건물 = 100m² × 1,100 + 85m² × 600 = 110,000 + 51,000 = 161,000천원
• 분양가 : 158m² × 1,500 = 237,000천원
• 비례율 : $\dfrac{(\text{분양가} - \text{조합원분담금})}{\text{감정평가액}} = \dfrac{(237,000 - 20,000)}{161,000} = 1.3478$

CHAPTER 05 은퇴설계

TOPIC 1 총은퇴일시금

01 다음 자료를 참고하여 박미진씨(40세)가 은퇴시점에서 필요한 총은퇴일시금으로 가장 적절한 것은?

- 은퇴기간 : 65세부터 90세까지 25년간
- 은퇴필요소득 : 매년 36,000천원(현재물가기준, 매년 물가상승률로 증가)
- 국민연금 : 65세부터 현재물가기준으로 매년 10,000천원 수령
- 물가상승률 : 1.5%
- 은퇴기간 중 은퇴자산에 대한 세후투자수익률 : 연 3%

① 379,846천원
② 548,134천원
③ 551,136천원
④ 795,312천원
⑤ 1,147,671천원

정답 | ④
해설 |
- 은퇴기간 중 연간 부족소득액(현재물가기준) : 36,000 − 10,000 = 26,000천원
  - 총은퇴일시금의 현재물가기준 가치
    PMT(E) : 26,000, N : 25, I/Y : (3 − 1.5) ÷ 1.015, NPV? 548,134천원 가치
  - 은퇴시점에서의 총은퇴일시금 : 548,134 × 1.015^{25} = 795,312천원

02 정수성, 김미숙씨 부부가 은퇴시점에서 필요로 하는 총은퇴일시금으로 적절한 것을 고르시오.

- 정수성(남편) 40세, 김미숙(부인) 37세
- 은퇴 예정일 : 정수성씨 나이 60세 되는 날
- 부부의 은퇴기간 : 30년
- 부부의 은퇴생활비 : 현재물가기준 연간 39,000천원(매년 초 수령, 매년 물가상승률만큼 증가)
- 물가상승률 : 연 4%, 세후투자수익률 : 연 5%
- 국민연금 노령연금 연간 수령 예상금액 : 정수성씨, 김미숙씨 각각 60세부터 매년 초 현재물가기준 7,000천원, 5,000천원(매년 물가상승률만큼 증가)의 조기노령연금 수령

① 1,581,000천원~1,583,000천원
② 1,682,000천원~1,684,000천원
③ 1,768,000천원~1,770,000천원
④ 1,783,000천원~1,786,000천원
⑤ 1,800,000천원~1,803,000천원

정답 | ①
해설 |
- 총은퇴일시금의 현재물가기준 가치
  CF0 : 39,000 − 7,000 = 32,000, C01 : 32,000, F01 : 2, C02 : 32,000 − 5,000 = 27,000, F02 : 27, I : (5 − 4) ÷ 1.04, NPV? 722,335천원 가치
- 총은퇴일시금 : 722,335 × 1.04^{20} = 1,582,724천원

03 다음 정보를 참고하여 문정혁씨 부부가 은퇴시점에서 필요한 총은퇴일시금으로 적절한 것을 고르시오.

[가족상황]
- 문정혁 : 남편(35세), 박시연 : 부인(35세)

[은퇴설계를 위한 정보]
- 은퇴 후 필요한 은퇴소득 : 부부의 은퇴기간 중에는 매년 초 현재물가기준 35,000천원이며, 문정혁씨 사망 후 박시연씨만의 은퇴기간 중에는 매년 초 현재물가기준 20,000천원
- 은퇴예정일 : 문정혁씨 나이 65세
- 은퇴기간 : 부부 은퇴기간은 문정혁씨 나이 79세 말까지이며, 문정혁씨 사망 후 박시연씨만의 은퇴기간은 박시연씨 나이 84세 말까지
- 은퇴자산에 대한 세후투자수익률 : 연 6%
- 물가상승률 : 연 4%
- 국민연금 노령연금 : 문정혁씨는 65세부터 매년 초 현재물가기준 8,000천원, 박시연씨는 65세부터 매년 초 현재물가기준 6,400천원이 지급됨
- 문정혁씨 사망 후 박시연씨는 본인의 노령연금을 계속 수령함에 따라 유족연금은 매년 초 현재물가기준 6,000천원의 30%가 지급됨
- 국민연금과 은퇴 후 필요한 소득은 매년 물가상승률만큼 인상됨

① 1,018,000천원~1,020,000천원 ② 1,028,000천원~1,030,000천원
③ 1,031,000천원~1,033,000천원 ④ 1,034,000천원~1,036,000천원
⑤ 1,037,000천원~1,039,000천원

정답 | ①
해설 | • 65세~79세(15년) 은퇴자금 : 35,000 - 8,000 - 6,400 = 20,600천원
• 80세~84세(5년) 은퇴자금 : 20,000 - 6,400 - 6,000 × 30% = 11,800천원
• 은퇴시점에 필요한 총은퇴일시금의 현재물가기준 가치
  CF0 : 20,600, C01 : 20,600, F01 : 14, C02 : 11,800, F02 : 5, I : (6 - 4) ÷ 1.04, NPV? 314,039천원
• 은퇴시점에 필요한 총은퇴일시금 : 314,039 × 1.04^{30} = 1,018,554천원

04 다음 정보를 참고하여 박현명씨 부부가 은퇴시점에서 필요한 총은퇴일시금으로 적절한 것을 고르시오.

[가족상황]
• 박현명 : 남편(40세), 윤아람 : 부인(40세)

[은퇴설계를 위한 정보]
• 은퇴 후 필요한 은퇴소득 : 부부의 은퇴기간 중에는 매년 초 현재물가기준 40,000천원이며, 박현명씨 사망 후 윤아람씨만의 은퇴기간 중에는 매년 초 현재물가기준 18,000천원
• 은퇴예정일 : 박현명씨 나이 60세
• 은퇴기간 : 부부 은퇴기간은 박현명씨 나이 84세 말까지이며, 박현명씨 사망 후 윤아람씨만의 은퇴기간은 윤아람씨 나이 89세 말까지
• 은퇴자산에 대한 세후투자수익률 : 연 5.5%
• 물가상승률 : 연 4%
• 국민연금 노령연금 : 박현명씨는 조기노령연금으로 60세부터 매년 초 현재물가기준 10,000천원, 윤아람씨는 65세부터 매년 초 현재물가기준 8,800천원이 지급됨
• 박현명씨 사망 후 윤아람씨는 본인의 노령연금을 계속 수령함에 따라 유족연금은 매년 초 현재물가기준 8,000천원의 30%가 지급됨
• 국민연금과 은퇴 후 필요한 소득은 매년 물가상승률만큼 인상됨

① 1,127,000천원~1,128,000천원 ② 1,133,000천원~1,134,000천원
③ 1,135,000천원~1,136,000천원 ④ 1,200,000천원~1,201,000천원
⑤ 1,235,000천원~1,236,000천원

정답 | ①

해설 | • 60세~64세(5년) 은퇴자금 : 40,000 − 10,000 = 30,000천원
  • 65세~84세(20년) 은퇴자금 : 30,000 − 8,800 = 21,200천원
  • 85세~89세(5년) 은퇴자금 : 18,000 − 8,800 − 8,000 × 30% = 6,800천원
  • 은퇴시점에 필요한 총은퇴일시금의 현재물가기준 가치
    CF0 : 30,000, C01 : 30,000, F01 : 4, C02 : 21,200, F02 : 20, C03 : 6,800, F03 : 5, I : (5.5 − 4) ÷ 1.04,
    NPV? 514,572천원
  • 은퇴시점에 필요한 총은퇴일시금 : 514,572 × 1.04^{20} = 1,127,491천원

05 다음 정보를 토대로 총은퇴일시금에 대한 설명으로 적절한 것을 고르시오.

> • 부부 신상정보
>   − 홍창기(45세) : 중소기업 차장, 연봉 60,000천원
>   − 김세진(40세) : 전업주부
> • 은퇴기간 : 홍창기씨 나이 65세부터 25년
> • 은퇴소득목표 : 현재물가기준으로 연 38,000천원
> • 연금소득 첫해 인출률 : 은퇴자산의 4.5%
> • 국민연금 : 홍창기씨 나이 65세부터 현재물가기준으로 매년 초에 12,000천원 수령할 것으로 예상(국민연금은 매월 25일에 연금을 수령하게 되지만 설계의 단순화를 위해 매년 초에 연간 금액을 수령하는 것으로 가정)
> • 물가상승률 : 연 3%
> • 은퇴기간 중 은퇴자산의 세후투자수익률 : 연 5%

① 전통적 접근방식에 의해 산정한 총은퇴일시금은 958,345천원이다.
② 은퇴소득 초기인출률을 적용하여 산정한 총은퇴일시금은 1,131,540천원이다.
③ 초기인출률 4.5%를 적용하는 경우 은퇴자산 지속기간은 약 28년 7개월로 나타난다.
④ 초기인출률 4.15%를 적용하는 경우 총은퇴일시금은 1,043,531천원이며, 은퇴자산 지속기간은 약 31년 11개월로 나타난다.
⑤ 초기인출률 4.9%를 적용하는 경우 총은퇴일시금은 941,025천원이며, 은퇴자산 지속기간은 약 25년 7개월로 나타난다.

정답 | ③

해설 | ① 전통적 접근방식에 의해 산정한 총은퇴일시금 : 941,025천원
  • 현재물가기준 연간 부족한 은퇴소득 : 연간 목표은퇴소득 38,000 − 국민연금 수령 예상액 12,000 = 26,000천원
  • 은퇴 첫해 은퇴소득 부족금액의 은퇴시점 평가액 : 26,000 × 1.03^{20} = 46,959천원
  • 은퇴시점에서 평가한 총은퇴일시금
    PMT(B) : 46,959, N : 25, I/Y : (5 − 3) ÷ 1.03, PV? 941,025천원
② 은퇴소득 초기인출률을 적용하여 산정한 총은퇴일시금 : 46,959 ÷ 0.045 = 1,043,531천원
③ 은퇴자산 지속기간
    PV : −1,043,531, I/Y : (5 − 3) ÷ 1.03, PMT(B) : 46,959, N? 28.6199년

④ 초기인출률 4.15%를 적용하는 경우 총은퇴일시금 : 46,959÷0.0415=1,131,540천원
  • 은퇴자산 지속기간
    PV : −1,131,540, I/Y : (5−3)÷1.03, PMT(B) : 46,959, N? 31.9424년
⑤ 초기인출률 4.9%를 적용하는 경우 총은퇴일시금 : 46,959÷0.049=958,345천원
  • 은퇴자산 지속기간
    PV : −958,345, I/Y : (5−3)÷1.03, PMT(B) : 46,959, N? 25.5942년

···TOPIC 2 은퇴자산 평가

06 고객 아이유씨가 근무하는 회사는 퇴직연금제도를 도입하면서 DB형과 DC형 두 유형 중 근로자들의 희망에 따라 퇴직연금 유형을 선택할 수 있도록 하였다. 고객 아이유씨는 CFP® 자격인증자인 당신에게 어떤 유형의 퇴직연금을 선택할 지에 대해 자문을 구하고 있다. 아이유씨가 퇴직하는 55세 시점에 예상 가능한 (세전)퇴직급여로 가장 적절한 것을 고르시오.

- 아이유씨 나이 : 35세
- 퇴직 예상 나이 : 55세
- 30일 평균임금 : 4,000천원
- 임금인상률 : 연 3.5%
- DC형 퇴직연금의 운용수익률 : 연 5.0%

	확정급여형 퇴직연금	확정기여형 퇴직연금
①	153,800천원	176,936천원
②	153,800천원	183,128천원
③	153,800천원	185,782천원
④	159,183천원	176,936천원
⑤	159,183천원	183,128천원

정답 | ①

해설 | • DB형 퇴직연금 가입시 (세전)퇴직급여 : 153,800천원
  − 퇴직시점 평균임금 : $4,000 \times 1.035^{19} = 7,690$천원
  − (세전) 퇴직급여 : 7,690×근속기간 20년=153,800천원
• DC형 퇴직연금 가입시 (세전)퇴직급여 : 176,936천원
  − PMT(E) : 4,000÷1.035=3,865, N : 20, I/Y : (5−3.5)÷1.035, PV? $66,685 \times 1.05^{20} = 176,936$천원

07 이숙(40세)가 근무하는 회사는 올해 1월부터 확정급여형(DB형) 퇴직연금과 확정기여형(DC형) 퇴직연금을 도입하면서 근로자가 두 제도 중 하나 또는 두 제도 각각에 50%의 비율로 가입하는 것을 선택할 수 있도록 노사가 합의하였다. 이숙씨는 DB형과 DC형 퇴직연금 중 수익률 측면에서 유리한 제도를 선택할 계획이다. 각 퇴직연금의 은퇴시점 세전금액으로 가장 적절한 것을 고르시오.

- 퇴직 관련 정보 : 퇴직 나이 55세, 은퇴 나이 65세
- 퇴직연금 관련 정보
  - 올해 1월의 급여는 5,000천원이며, 급여는 매년 초에 3.5%만큼 상승됨
  - 확정기여형 퇴직연금 및 개인형 퇴직연금(IRP) 계좌의 운용수익률은 연 5.0%임
- 기타
  - 작년 말까지의 근무분에 대한 퇴직급여는 중간정산 하였음
  - 퇴직 시 퇴직급여 전액을 IRP로 이전하여 운용할 계획임

	확정급여형 퇴직연금	확정기여형 퇴직연금
①	121,402천원	134,526천원
②	124,736천원	134,526천원
③	124,736천원	139,236천원
④	197,751천원	219,129천원
⑤	197,751천원	226,800천원

정답 | ④

해설 | • DB형 퇴직연금의 은퇴시점 세전평가액 : 197,751천원
  - 평균임금 : $5,000 \times 1.035^{14} = 8,093$천원
  - 퇴직시 퇴직급여 세전평가액 : $8,093 \times 15$년(근속년수) $= 121,402$천원
    IRP로 이전하여 운용한 은퇴시점 평가액 : $121,402 \times 1.05^{10} = 197,751$천원
• DC형 퇴직연금의 은퇴시점 세전평가액 : 219,129천원
  - 퇴직시 퇴직급여 세전평가액
    PMT(E) : $5,000 \div 1.035 = 4,831$, N : 15, I/Y : $(5-3.5) \div 1.035$, PV? $64,710 \times 1.05^{15} = 134,526$천원
  - IRP로 이전하여 운용한 은퇴시점 평가액 : $134,526 \times 1.05^{10} = 219,129$천원

08 김세진(43세)씨는 근무하는 회사에서 올해 1월부터 퇴직연금제도를 도입(이전의 퇴직금은 정산하여 다른 용도로 사용)하면서 확정급여형 퇴직연금에 가입할지, 아니면 확정기여형 퇴직연금에 가입할지 고민하고 있다. 다음 정보를 참고하여 김세진씨가 선택을 하는데 필요한 설명으로 적절하지 **않은** 것을 고르시오.

- 김세진씨가 퇴직연금에 가입할 경우 퇴직하는 55세부터 30년간 매년 초 연금을 수령할 계획임
- 30일 평균임금은 6,300천원이며, 임금은 매년 초에 연 5%만큼 상승
- 김세진씨 직장에서 실시하는 확정기여형 퇴직연금의 예상운용수익률은 연 5.5%임

① 확정급여형 퇴직연금의 퇴직 시 세전평가금액은 129,302천원으로 법정퇴직금의 세전평가금액과 동일하다.
② 김세진씨가 확정급여형 퇴직연금을 가입하여 계획대로 55세부터 연금으로 수령하는 경우 매년 수령하는 연금은 8,433천원으로 전액 종합소득세 과세대상이다.
③ 김세진씨가 확정기여형 퇴직연금을 선택하는 경우 퇴직시점에서의 세전평가금액은 132,742천원이다.
④ 수익률 측면에서만 검토하면 김세진씨는 확정급여형 퇴직연금보다 확정기여형 퇴직연금을 선택하는 것이 유리하다.
⑤ 김세진씨가 가입한 퇴직연금에서 은퇴기간 중 일시금 등으로 연금외수령하는 경우 이연퇴직소득에 대해서는 이연퇴직소득세가 과세되며, 운용수익분에 대해서는 기타소득세가 과세된다.

정답 | ②
해설 | ① 확정급여형 퇴직연금의 퇴직시점 세전평가액 : $6,300 \times 1.05^{11} = 10,775 \times 12년 = 129,302$천원
② 확정급여형 퇴직연금의 세전 연금수령액
PV : 129,302, N : 30, I/Y : 5.5, PMT(B)? 8,433천원
퇴직연금에서 '연금수령'하는 경우 사용자부담분에 대해서는 이연퇴직소득세의 70%(60%)가 과세되며, 운용수익분에 대해서는 연금소득세가 과세된다.
③ 확정기여형 퇴직연금의 퇴직시점 세전평가액
PMT(E) : $6,300 \div 1.05 = 6,000$, N : 12, I/Y : $(5.5-5) \div 1.05$, PV? $69,820 \times 1.055^{12} = 132,742$천원
④ 차이 : $132,742 - 129,302 = 3,440$천원
임금인상률(연 5%)보다 퇴직연금 계정의 투자수익률(연 5.5%)이 높으므로 확정기여형 퇴직연금이 확정급여형 퇴직연금보다 수익률 측면에서 유리함

09 김다정(42세)씨는 올해 1월 퇴직하면서 지급받은 퇴직금을 은퇴자금으로 활용하기로 하고 개인형퇴직연금(IRP)으로 운용할지, 아니면 직접 운용할지 고민하고 있다. 다음 정보를 참고하여 김다정씨가 선택을 하는데 필요한 설명으로 적절하지 **않은** 것을 고르시오.

> - 지급받은 퇴직일시금은 100,000천원(세후 96,784천원)임
> - 퇴직일시금을 개인형퇴직연금에 가입하는 경우에는 60세부터 매년 초에 25년 동안 연금을 지급받기 원함
> - 개인형퇴직연금의 수익률은 연 7%이며, 퇴직일시금을 직접 운용하는 경우 세후투자수익률은 연 6%임
> - 퇴직연금을 수령하는 경우 매년 과세되는 제 소득세는 2,249천원임

① 퇴직일시금을 직접 운용할 경우 퇴직금을 수령하는 시점에서 퇴직소득세를 부담하게 된다.
② 김다정씨가 퇴직일시금을 개인형퇴직연금에 이체하여 60세부터 연금으로 수령하는 경우 이연퇴직소득에 대해서는 퇴직소득세의 70%(60%)를 적용하여 과세하기 때문에, 동일한 수익률을 가정할 때 일시금을 직접 운용하는 것보다 유리하다.
③ 김다정씨가 퇴직일시금을 직접 운용할 경우 은퇴시점에서 예상되는 세후평가금액은 276,254천원이다.
④ 김다정씨가 개인형퇴직연금에 가입하여 25년간 매년 초에 연금을 수령하는 경우 은퇴시점에서 예상되는 세후평가금액은 337,993천원이다.
⑤ 김다정씨는 지급받은 퇴직일시금을 개인형퇴직연금에 가입하여 퇴직연금을 수령하는 것이 직접 운용하는 것보다 은퇴시점에서 세후평가금액으로 33,696천원만큼 유리하다.

정답 l ④
해설 l ③ 퇴직일시금을 직접 운용 시 은퇴시점 세후평가금액 : $96,784 \times 1.06^{18} = 276,254$천원
④ 개인형퇴직연금에 가입하는 경우 은퇴시점 세후평가금액
- 퇴직일시금의 은퇴시점 가치 : $100,000 \times 1.07^{18} = 337,993$천원
- 세전 연금 수령액
  PV : 337,993, N : 25, I/Y : 7, PMT(B)? 27,106천원
- 퇴직연금의 세후 연금수령액 = 27,106 − 2,249 = 24,857천원
- 퇴직일시금의 세후평가금액 : PMT(B) : 24,857, N : 25, I/Y : 7, PV? 309,950천원
⑤ 차이 : 309,950 − 276,254 = 33,696천원

10 김세진씨(55세)는 퇴직하면서 받은 퇴직급여 100,000천원을 IRP로 운용하려고 한다. IRP는 세전 연 4.0%로 운용되며 60세부터 연금을 20년간 수령할 계획이다. 이에 따른 김세진씨의 연금수령 시 과세내용에 대한 설명으로 적절하지 **않은** 것은?

① 연금개시시점 연금적립금 평가액은 121,665천원이다.
② 연금수령기간 중 예상되는 연간 세전연금액은 8,608천원이다.
③ 김세진씨의 연금계좌에서 연금수령 시 인출되는 소득원천의 순서는 '이연퇴직소득＞연금계좌 운용수익'으로 이루어진다.
④ 이연퇴직소득 인출기간은 약 11년 8개월 정도이며, 이 기간 동안 이연퇴직소득세의 70%(60%)가 과세된다.
⑤ 연금계좌 운용수익 인출기간은 약 10년 4개월 정도이며, 이 기간 동안 연금소득세가 과세된다.

정답 | ⑤
해설 | ① 연금개시시점 연금적립금 평가액 : $100,000 \times 1.04^5 = 121,665$천원
② 연금수령기간 중 예상되는 연간 세전연금액
　　PV : 121,665, N : 20, I/Y : 4, PMT(B)? 8,608천원
③ 연금계좌 인출순서 : 이연퇴직소득＞연금계좌 운용수익
④ 이연퇴직소득 인출기간 : $100,000 \div 8,608.02 = 11.6171$년 ≒ 약 11년 8개월
⑤ 연금계좌 운용수익 인출기간 : 20년 − 11.6171년 = 8.3829 ≒ 약 8년 4개월
　• 연도별 과세되는 세목

구분	60세~69세(10년)	70세(1년)	71세(1년)	72세~79세(8년)
과세되는 세목	이연퇴직소득세의 70%	이연퇴직소득세의 60%	이연퇴직소득세의 60%, 연금소득세	연금소득세

11 홍창기(45세)씨는 5년 전 10년 동안 운영하던 자영업을 폐업하고 지역에 있는 중소기업에 입사를 하였다. 홍창기씨는 입사와 동시에 DC형 퇴직연금에 가입하고, 적립금은 전액 TDF2050(주식-재간접형)을 선택하여 운용하고 있다. 가입 이후 현재까지 적립금 운용수익률은 연 7.0%이며, 앞으로도 운용수익률은 연 7.0%를 실현할 것으로 예상하고 있다. 홍창기씨는 65세에 퇴직할 예정이다. 퇴직 시 수령하는 퇴직급여는 IRP로 이전받아 인컴펀드(TIF, 세전투자수익률 연 4.5% 예상)로 운용하면서, 은퇴기간 동안 매년 초에 연금을 수령할 계획이다. 홍창기씨가 은퇴하는 65세 시점에서 퇴직급여의 세후평가액으로 가장 적절한 것은?

[홍창기씨 퇴직급여 관련 정보]
• 설계시점 평균임금 : 4,000천원(월)
• 설계시점 적립금 평가액 : 18,940천원
• 임금인상률 : 연 5.0%
• 근속예정기간 : 65세까지 20년
• 은퇴기간 : 65세부터 20년

※ 소득원천별 연금소득세(지방소득세 포함한 금액) 계산방법
　이연퇴직소득 인출액×퇴직소득세 실효세율×연금수령연차별 연금소득세 적용률
　IRP 운용수익 인출액×연령대별 연금소득세 적용률
　65세 퇴직 시 실효퇴직소득세율은 4.92624%(지방소득세 포함)으로 가정함

① 243,277천원
② 305,816천원
③ 306,559천원
④ 316,569천원
⑤ 318,650천원

정답 | ②

해설 | • 퇴직시점에서 예상되는 세전퇴직급여
　　PMT(E) : 4,000÷1.05=3,810, N : 20, I/Y : (7−5)÷1.05, PV? 62,867천원
　　→ (62,867+18,940)=81,807천원
　　→ 81,807×1.07^{20}=316,569천원
• 은퇴기간 중 연간 수령하는 세전연금액
　PV : 316,569, N : 20, I/Y : 4.5, PMT(B)? 23,289천원
• 소득원천별 연금소득세
　− 연금소득세(이연퇴직소득) 65~74세 : 23,289×4.92624%×70%=803천원
　− 연금소득세(이연퇴직소득) 75~77세 : 23,289×4.92624%×60%=688천원
　− 연금소득세(이연퇴직소득) 78세 : 13,593×4.92624%×60%=402천원
　− 연금소득세(운용수익) 78세 : (23,289−13,593=9,695)×4.4%=427천원
　− 연금소득세(운용수익) 79세 : 23,289×4.4%=1,025천원
　− 연금소득세(운용수익) 80~84세 : 23,289×3.3%=769천원
　− IRP 운용수익 인출액×연령대별 연금소득세 적용률
• 은퇴기간 중 연령별 세후연금액

구분		65~74세 (10년)	75~77세 (3년)	78세 (1년)	79세 (1년)	80~84세 (5년)
세전연금액		23,289천원	23,289천원	23,289천원	23,289천원	23,289천원
연금 소득세	이연 퇴직소득	803천원	688천원	402천원	−	−
	운용수익	−	−	427천원	1,025천원	769천원
세후연금액		22,486천원	22,600천원	22,460천원	22,264천원	22,520천원

• 은퇴시점에서의 세후평가액
　CF0 : 22,486, C01 : 22,486, F01 : 9, C02 : 22,600, F02 : 3, C03 : 22,460, F03 : 1, C04 : 22,264, F04 : 1, C05 : 22,520, F05 : 5, I : 4.5, PV? 305,816천원

12 근로자인 홍창기(40세, 총급여액 6,000만원)씨는 은퇴자산 마련을 위해 매월 말일에 500천원씩 저축할 계획이다. 아래와 같은 가정조건에서 적립식펀드(A) 또는 연금저축펀드(B)를 선택하는 경우에 대한 설명으로 적절하지 **않은** 것은?

- 은퇴저축(투자) 상품

투자상품	축적기		은퇴기	
	기간	(월)투자액	기간	연금수령
적립식펀드(A)	지금부터 20년	매월 말 500천원	60세부터 25년	매년 초 정액
연금저축펀드(B)				

- 가정조건
  - 연금저축펀드(B)에 매월 말 납입하는 금액은 전액 연금계좌세액공제를 받고, 환급세액은 매년 말에 수령하며 전액 연금저축펀드(B)에 재투자하는 것으로 가정함
  - 은퇴저축 상품 모두 은퇴기간 중 분할금 및 연금은 매년 초에 수령하며, 전액 배당소득세 또는 연금소득세가 과세되는 것으로 가정함
  - 적립식펀드(A)에서 60세부터 수령하는 분할금은 [납입원금 → 운용수익]의 순서로 인출되는 것으로 가정함

① 60세 시점에서 연금저축펀드의 세전적립금액은 적립식펀드의 세전적립금보다 30,882천원이 더 많다.
② 은퇴기간 중 분할금 또는 연금을 수령하는 경우 매년 산정되는 연금저축펀드 세전연금액은 18,882천원으로 적립식펀드의 세전 분할금액보다 2,150천원 더 많다.
③ 60세 시점에서 평가한 투자안(A)의 세후평가액은 207,347천원이다.
④ 60세 시점에서 평가한 투자안(B)의 세후평가액은 투자안(A)의 세후평가액보다 36,789천원이 더 많다.
⑤ 투자안(B)의 세후투자수익률은 투자안(A)의 세후투자수익률보다 약 1.45%p가 더 크다.

정답 | ①
해설 | ① 60세 시점에서 세전적립금평가액 차액 : 연금저축펀드 환급세액 재투자금액의 은퇴시점 평가액만큼 차이가 발생함
  - 연간 연금저축펀드 환급세액 재투자액 : 6,000×13.2%=792천원
  - 환급세액 재투자액의 적립금
    PMT(E) : 792, N : 20, I/Y : 6, FV? 29,134천원
  ② 이율전환
    ICONV, EFF : 6, C/Y : 12, NOM? 연 5.8411% 월복리÷12=월 0.4868%
  - 60세 시점에서 적립식펀드(A)의 세전적립금평가액
    PMT(E) : 500, N : 240, I/Y : 0.4868, FV? 226,719천원
  - 적립식펀드의 세전분할금액
    PV : 226,719, N : 25, I/Y : 6, PMT(B)? 16,732천원

- 60세 시점에서 연금저축펀드(B)의 세전적립금평가액 : 226,719(매월 납입액의 적립금)+29,134(환급세액 재투자액의 적립금)=255,854천원
  PMT(E) : 500, N : 240, I/Y : 0.4868, FV? 226,719천원
- 연금저축펀드의 세전연금액
  PV : 255,854, N : 25, I/Y : 6, PMT(B)? 18,882천원
- 적립식펀드의 세전분할금액과 연금저축펀드의 세전연금액 차이 : 18,882−16,732=2,150천원

③ 적립식펀드(A)의 납입원금 수령기간 : 120,000÷16,732=7.1721년
- 연금수령기간별 세후 분할금액

연금수령기간	60~66세 (1~7년차)	67세 (8년차)	68~84세 (9년차~25년차)
세전연금액	16,732천원	16,732천원	16,732천원
배당소득세	−	2,133천원^{주)}	2,577천원
세후연금액	16,732천원	14,598천원	14,155천원

주) 배당소득세(지방소득세 포함)={16,732−(120,000−16,732×7)}×15.4%=2,133천원
- 60세 시점에서 평가한 투자안(A)의 세후평가금액
  CF0 : 16,732, C01 : 16,732, F01 : 6, C02 : 14,598, F02 : 1, C03 : 14,155, F03 : 17, I : 6, NPV?
  207,347천원

④ 연금저축펀드 환급세액 재투자액의 납입원금 : 792×20=15,840천원
- 연금저축펀드(B)의 연금수령기간별 세후 연금액

구분	60세 (1년차)	61~69세 (2~10년차)	70~79세 (11~20년차)	80~84세 (21~25년차)
세전연금액	18,882천원	18,882천원	18,882천원	18,882천원
연금소득세	167천원^{주)}	1,038천원	831천원	623천원
세후연금액	18,714천원	17,843천원	18,051천원	18,259천원

주) 연금소득세(지방소득세 포함)=(18,882−15,840=3,042)×5.5%=167천원
- 60세 시점에서 평가한 투자안(B)의 세후평가금액
  CF0 : 18,714, C01 : 17,843, F01 : 9, C02 : 18,051, F02 : 10, C03 : 18,259, F03 : 5, I : 6, NPV?
  244,135천원
- 적립식펀드의 세후평가금액과 연금저축펀드의 세후평가금액 차이 : 244,135−207,347=36,789천원

⑤ 은퇴저축 상품별 세후투자수익률
- 적립식펀드(A)의 세후투자수익률
  PMT(E) −500, N : 240, FV : 207,347, I/Y? 월 0.42%×12=연 5.0404% 월복리
  ICONV, NOM : 5.0404, C/Y : 12, EFF? 연 5.1585%
- 연금저축펀드(B)의 세후투자수익률 : 6.63%
  PMT(E) −500, N : 240, FV : 244,135, I/Y? 월 0.5349%×12=연 6.4188% 월복리
  ICONV, NOM : 6.4188, C/Y : 12, EFF? 연 6.6111%
- 적립식펀드의 세후투자수익률과 연금저축펀드의 세후투자수익률 차이 : 6.6111%−5.1585%=1.4525%

13 김세진씨(40세)는 은퇴소득원 마련을 위해 저축하기로 계획하고 연금저축펀드와 적립식펀드 중 어느 것을 선택할 것인지 고민하고 있다. 김세진씨는 연금저축펀드 또는 적립식펀드에 가입하여 55세까지 매분기 말 1,000천원씩 납입하고 65세부터 30년간 연금을 수령하려고 한다. 아래와 같은 가정 하에서 은퇴시점에서 두 상품의 세후평가금액에 대한 설명으로 가장 적절하지 **않은** 것을 고르시오.

> - 적립식펀드의 세후투자수익률은 연 4.23%이다.
> - 연금저축펀드의 수익률은 세전 연 5.0%로 예상된다.
> - 연간 납입금액에 대한 세액공제(연 4,000천원, 공제율 13.2%) 금액을 적립식펀드에 전액 재투자한다.
> - 은퇴기간 중 연금저축펀드에서 수령하는 연금소득 외의 기타소득은 없으며 연금수령 시 종합소득세(종합소득공제 3,000천원, 표준세액공제 7만원 적용)가 과세되는 것으로 가정한다.
> - 연금소득공제액(최대 9,000천원 한도) : 4,900천원+7,000천원 초과금액×20%

① 적립식펀드에 투자하는 경우 은퇴시점에서 평가한 세후금액은 125,239천원이다.
② 연금저축펀드의 65세 시점 세후평가액은 142,623천원이다.
③ 연금저축펀드의 세액공제에 따른 환급세액을 적립식펀드에 재투자하는 경우 65세 시점에서의 환급세액 재투자 평가액은 16,276천원이다.
④ 세액공제에 따른 환급세액을 재투자하는 경우 연금저축펀드 투자로 인한 은퇴시점 세후평가금액은 159,482천원이다.
⑤ 연금저축펀드에 세액공제에 따른 환급세액을 재투자하는 경우 납입금액 대비 세후투자수익률은 5.62%가 된다.

정답 | ②
해설 | ① 적립식펀드에 투자하는 경우 은퇴시점에서 평가한 세후금액 : 125,239천원
    • 65세 시점 세후평가액 : 125,239천원
      - 연 4.23%의 분기수익률(이율전환)
        ICONV, EFF : 4.23, C/Y : 4, NOM? 연 4.1645% 분기복리÷4=분기 1.0411%
      - PMT(E) : 1,000, N : 15×4=60, I/Y : 1.0411, FV? 82,758천원×1.0423^{10}=125,239천원
  ② 연금저축펀드의 65세 시점 세후평가액 : 143,206천원
    • 연 5%의 분기수익률(이율전환)
      ICONV, EFF : 5, C/Y : 4, NOM? 연 4.9089% 분기복리÷4=분기 1.2272%
    • 연금저축펀드의 65세 시점 세전평가액
      PMT(E) : 1,000, N : 60, I/Y : 1.2272, FV? 87,916천원×1.05^{10}=143,206천원
    • 세전연금액
      PV : 143,206, N : 30, I/Y : 5, PMT(B)? 8,872천원
    • 연금소득공제 : (8,872-7,000)×20%+4,900천원=5,274천원
    • 연금소득금액 : 8,872-5,274=3,598천원
    • 종합소득 과세표준 : 3,598-종합소득공제 3,000=598천원
    • 종합소득 산출세액 : 598×6%=36천원
    • 종합소득 결정세액 : 36-표준세액공제 70=0원

- 세후연금액 : 8,872천원
- 연금저축펀드의 65세 시점 세후평가액 : 143,206천원

③ 65세 시점에서의 환급세액 재투자 평가액 : 16,276천원
- 연간 환급세액(지방소득세 포함) : 4,000천원(세액공제 한도)×13.2%(세액공제율) = 528천원
- 65세 시점 평가액
 PMT(E) : 528, N : 15, I/Y : 4.23, FV? 10,755천원×1.0423^{10} = 16,276천원

④ 세액공제에 따른 환급세액을 재투자하는 경우 연금저축펀드의 은퇴시점 세후평가액 : 143,206 + 16,276 = 159,482천원

⑤ 연금저축펀드에 투자하는 경우 납입금액 대비 세후투자수익률 : 5.62%
 CF0 : 0, C01 : −1,000, F01 : 60, C02 : 0, F02 : 39, C03 : 159,482, F01 : 1, IRR? 분기 1.3579%
 ×4 = 연 5.5036% 분기복리
 ICONV, NOM : 5.5036, C/Y : 4, EFF? 연 5.6183%

···TOPIC 3 은퇴시점에서 확보 가능한 은퇴소득 수준

14 다음 정보를 토대로 노령연금 연기제도 활용에 대한 설명으로 적절하지 **않은** 것을 고르시오.

- 연금수급개시연령 기준 기본연금액(현재물가기준) : 연 10,000천원
- 노령연금 수령 예상기간 : 30년
- 연기연금 신청시 노령연금 수령 예상기간 : 25년
- 은퇴자산에 대한 세후투자수익률 : 연 3.0%
- 물가상승률 : 연 2.0%
- 부양가족연금액은 고려하지 않음

① 노령연금 수급권자가 희망하는 경우 연금 수급권을 취득한 이후부터 최대 5년 동안 연금액의 전부 또는 일부에 대해 지급의 연기를 신청할 수 있다.
② 연기비율은 50%, 60%, 70%, 80%, 90%, 전부 중 수급권자가 선택할 수 있다.
③ 연금을 다시 받게 될 때에는 연기를 신청하기 전 원래의 노령연금 기본연금액에 대하여 연기된 매 1년당 7.2%(월 0.6%)의 연금액을 더 올려서 지급한다.
④ 연금 수급권을 취득한 이후부터 5년 경과 후 수령하는 연간 연금은 연금개시연령 당시 연금액에 36%가 가산된 13,600(현재물가기준)천원을 수령하게 된다.
⑤ 총연금액도 연금수급개시연령부터 연금을 수령하는 것보다 현재물가기준으로 41,831천원을 더 많이 받게 된다.

정답 | ⑤

해설 | ④ 7.2%×5년＝36%이므로 연금 수급권을 취득한 이후부터 5년 경과 후 수령하는 연간 연금은 연금개시연령 당시 연금액 10,000천원에 36%가 가산된 13,600(현재물가기준)을 수령하게 된다.

⑤ 노령연금 수령액의 차이금액 : 27,396천원
- 연금수급개시연령부터 연금수령 시 은퇴시점에서 국민연금 평가액
  PMT(B) : 10,000, N : 30, I/Y : (3−2)÷1.02, PV? 261,355천원
- 연기연금 신청시 은퇴시점에서 국민연금평가액
  CF0 : 0, C01 : 0, F01 : 4, C02 : 13,600, F02 : 25, I : (3−2)÷1.02, NPV? 288,751천원
- 노령연금 수령액의 차이금액 : 288,751 − 261,355 ＝ 27,396천원

15 박미진 고객의 국민연금에 관련한 사항은 다음과 같다. 국민연금에 대한 CFP® 자격인증자의 설명 중 적절하지 **않은** 것을 고르시오.

- 박미진씨의 생년월일 : 1964년 7월 3일
- 노령연금(기본연금)
  - 연금수급개시연령 : (   )
  - 노령연금액 : 연 10,000천원
  - 연금수령 예상기간 : 25년
- 조기노령연금(기본연금)
  - 조기노령연금 신청 : (   )
  - 연금수령 예상기간 : 30년
- 은퇴자산에 대한 세후투자수익률 : 연 3.0%
- 물가상승률 : 연 2.0%
- 부양가족연금액은 고려하지 않음

① 노령연금 수급개시연령 상향규정 적용으로 인해 박미진씨의 노령연금 수급개시연령은 만 63세가 된다.

② 박미진씨의 노령연금 기본연금액의 63세 시점 일시금 평가액은 222,931천원이다.

③ 박미진씨는 소득 있는 업무에 종사하지 않는 경우 본인이 신청하면 58세부터 조기노령연금을 지급받을 수 있으며, 58세부터 수령하는 조기노령연금의 기본연금은 63세부터 수령하는 기본연금의 60% 수준이다.

④ 박미진씨가 58세부터 수령하는 조기노령연금 기본연금액의 63세 시점 일시금 평가액은 212,088천원이다.

⑤ 은퇴설계 시 국민연금의 기본연금수령금액을 보수적으로 가정하여 정할 필요가 있는데, 이는 국민연금을 40년 가입했을 경우 소득대체율이 2008년 이후 50%부터 시작하여 매년 0.5%씩 하락하여 2028년 이후는 40%가 되도록 설계되어 있기 때문이다.

정답 | ③

해설 | ② 63세 시점 노령연금 기본연금액의 일시금 평가액 : 222,931천원
　　　　PMT(B) : 10,000, N : 25, I/Y : (3−2)÷1.02, PV? 222,931천원
　　　③ 박미진씨는 본인의 신청에 의해 58세부터 조기노령연금을 지급받을 수 있으며, 58세부터 수령하는 조기노령연금의 기본연금은 63세부터 수령하는 기본연금의 70% 수준이다.

> 조기노령연금액＝(노령연금 기본연금액×연령별 지급률)＋부양가족연금액
> ※ 연령별 지급률 : D−5세(70%), D−4세(76%), D−3세(82%), D−2세(88%), D−1세(94%)

　　　④ 조기노령연금 기본연금액의 63세 시점 일시금 평가액 : 212,088천원
　　　　PMT(B) : 7,000, N : 30, I/Y : (3−2)÷1.02, PV? 182,949천원×1.03^5＝212,088천원

16 다음 보기와 같이 저축하여 은퇴자산을 준비한다면, 은퇴하는 시점에서 현재 물가기준으로 연간 얼마의 소비가 가능한지 적절한 것을 고르시오.

- 금년부터 저축, 첫해 저축액 18,000천원(기말 저축)
- 저축기간 15년(매년 물가상승률만큼 증액하여 저축)
- 은퇴 후 소득 및 노령연금은 매년 물가상승률만큼 상승, 기시에 수령
- 물가상승률 : 연 4%, 세후투자수익률 : 연 6%
- 은퇴까지 남은 기간 15년, 은퇴기간 25년
- 국민연금 노령연금 수령예상액 : 은퇴시점부터 현재물가기준 연간 11,000천원 수령

① 19,100천원~19,300천원
② 25,750천원~25,950천원
③ 26,450천원~26,650천원
④ 27,500천원~27,800천원
⑤ 37,500천원~37,850천원

정답 | ②

해설 | • 은퇴시점 저축의 원리금
　　　　PMT(E) : 18,000÷1.04, N : 15, I/Y : (6−4)÷1.04, PV? 223,676×1.06^{15}＝536,053천원
　　　• 저축원리금으로 연간 소비가능액(현재물가기준)
　　　　PV : 536,053, N : 25, I/Y : (6−4)÷1.04, PMT(B)? 26,696÷1.04^{15}＝14,823천원
　　　• 국민연금을 포함한 연간 소비가능액(현재물가기준)
　　　　14,823＋11,000(국민연금)＝25,823천원

17 홍창기씨(45세)는 은퇴자금 마련을 위해 다음과 같이 저축을 계획하고 있다. 홍창기씨가 확보할 수 있는 은퇴 첫 해의 은퇴소득으로 적절한 것을 고르시오.

- 은퇴나이 : 65세
- 은퇴기간 : 20년
- 저축 계획 : 올해부터 매년 말 20,000씩 20년간 정액 저축
- 국민연금 : 65세부터 20년간 매년 초 현재물가기준 18,000천원 수령
- 은퇴시점에 현재물가기준 100,000천원의 은퇴예비자금이 필요함
- 물가상승률 연 3%, 세후투자수익률 연 6%
- 은퇴소득은 매년 초에 발생하며 매년 물가상승률만큼 증가함

① 37,912천원 ② 46,265천원
③ 56,157천원 ④ 68,473천원
⑤ 75,264천원

정답 | ④

해설 |
- 은퇴시점 정액 저축 원리금
  PMT(E) : 20,000, N : 20, I/Y : 6, FV? 735,712천원
- 은퇴시점 은퇴예비자금 : $100,000 \times 1.03^{20}$ = 180,611천원
- 확보된 총 은퇴자산 : 735,712 − 180,611 = 555,101천원
- 총 은퇴자산으로 확보할 수 있는 첫해 은퇴소득
  PV : 555,101, N : 20, I/Y : (6−3)÷1.03, PV? 35,963천원
- 은퇴 첫해 국민연금 수령액 : $18,000 \times 1.03^{20}$ = 32,510천원
- 국민연금을 포함하여 확보할 수 있는 첫해 은퇴소득 : 35,963 + 32,510 = 68,473천원

18 다음 정보를 참고하여 노민우씨(35세)가 은퇴기간 중 매년 확보할 수 있는 은퇴소득의 현재물가기준 금액으로 가장 적절한 것을 고르시오.

[은퇴설계를 위한 정보]
- 국민연금 : 은퇴시점부터 현재물가기준 매년 초 8,000천원의 조기노령연금 수령 예상
- 은퇴자산의 세후투자수익률 : 연 6%
- 물가상승률 : 연 4%
- 은퇴나이 : 60세
- 은퇴기간 : 30년
- 국민연금과 은퇴소득은 매년 물가상승률만큼 인상됨

[재무상황]
- 아파트 : 700,000천원, 60세에 매각하여 50%는 소형아파트를 구입하고, 50%는 은퇴자산으로 활용할 예정임(아파트가격은 매년 6% 상승 예정, 매각에 따른 비용/수수료는 2%)
- 변액연금보험 : 65세부터 매년 초 30,000천원을 종신토록 수령함
- 세제비적격 개인연금보험 : 은퇴시점부터 매년 초 20,000천원을 20년간 수령함

① 28,875천원 ② 29,430천원
③ 32,829천원 ④ 40,829천원
⑤ 42,602천원

정답 | ④

해설 |
- 아파트 : $700,000 \times 1.06^{25} \times 0.98 \times 0.5 = 1,472,112$천원
- 변액연금보험 : PMT(B) : 30,000, N : 25, I/Y : 6, PV? $406,511 \div 1.06^5 = 303,768$천원
- 세제비적격 개인연금보험 : PMT(B) : 20,000, N : 20, I/Y : 6, PV? 243,162천원
- 총은퇴자산 : $1,472,112 + 303,768 + 243,162 = 2,019,042$천원
- 확보할 수 있는 첫 해 은퇴소득
  PV : 2,019,042, N : 30, I/Y : $(6-4) \div 1.04$, PMT(B)? 87,516천원
- 은퇴기간 중 매년 확보할 수 있는 은퇴소득의 현재물가기준 금액 : $87,516 \div 1.04^{25} = 32,829$천원
- 국민연금을 고려하여 은퇴기간 중 매년 확보할 수 있는 은퇴소득의 현재물가기준 금액 : $32,829 + 8,000 = 40,829$천원

19 다음 정보를 참고하여 이용성씨(45세)가 은퇴기간 중 매년 확보할 수 있는 은퇴소득의 현재물가기준 금액으로 가장 적절한 것을 고르시오.

[은퇴설계를 위한 정보]
- 국민연금 : 은퇴시점부터 현재물가기준 매년 초 16,000천원 수령 예상
- 은퇴자산의 세후투자수익률 : 연 5%
- 물가상승률 : 연 3%
- 은퇴기간 : 65세부터 25년
- 국민연금과 은퇴소득은 매년 물가상승률만큼 인상됨

[재무상황]
- 아파트 : 1,000,000천원, 65세에 매각하여 50%는 소형아파트를 구입하고, 50%는 은퇴자산으로 활용할 예정임(아파트가격은 매년 5% 상승 예정, 매각에 따른 비용/수수료는 2%)
- 상가 : 400,000천원, 은퇴시점에 처분하여 20%는 자녀 결혼자금으로 활용하고, 나머지는 모두 은퇴자산으로 활용할 예정(상가의 가치는 매년 물가상승률만큼 상승하며, 세금 등 매각 부대비용은 없는 것으로 가정함)
- 변액연금보험 : 60세부터 매년 초 20,000천원을 종신토록 수령함
- 세제비적격 개인연금보험 : 은퇴시점부터 매년 초 25,000천원을 15년간 수령함

① 77,596천원
② 79,064천원
③ 80,405천원
④ 83,596천원
⑤ 85,064천원

정답 Ⅰ ④

해설 Ⅰ
- 아파트 : $1,000,000 \times 1.05^{20} \times 0.98 \times 0.5 = 1,300,116$천원
- 상가 : $400,000 \times 1.03^{20} \times 0.8 = 577,956$천원
- 변액연금보험
  PMT(B) : 20,000, N : 25, I/Y : 5, PV? 295,973천원
- 세제비적격 개인연금보험
  PMT(B) : 25,000, N : 15, I/Y : 5, PV? 272,466천원
- 총은퇴자산 : 1,300,116 + 577,956 + 295,973 + 272,466 = 2,446,510천원
- 확보할 수 있는 첫 해 은퇴소득
  PV : 2,446,510, N : 25, I/Y : (5 − 3)/1.03, PMT(B)? 122,085천원
- 은퇴기간 중 매년 확보할 수 있는 은퇴소득의 현재물가기준 금액 : $122,085 \div 1.03^{20} = 67,596$천원
- 국민연금을 고려하여 은퇴기간 중 매년 확보할 수 있는 은퇴소득의 현재물가기준 금액 : 67,596 + 16,000 = 83,596천원

20 다음의 자료를 고려하여 이현근씨가 추가적으로 필요한 은퇴일시금 마련을 위해 추가적인 저축을 하지 않고 현재 준비된 은퇴자산만으로 은퇴생활을 할 경우, 현재물가기준으로 매년 얼마 정도의 생활수준을 유지할 수 있는지에 대한 설명으로 적절하지 **않은** 것을 고르시오.

> - 이현근 : 남편(42세), 홍미라 : 부인(42세)
> - 은퇴 후 필요한 소득 : 매년 초 현재물가기준 48,000천원
> - 은퇴기간 : 60세부터 84세 말까지 25년간
> - 은퇴자산에 대한 세후투자수익률 : 은퇴 전 연 6.5%, 은퇴 후 연 5%
> - 물가상승률 : 연 3%
> - 이현근씨는 본인과 배우자의 국민연금, 본인의 퇴직연금과 현재 거주하고 있는 주택을 매각한 자금 중 일부를 은퇴생활자금으로 사용할 생각이며 별도의 은퇴자금 마련을 위한 투자는 하고 있지 않음
> - 은퇴시점에 현재 거주하고 있는 주택(감정가 650,000천원)을 매각하여 이 중 50%는 은퇴자금으로 활용하고 나머지 50%는 거주주택 구입자금으로 사용할 계획임(부동산가치는 매년 물가상승률만큼 상승되며, 매각비용과 세금은 고려하지 않음)
> - 국민연금은 65세부터 매년 초에 지급되며, 현재물가기준 18,000천원씩 지급됨
> - 이현근씨가 퇴직연금을 연금으로 수령하는 경우 60세 시점의 세후평가금액은 266,277천원으로 가정함
> - 국민연금과 은퇴 후 필요한 소득은 매년 물가상승률만큼 인상됨

① 은퇴시점에서 거주주택을 매각하고 소형주택 구입자금을 제외하면 은퇴자금으로 사용할 수 있는 금액은 553,291천원이다.
② 은퇴시점에서 이현근씨 은퇴자산의 평가액은 819,568천원이다.
③ 국민연금과 퇴직연금만으로 은퇴생활을 하는 경우, 현재물가기준으로 연간 필요한 은퇴소득의 약 50%인 매년 24,927천원을 확보할 수 있다.
④ 국민연금, 퇴직연금 및 부동산 매각대금(50%)으로 은퇴생활을 하는 경우, 현재물가기준으로 매년 37,700천원의 생활수준을 유지할 수 있다.
⑤ 은퇴자금 마련을 위한 추가적인 저축을 하지 않는 경우, 이현근씨 부부가 목표한 은퇴생활수준을 유지할 수 없다.

정답 | ③
해설 | ① 거주주택 매각 후 은퇴자금 : 650,000 × 1.03^{18} × 50% = 553,291천원
② 은퇴시점에서 은퇴자산 평가액 : 553,291 + 266,277 = 819,568천원
③ 국민연금 총수령액의 은퇴시점 평가액
CF0 : 0, C01 : 0, F01 : 4, C02 : 18,000, F02 : 20, I : (5−3)÷1.03, NPV? 274,072 × 1.03^{18} = 466,589천원
- 국민연금 포함 은퇴시점 가용자금 : 266,277 + 466,589 = 732,866천원
- 국민연금 포함 소비 가능한 은퇴 첫해 초 은퇴소득
  PV : 732,866, N : 25, I/Y : (5−3)÷1.03, PMT(B)? 36,571천원
- 국민연금 포함 소비 가능한 은퇴소득의 현재가치 : 36,571 ÷ 1.03^{18} = 21,482천원

④ 부동산 매각대금의 50%로 소비 가능한 은퇴 첫해 초 은퇴소득
 PV : 553,291, N : 25, I/Y : (5-3)÷1.03, PMT(B)? 27,610천원
  • 소비 가능한 은퇴소득의 현재가치 : 27,610÷1.03^{18} = 16,218천원
  • 국민연금 및 퇴직연금을 포함하여 소비 가능한 은퇴소득의 현재가치 : 16,218+21,482 = 37,700천원

21 아래의 정보를 바탕으로 은퇴시점에서의 총은퇴자산 평가와 은퇴기간 중 매년 확보 가능한 은퇴소득에 대한 설명으로 적절하지 **않은** 것을 고르시오.

- 고객 나이 : 45세
- 은퇴기간 : 65세부터 25년
- 은퇴필요소득 : 현재물가기준으로 연 36,000천원
- 은퇴자산의 세후투자수익률 : 연 5.0%
- 물가상승률 : 연 3.0%
- 부동산가치상승률 : 연 1.0%
- 예상되는 은퇴소득원
  - 적립식 주식형펀드 : 40세부터 매월 말 300천원씩 납입(납입기간 20년, 세후투자수익률 연 6.0%)
  - 적립식 채권형펀드 : 40세부터 매월 말 300천원씩 납입(납입기간 20년, 세후투자수익률 연 3.0%)
  - 연금저축펀드 : 40세부터 매월 말 300천원씩 납입(납입기간 20년, 세전투자수익률 연 5.0%)
   현재 보유하고 있는 토지(잡종지, 현재가치 4억원)는 65세에 매각하여 순매각대금의 50%를 은퇴자산으로 사용할 계획이며, 매각시 매각비용 및 세금은 매매가액의 2.0%
   국민연금 : 65세부터 현재물가기준으로 매년 15,000천원 수령 예상
- 기타
  - 연금저축펀드 납입액은 전액 세액공제 받으며, 연금계좌세액공제에 따른 환급세액은 고려하지 않음
  - 은퇴기간 중 연금저축펀드에서 연금수령 시 종합소득세(종합소득공제 1,500천원, 표준세액공제 70천원 적용)가 과세되는 것으로 가정
 ※ 연금소득공제액(최대 9,000천원 한도) : 4,900천원+7,000천원 초과금액×20%

① 적립식 주식형펀드의 은퇴시점 세후평가금액은 182,041천원이다.
② 적립식 채권형펀드의 은퇴시점 세후평가금액은 113,674천원이다.
③ 연금저축펀드의 은퇴시점 세후평가금액은 155,376천원이다.
④ 은퇴시점에서 평가한 총은퇴자산은 688,068천원이다.
⑤ 은퇴자금 마련을 위한 추가적인 저축을 하지 않더라도 목표한 은퇴생활 수준을 유지할 수 있다.

정답 | ②

해설 | ① 적립식 주식형펀드의 은퇴시점 세후평가금액 : 182,041천원
- 연 6.0%의 월수익률(이율전환)
  ICONV, EFF : 6, C/Y : 12, NOM? 연 5.8411% 월복리÷12 = 월 0.4868%
- 적립식 주식형펀드의 65세 시점 세후평가액
  PMT(E) : 300, N : 240, I/Y : 0.4868, FV? 136,032천원×1.06^5 = 182,041천원

② 적립식 채권형펀드의 은퇴시점 세후평가금액 : 113,674천원
- 연 3.0%의 월수익률(이율전환)
  ICONV, EFF : 3, C/Y : 12, NOM? 연 2.9595% 월복리÷12 = 월 0.2466%
- 적립식 채권형펀드의 65세 시점 세후평가액
  PMT(E) : 300, N : 240, I/Y : 0.2466, FV? 98,056천원×1.03^5 = 113,674천원

③ 연금저축펀드의 은퇴시점 세후평가액 : 153,195천원
- 연 5.0%의 월수익률(이율전환)
  ICONV, EFF : 5, C/Y : 12, NOM? 연 4.8889% 월복리÷12 = 월 0.4074%
- 연금저축펀드의 65세 시점 세전평가액
  PMT(E) : 300, N : 240, I/Y : 0.4074, FV? 121,741천원×1.05^5 = 155,376천원
- 세전연금액
  PV : 155,376, N : 25, I/Y : 5, PMT(B)? 10,499천원
- 연금소득공제 : (10,499 − 7,000)×20% + 4,900천원 = 5,600천원
- 연금소득금액 : 10,499 − 5,600 = 4,899천원
- 종합소득 과세표준 : 4,899 − 종합소득공제 1,500 = 3,399천원
- 종합소득 산출세액 : 3,399×6% = 204천원
- 종합소득 결정세액 : 204 − 표준세액공제 70 = 134원
- 종합소득 납부세액(지방소득세 포함) : 134×1.1 = 147천원
- 세후연금액 : 10,499 − 147 = 10,352천원
- 연금저축펀드의 65세 시점 세후평가액 : 153,195천원
  PMT(B) : 10,352, N : 25, I/Y : 5, PV? 153,195천원

④ 토지 순매각대금(50%)의 은퇴시점 평가액 : 400,000×1.01^{20}×0.98×50% = 239,157천원
- 은퇴시점에서 평가한 총은퇴자산 : 182,041 + 113,674 + 153,195 + 239,157 = 688,068천원

⑤ 은퇴기간 중 은퇴자산에서 연간 확보 가능한 은퇴소득(은퇴시점물가기준)
  PV : 688,068, N : 25, I/Y : (5−3)÷1.03, PMT(B)? 34,336천원
- 은퇴기간 중 은퇴자산에서 연간 확보 가능한 은퇴소득(현재물가기준) : 34,336÷1.03^{20} = 19,011천원
- 은퇴기간 중 연간 확보 가능한 은퇴소득(현재물가기준) : 19,011 + 15,000(국민연금) = 34,011천원

22 이승훈 CFP는 박명수(30세) 고객에게 A안과 B안을 비교하여 더 유리한 저축방식을 추천해 주고자 한다. 다음 자료를 참고로 두 투자 안을 비교한 것으로 적절하지 **않은** 것을 고르시오.

- 은퇴기간 : 60세부터 25년
- 물가상승률 4%
- 세후투자수익률 6%
- A안 : 매년 말 5,000천원씩 20년간 저축 후 10년간 거치
- B안 : 5년 후부터 매년 말 5,000천원씩 20년간 저축 후 5년간 거치

① 은퇴시점을 기준으로 A안의 은퇴자산이 B안의 은퇴자산보다 83,250천원 더 크다.
② 현재물가기준으로 A안이 B안보다 1,278천원만큼 더 많은 은퇴소득이 발생한다.
③ 은퇴 첫해 초 은퇴소득은 A안이 B안보다 4,146천원 더 크다.
④ 현재물가기준으로 A안의 은퇴소득은 B안의 은퇴소득보다 약 1.34배 크다.
⑤ B안을 연 7%의 수익률로 운용하면 A안보다 매년 더 많은 은퇴생활비를 사용할 수 있다.

정답 | ⑤
해설 | 〈A안〉
- 은퇴시점 은퇴자산
  PMT(E) : 5,000, N : 20, I/Y : 6, FV? 183,928×1.06^{10} = 329,387천원
- 매년 사용 가능한 은퇴소득
  PV : 329,387, N : 25, I/Y : (6−4)÷1.04, PMT(B)? 16,404천원
- 현재물가기준으로 환산한 은퇴소득 : 16,404÷1.04^{30} = 5,058천원

〈B안〉
- 은퇴시점 은퇴자산
  PMT(E) : 5,000, N : 20, I/Y : 6, FV? 183,928×1.06^{5} = 246,137천원
- 매년 사용 가능한 은퇴소득
  PV : 246,137, N : 25, I/Y : (6−4)÷1.04, PMT(B)? 12,258천원
- 현재물가기준으로 환산한 은퇴소득 : 12,258÷1.04^{30} = 3,779천원
① 329,387−246,137 = 83,250천원
② 5,058−3,779 = 1,278천원
③ 16,401−12,258 = 4,146천원
④ 5,058÷3,779 = 1.3382배
⑤ 은퇴시점 은퇴자산(B안을 연 7%로 운용 시)
  PMT(E) : 5,000, N : 20, I/Y : 7, FV? 204,977×1.07^{5} = 287,491천원
  - 매년 사용 가능한 은퇴소득
    PV : 287,491, N : 25, I/Y : (7−4)÷1.04, PMT(B)? 15,842천원
  - 현재물가기준으로 환산한 은퇴소득 : 15,842÷1.04^{30} = 4,884천원

※ 자영업을 하는 김세진씨(35세)는 현재하고 있는 사업을 65세까지 운영하고 은퇴할 계획이다. 다음 자료를 참고하여 문제 23번부터 문제 24번까지의 질문에 답하시오.

- 은퇴까지의 기간 : 30년
- 은퇴기간 : 30년
- 은퇴자산
  - 적립식 채권형펀드 : 3년 전부터 매월 초 200천원씩 투자하고 있으며, 55세까지 23년간 납입할 계획이다. 세후투자수익률은 연 3.0%이다.
  - 적립식 주식형펀드 : 3년 전부터 매월 말 200천원씩 투자하고 있으며, 55세까지 23년간 납입할 계획이다. 세후투자수익률은 연 7.0%이다.
- 기타
  - 은퇴기간 중 매년 초에 현재물가기준으로 10,000천원의 국민연금을 수령함
  - 은퇴자산의 세후투자수익률은 연 4.0%이며, 물가상승률은 연 2.0%임

23 김세진씨가 현재 투자하고 있는 은퇴자산의 은퇴시점 평가액으로 가장 적절한 것을 고르시오.

① 291,767천원
② 346,870천원
③ 366,643천원
④ 472,846천원
⑤ 496,022천원

정답 | ③
해설 | • 적립식 채권형펀드
   PMT(B) : 200, N : 23×12=276, I/Y : 0.2466, FV? 79,147×1.03^{10}=106,367천원
   (ICONV, EFF : 3, C/Y : 12, NOM? 연 2.9595% 월복리÷12=월 0.2466%)
• 적립식 주식형펀드
   PMT(E) : 200, N : 23×12=276, I/Y : 0.5654, FV? 132,311×1.07^{10}=260,276천원
   (ICONV, EFF : 7, C/Y : 12, NOM? 연 6.785% 월복리÷12=월 0.5654%)
• 은퇴시점에서 예상되는 은퇴자산 평가액 : 106,367+260,276=366,643천원

24 김세진씨가 국민연금을 포함한 현재의 은퇴자산으로 은퇴기간 중 확보 가능한 연간 은퇴소득의 현재물가기준 금액으로 가장 적절한 것을 고르시오.

① 8,547천원
② 15,266천원
③ 16,290천원
④ 18,816천원
⑤ 25,482천원

정답 | ④
해설 | • 은퇴시점물가기준의 연간 은퇴소득
  PV : 366,643, N : 30, I/Y : (4−2)÷1.02, PMT(B)? 15,969천원
• 현재물가기준의 연간 은퇴소득 : 15,969÷1.02^{30}=8,816천원
• 은퇴기간 중 확보할 수 있는 현재물가기준의 연간 은퇴소득 : 8,816(은퇴자산에서 확보 가능한 은퇴소득)+10,000(국민연금 수령액)=18,816천원

TOPIC 4 은퇴저축 목표금액 설정(추가로 필요한 은퇴일시금)

25 고소영씨의 자료를 참고하여 은퇴시점에서 추가로 필요한 은퇴일시금으로 적절한 것을 고르시오.

- 은퇴 후 소득 목표 : 현재물가기준 연간 35,000천원
- 국민연금 노령연금 수령 예상금액 : 은퇴시점부터 현재물가기준 연간 16,000천원
- 은퇴 후 소득과 국민연금 노령연금은 매년 물가상승률만큼 상승하며, 기초에 수령
- 은퇴까지 남은 기간 20년, 은퇴기간 25년
- 은퇴를 대비한 저축
  − 지금부터 10년이 지난 후 11년째부터 은퇴하는 시점까지 10년간 저축
  − 첫해 말 저축액 : 현재물가 기준 9,743.714천원
  − 매년 5%씩 증액하여 저축
- 물가상승률 : 4%, 세후 투자수익률 : 은퇴 전 연 6%, 은퇴 후 연 5%

① 472,000천원~476,000천원
② 615,000천원~619,000천원
③ 662,000천원~666,000천원
④ 686,000천원~688,000천원
⑤ 1,470,000천원~1,472,000천원

정답 I ④

해설 I • 첫해 말 저축액 : 9,743.714×1.04¹¹ = 15,000천원
- 은퇴시점의 기말급 증액저축액 평가액
  PMT(E) : 15,000÷1.05, N : 10, I/Y : (6−5)÷1.05, PV? 135,651×1.06¹⁰ = 242,930천원
- 은퇴시점의 필요한 은퇴일시금
  PMT(B) : 35,000−16,000 = 19,000, N : 25, I/Y : (5−4)÷1.04, PV? 424,478천원 가치×1.04²⁰
  = 930,085천원
- 은퇴시점의 부족한 은퇴일시금 : 930,085−242,930 = 687,155천원

26 김형수씨는 은퇴자금 마련을 위해 5년 후부터 은퇴시점까지 첫 해 10,000천원부터 시작하여 10년간 매년 말 물가상승률만큼 증액하여 저축하기로 하였다. 다음의 가정을 근거로 은퇴시점에서의 은퇴목표를 충족시키기 위해 추가로 필요한 은퇴일시금을 계산하시오.

- 은퇴까지 남은 기간 : 15년
- 은퇴기간 : 30년
- 은퇴 후 필요로 하는 은퇴생활비 : 현재물가기준 연간 40,000천원
  (매년 초 물가상승률만큼 증액됨)
- 국민연금수령액 : 현재물가기준 12,000천원(은퇴시점 5년 후부터 매년 초 수령)
- 물가상승률 : 연 3.5%, 세후투자수익률 연 6%

① 842,451천원 ② 870,245천원
③ 914,245천원 ④ 943,587천원
⑤ 960,770천원

정답 I ⑤

해설 I • 은퇴시점 준비자금
  PMT(E) : 10,000÷1.035, N : 10, I/Y : (6−3.5)÷1.035, PV? 84,932×1.06¹⁰ = 152,100천원
- 총은퇴일시금의 현재물가기준 가치
  CF0 : 40,000, C01 : 40,000, F01 : 4, C02 : 40,000−12,000 = 28,000, F02 : 25, I : (6−3.5)÷1.035,
  NPV? 664,262천원
- 은퇴시점에 필요한 총은퇴일시금 : 664,262×1.035¹⁵ = 1,112,870천원
- 추가로 필요한 은퇴일시금 : 1,112,870−152,100 = 960,770천원

※ 아래 주어진 내용을 참고하여 문제 27번과 28번에 답하시오.

[고객정보]
• 박경식 : 남편(45세), 류혜준 : 부인(42세)

[은퇴설계를 위한 정보]
• 국민연금 : 65세부터 매년 초 현재물가기준 10,000천원의 노령연금 수령 예상
• 은퇴자산에 대한 세후투자수익률 : 연 6%
• 물가상승률 : 연 3.5%
• 은퇴나이 : 60세
• 부부의 은퇴기간 : 25년
• 은퇴 이후 필요한 은퇴자금 : 매년 초 현재 물가기준 40,000천원
• 은퇴자산 마련을 위한 저축(투자)은 은퇴시점까지 할 예정
• 국민연금과 은퇴소득은 매년 물가상승률만큼 인상됨

[은퇴소득원]
• 아파트 : 8억원(박경식 명의) - 60세 시점 매각하여 50%는 소형아파트를 구입하고, 50%는 은퇴자산으로 활용할 예정임(아파트 가격은 매년 1%씩 상승 예정, 매각에 따른 비용/수수료는 3%)
• 상가 : 4억원(류혜준 명의) - 임대소득 매년 초 현재 물가기준 10,000천원 발생(임대소득은 매년 물가상승률만큼 인상되며, 은퇴 이후의 임대소득은 은퇴소득으로 활용할 예정임)
• 금융자산
 ① 주식형펀드 : 30,000천원, 세후투자수익률 연 6%
 ② 변액연금보험 : 60세부터 매년 초 6,000천원씩 정액으로 25년간 수령 예상, 세후투자수익률 연 6%

27 박경식씨 부부가 은퇴시점에서 가지고 있을 것으로 추정되는 은퇴자산 평가금액으로 적절한 것을 고르시오.(단, 임대소득은 고려하지 않는다.)

① 153,198천원
② 450,456천원
③ 531,757천원
④ 603,655천원
⑤ 900,911천원

정답 | ④
해설 | • 아파트의 순미래가치 800,000 × 1.01^{15} × 0.97 × 0.5 = 450,456천원
 • 예금의 순미래가치 30,000천원 × 1.06^{15} = 71,897천원
 • 변액연금의 순미래가치
  PMT(B) : 6,000, N : 25, I/Y : 6, PV? 81,302천원
 • 은퇴시점 은퇴자산평가금액 : 450,456 + 71,897 + 81,302 = 603,655천원

28 박경식씨 부부가 자신들의 은퇴목표를 충족시키기 위해 은퇴시점에서 추가로 필요한 은퇴일시금으로 적절한 것을 고르시오.

> - 은퇴시점에서의 은퇴자산 평가액은 500,000천원으로 함
> - 국민연금 및 은퇴기간 중 수령하는 임대소득을 반영하여 계산할 것

① 218,322천원
② 298,231천원
③ 428,760천원
④ 718,322천원
⑤ 798,231천원

정답 | ①
해설 | - 은퇴시점 필요한 총은퇴일시금의 현재물가기준 가치
  CF0 : 30,000, C01 : 30,000, F01 : 4, C02 : 20,000, F02 : 20, I : (6−3.5)÷1.035, NPV? 428,760천원
- 은퇴시점 필요한 총은퇴일시금 : 428,760 × 1.035^{15} = 718,322천원
- 은퇴시점 추가로 필요한 은퇴일시금 : 718,322 − 500,000 = 218,322천원

※ 다음 장민호씨(45세) 부부의 은퇴설계 정보를 참고하여 문제 29번부터 문제 30번의 질문에 답하시오.

> - 고객정보
>   - 장민호 : 45세, 자영업
>   - 최보윤 : 42세, 전업주부
> - 은퇴기간
>   - 부부의 은퇴기간 : 장민호씨 나이 65세부터 20년
>   - 배우자 독거기간 : 장민호 사망 후 10년
> - 은퇴필요소득 : 현재물가기준으로 맨년 물가상승률만큼 증가하여 매년 초에 필요함
>   - 기본생활비 : 부부 은퇴기간 중 연간 36,000천원, 배우자 독거기간 중 매년 18,000천원
>   - 간병비 : 부부 각각 사망 전 3년간 매년 10,000천원
>   - 여가생활비 : 은퇴시점부터 17년간 매년 12,000천원
> - 국민연금 수령 예상액
>   - 장민호씨 나이 65세부터 사망 시까지 현재물가기준으로 매년 10,000천원의 노령연금 수령
>   - 장민호 사망 후 국민연금에서 지급되는 유족연금은 매년 6,000천원임
> - 분석을 위한 가정
>   - 물가상승률 : 연 2.0%
>   - 은퇴기간 중 은퇴자산에 대한 세후투자수익률 : 연 4.5%
>   - 은퇴시점에서 확보한 은퇴자산이 필요로 하는 총은퇴일시금에 부족할 경우 기본생활비 → 간병비 → 여가생활비 순으로 은퇴소득을 지출할 계획임

29 장민호씨 부부가 은퇴생활을 위해 필요한 총은퇴일시금으로 가장 적절한 것은?

① 987,049천원
② 1,021,651천원
③ 1,322,455천원
④ 1,574,620천원
⑤ 2,380,480천원

정답 | ②
해설 | • 연간 부족소득액
- 65세부터 82세(17년) : 36,000(부부 기본생활비) + 12,000(여가생활비) - 10,000(노령연금) = 38,000천원
- 82세부터 85세(3년) : 36,000(부부 기본생활비) + 10,000(간병비) - 10,000(노령연금) = 36,000천원
- 85세부터 92세(7년) : 18,000(배우자 기본생활비) - 6,000(유족연금) = 12,000천원
- 92세부터 95세(3년) : 18,000(배우자 기본생활비) + 10,000(간병비) - 6,000(유족연금) = 22,000천원
• 총은퇴일시금
CF0 : 38,000, C01 : 38,000, F01 : 16, C02 : 36,000, F02 : 3, C03 : 12,000, F03 : 7, C04 : 22,000, F04 : 3, I : (4.5−2)÷1.02, NPV? 687,542천원 가치×1.02^{20} = 1,021,651천원

30 장민호씨 부부가 은퇴시점에서 확보 가능한 은퇴자산이 800,000천원이라고 가정할 경우 다음의 설명 중 가장 적절한 것은?

① 은퇴 기본생활비, 여가생활비, 간병비를 위해 필요한 금액을 모두 해결할 수 있다.
② 은퇴기본생활비를 해결하기 위해 필요한 금액에 미달된다.
③ 간병비까지 해결하기 위해 필요한 금액에는 미달된다.
④ 여가생활비까지 해결하기 위해 필요한 금액에는 미달된다.
⑤ 여가생활비를 위해 사용할 수 있는 금액은 은퇴시점에서 36,255천원이다.

정답 | ④
해설 | ① 은퇴시점에서 부족한 은퇴일시금 : 총은퇴일시금 1,021,651 − 800,000 = 221,651천원
② 기본생활비 : 718,672천원
CF0 : 36,000−10,000 = 26,000, C01 : 26,000, F01 : 19, C02 : 18,000−6,000 = 12,000, F02 : 10, I : (4.5−2)÷1.02, NPV? 483,646천원 가치×1.02^{20} = 718,672천원
③ 간병비 : 51,469천원
CF0 : 0, C01 : 0, F01 : 16, C02 : 10,000, F02 : 3, C03 : 0, F03 : 7, C04 : 10,000, F04 : 3, I : (4.5−2)÷1.02, NPV? 34,637천원 가치×1.02^{20} = 51,469천원
④ 여가생활비 : 251,510천원
CF0 : 12,000, C01 : 12,000, F01 : 16, I : (4.5−2)÷1.02, NPV? 169,259천원 가치×1.02^{20} = 251,510천원
⑤ 여가생활을 위해 사용할 수 있는 은퇴자산 : 800,000(확보된 은퇴자산) − 718,672(기본생활비) − 51,469(간병비) = 29,859천원

···TOPIC 5 연간 은퇴저축액

31 유재석(42세)씨가 은퇴시점에서 추가로 필요한 은퇴자산이 700,000천원이라고 할 경우, 부족자금을 마련하기 위해 추가적으로 저축 시 매월 저축금액으로 가장 적절한 것은?

- 은퇴시점 : 유재석씨 나이 65세
- 저축기간 : 지금부터 13년간 매월 말일에 저축한 후 은퇴시점까지 동일상품에서 운용함
- 추가저축의 세후투자수익률 : 연 6%

① 1,377천원　　　　　② 1,455천원
③ 1,671천원　　　　　④ 1,679천원
⑤ 1,721천원

정답 | ④
해설 | • 부족자금 마련을 위한 오늘일시금 : $700,000 \div 1.06^{23} = 183,258$천원
　　　• 월 저축액
　　　　PV : 183,258, N : 13×12 = 156, I/Y : 0.4868, PMT(E)? 1,679천원
　　　　(이율전환 ICONV, EFF : 6, C/Y : 12, NOM? 연 5.8411% 월복리÷12 = 월 0.4868%)

32 김형수(40세)씨 부부가 은퇴시점에서 추가로 필요한 은퇴일시금이 700,000천원이라면, 이 금액을 마련하기 위해 추가적으로 저축해야 할 첫해 말 저축금액으로 적절한 것으로 고르시오.

- 은퇴시점 : 60세
- 추가 저축은 지금부터 10년간 기말에 이루어지며 매년 임금상승률만큼 증액함
- 세후투자수익률 연 5.5%
- 물가상승률 : 연 3%
- 임금상승률 : 물가상승률+1%p

① 23,754천원　　　　　② 24,657천원
③ 25,935천원　　　　　④ 26,713천원
⑤ 26,972천원

정답 | ⑤
해설 | • 추가로 필요한 은퇴일시금을 마련하기 위한 오늘일시금 : $700,000 \div 1.055^{20} = 239,910$천원
　　　• 첫해 말 증액저축액
　　　　PV : 239,910, N : 10, I/Y : (5.5−4)÷1.04, PMT(E)? 25,935천원
　　　　PMT(E) = 25,935×1.04 = 26,972천원

33 다음 자료를 토대로 홍창기씨의 은퇴시점 부족자금이 10억원인 경우 올해부터 매월 말 저축해야 하는 금액으로 적절한 것을 고르시오.

- 은퇴까지 남은 기간 : 18년
- 저축기간 : 10년
- 물가상승률 : 연 4%
- 세후투자수익률 : 연 7%
- 저축은 지금부터 10년간 물가상승률만큼 매년 저축액을 증액하며, 연간 단위로는 매월 동일한 금액을 저축함

① 2,880천원　　　　　② 2,897천원
③ 2,980천원　　　　　④ 3,012천원
⑤ 3,099천원

정답 | ②
해설 | • 추가로 필요한 은퇴일시금을 마련하기 위한 오늘일시금 : $1,000,000 \div 1.07^{18} = 295,864$천원
　　• 1차년도 증액저축액
　　　PV : 295,864, N : 10, I/Y : (7−4)÷1.04, PMT(B)? 33,514천원
　　• 1차년도 기말급 월 저축액
　　　PV : 33,514, N : 12, I/Y : 0.5654, PMT(E)? 2,897천원
　　　(이율전환 ICONV, EFF : 7, C/Y : 12, NOM? 연 6.785% 월복리÷12 = 월 0.5654%)

34 다음 정보를 참고하여 이정수씨 부부가 은퇴시점에서 은퇴일시금 마련을 위해 저축해야 할 첫해 말 저축금액으로 적절한 것을 고르시오.

[가족상황]
- 이정수 : 남편(35세), 피현아 : 부인(35세)

[은퇴설계를 위한 정보]
- 은퇴시점 필요한 은퇴일시금을 650,000천원으로 가정함
- 이정수씨 부부는 이정수씨 사망 직전 3년간 발생될 수 있는 간병비(매년 초 10,000천원)를 추가적으로 준비할 계획임
- 간병비는 현재물가기준이며 기시에 발생되고 매년 물가상승률만큼 증액됨
- 부부 은퇴기간 : 이정수씨 나이 60세부터 79세 말까지
- 은퇴자산에 대한 세후투자수익률 : 은퇴 전 연 7%, 은퇴 후 연 6%
- 물가상승률 : 연 4%
- 저축은 10년간 매년 말에 이루어지며 매년 물가상승률만큼 증액함

① 14,750천원 ② 15,176천원
③ 15,340천원 ④ 15,783천원
⑤ 16,005천원

정답 | ④

해설 | • 간병비 마련을 위해 필요한 은퇴일시금
  CF0 : 0, C01 : 0, F01 : 16, C02 : 10,000, F02 : 3, I : (6−4)÷1.04, NPV? 21,295×1.04^{25} = 56,768천원
• 총은퇴일시금 : 650,000 + 56,768 = 706,768천원
• 총은퇴일시금 마련을 위해 필요한 오늘일시금 : 706,768÷1.07^{25} = 130,221천원
• 첫해 말 저축액
  PV : 130,221, N : 10, I/Y : (7−4)÷1.04, PMT(E)? 15,176×1.04 = 15,783천원

35. 다음 정보를 참고하여 권병구씨 부부가 은퇴시점에서 은퇴일시금 마련을 위해 올해부터 매월 말 저축해야 하는 금액으로 적절한 것을 고르시오.

[가족상황]
• 권병구 : 남편(40세), 조은희 : 부인(35세)

[은퇴설계를 위한 정보]
• 은퇴시점 필요한 은퇴일시금을 800,000천원으로 가정함
• 권병구씨 부부는 권병구씨 사망 직전 5년간 발생될 수 있는 간병비(매년 초 20,000천원)를 추가적으로 준비할 계획임
• 간병비는 현재물가기준이며 기시에 발생되고 매년 물가상승률만큼 증액됨
• 부부 은퇴기간 : 권병구씨 나이 60세부터 80세 말까지
• 은퇴자산에 대한 세후투자수익률 : 은퇴 전 연 7%, 은퇴 후 연 6%
• 물가상승률 : 연 3%
• 저축은 지금부터 15년간 물가상승률만큼 매년 저축액을 증액하며, 연간 단위로는 매월 동일한 금액을 저축함

① 1,731천원 ② 1,741천원
③ 1,793천원 ④ 1,799천원
⑤ 1,809천원

정답 | ②

해설 | • 간병비 마련을 위해 필요한 은퇴일시금
  CF0 : 0, C01 : 0, F01 : 15, C02 : 20,000, F02 : 5, I : (6−3)÷1.03, NPV? 59,693×1.03^{20} = 107,812천원
• 총은퇴일시금 : 800,000 + 107,812 = 907,812천원
• 총은퇴일시금 마련을 위해 필요한 오늘일시금 : 907,812÷1.07^{20} = 234,596천원
• 1차년도 증액저축액
  PV : 234,596, N : 15, I/Y : (7−3)÷1.03, PMT(B)? 20,146천원
• 1차년도 기말급 월 저축액
  PV : 20,146, N : 12, I/Y : 0.5654, PMT(E)? 1,741천원
  (이율전환 ICONV, EFF : 7, C/Y : 12, NOM? 연 6.785% 월복리÷12 = 월 0.5654%)

36 다음 정보를 참고하여 정원식씨(40세) 부부가 은퇴시점에서 추가로 필요한 은퇴일시금을 마련하기 위해 매년 정액으로 저축할 경우와 매년 물가상승률만큼 증액하여 저축할 경우의 첫해 말 저축금액의 차액으로 적절한 것을 고르시오.

[은퇴설계를 위한 정보]
• 은퇴시점 총은퇴일시금은 1,000,000천원으로 가정함
• 은퇴시점 은퇴자산평가액은 880,000천원으로 가정함
• 정원식씨 사망 후 부인만의 은퇴생활자금을 위해 현재물가기준으로 50,000천원을 은퇴예비자금으로 반영함
• 부부 은퇴기간 : 정원식씨 나이 60세부터 89세 말까지
• 은퇴자산에 대한 세후투자수익률 : 연 8%
• 물가상승률 : 연 5%
• 저축은 20년간 기말에 이루어짐

① 368천원
② 1,336천원
③ 1,516천원
④ 1,746천원
⑤ 1,925천원

정답 | ④

해설 | • 은퇴시점물가기준 은퇴예비자금 : 50,000×1.05^{20} = 132,665천원
• 은퇴예비자금을 반영한 총은퇴일시금 : 1,000,000 + 132,665 = 1,132,665천원
• 추가로 필요한 은퇴일시금 : 1,132,665 − 880,000 = 252,665천원
• 추가로 필요한 오늘일시금 : 252,665÷1.08^{20} = 54,209천원
• 매년 물가상승률만큼 증액하여 저축할 경우 첫해 말 저축금액
  PV : 54,209, N : 20, I/Y : (8−5)÷1.05, PMT(E)? 3,596×1.05 = 3,776천원
• 매년 정액 저축할 경우 저축금액
  PV : 54,209, N : 20, I/Y : 8, PMT(E)? 5,521천원
• 첫해 말 저축금액의 차액 : 5,521 − 3,776 = 1,746천원

※ 자영업을 하는 한지은씨(45세)의 은퇴설계와 관련한 다음 자료를 참고하여 문제 37번부터 문제 38번의 질문에 답하시오.

- 은퇴까지의 기간 : 15년
- 목표로 하는 은퇴생활을 위해 필요한 총은퇴일시금 : 800,000천원
- 은퇴소득으로 사용하기 위해 투자하고 있는 자산의 현재시점 평가액
  - 정기예금(세후투자수익률 연 1.5%) : 100,000천원
  - 주식형펀드(세후투자수익률 연 6.0%) : 230,000천원
- 올해 초 추가적인 저축여력은 5,000천원이 있으며 매년 3%씩 증가될 것으로 예상됨
- 부족한 은퇴자금 마련을 위한 추가저축의 세후투자수익률 : 연 5.0%

37 한지은씨가 은퇴시점에 부족한 은퇴일시금을 마련하기 위해 지금부터 15년간 매년 3.0%씩 증액하여 저축할 경우 올해 초에 저축해야 할 금액과 저축가능 여부에 대한 내용으로 가장 적절한 것은?

① 첫해 초 저축금액은 4,211천원으로 저축여력 범위 이내이다.
② 첫해 초 저축금액은 4,483천원으로 저축여력 범위 이내이다.
③ 첫해 초 저축금액은 4,525천원으로 저축여력 범위 이내이다.
④ 첫해 초 저축금액은 5,107천원으로 저축여력 범위를 초과한다.
⑤ 첫해 초 저축금액은 5,238천원으로 저축여력 범위를 초과한다.

정답 I ③
해설 I • 정기예금의 은퇴시점 평가액 : 100,000×1.015^{15}=125,023천원
  • 주식형펀드의 은퇴시점 평가액 : 230,000×1.06^{15}=551,208천원
  • 은퇴자산 평가액 : 125,023(정기예금)+551,208(주식형펀드)=676,232천원
  • 은퇴시점에서 추가로 필요한 은퇴일시금 : 800,000(총은퇴일시금)−676,232=123,768천원
  • 추가로 필요한 오늘일시금 : 123,768÷1.05^{15}=59,535천원
  • 1차년도 증액저축액
    PV : 59,535, N : 15, I/Y : (5−3)÷1.03, PMT(B)? 4,525천원<추가적인 저축여력 5,000천원

38 한지은씨가 부족한 은퇴일시금을 마련하기 위해 지금부터 15년간 매월 말 정액으로 저축할 경우 연간 저축금액과 저축가능 여부에 대한 내용으로 가장 적절한 것은?

① 연간 저축금액은 4,032천원으로 저축여력 범위 이내이다.
② 연간 저축금액은 4,502천원으로 저축여력 범위 이내이다.
③ 연간 저축금액은 4,866천원으로 저축여력 범위 이내이다.
④ 연간 저축금액은 5,608천원으로 지금부터 2년간은 저축여력 범위를 초과한다.
⑤ 연간 저축금액은 5,608천원으로 지금부터 4년간은 저축여력 범위를 초과한다.

정답 | ⑤
해설 | • 매월 말 저축금액
　　　PV : 59,535, N : 180, I/Y : 0.4074, PMT(E)? 467천원
　　　(ICONV, EFF : 5, C/Y : 12, NOM? 연 4.8889% 월복리÷12 = 월 0.4074%)
• 연간 저축액 : 467×12 = 5,608천원
• 연간 저축여력

기간	1년차	2년차	3년차	4년차	5년차
저축여력	5,000천원	5,150천원	5,305천원	5,464천원	5,628천원

※ 근로자인 황정민씨(42세)와 관련한 다음 자료를 참고하여 문제 39번부터 문제 41번의 질문에 답하시오.

• 고객정보
　－황정민 : 남편(42세)
　－이숙 : 부인(37세)
• 은퇴기간 및 은퇴필요소득

구분	부부 은퇴기간	배우자 독거기간
은퇴기간	황정민 나이 55세부터 30년	황정민 사망 후 10년
연간 기본생활비	30,000천원	18,000천원
간병비	부부 각각 사망 직전 3년간 매년 12,000천원	

※ 은퇴필요소득 및 간병비는 현재물가기준의 금액이며 매년 초 물가상승률만큼 증가됨
• 국민연금
　－황정민 : 연금수급개시연령인 65세부터 현재물가기준으로 매년 7,200천원의 노령연금 수령예상
　－이숙 : 황정민 사망시 4,320천원의 유족연금 수령 예상
• 적립식 채권형 펀드
　－황정민 나이 35세에 가입, 매월 초 300천원 납입, 납입기간은 20년임
　－세후투자수익률은 연 3.5%
• 거주주택
　－황정민 소유, 현재 평가액은 300,000천원, 주택가격은 매년 2.5%씩 상승함
　－60세부터 주택을 담보로 주택연금을 활용할 계획임

- 분석을 위한 가정
  - 물가상승률 : 연 2.5%
  - 은퇴자산의 세후투자수익률 : 연 4.0%

39 이들 부부의 총은퇴일시금 산정에 대한 설명으로 적절하지 않은 것은?

① 목표로 하는 은퇴생활을 위해 필요한 총은퇴일시금은 1,038,862천원이다.
② 총은퇴일시금은 은퇴기간 중 매년 필요한 은퇴소득에서 국민연금을 차감한 연간 부족소득금액을 은퇴시점에서 일시금으로 평가한 금액이다.
③ 은퇴소득목표, 은퇴까지의 기간, 기대수명, 물가상승률, 은퇴연금, 은퇴자산 및 은퇴기간 중 은퇴자산에 대한 세후투자수익률 등이 총은퇴일시금 산정에 영향을 미친다.
④ 은퇴자산에 대한 세후투자수익률은 은퇴기간 중 매년 동일한 수익률이 발생한다는 평균수익률 개념으로 수익률 발생순서 위험을 고려하지 않은 문제점이 있다.
⑤ 총은퇴일시금 산정시 제반 가정의 불완전성 때문에 산정한 총은퇴일시금에 추가하여 은퇴예비자금을 준비하는 것이 바람직하다.

정답 | ③
해설 | ① 총은퇴일시금 계산
- 은퇴기간 중 부족소득액(현재물가기준)
  - 55세~65세(10년) : 30,000천원
  - 65세~82세(17년) : 30,000 - 7,200(노령연금) = 22,800천원
  - 82세~85세(3년) : 22,800 + 12,000(간병비) = 34,800천원
  - 85세~92세(7년) : 18,000 - 4,320(유족연금) = 13,680천원
  - 92세~95세(3년) : 13,680 + 12,000(간병비) = 25,680천원
- 은퇴시점에서의 총은퇴일시금의 현재물가기준 가치
  CF0 : 30,000, C01 : 30,000, F01 : 9, C02 : 22,800, F02 : 17, C03 : 34,800, F03 : 3, C04 : 13,680, F04 : 7, C05 : 25,680, F05 : 3, I : (4-2.5)÷1.025, NPV? 753,612천원 가치
- 은퇴시점에서의 총은퇴일시금 : 753,612 × 1.025^{13} = 1,038,862천원

③ 은퇴자산은 은퇴시점에서 추가적으로 필요한 은퇴일시금 산정 시 반영하므로 총은퇴일시금 산정에는 영향을 미치지 않음

40 다음 자료를 참고하여 이들 부부가 목표로 하는 은퇴생활을 위해 부족한 은퇴일시금을 마련하기 위한 매월 말 저축금액으로 가장 적절한 것은?

- 은퇴시점에서 추가로 필요한 은퇴일시금 : 700,000천원
- 저축방법 : 지금부터 10년간 매월 말에 정액으로 저축
- 추가저축에 대한 세후투자수익률 : 연 5.0%

① 3,207천원
② 3,220천원
③ 3,388천원
④ 3,650천원
⑤ 3,917천원

정답 | ⑤
해설 | ① 총은퇴일시금 계산
- 부족한 은퇴일시금 마련을 위한 오늘일시금 : $700,000 \div 1.05^{13} = 371,225$천원
- 10년간 저축하는 경우 매월 저축금액
  PV : 371,225, N : 120, I/Y : 0.4074, PMT(E)? 3,917천원
  (ICONV, EFF : 5, C/Y : 12, NOM? 연 4.8889% 월복리÷12 = 월 0.4074%)

41 이들 부부는 저축여력이 부족하여 은퇴시기를 60세로 연기하는 경우 추가저축으로 은퇴소득 목표를 달성할 수 있는지에 대해 CFP® 자격인증자와 상담을 하고 있다. 이에 대한 CFP® 자격인증자의 설명으로 가장 적절한 것은?

- 총은퇴일시금

은퇴시기	55세	60세
총은퇴일시금	1,038,862천원	?

- 은퇴자산 평가액 : 적립식 채권형펀드와 주택연금의 합계 평가액

은퇴시기	55세	60세
은퇴자산의 세후평가액	338,862천원	426,085천원

- 추가저축 계획
  - 55세까지(13년간) 매년 초에 25,000천원을 정액으로 저축
  - 추가저축에 대한 세후투자수익률 : 연 5.0%

① 계획대로 추가저축을 한다면 55세에 은퇴를 하더라도 은퇴소득목표를 달성할 수 있다.
② 추가저축의 세후투자수익률을 연 1.0%p 높여 투자한다면 55세에 은퇴을 하더라도 은퇴소득목표를 달성할 수 있다.
③ 55세에 은퇴를 하더라도 부부 은퇴기간 중 기본생활비를 연간 24,000천원으로 낮출 수 있다면 계획대로 추가저축하여 목표를 달성할 수 있다.
④ 은퇴시점을 60세로 연기하고 계획대로 추가저축을 한다면 은퇴소득목표를 달성할 수 있다.
⑤ 은퇴시점을 60세로 연기하고 계획대로 추가저축을 하더라도 은퇴소득목표를 달성할 수 없기 때문에 또 다른 추가적인 저축이 필요하다.

정답 l ④
해설 l ① 세후투자수익률 5.0%인 경우
- 추가적으로 필요한 은퇴일시금 : 1,038,862(총은퇴일시금) - 338,862(은퇴자산 평가액) = 700,000천원
- 추가저축의 은퇴시점 평가액
  PMT(B) : 25,000, N : 13, I/Y : 5, FV? 464,966천원
- 55세 시점에서 부족한 금액 : 700,000 - 464,966 = 235,034천원

② 세후투자수익률 6.0%인 경우
- 추가저축의 은퇴시점 평가액
  PMT(B) : 25,000, N : 13, I/Y : 6, FV? 500,377천원
- 55세 시점에서 부족한 금액 : 700,000 - 500,377 = 199,623천원

③ 부부 은퇴기간 중 기본생활비를 연간 24,000천원으로 낮춘 경우 생활비 축소액 : 30,000 - 24,000 = 6,000천원
- 기본생활비 축소에 따른 총은퇴일시금 감소액
  PMT(B)6,000, N : 30, I/Y : (4-2.5)÷1.025, PV? 146,965천원 가치×1.025^{13} = 202,593천원
- 기본생활비 축소에 따른 추가적으로 필요한 은퇴일시금 : 700,000 - 202,593 = 497,407천원
- 추가저축의 은퇴시점 평가액 464,966천원을 감안하더라도 497,407 - 464,966 = 32,441천원이 은퇴시점에서 부족

④ 은퇴시점을 60세로 연기하는 경우 은퇴소득목표 달성 가능
- 60세 은퇴하는 경우 총은퇴일시금
  CF0 : 30,000, C01 : 30,000, F01 : 4, C02 : 22,800, F02 : 17, C03 : 34,800, F03 : 3, C04 : 13,680, F04 : 7, C05 : 25,680, F05 : 3, I : (4-2.5)÷1.025, NPV? 653,676천원 가치
- 은퇴시점에서의 총은퇴일시금 : 653,676×1.025^{18} = 1,019,512천원
- 추가저축의 은퇴시점 평가액
  PMT(B) : 25,000, N : 13, I/Y : 5, FV? 464,966천원×1.05^5 = 593,427천원
- 60세 시점의 은퇴자산 : 426,085 + 593,427 = 1,019,512천원

⑤ 은퇴시점을 60세로 연기하는 경우 계획대로 추가저축을 하면 은퇴소득목표를 달성할 수 있음

※ CFP® 자격인증자와 은퇴설계에 대한 상담을 하고 있는 박미진씨에 대한 다음 자료를 참고하여 문제 42번부터 문제 44번의 질문에 답하시오.

- 박미진(53세) : 독신, 자영업
- 은퇴기간 : 박미진 나이 65세부터 30년
- 은퇴필요소득(현재물가기준으로 매년 물가상승률만큼 증가)
  - 생활비 : 은퇴기간 중 연간 30,000천원
  - 간병비 : 사망 전 3년간 연간 12,000천원
- 은퇴자산
  - 운영하고 있는 자영업을 은퇴시점에 정리하여 은퇴자산으로 활용할 예정이며, 세금 등 매각비용을 차감한 순매각금액은 400,000천원으로 예상됨
  - 5년 전 가입한 적립식펀드(세후투자수익률 연 5.5%)에 64세말까지 매월 말 500천원씩 저축할 계획임
- 국민연금 : 박미진 나이 65세부터 현재물가기준으로 매년 10,000천원을 수령함
- 은퇴기간 중 은퇴자산의 세후투자수익률 : 연 4.0%
- 물가상승률 : 연 2.0%

42 박미진씨가 은퇴시점에서 필요한 총은퇴일시금으로 가장 적절한 것은?

① 507,525천원　　② 608,868천원
③ 768,639천원　　④ 974,820천원
⑤ 1,230,616천원

정답 | ②

해설 | • 은퇴기간 중 매년 부족소득의 현금흐름
　　　 - 65세~92세(27년) : 30,000 - 10,000(노령연금) = 20,000천원
　　　 - 92세~95세(3년) : 20,000 + 12,000(간병비) = 32,000천원
　　• 은퇴시점에서의 총은퇴일시금의 현재물가기준 가치
　　　 CF0 : 20,000, C01 : 20,000, F01 : 26, C02 : 32,000, F02 : 3, I : (4-2)÷1.02, NPV? 480,088천원 가치
　　• 은퇴시점에서의 총은퇴일시금 : 480,088×1.02^{12} = 608,868천원

43 박미진씨가 국민연금과 현재 준비하고 있는 은퇴자산으로 확보 가능한 현재물가기준의 연간 생활비로 가장 적절한 것은?(단, 간병비를 반영한다.)

① 15,817천원
② 21,963천원
③ 25,817천원
④ 28,529천원
⑤ 31,963천원

정답 l ④

해설 l • 은퇴시점에서 평가한 적립식펀드 세후금액
  PMT(E) : 500, N : 17×12＝204, I/Y : 0.4472, FV? 166,022천원
  (ICONV, EFF : 5.5, C/Y : 12, NOM? 연 5.366% 월복리÷12＝월 0.4472%)
• 은퇴시점에서 예상되는 은퇴자산 : 400,000(사업체 정리자금)＋166,022＝566,022천원
• 은퇴시점에서 평가한 간병비
  CF0 : 0, C01 : 0, F01 : 26, C02 : 12,000, F02 : 3, I : (4－2)÷1.02, NPV? 20,904천원 가치×1.02^{12}
   ＝26,511천원
• 은퇴 생활비로 사용할 수 있는 은퇴자산 : 566,022－26,511＝539,511천원
• 은퇴자산으로 확보 가능한 연간 생활비
  PV : 539,511, N : 30, I/Y : (4－2)÷1.02, PMT(B)? 23,499천원÷1.02^{12}＝18,529천원
• 국민연금을 감안한 연간 생활비 : 18,529＋10,000천원

44 다음 자료를 참고하여 CFP® 자격인증자가 박미진씨의 필요한 은퇴소득 마련을 위해 제안하는 내용으로 가장 적절한 것은?

> - 은퇴시점에서 은퇴자산 평가액은 600,000천원으로 가정함
> - 은퇴자산 마련을 위한 추가저축의 세후투자수익률은 연 5.5%임

① 추가적인 저축 없이도 현재의 은퇴자산만으로 필요한 은퇴소득을 마련할 수 있다.
② 현재시점에서 3,366천원을 추가로 투자하면 부족한 은퇴일시금을 마련할 수 있다.
③ 지금부터 10년간 매월 말 67천원을 추가적으로 저축하면 부족한 은퇴일시금을 마련할 수 있다.
④ 지금부터 12년간 매월 말 52천원을 추가적으로 저축하면 부족한 은퇴일시금을 마련할 수 있다.
⑤ 국민연금 지급연기신청을 하여 70세부터 연금을 수령하면 추가저축 없이 부족한 은퇴일시금을 마련할 수 있다.

정답 | ⑤
해설 | ① 은퇴시점에서 추가로 필요한 은퇴일시금 : 608,868(총은퇴일시금) − 600,000(은퇴자산 평가액) = 8,868천원
② 부족한 은퇴일시금 마련을 위한 오늘일시금 : 8,868÷1.055^{12} = 4,644천원
③ 지금부터 10년간 매월 말 저축하는 경우
 PV : 4,644, N : 120, I/Y : 0.4472, PMT(E)? 50천원
 (ICONV, EFF : 5.5, C/Y : 12, NOM? 연 5.366% 월복리÷12 = 월 0.4472%)
④ 지금부터 은퇴시점까지 매월 말 저축하는 경우
 PV : 4,644, N : 144, I/Y : 0.4472, PMT(E)? 44천원
⑤ 70세부터 지급되는 국민연금 : 10,000×(1 + 7.2%×5년) = 13,600천원
 - 은퇴시점에서 평가한 총은퇴일시금

	65~70세(5년간)	70~92세(22년간)	92~95세(3년간)
연간 필요소득	30,000천원	30,000천원	42,000천원
국민연금	0	13,600천원	13,600천원
부족한 연간소득	30,000천원	16,400천원	28,400천원

 CF0 : 30,000, C01 : 30,000, F01 : 4, C02 : 16,400, F02 : 22, C03 : 28,400, F03 : 3, I : (4−2)÷1.02, NPV? 462,870천원 가치×1.02^{12} = 587,031천원
 - 국민연금 지급연기신청을 하여 70세부터 수령하는 경우 은퇴자산이 총은퇴일시금을 12,969천원을 초과함(587,031 − 600,000 = −12,969천원)

TOPIC 6 은퇴설계와 자산배분

45 김세진씨(45세)는 은퇴자산 마련을 하기 위해 5년 전부터 준비하고 있으며 현재 준비하고 있는 것에 40,000천원을 추가로 투자하려고 한다. 현재시점에서 평가한 은퇴저축의 세후평가금액은 60,000천원이며 자산별 평가금액은 다음과 같다. 김세진씨는 현재 세후투자수익률이 연 3.83% 수준인데 향후 은퇴시점까지 은퇴저축의 세후투자수익률을 연 5.0%를 희망하고 있다. 다음 정보를 토대로 은퇴저축 목표수익률 달성을 위한 자산배분에 대한 설명으로 적절하지 **않은** 것을 고르시오.

- 기존의 은퇴저축 내역

구분	현금성자산	채권형자산	주식형자산	계
현재 투자금액	20,000천원	25,000천원	15,000천원	60,000천원
세후투자수익률	연 2%	연 4%	연 6%	연 3.83%

- 희망하는 은퇴저축의 세후투자수익률 : 연 5.0%
- 은퇴까지의 기간 : 20년
- 자산배분 조건 : 현금성자산과 채권형자산의 배분은 은퇴저축 총금액에서 주식형자산 투자금액을 차감한 금액을 4 : 6의 비율로 배분함

① 추가 저축에 따른 은퇴시점의 총은퇴자산 평가액은 265,330천원이다.
② 은퇴자산의 세후투자수익률 달성을 위한 주식형자산의 투자금액은 57,334천원이며, 주식형자산 투자금액의 은퇴시점 평가액은 183,878천원이다.
③ 은퇴자산의 세후투자수익률 달성을 위한 현금성자산의 투자금액은 17,066천원이며, 채권형자산의 투자금액은 25,599천원이다.
④ 현금성자산 투자금액의 은퇴시점 평가액은 59,438천원이며, 채권형자산 투자금액의 은퇴시점 평가액은 131,467천원이다.
⑤ 김세진씨가 희망하는 은퇴자산의 세후투자수익률을 달성하기 위해서는 기존 은퇴저축 중 현금성자산에서 인출한 2,934천원과 추가저축액으로 채권형자산에 599.5천원, 주식형자산에 42,334천원을 투자하면 목표로 하는 은퇴자산의 세후투자수익률을 달성할 수 있게 된다.

정답 | ④
해설 | • F → PV : 100,000, N : 20, I/Y : 5, FV? 265,330천원
 • a → PV : 100,000, N : 20, I/Y : 2, FV? 148,595×0.4=59,438
 • b → PV : 100,000, N : 20, I/Y : 4, FV? 219,112×0.6=131,467
 • B → 59,438+131,467=190,905
 • S → PV : 100,000, N : 20, I/Y : 6, FV? 320,714
 • 주식형자산의 투자비중(금액) = $\frac{F-B}{S-B} = \frac{265,330-190,905}{320,714-190,905} = \frac{74,424}{129,808} = 0.5733$ (57,334천원)
 • 현금성자산의 투자비중(금액) : (1−0.5733)×0.4=0.1707(17,066천원)

- 채권형자산의 투자비중(금액) : (1 − 0.5733) × 0.6 = 0.2560(25,599천원)
- 은퇴자산의 세후투자수익률 달성을 위한 포트폴리오 구성

구분	현금성자산	채권형자산	주식형자산	계
배분비율	17.07%	25.60%	57.33%	100.00%
투자금액	17,066천원	25,599천원	57,334천원	100,000천원
은퇴시 평가액	25,360천원	56,092천원	183,878천원	265,330천원

- 김세진씨가 희망하는 은퇴자산의 세후투자수익률을 달성하기 위해서는 기존 은퇴저축 중 현금성자산에서 인출한 2,934천원과 추가저축액(40,000천원)으로 채권형자산에 599.5천원, 주식형자산에 42,334천원을 투자하면 목표로 하는 은퇴자산의 세후투자수익률을 달성할 수 있게 된다.
- 추가저축을 포함한 은퇴저축의 자산재배분

구분	현금성자산	채권형자산	주식형자산	계
배분비율	17.07%	25.60%	57.33%	100.00%
총투자금액배분	17,066천원	25,599천원	57,334천원	100,000천원
현재 투자금액	20,000천원	25,000천원	15,000천원	60,000천원
자산재배분	−2,934천원	599.5천원	42,334천원	40,000천원
은퇴시 평가액	25,360천원	56,092천원	183,878천원	265,330천원

46 홍창기씨는 은퇴자산 마련을 위해 주식형펀드와 채권혼합형펀드로 포트폴리오를 구성하여 매월 말일에 500천원을 투자하려고 한다. 다음 자료를 참고하여 저축액에 대한 자산배분 목표를 정하고 투자기간 경과에 따른 자산배분을 실행할 경우, 포트폴리오 수익률과 포트폴리오 표준편차가 적절하게 연결된 것을 고르시오.

- 위험수용성향 : 수익추구형
- 투자기간 : 10년
- 투자기간 중 목표수익률 : 연 6.0%±0.1%
- 위험허용범위 : 목표수익률 ±10%
- 자산군별 기대수익률 및 표준편차

구분	투자비중	기대수익률(연)	표준편차	상관계수
주식형펀드	60.0%	8.0%	15.0%	0.2
채권혼합형펀드	40.0%	4.0%	5.0%	

	포트폴리오 수익률	포트폴리오 표준편차	
		투자기간 초	투자기간 말
①	5.76%	7.22%	8.20%
②	6.16%	8.37%	9.33%
③	6.16%	9.60%	10.22%
④	6.51%	8.37%	9.33%
⑤	6.51%	9.60%	10.22%

정답 | ⑤

해설 | • 투자기간 말 포트폴리오 평가액 : 54,037 + 29,339 = 83,376천원
- 주식형펀드 : 54,037천원
  PMT(E) : 300, N : 120, I/Y : 0.6434, FV? 54,037천원
  (ICONV, EFF : 8, C/Y : 12, NOM? 연 7.7208% 월복리÷12 = 월 0.6434%)
- 채권혼합형펀드 : 29,339천원
  PMT(E) : 200, N : 120, I/Y : 0.3274, FV? 29,339천원
  (ICONV, EFF : 4, C/Y : 12, NOM? 연 3.9285% 월복리÷12 = 월 0.3274%)
• 포트폴리오 수익률 : 6.51%
  FV : 83,376, N : 120, PMT(E) : −500, I/Y? 월 0.5266%×12 = 연 6.3196% 월복리
  ICONV, NOM : 6.3196, C/Y : 12, EFF? 연 6.5059%
• 포트폴리오 표준편차
  - 투자기간 초 표준편차 : $\sqrt{0.6^2 \times 15^2 + 0.4^2 \times 5^2 + 2 \times 0.6 \times 15 \times 0.4 \times 5 \times 0.2} = 9.6021\%$
  - 투자기간 말 표준편차 : $\sqrt{0.6481^2 \times 15^2 + 0.3519^2 \times 5^2 + 2 \times 0.6481 \times 15 \times 0.3519 \times 5 \times 0.2} = 10.22\%$
• 투자기간 말 포트폴리오 평가

구분	기말 평가액	구성비	수익률	표준편차
주식형펀드	54,037천원	64.81%	8.0%	15.0%
채권혼합형펀드	29,339천원	35.19%	4.0%	5.0%
포트폴리오	83,376천원	100.0%	6.51%	9.60~10.22%

※ 송하영(45세)씨는 은퇴자산을 마련하기 위해 보유 중인 토지를 매각하여 순매각대금 전액을 금융상품에 투자할 계획이다. 다음 자료를 참고하여 문제 47번부터 문제 48번의 질문에 답하시오.

• 토지 순매각대금 : 300,000천원
• 은퇴까지의 기간 : 15년
• 은퇴자산 투자포트폴리오 구성
  - 희망하는 은퇴자산의 세후투자수익률 : 5.0%
  - 확정금리형 자산, 채권형펀드, 주식형펀드로 구성함
  - 포트폴리오 구성 시 확정금리형 자산과 채권형펀드의 투자비중은 동일하게 함

구분	확정금리형 자산	채권형펀드	주식형펀드
세후투자수익률	2.0%	4.5%	7%

47 송하영씨가 토지 순매각대금으로 은퇴자산 포트폴리오를 구성하는 경우 희망하는 은퇴자산의 세후투자수익률을 달성하기 위한 주식형펀드의 투자금액으로 가장 적절한 것은?(단, 투자기간 중 포트폴리오 조정을 하지 않는다.)

① 86,553천원
② 87,025천원
③ 91,215천원
④ 104,678천원
⑤ 117,578천원

정답 | ⑤

해설 | • F → PV : 300,000, N : 15, I/Y : 5, FV? 623,678천원
- a → PV : 300,000, N : 15, I/Y : 2, FV? 403,761×0.5=201,880
- b → PV : 300,000, N : 15, I/Y : 4.5, FV? 580,585×0.5=290,292
- B → 201,880+290,292=492,173
- S → PV : 300,000, N : 15, I/Y : 7, FV? 827,709
- 주식형펀드의 투자비중 = $\frac{F-B}{S-B} = \frac{623,678-492,173}{827,709-492,173} = \frac{131,506}{335,537} = 0.3919(39.19\%)$
- 주식형펀드 배분금액 : 300,000×0.3919=117,578천원
- 확정금리형 자산과 채권형펀드의 각각의 투자비중 : (1−0.3919)×0.5=0.304(30.4%)
- 확정금리형 자산과 채권형펀드의 각각의 배분금액 : 300,000×0.304=91,211천원

48 송하영씨는 은퇴시기가 가까워지면 은퇴자산 포트폴리오를 보수적으로 구성하여 투자하기를 희망하고 있다. 이러한 희망사항을 고려하여 55세 이후 은퇴시점까지 5년간 은퇴자산의 세후투자수익률을 4.0%로 조정하여 투자하는 방안을 제안하려고 한다. 이 경우 은퇴자산의 세후투자수익률 5.0% 달성을 위한 초기 10년간 은퇴자산 포트폴리오의 세후투자수익률로 가장 적절한 것은?

① 5.5%
② 5.7%
③ 6.0%
④ 6.2%
⑤ 6.5%

정답 | ⑤

해설 | • 60세 시점에서의 포트폴리오 평가금액 : 623,678천원
  PV : 300,000, N : 15, I/Y : 5, FV? 623,678천원
- 55세 시점에서의 포트폴리오 평가금액 : 623,678÷1.04^5=512,618천원
- 45~55세(10년간) 포트폴리오의 목표수익률 : 5.5%
  FV : 512,618, N : 10, PV : −300,000, I/Y? 5.5036%
- 투자기간별 은퇴자산 포트폴리오의 세후투자수익률

구분	45~55세(10년)	55~60세(5년)	총투자기간
세후투자수익률	연 5.5%	연 4.0%	연 5.0%
기시포트폴리오 금액	300,000천원	512,618천원	623,678천원

TOPIC 7 은퇴저축 성과평가

49 김세진씨는 A펀드를 평가하고자 한다. 다음 정보를 고려할 때, A펀드의 샤프비율로 가장 적절한 것은?

- A펀드 평균수익률 : 12%
- A펀드 수익률의 표준편차 : 8%
- 무위험수익률 : 4%

① 1.0 ② 1.5
③ 2.0 ④ 2.5
⑤ 3.0

정답 | ①

해설 | 샤프비율(Sp) = $\dfrac{Rp - Rf}{\sigma p}$ = $\dfrac{\text{포트폴리오수익률} - \text{무위험수익률}}{\text{포트폴리오표준편차}}$ = $\dfrac{(12\% - 4\%)}{8\%}$ = 1.0

50 다음 2개의 펀드에 대한 젠센알파, 트레이너비율, 정보비율이 적절하게 연결된 것은?

구분	벤치마크 수익률	실현수익률	베타	Tracking error
주식형펀드 A	12.0%	14.0%	1.0	1.2%
채권형펀드 B	14.0%	15.0%	1.2	2.0%

※ 무위험이자율 : 5%

	구분	젠센알파	트레이너비율	정보비율
①	주식형펀드 A	12%	2	0.09
	채권형펀드 B	15.8%	−0.8	0.0833
②	주식형펀드 A	1.6667%	12	2
	채권형펀드 B	0.5%	15.8	−0.8
③	주식형펀드 A	9%	1.6667	12
	채권형펀드 B	8.3333%	0.5	15.8
④	주식형펀드 A	2%	0.09	1.6667
	채권형펀드 B	−0.8%	0.0833	0.5
⑤	주식형펀드 A	−0.8%	0.0833	0.5
	채권형펀드 B	2%	0.09	1.6667

정답 | ④
해설 | • 요구수익률 = 무위험이자율 + 베타 × (벤치마크 수익률 − 무위험이자율)
- 젠센알파(αp) = (Rp − Rf) − β × (Rm − Rf) = 포트폴리오 수익률 − 요구수익률(k)
- 트레이너 비율(Tp) = $\dfrac{Rp - Rf}{\beta}$ = $\dfrac{\text{포트폴리오 수익률} - \text{무위험수익률}}{\text{포트폴리오 베타}}$
- 정보비율 = $\dfrac{Rp - Rb}{tracking\,error}$ = $\dfrac{\text{포트폴리오 수익률} - \text{벤치마크수익률}}{\text{트레킹에러}}$

구분	요구수익률	젠센알파	트레이너비율	정보비율
주식형펀드 A	12%	2%	0.09	1.6667
채권형펀드 B	15.8%	−0.8%	0.0833	0.5

TOPIC 8 은퇴소득 인출전략

51 다음 정보를 토대로 고정수익률 활용 모델을 이용한 인출률 산정에 대한 설명으로 적절하지 **않은** 것을 고르시오.

- 은퇴 첫해 은퇴자금 : 400,000천원
- 연생활비 : 30,000천원(월 2,500천원)
- 국민연금수령액 : 12,000천원(월 1,000천원)
- 은퇴기간 : 30년
- 물가상승률 : 3%
- 포트폴리오 세후투자수익률(최근 10년간 수익률 평균) : 4%

① 은퇴 첫해에 인출할 수 있는 금액은 약 15,285천원(월 1,274천원)이 된다.
② 국민연금수령액을 포함하여 연간 약 27,285천원(약 월 2,274천원)을 지출할 수 있으므로 현재 생활비에서 월평균 226천원 정도를 줄여야 한다.
③ 15,285천원이 400,000천원에서 차지하는 비중인 3.82%가 지속가능한 인출률이 된다.
④ 1차년도 인출 후 잔액은 384,715천원이며, 연말 가치는 399,735천원이 된다.
⑤ 다음해부터는 물가상승률만큼 증액한 금액을 인출하면 은퇴 이후 30년째에 인출이 된 후 남은 잔액은 0이 되므로 수치적으로 이 방법에 의한 포트폴리오 성공 가능성은 100%가 된다.

정답 | ④

해설 | ① 은퇴 첫해에 인출할 수 있는 금액 : 15,285천원
　　　PV : 400,000, N : 30, I/Y : (4−3)÷1.03, PMT(B)? 15,285천원
② 연간 지출가능금액 : 15,285 + 국민연금 수령액 12,000 = 27,285천원
③ 지속가능한 인출률 : $\frac{15,285}{400,000}$ = 0.0382 = 3.82%
④ 1차년도 인출 후 잔액 : 400,000 − 15,285 = 384,715천원
　• 1차년도 연말 가치 : 384,715 × 1.04 = 400,104천원

(단위 : 천원)

은퇴기간	은퇴 첫해 은퇴자금	연간 인출금액	인출 후 잔액	세후 투자수익률	연말 가치
1	400,000	15,285	384,715	4%	400,104
2	400,104	15,744	384,360	4%	399,735
3	399,735	16,216	383,519	4%	398,859
…	…	…	…	…	…

⑤ PV : 400,000, N : 30, I/Y : (4−3)÷1.03, PMT(B) : −15,285, FV? 0원

52 다음 정보를 토대로 김세진(60세)씨의 4% 인출률 활용에 대한 설명으로 적절하지 않은 것을 고르시오.

- 은퇴자금 : 300,000천원
- 은퇴기간 : 31년(60~90세)
- 매월 필요한 생활비 : 3,000천원(연 36,000천원)
- 준비된 연금자산(국민연금, 퇴직연금, 개인연금) : 매월 2,000천원(연 24,000천원)
- 부족한 월생활비 : 1,000천원(연 12,000천원)
- 분석을 위한 가정
  - 물가상승률 : 2%
  - 세후투자수익률 : 4%(주식, 채권으로 이루어진 포트폴리오)

① 김세진씨가 희망하는 은퇴생활을 위해서는 현재 준비된 연간 24,000천원에 해당하는 연금자산 외에 매월 1,000천원(연간 12,000천원)이 추가로 필요하다.
② 김세진씨가 인출률을 4%로 설정한다면 은퇴자금 3억원이 필요하다.
③ 김세진씨는 현재 연금자산 이외에 은퇴자금이 300,000천원 확보되어 있으므로 추가적으로 필요한 은퇴자산은 없다.
④ 김세진씨가 은퇴 후 은퇴자금 300,000천원에서 매년 필요한 생활비 연간 12,000천원(매월 1,000천원)을 인출하도록 인출률을 4%로 적용한다면 90세가 되어도 은퇴자산이 고갈되지 않는 결과를 얻을 수 있다.
⑤ 김세진씨가 4% 인출률을 적용하면 90세말에 은퇴자금이 0원이 된다.

정답 | ④
해설 | 〈은퇴자금 300,000천원에 대한 현금흐름〉

(단위 : 천원)

은퇴자 나이	기초금액	매년 인출금액	기말금액
60	300,000	12,000	299,520
61	299,520	12,240	298,771
62	298,771	12,485	297,738
...	...	...	...

② 필요한 은퇴자금 : 첫해 인출금액 12,000÷인출률(4%)=300,000천원
④ PV : −300,000, I/Y : (4−2)÷1.02, PMT(B) : 12,000, N? 33.7524년
⑤ PV : −300,000, I/Y : (4−2)÷1.02, PMT(B) : 12,000, N : 31, FV? 32,475천원 가치×1.02^{31} = 60,000천원

53 허영만(65세)씨는 국민연금, 개인연금 및 임대소득을 제외하고 실질 화폐가치로 매년 16,400천원(월 1,367천원)을 은퇴자산에서 인출하면 현재 수준의 은퇴생활을 유지할 수 있다. 다음의 추가정보를 참고하여 현금흐름 준비전략에 따라 안정적인 은퇴소득 인출을 위한 은퇴자산 포트폴리오의 계정별 배분금액과 은퇴자산 포트폴리오의 세후수익률이 적절하게 연결된 것을 고르시오.

〈허영만씨의 은퇴 관련 정보〉
- 은퇴기간 : 허영만씨 나이 65세부터 30년간
- 은퇴소득으로 활용할 자산 : 300,000천원
- 은퇴자산 포트폴리오 구성 방향
  − 은퇴소득은 국민연금, 개인연금 및 임대소득을 제외하고 매년 초에 16,400천원을 인출하는 것으로 가정함
  − 은퇴자산 포트폴리오는 생활비계정, 저축계정, 투자계정 3종류로 구성함

구분	생활비계정	저축계정	투자계정
세후수익률	0.0%	3.0%	7.0%
계정유지금액	2년 생활비	3년 생활비	25년
65세 배분금액	32,800천원	?	?

− 매년 말일을 기준으로 저축계정에서 생활비계정으로 1년간 생활비를 이체하며, 동시에 저축계정 기시배분금액 미달액을 투자계정에서 저축계정으로 이체함
- 기타 : 은퇴기간 중 물가상승률은 0.0%로 가정함

	저축계정	투자계정	포트폴리오 세후수익률
①	32,800천원	174,901천원	4.93%
②	46,389천원	187,144천원	5.4%
③	46,389천원	174,901천원	5.4%
④	47,781천원	187,144천원	4.93%
⑤	47,781천원	254,090천원	4.89%

정답 | ③

해설 | • 생활비계정 배분금액 : 16,400×2=32,800천원
- 저축계정에서 매기 말에 생활비계정으로 이체해야 할 금액 : 16,400천원
- 저축계정 배분금액 : 46,389천원
  PMT(E) : 16,400, N : 3, I/Y : 3, PV? 46,389천원
- 투자계정에서 매기 말에 저축계정으로 이체해야 할 금액 : 46,389(저축계정 기시 일시금)−[47,781(1차 년도 말 평가액)−16,400(생활비계정 이전금액)]=15,008천원
- 투자계정 배분금액 : 174,901천원
  PMT(E) : 15,008, N : 25, I/Y : 7, PV? 174,901천원
- 은퇴시점 포트폴리오 적립액 : 32,800(생활비계정)+46,389(저축계정)+174,901(투자계정)=254,090천원
- 은퇴자산 포트폴리오 수익률 : 5.4%
  PV : 254,090, N : 30, PMT(B) : −16,400, I/Y? 연 5.3974%

54 다음 정보를 토대로 지속 가능한 인출전략 조정방법에 대한 설명으로 적절하지 않은 것은?

- 은퇴자산(인출기초자산) : 400,000천원
- 연간생활비 : 36,000천원(월 3,000천원)
- 연간 공적연금 수령액 : 12,000천원(월 1,000천원)
- 은퇴기간 : 30년
- 은퇴기간 중 물가상승률 : 3%
- 은퇴기간 중 은퇴자산의 세후투자수익률 : 6%

① 공적연금을 제외한 인출이 필요한 금액은 연간 24,000천원으로, 은퇴자산 4억원으로부터 인출이 지속될 수 있는 기간은 22.23년이며, 은퇴기간 후반기 7년 동안의 생활비가 부족한 것으로 평가되므로, 이때의 인출률 6%는 지속가능한 인출률이 되지 못한다.
② 기존과 동일한 포트폴리오 수익률과 물가상승률을 가정하고 연간 24,000천원을 30년 동안 지속적으로 인출하기 위해서는 은퇴 첫해 또는 인출 시작 시점에 489,626천원이 필요하므로, 처음 은퇴자산으로 사용하려던 4억원 이외에 89,626천원 정도의 자산을 추가 확보할 수 있어야 하며, 이때의 지속가능한 인출률은 4.9%가 된다.

③ 기존과 동일한 물가상승률을 가정하고 연간 24,000천원을 30년 동안 지속적으로 인출하기 위해서는 인출기초자산 4억원의 수익률을 7.84%까지 높여야 하므로 예상했던 목표수익률보다 1.84%의 수익을 더 낼 수 있도록 위험자산에 투자하는 비중을 높여야 하나, 위험자산에 대한 비중을 높이는 만큼 변동성도 높아진다는 위험을 감수할 수 있어야 한다.
④ 만약 앞의 인출기초자산 추가금액과 조정된 포트폴리오 운용수익률을 동시에 적용하는 경우 지속가능한 인출기간은 54년이 채 되지 않는다.
⑤ 만약 앞의 인출기초자산 추가금액과 조정된 포트폴리오 운용수익률을 동시에 적용하면서 인출기간을 30년으로 조정하면 매년 약 29,883천원을 인출할 수 있게 되어 처음 생각했던 생활수준에 비해 연간 약 5,883천원 정도에 해당하는 효용수준을 높일 수 있게 되며, 이때 지속가능한 인출률은 6.09%가 된다.

정답 I ⑤
해설 I ① 은퇴자산 지속기간
　　　　PV : −400,000, I/Y : (6−3)÷1.03, PMT(B) : 36,000−12,000=24,000, N? 22.2252년
- 인출률 : $\frac{24,000}{400,000} = 6\%$

② 인출기초자산 추가
- 필요한 인출기초자산
　PMT(B) : 24,000, N : 30, I/Y : (6−3)÷1.03, PV? 489,626천원
- 추가해야 하는 인출기초자산 : 489,626−400,000=89,626천원
- 지속 가능한 인출률 : $\frac{24,000}{489,626} = 4.9\%$

③ 포트폴리오 운용수익률 조정
- 지속 가능한 인출전략을 위해 달성해야 하는 K율
　PV : −400,000, N : 30, PMT(B) : 24,000, I/Y : ? 4.6964%(K율)
- 지속 가능한 인출전략을 위해 달성해야 하는 운용수익률 : 4.6964×1.03+3=7.8373%

④ 인출기초자산과 포트폴리오 운용수익률 동시 적용
- 은퇴자산 지속기간
　PV : −489,626, I/Y : 4.6964, PMT(B) : 24,000, N? 53.7487년

⑤ 인출기초자산과 포트폴리오 운용수익률 동시 적용
　PV : −489,626, N : 30, I/Y : 4.6964, PMT(B)? 29,378천원
- 지속 가능한 인출률 : $\frac{29,378}{489,626} = 6\%$

CHAPTER 06 세금설계

TOPIC 1 종합소득세

01 다음 자료는 한기주씨의 20×1년 근로소득 연말정산시 보험료에 관련된 연말정산자료이다. 이 자료를 토대로 한기주씨의 20×1년 귀속 연말정산시 받을 수 있는 보험료 세액공제액으로 적절한 것을 고르시오.

[동거가족 사항]
- 배우자, 자녀 2명(20세 이하) : 가족 모두 생계를 같이 하고 있음
- 가족들은 모두 소득 없음
- 배우자는 장애인에 해당함
- 동거가족에 대한 인적공제는 한기주씨 본인이 받고 있음

[자료]
- 건강보험료(본인부담) : 920천원
- 국민연금보험료(본인부담) : 1,200천원
- 자동차 보험료(보장성) : 500천원(피보험자 : 본인)
- 생명보험료(보장성) : 1,000천원(피보험자 : 자녀)
- 장애인보험료 : 1,200천원(피보험자 : 배우자)

① 150천원 ② 205천원
③ 300천원 ④ 405천원
⑤ 543천원

정답 | ③
해설 | 보험료세액공제 : (①+②)×15% = 2,000천원×15% = 300천원
① 일반 : 500천원+1,000천원 = ~~1,500천원~~ → 1,000천원
② 장애인 : ~~1,200천원~~ → 1,000천원

02 다음 자료는 총급여액이 거주자 김태원씨의 20×1년 귀속 근로소득연말정산 시 동거가족의 의료비와 관련된 자료이다. 이 자료를 토대로 계산할 경우 [경우1]과 [경우2]의 의료비세액공제액으로 적절한 것을 고르시오.

구분	[Case1] 총급여액 6,000만원	[Case2] 총급여액 7,000만원
① 본인의 질병치료비(실손의료보험금 100만원 지급받음)	1,500,000	-
② 장녀(17세)의 질병치료비, 안경구입비 60만원 포함	8,600,000	-
③ 장남(15세)의 정밀건강진단비	900,000	-
④ 부친(68세)의 치료목적 한약구입비	700,000	800,000
⑤ 차남(14세, 장애인)의 장애치료비	800,000	200,000
⑥ 배우자(37세)의 난임시술비	2,000,000	2,500,000
⑦ 삼남(12세)의 결핵치료비	1,000,000	-
⑧ 차녀(0세)의 미숙아 의료비	-	3,000,000
⑨ 배우자의 산후조리원 요양비용(차녀 출산)	-	3,000,000

	[Case1]	[Case2]
①	2,190천원	1,485천원
②	2,190천원	1,485천원
③	2,100천원	1,485천원
④	2,100천원	1,500천원
⑤	2,100천원	1,500천원

정답 | ③

해설 | [단위 : 백만]

[case1]

의료비세액공제액 : 2.1

① 일반의료비 : (8.5+0.9)−60×3% = ~~7.6~~ (한도 7)
② 특정의료비 : [(1.5−1)+0.7+0.8+1] = 3
   (본인, 장애인, 65세 이상, 6세 이하 등)   10 ×15% = 1.5
③ 미숙아 · 선천성이상아 의료비   (+)   − ×20% = −
④ 난임시술비   (+)   2 ×30% = 0.6
                                                  2.1

[case2]

의료비세액공제액 : 1.485

① 일반의료비 : 2*−70×3% = △0.1 (한도 7)
② 특정의료비 : 0.8+0.2 = 1
   (본인, 장애인, 65세 이상, 6세 이하 등)   0.9 ×15% = 0.135
③ 미숙아 · 선천성이상아 의료비   (+)   3   ×20% = 0.6
④ 난임시술비   (+)   2.5 ×30% = 0.75
                                                  1.485

*산후조리원 비용 : Min[3, 2(한도)]

03 다음 자료는 총급여액이 50,000천원인 거주자 손호승씨의 20×1년 귀속 근로소득연말정산 시 동거가족의 의료비 및 교육비와 관련된 연말정산 자료이다. 이 자료를 토대로 계산할 경우에 손호승씨의 20×1년 귀속 연말정산 시 최대한 세액공제를 받고자 할 때 특별세액공제에 해당하는 의료비세액공제액과 교육비세액공제액으로 적절한 것을 고르시오(단, 가족은 손호승씨와 생계를 같이 하고 있으며, 의료비와 교육비는 모두 손호승씨가 지출한 것으로 가정한다.)

구분	나이	소득	의료비 내역	의료비 금액	교육비내역	교육비금액
본인	38세	총급여액 50,000천원	건강검진료	400천원	대학원등록금	10,000천원
처	35세	총급여액 30,000천원	콘택트렌즈 비용	700천원	대학원학비	8,000천원
부친	68세	이자소득 4,000천원	질병치료비	300천원		
모친	64세	-	보청기 구입비용	600천원	대학교 학비	5,000천원
아들	14세	-	치료를 위한 한약 구입비용	200천원	학원비	1,000천원
딸	6세	-	질병치료비	500천원	학원비	4,000천원

- 장애인 없음

① 의료비공제액 : 150천원, 교육비공제액 : 1,950,000천원
② 의료비공제액 : 150천원, 교육비공제액 : 1,950,000천원
③ 의료비공제액 : 180천원, 교육비공제액 : 1,950,000천원
④ 의료비공제액 : 180천원, 교육비공제액 : 2,100,000천원
⑤ 의료비공제액 : 180천원, 교육비공제액 : 2,100,000천원

정답 | ②
해설 | [단위 : 백만]
  1. 의료비공제
    의료비세액공제액 : 0.15
     ① 일반의료비 : 0.5 + 0.6 + 0.2 − 50 × 3% =   △0.2 (한도 7)
          ~~0.7~~
     ② 특정의료비 : [0.4 + 0.3 + 0.5] =   1.2
       (본인, 장애인, 65세 이상, 6세 이하 등)   1 ×15% =   0.15
     ③ 미숙아·선천성이상아 의료비   (+)   − ×20% =   −
     ④ 난임시술비   (+)   − ×30% =   −
                              0.15

2. 교육비공제

교육비세액공제액 : (10+3)×15% = 1.95
                    └4┘
- 본인의 대학원 교육비는 공제대상이다(한도 없음, 본인 외에는 대학원교육비 불가).
- 배우자의 경우 소득요건(총급여 500만원 이하 or 종합소득금액 100만원 이하)을 만족하지 못하며, 교육비 공제대상이 아님. 추가로 대학원교육비는 본인만 공제 가능하다.
- 직계존속을 위한 교육비는 공제가 불가하다.
- 학원비의 경우 취학전 아동만 교육비공제가 가능하다.
- 취학전 아동 및 초·중·고 학생의 경우 교육비세액공제로 인정되는 교육비금액 한도는 1인당 300만원이다(대학생의 경우 1인당 900만원).

04 다음 기부금 내역을 참고하여 거주자 김한길씨의 20×1년 귀속 기부금세액공제액으로 적절한 것으로 고르시오.(단, 가족에 대한 기본공제는 본인이 받는 것으로 가정한다.)

(단위 : 백만)

(1) 근로소득자인 甲 본인 기부금	
① 사회복지공동모금회	25
② 노동조합 조합비	4.3
③ 종교단체기부금	9.5
(2) 기본공제대상자인 부양가족의 기부금	
① 장녀의 사회복지법인기부금	0.2
(3) 종합소득금액 45(근로소득 외 소득 없음)	

① 4,650천원
② 5,500천원
③ 6,850천원
④ 7,800천원
⑤ 7,950천원

정답 l ④
해설 l [단위 : 백만]
① 기부금의 분류
  ⓐ 특례 : 25
  ⓑ 일반 : 4.3+9.5+0.2=14
② 기준소득금액 : 45
③ 일반기부금 한도
  (45−25)×10% + Min[(45−25)×20%, 4.5] = 6
    =20   =20   ↳ 종교단체 기부금 외 기부금
④ 세액공제 대상 : 25+6=31
⑤ 기부금세액공제 : 10×15%+21×30%=7.8

05 다음 기부금 내역을 참고하여 거주자 손호승씨의 20×1년 귀속 기부금세액공제액으로 적절한 것을 고르시오.(단, 부양가족에 대한 기본공제는 본인이 받는 것으로 가정한다.)

- 본인 : 교회헌금 3,000천원, 동창회비 200천원
- 배우자(45세) : 사회복지공동모금회 5,000천원, 사회복지법인 1,000천원
- ※ 손호승씨의 20×1년 귀속 종합소득금액(금융소득금액 없음)은 50,000천원이며, 상기 기부금은 사업소득금액 계산시 필요경비에 산입되지 않았음

① 600천원
② 1,350천원
③ 5,000천원
④ 5,600천원
⑤ 10,100천원

정답 I ②
해설 I [단위 : 백만]
① 기부금의 분류
ⓐ 특례 : 5
ⓑ 일반 : 3+1
*동창회비는 비지정기부금에 해당한다.
② 기준소득금액 : 50
③ 일반기부금 한도
(50−5)×10%+Min[(50−5)×20%, 1]=5.5
　=45　　　　　　　=45　　　↳ 종교단체 기부금 외 기부금
④ 세액공제 대상 : 5+4=9
⑤ 기부금세액공제 : 9×15%=1.35

06 다음은 거주자 김유민(만 40세)씨의 근로소득과 공제 관련된 증빙의 내역이다. 다음과 같은 김유민씨의 20×1년 귀속 자료를 토대로 종합소득세 산출 시 최대로 공제받을 수 있는 종합소득공제 합계액으로 적절한 것을 고르시오.

- 총급여액 : 40,000천원
- 부양가족 : 남편(37세, 근로소득금액 20,000천원이 있음), 아들(15세), 아버지(72세)
- 국민연금보험료 납부액 : 2,200천원(회사 부담분 포함되어 있음)
- 건강/고용보험료 납부액 : 400천원(본인부담분)
- 자동차보험료 : 200천원(피보험자 : 김유민)

① 6,200천원
② 6,700천원
③ 7,200천원
④ 8,600천원
⑤ 9,700천원

정답 | ④
해설 | [단위 : 백만]
- 종합소득공제 합계액 = 6 + 2.2 + 0.4 = 8.6
- 인적공제 : 6
    ① 기본 : 1.5×3명(본인, 아들, 아버지) = 4.5
    ② 추가 : 1(경로자) + 0.5(부녀자) = 1.5
- 연금보험료공제 : 2.2
- 건강보험료 등 특별소득공제 : 0.4
*자동차보험료의 경우 소득공제가 아닌, 특별세액공제 중 보험료세액공제에 해당한다.

07 거주자 남편(40세)이 있는 강혜림씨(여성 37세)의 다음 소득 관련 현황을 토대로 계산할 경우 최대한 절세할 수 있는 강혜림씨의 20×1년 귀속 종합소득세 산출세액으로 적절한 것은?

[20×1년 귀속소득 관련 현황]
- 근로소득금액 : 70,000천원
- 사업소득금액 : 20,000천원
- 고용관계가 없는 일시적 강사수입 : 6,000천원
- 본인 외 배우자와 자녀(9세) 1명이 있음(남편은 이자소득 10,000천원만 있음)
- 국민연금보험료(본인부담분) : 2,100천원
- 본인을 피보험자로 하는 보장성보험 : 1,100천원

[참고]
- 과세표준 1,400만원 이하 : 6% 세율
- 과세표준 1,400만원 초과~5,000만원 이하 : 15% 세율 − 126만원 누진공제
- 과세표준 5,000만원 초과~8,800만원 이하 : 24% 세율 − 576만원 누진공제

	기타소득 분리과세 선택	종합소득 산출세액
①	분리과세	11,856천원
②	종합과세	12,940천원
③	분리과세	14,876천원
④	종합과세	17,240천원
⑤	분리과세	18,264천원

정답 | ①
해설 | [단위 : 백만]
- 기타소득을 선택적분리과세(20% 원천징수)할지, 종합과세(종합소득세율 6~45% 적용)할지 판단하는 것을 물어보는 문제이다.
    → 강혜림씨의 한계세율이 20%의 기타소득세율보다 높으므로 분리과세를 선택하는 것이 유리하다.

```
        종합소득금액      90
    -   종합소득공제     6.6   (4.5+2.1)
        과세표준        73.4
    ×   세율           24%
    -   누진공제액       5.76
        산출세액        11.856
```

08 거주자 조원희씨(독신 여성)의 다음 소득 관련 현황을 토대로 최대한 절세했을 경우의 조원희씨의 20×1년 귀속 종합소득세 산출세액으로 적절한 것을 고르시오.

[20×1년 귀속 소득 관련 현황]
가. 사업소득금액 : 35,000천원
나. 고용관계가 없는 일시적 강사수입 : 3,000천원(실제 필요경비 1,000천원)
다. 신문사에 기고하고 받은 원고료 : 2,000천원(실제 필요경비 없음)
라. 종합소득공제 자료
   • 국민연금 납부액(본인 부담분) : 2,000천원

[참고]
• 과세표준 1,400만원 이하 : 6% 세율
• 과세표준 1,400만원 초과~5,000만원 이하 : 15% 세율-126만원 누진공제
• 과세표준 5,000만원 초과~8,800만원 이하 : 24% 세율-576만원 누진공제

① 1,822천원
② 2,010천원
③ 2,820천원
④ 3,465천원
⑤ 3,765천원

정답 | ⑤

해설 | • 기타소득을 선택적분리과세(20% 원천징수)할지, 종합과세(종합소득세율 6~45% 적용)할지 판단하는 것을 물어보는 문제이다.
• 〈나. 다.〉의 기타소득은 필요경비로 수입금액의 60%가 공제되므로 기타소득금액은 2,000천원이 된다(강의료 1,200천원+원고료 800천원). 기타소득금액이 3,000천원 이하의 경우에는 분리과세와 종합과세를 선택하여 적용할 수 있는데, 조원희씨의 한계세율이 20%의 기타소득세율보다 낮으므로 종합과세하는 것이 유리하다.

[단위 : 백만]
• 종합소득금액 = 사업소득금액 + 기타소득금액
             = 35 + 2 = 37
• 종합소득공제 : 1.5(본인 인적공제) + 2(연금보험료공제) = 3.5
• 종합소득 과세표준 = 종합소득금액 - 종합소득공제
                 = 37 - 3.5 = 33.5
• 종합소득세 산출세액 = 종합소득 과세표준 × 종합소득세 세율
                   = 33.5 × 15% - 1.26 = 3.765

09 다음은 거주자 유순일씨의 20×1년도 종합소득세 신고자료이다. 이를 토대로 계산할 경우 최대한 절세할 수 있는 유순일씨의 20×1년 귀속 종합소득 산출세액으로 적절한 것을 고르시오.

[유순일씨 20×1년도 종합소득세 신고자료]
- 사업소득 : 100,000천원
- 필요경비 : 20,000천원
- 고용관계가 없는 일시적 강사수입 : 5,000천원
- 종합소득공제액 : 10,000천원

[참고]
- 과세표준 1,400만원 이하 : 6% 세율
- 과세표준 1,400만원 초과~5,000만원 이하 : 15% 세율 – 126만원 누진공제
- 과세표준 5,000만원 초과~8,800만원 이하 : 24% 세율 – 576만원 누진공제

	기타소득 분리과세 선택	종합소득 산출세액
①	분리과세	11,040천원
②	종합과세	11,520천원
③	분리과세	11,440천원
④	종합과세	11,440천원
⑤	분리과세	11,520천원

정답 | ①

해설 |
- 기타소득을 선택적분리과세(20% 원천징수)할지, 종합과세(종합소득세율 6~45% 적용)할지 판단하는 것을 물어보는 문제이다.
- 고용관계가 없는 일시적 강사수입은 필요경비로 수입금액의 60%가 공제되므로 기타소득금액은 2,000천원이 된다. 기타소득금액이 3,000천원 이하의 경우에는 분리과세와 종합과세를 선택하여 적용할 수 있는데, 유순일씨의 한계세율이 20%의 기타소득세율보다 높으므로 분리과세하는 것이 유리하다.

[단위 : 백만]
- 사업소득금액 = 100 – 20 = 80
- 기타소득금액 = 5 × (1 – 0.6) = 2

[case1. 종합과세 시]
- 종합소득금액 = 사업소득금액 + 기타소득금액 = 80 + 2 = 82
- 종합소득 과세표준 = 종합소득금액 – 종합소득공제 = 82 – 10 = 72
- 종합소득세 산출세액 = 종합소득 과세표준 × 종합소득세 세율
  = 72 × **24%** – 5.76 = 11.52

[case2. 분리과세 시]
- 기타소득세 산출세액 = 2 × **20%** = 0.4
- 사업소득 과세표준 = 사업소득금액 – 종합소득공제 = 80 – 10 = 70
- 사업소득세 산출세액 = 사업소득 과세표준 × 종합소득세 세율
  = 70 × **24%** – 5.76 = 11.04
- 종합소득세 산출세액 = **11.04**
  → (참고) 총 부담세액 = 0.4 + 11.04 = 11.44

… TOPIC 2 금융소득

10 거주자 김성태씨의 20×1년 다음 자료를 보고, 이를 토대로 김성태씨의 20×1년 귀속 종합소득세 신고 시 종합소득금액에 합산대상이 되는 배당소득금액으로 적절한 것을 고르시오.

- 국내은행 예금이자 : 20,000,000원
- 외국법인으로부터 받은 배당 : 7,000,000원
- 비상장법인 A로부터의 배당 : 5,000,000원
- 상장법인 B로부터의 배당 : 15,000,000원
- 집합투자기구로부터의 배당 : 3,000,000원

① 32,000천원 ② 33,320천원
③ 43,000천원 ④ 52,000천원
⑤ 63,800천원

정답 I ①
해설 I [단위 : 백만]

	조건부·종합	원천t	기본t		[종합과세되는 금융소득]
E	20				→ 20(이자소득금액)
×	7종+3=10			G-up 금액	
o	5+15=20		20	×10%=★2	→ 32 } 배당소득금액 32
	50	− 20	= 30		0
출·동	0				52

11 거주자 이상호씨의 20×1년 다음 자료를 보고, 이를 토대로 이상호씨의 20×1년 귀속 종합소득세 신고 시 종합소득금액에 합산대상이 되는 금융소득금액으로 적절한 것을 고르시오.

- 공익신탁의 이익 : 5,000,000원
- 국내은행 예금이자 : 10,000,000원
- 직장공제회 초과반환금 : 8,000,000원
- 외국법인으로부터 받은 배당 : 3,000,000원
- 비상장법인 A로부터의 무상주 배당(자기주식처분이익의 자본전입) : 5,000,000원
- 비상장법인 B로부터의 무상주 배당(자기주식소각이익의 2년 내 자본전입) : 1,000,000원
- 상장법인 C로부터의 배당 : 25,000,000원
- 집합투자기구로부터의 배당 : 3,000,000원(상장주식 매매차익 1,000,000원 포함)

① 40,000천원 ② 41,100천원
③ 41,650천원 ④ 48,600천원
⑤ 64,650천원

정답 | ④
해설 | [단위 : 백만]

	조건부·종합	원천t	기본t		[종합과세되는 금융소득]
E	10				→ 10(이자소득금액)
×	3종+1+2=6			G-up 금액	→ 38.6
o	5+25=30		26	×10% = ★2.6	
	46	− 20	= 26		→ 38.6 (배당소득금액)
출·동	0				0
					48.6

*공익신탁의 이익은 비과세한다.
*직장공제회 초과반환금은 무조건 분리과세 대상이다(기본세율).
*자기주식처분이익 → 법인세 과세재원 → G-up ○
*자기주식소각이익 → 법인세 과세x 재원 → G-up ×

12 거주자 김민교씨의 20×1년 다음 자료를 보고, 이를 토대로 김민교씨의 20×1년 귀속 종합소득세 신고 시 종합소득금액에 합산대상이 되는 금융소득금액으로 적절한 것을 고르시오.

- 국내은행 예금이자 : 10,000,000원
- 직장공제회 초과반환금 : 8,000,000원
- 외국법인으로부터 받은 배당 : 3,000,000원
- 채권의 매매차익 : 5,000,000원
- 상장법인 A로부터의 배당 : 30,000,000원
- 집합투자기구로부터의 배당 : 4,000,000원(상장주식 매매차익 2,000,000원 포함)
- 출자공동사업자의 배당소득 : 3,000,000

① 2,600,000 ② 38,600,000
③ 46,000,000 ④ 48,600,000
⑤ 51,600,000

정답 | ⑤

해설 | [단위 : 백만]

	조건부·종합	원천t	기본t	[종합과세되는 금융소득]
E	10			→ 10(이자소득금액)
×	3^종+1+2=6		G-up 금액	
o	30	26	×10%=★2.6	→ 38.6 }→ 41.6 (배당소득금액)
	46 − 20 =	26		
출·동	3			3
				★51.6

*직장공제회 초과반환금은 무조건 분리과세 대상이다(기본세율).
*채권의 매매차익은 과세제외이다.

TOPIC 3 금융소득종합과세

13 다음은 거주자 양현종씨의 20×1년도 종합소득세 신고자료이다. 이를 토대로 계산할 경우 양현종씨의 20×1년 귀속 종합소득세 결정세액으로 적절한 것은?

[20×1년 귀속소득 관련 현황]
- 사업소득금액 : 30,000천원
- 상장법인 A주식으로부터의 현금배당 : 10,000천원
- 집합투자기구로부터의 이익 : 15,000천원
- 정기예금의 이자 : 20,000천원
- 종합소득공제액 : 5,000천원

[참고]
- 과세표준 1,400만원 이하 : 6% 세율
- 과세표준 1,400만원 초과~5,000만원 이하 : 15% 세율−126만원 누진공제
- 과세표준 5,000만원 초과~8,800만원 이하 : 24% 세율−576만원 누진공제

① 5,520천원 ② 7,200천원
③ 8,790천원 ④ 9,520천원
⑤ 10,520천원

정답 | ③

해설 | [단위 : 백만]

1. 과세표준

	조건부·종합	원천t	기본t		[종합과세되는 금융소득]
E	20				→ 20(이자소득금액)
×	15			G-up 금액	
o	10		10	×10% = 1	→ 26(배당소득금액)
	45	- 20	= 25		
출·동					★46

2. 산출세액 : Max[①, ②] = 9.52
   ① 종합 : 20×14% + {(46-20)+1+30-5}×기본t = 9.52
                         ↳ 52
   ② 분리 : 45×14% + (30-5)×기본세율 = 8.79
                         ↳ 25

3. 배당세액공제 : Min[①, ②] = 0.73
   ① 배당가산액(G-up) : 1
   ② 한도 : 산출세액계산시 ① - ② = 9.52 - 8.79 = 0.73

4. 종합소득 결정세액 : 2. - 3. = 8.79

---

14 거주자 홍길동씨의 20×1년 귀속 종합소득세 산출 시 자료는 다음과 같다. 종합소득세 산출세액은 얼마인가?

(소득자료-단위 : 백만)

구분	총수입금액	비고
은행예금이자	8	-
국외이자	5	국내에서 원천징수하지 않음
집합투자기구로부터의 이익	2	-
사업소득금액	50	-

*종합소득공제는 3으로 가정한다.

[참고]
- 과세표준 1,400만원 이하 : 6% 세율
- 과세표준 1,400만원 초과~5,000만원 이하 : 15% 세율 - 126만원 누진공제
- 과세표준 5,000만원 초과~8,800만원 이하 : 24% 세율 - 576만원 누진공제

① 6,490천원 ② 6,720천원
③ 12,000천원 ④ 18,750천원
⑤ 28,750천원

정답 | ②

해설 | [단위 : 백만]

	조건부·종합	원천t	기본t	[종합과세되는 금융소득]
E	8			
×	5^종+2		→ 5	
o	────────	────────		
	18	− 20 =		
출·동			5	

종합소득산출세액 : 5×14%+(5+50−3)×기본세율=6.72
　　　　　　　　　　　↳ 52

TOPIC 4 부동산임대사업소득

15 거주자 김철수는 부동산임대업자이다. 기장에 의한 방법으로 신고할 때, 20×2년 귀속 부동산임대업에서 발생한 소득에 대한 총수입금액은 얼마인가?

[임대현황]
- 임대기간 : 20×1년 3월 1일부터 20×2년 12월 31일
- 임대보증금 : 500,000천원
- 월 임대료 : 1,200천원(VAT별도)
- 월 관리비 : 300천원(전기료등 공공요금이 포함되어 있음)
- 상가의 총 취득가액 : 800,000천원(토지분 600,000천원 포함)
- 국세청 고시 이자율 : 3.4%
- 당해 과세연도 중 임대사업부분에서 발생한 금융수익
  − 이자소득 : 1,000천원
  − 배당소득 : 2,000천원

① 14,400천원　　　② 25,200천원
③ 26,000천원　　　④ 27,000천원
⑤ 28,000천원

정답 | ②

해설 | [단위 : 백만]
1. 일반 임대료 : 1.2×12=14.4
2. 관리비 : 0.3×12=3.6
3. 간주임대료 : (500−200)×365/365×3.4%−3=7.2
4. 부동산임대업에서 발생한 소득 = 1. + 2. + 3. = 25.2

TOPIC 5 사업소득

16 제조업을 운영하는 개인사업자 거주자 김형수씨에 대한 아래 주어진 내용을 참고하여 20×1년 귀속 종합소득금액을 구하시오.

[20×1년 12월 31일 현재 동거가족 및 소득현황]

구분	나이	소득현황
모친	67세	퇴직소득금액 : 50,000천원
본인	43세	사업소득
처	39세	–
자녀1(장애인)	6세	–

※ 모든 동거가족의 기본공제는 김형수씨가 받음
※ 모친의 퇴직소득은 20×1년에 발생한 것으로 가정함

[20×1년 귀속 종합소득공제, 세액공제 관련 자료]

구분	금액	비고
국민연금보험료	3,880천원	
보험료	1,500천원	자동차보험료, 생명보험료

[20×1년 귀속 소득현황]
- 제조업 관련 사업소득현황
  - 매출액 : 600,000천원(세법상 수입금액과 일치)
  - 매출원가 : 453,000천원
  - 판매비와 일반관리비 : 50,000천원
  - 영업외수익 : 3,000천원
  - 영업외비용 : 20,000천원

상기 수익과 비용 중에 가사관련비용 4,000천원, 과태료1,500천원, 접대비 한도초과액 2,500천원, 부가가치세 매출세액 30,000천원이 포함되어 있으며, 사업과 관련된 비과세소득은 처음부터 매출액에 반영하지 않았다.

① 86,400천원 ② 92,240천원
③ 108,000천원 ④ 127,620천원
⑤ 138,000천원

정답 | ④
해설 | [단위 : 백만]
- 당기순이익 = 600 − 453 − 50 + 3 − 20 = 80
- 사업소득금액 = 당기순이익 − 총수입금액 불산입액 + 필요경비 불산입액
  = 80 + (4 + 1.5 + 2.5) − 30 = 58

- 총수입금액 불산입액 = 30
- 필요경비 불산입액 = 4 + 1.5 + 2.5 = 8
- 20x1년 귀속 종합소득금액 : 58 + 80 = 138
- 종합소득공제 : 10.38
  = 인적공제 : 1.5×3(기본) + 2(추가) = 6.5
  = 국민연금보험료공제 : 3.88
- 종합소득금액 : 138 − 10.38 = 127.62

17 이지은씨와 이성해씨는 (주)A를 함께 운영하고 있다. 두 사람은 특수관계인이 아니다. 다음 자료를 바탕으로 이성해씨의 종합소득세 산출세액으로 적절한 것을 고르시오.

> [20×1년도 공동사업에 대한 자료]
> - 공동사업에 대한 주요 손익내역
>   - 매출 500,000천원(매출할인 40,000천원, 매출에누리 20,000천원, 부가가치세 매출세액 25,000천원이 반영되지 않은 금액이다.)
>   - 매출원가 100,000천원
>   - 상기 매출원가에는 가사관련경비 10,000천원, 벌금·과태료 15,000천원, 이지은씨와 이성해씨에 대한 급여 12,000천원, 소득세환급금 13,0000천원, 세법상 감가상각비 한도초과액 30,000천원이 포함되어 있다.
> - 공동사업에 대한 손익분배비율
>   - 이지은 : 60%
>   - 이성해 : 40%
> - 이성해씨의 종합소득공제는 50,000천원으로 가정한다.
>
> [참고]
> - 과세표준 1,400만원 이하 : 6% 세율
> - 과세표준 1,400만원 초과~5,000만원 이하 : 15% 세율 − 126만원 누진공제
> - 과세표준 5,000만원 초과~8,800만원 이하 : 24% 세율 − 576만원 누진공제
> - 과세표준 8,800만원 초과~1억 5천만원 이하 : 35% 세율 − 1,544만원 누진공제

① 18,400천원
② 20,240천원
③ 22,040천원
④ 23,520천원
⑤ 25,860천원

정답 | ⑤
해설 | [단위 : 백만]
- 공동사업장의 사업소득금액 : 500 − 40 − 20 − 100 + 10 + 15 + 12 + 13 + 30 = 420
- 이성해씨의 공동사업장으로부터 분배받은 소득금액 = 420 × 40% = 168
- 과세표준 = 168 − 50 = 118
- 산출세액 = 118 × 35% − 15.44 = 25.86

... TOPIC 6 부동산 취득 · 보유시 세금

18 의류소매점을 개업한 손호승씨(금번 의류소매점 이외에 현재까지 사업자등록을 한 적이 없음)의 경우에 개인사업자를 일반과세자와 간이과세자로 할 경우 부가가치세로 적절한 것을 고르시오.(단, 의류소매점은 간이과세배제기준에 해당하지 않으며, 또한 간이과세자로 등록할 수 있다고 가정, 의류사업자의 업종별 부가가치율은 15%라고 가정한다.)

[부가가치세 자료]
- 부가가치세를 포함한 판매액 : 48,000천원(이 중 신용카드판매액 22,000천원)
- 매입액(세금계산서 매입분)
  - 일반매입분 : 공급가액 20,000천원, 매입세액 2,000천원
  - 고정자산매입분 : 공급가액 30,000천원, 매입세액 3,000천원
  - 신용카드발행세액공제는 286천원인 것으로 가정하고, 그 밖의 세액공제는 없는 것으로 가정한다.

	일반과세자	간이과세자
①	30천원 환급	720천원 납부
②	200천원 납부	470천원
③	637천원 환급	470천원
④	200천원 환급	30천원 환급
⑤	200천원 납부	30천원 환급

정답 | ③
해설 | • 일반과세자의 경우

구분		계산내역		금액
매출세액	과세분	(48,000/1.1)×10%		4,363천원
(−) 매입세액	일반매입	20,000천원×10%	2,000천원	5,000천원
	고정자산매입	30,000천원×10%	3,000천원	
= 납부(환급)세액				(−)637천원
(−) 경감·공제세액				−
(−) 예정고지세액				−
= 납부(환급)할 세액				(−)637천원

※ 신용카드매출전표등 발생세액공제는 납부세액 한도 내에서 공제받을 수 있음

- 간이과세자

구분		계산내역		금액
납부세액	과세분	48,000천원×15%×10%		720천원
(−) 공제세액	일반매입	20,000천원×0.5%	100천원	250천원
	고정자산매입	30,000천원×0.5%	150천원	
	그 밖의 세액공제	신용카드매출전표 발행 22,000천원×1.3%	286천원	
= 납부(환급)할 세액				470천원

※ 신용카드매출전표등 발생세액공제는 납부세액 한도 내에서 공제받을 수 있음

19 종합병원 내과 전문의인 홍길동은 다음과 같이 오피스 빌딩의 3층을 매입하여 병원을 개원하려고 한다. 홍길동이 오피스를 매입하면서 부담하여야 할 취득 관련 세금(취득세 및 그 부가세등) 합계액과 부담한 VAT 매입세액 및 매입세액공제 여부를 구분하여 바르게 나열한 것은?

(단위 : 천원)

*오피스 매입 내역
- 총매매대금 : 800,000(토지분 500,000, 건물분 300,000)
- 잔금지급일 현재 지방세법상 시가표준액 : 600,000(토지분 400,000, 건물분 200,000)
- 매매계약서상 매매대금은 토지분과 건물분 가액이 상기와 같이 구분 기재되어 있으며, 부가가치세는 별도로 지불하였다.

	취득 관련 세금 합계액	부담한 VAT 매입세액	매입세액공제 여부
①	27,600	20,000	○
②	27,600	30,000	○
③	36,800	30,000	×
④	36,800	60,000	×
⑤	36,800	80,000	×

정답 | ③
해설 |
- 취득 관련 세금 합계액 : 800,000×4.6%=36,800
- 부담한 VAT 매입세액 : 건물분 300,000×10%=30,000
- 의사는 면세사업자이므로 매입세액공제 안 됨

TOPIC 7 양도소득세(부동산)

20 거주자 김형수씨는 2×25년 7월 3일 현재 보유중인 다음 1세대 1주택 비과세요건을 충족한 A주택을 양도하려고 한다. 다음 정보를 참조하여 A주택 양도 시 양도소득세 산출세액으로 적절한 것을 고르시오.

- 양도가액 : 20억원(양도비용 공제 후 금액)
- 취득시기 : 2×01년 6월
- 취득가액 : 10억원(취득부대비용 포함)
- 김형수씨는 해당주택을 취득했을 때부터 거주하고 있다.

[참고]
- 과세표준 1,400만원 이하 : 6% 세율
- 과세표준 1,400만원 초과~5,000만원 이하 : 15% 세율 − 126만원 누진공제
- 과세표준 5,000만원 초과~8,800만원 이하 : 24% 세율 − 576만원 누진공제
- 과세표준 8,800만원 초과~1억 5천만원 이하 : 35% 세율 − 1,544만원 누진공제

① 12,840천원
② 21,475천원
③ 22,725천원
④ 53,975천원
⑤ 61,975천원

정답 | ①
해설 | [단위 : 백만]

양도가액	2,000		
− 취득가액	1,000		
− 기타필요경비			
양도차익	1,000	400	={1,000×(2,000−1,200)/2,000}
− 장기보유특별공제		320	(=400×80%)
양도소득금액		80	
− 양도소득기본공제		2.5	
양도소득과세표준		77.5	
× 세율		24%	
− 누진공제액		5.76	
양도소득산출세액		12.84	

21
2주택을 보유한 세대주가 소유한 주택 중 하나를 양도하려고 한다. 아래 지문을 이용해 양도소득세 산출세액으로 적절한 것을 고르시오.

- 양도자산 : 서울시 대치동 소재 아파트
- 양도일 : 20×6년 7월 26일
- 양도가액 : 1,000,000천원
- 취득일 : 20×1년 3월 1일
- 취득가액 : 900,000천원(부대비용 포함)
- 양도자는 당해연도에 다른 부동산을 양도한 적 없음

[참고]
- 과세표준 1,400만원 이하 : 6% 세율
- 과세표준 1,400만원 초과~5,000만원 이하 : 15% 세율－126만원 누진공제
- 과세표준 5,000만원 초과~8,800만원 이하 : 24% 세율－576만원 누진공제
- 과세표준 8,800만원 초과~1억 5천만원 이하 : 35% 세율－1,544만원 누진공제

① 1,216천원
② 1,600천원
③ 1,800천원
④ 14,040천원
⑤ 28,225천원

정답 | ④
해설 | [단위 : 백만]
　　　－1세대 2주택의 양도

	양도가액	1,000
－	취득가액	900
－	기타필요경비	
	양도차익	100
－	장기보유특별공제	15 → 3%×5년＝15%
	양도소득금액	85
－	양도소득기본공제	2.5
	양도소득과세표준	82.5
×	세율	24%
－	누진공제액	5.76
	양도소득산출세액	14.04

22 거주자 손호승씨는 2×25년 5월에 딸 손소라씨에게 보유 중인 상가건물 A(상증법상의 시가 : 16억원)을 증여하려고 하는데, 증여재산가액은 상증법상의 시가를 적용하고, 증여세를 절감하기 위하여 상가건물에 대한 임대보증금 4억원을 딸 손소라씨가 인수할 계획이다. 상가건물 A의 내역이 다음과 같을 때 손호승씨가 납부하여야 할 양도소득 산출세액으로 적절한 것을 고르시오.(단, 손호승씨는 당해 과세기간에 양도소득세 과세대상자산을 양도한 적이 없다.)

[상가건물 A 관련 정보]
- 상증법상의 시가 : 16억원
- 증여 당시 기준시가 : 12억원
- 취득일 : 2×01년 12월
- 실지취득가액 : 7억원
- 취득 시 기준시가 : 5억원
- 취득 시 등기비용 등 부대비용 : 30,000천원

[참고]
- 과세표준 1,400만원 이하 : 6% 세율
- 과세표준 1,400만원 초과~5,000만원 이하 : 15% 세율 - 126만원 누진공제
- 과세표준 5,000만원 초과~8,800만원 이하 : 24% 세율 - 576만원 누진공제
- 과세표준 8,800만원 초과~1억 5천만원 이하 : 35% 세율 - 1,544만원 누진공제
- 과세표준 1억 5천만원 초과~3억원 이하 : 38% 세율 - 1,994만원 누진공제

① 35,655천원
② 36,972.5천원
③ 97,870천원
④ 149,750.5천원
⑤ 152,250천원

정답 | ②
해설 | [단위 : 천원]

양도가액	1,600,000	
- 취득가액	700,000	
- 기타필요경비	30,000	
양도차익	870,000	217,500 (=870,000×4억원/16억원)
- 장기보유특별공제		65,250 (15년 이상 보유 : 30%)
양도소득금액		152,250
- 양도소득기본공제		2,500
양도소득과세표준		149,750
× 세율		35%
- 누진공제액		15,440
양도소득산출세액		36,972.5

23 거주자 고소령씨가 배우자 장동권씨로부터 2×09년 10월에 상가를 증여받아 보유하다가 2×10년 8월에 10억원에 양도하는 경우 양도소득세 산출세액 및 납세의무자로 적절한 것을 고르시오.

- 증여자 장동권 취득내역
  - 취득일 : 2×00년 7월 7일
  - 취득가액 : 3억원
  - 취득부대비용 : 1천만원
- 2×09년 10월 증여당시 부담세액 등
  - 증여일 현재 상증법상 평가액 : 7억원
  - 증여세 산출세액 : 5천만원
  - 취득부대비용 : 2천8백만원
- 거주자 고소령씨는 2×10년도 중 상기 증여받은 상가 이외에는 양도소득세 과세대상 자산을 양도한 것이 없으며, 상기 내용 이외에는 관련 증빙은 없는 것으로 가정

[참고]
- 과세표준 1,400만원 이하 : 6% 세율
- 과세표준 1,400만원 초과~5,000만원 이하 : 15% 세율 − 126만원 누진공제
- 과세표준 5,000만원 초과~8,800만원 이하 : 24% 세율 − 576만원 누진공제
- 과세표준 8,800만원 초과~1억 5천만원 이하 : 35% 세율 − 1,544만원 누진공제
- 과세표준 1억 5천만원 초과~3억원 이하 : 38% 세율 − 1,994만원 누진공제
- 과세표준 3억원 초과~5억원 이하 : 40% 세율 − 2,594만원 누진공제
- 과세표준 5억원 초과~10억원 이하 : 42% 세율 − 3,594만원 누진공제

① 99,725천원 − 고소령
② 99,725천원 − 장동권
③ 178,050천원 − 고소령
④ 178,050천원 − 장동권
⑤ 190,050천원 − 고소령

정답 | ③
해설 | [단위 : 천원]

양도가액	1,000,000	
취득가액	300,000	(증여자 취득가액)
기타필요경비	10,000	(증여자 취득 부대비용)
증여세	50,000	(증여세를 필요경비로 공제)
양도차익	640,000	
장기보유특별공제	128,000	(증여자 취득일부터 기산, 10년×2%=20%)
양도소득금액	512,000	
양도소득기본공제	2,500	
양도소득과세표준	509,500	
산출세액	×42% −35,940=178,050	

24 거주자인 홍길동이 아버지에게 상속받은 빌딩을 2×18. 8. 5에 양도 시 양도소득세 산출세액은 얼마인가?

(단위 : 천원)

- 양도가액 : 3,000,000
- 상속일자 : 2×16. 10. 5
- 상속당시 상증법상평가액 : 1,000,000(상속당시 기준시가 800,000)
- 상속 당시 등기 부대비용등 : 35,000
- 피상속인 취득일 : 2×01. 5. 7
- 피상속인 취득가액 : 300,000

[참고]
- 과세표준 3억원 초과~5억원 이하 : 40% 세율 − 2,594만원 누진공제
- 과세표준 5억원 초과~10억원 이하 : 42% 세율 − 3,594만원 누진공제
- 과세표준 10억원 초과 : 45% 세율 − 6,594만원 누진공제

① 421,035
② 469,800
③ 512,698
④ 726,350
⑤ 817,185

정답 | ⑤
해설 | [단위 : 천원]

양도가액	3,000,000
취득가액	1,000,000
기타필요경비	35,000
양도차익	1,965,000
장기보유특별공제	−
양도소득금액	1,965,000
양도소득기본공제	2,500
양도소득과세표준	1,962,500
산출세액	×45% −65,940=817,185

25 다음 지문을 보고 홍길동씨의 2×14년도 중 양도한 토지의 양도소득세 산출세액으로 적절한 것을 고르시오.(단, 천원 미만은 절사한다.)

- 양도자산 : 서울시 소재 토지(취득한 후 줄곧 보유함)
- 양도일 : 2×14년 6월 5일
- 양도가액 : 1,000,000천원
- 취득일 : 20×2년 5월 5일
- 취득가액 : 알 수 없음
- 취득시 부대비용 : 27,600천원
- 양도시 기준시가 : 800,000천원
- 취득시 기준시가 : 400,000천원
- 홍길동씨는 2×14년도 중 상기 나대지 이외에는 양도소득세 과세대상 양도자산을 양도한 적이 없음

[참고]
- 과세표준 1억 5천만원 초과~3억원 이하 : 38% 세율-1,994만원 누진공제
- 과세표준 3억원 초과~5억원 이하 : 40% 세율-2,594만원 누진공제
- 과세표준 5억원 초과~10억원 이하 : 42% 세율-3,594만원 누진공제

① 121,412천원
② 288,387천원
③ 291,200천원
④ 485,500천원
⑤ 488,000천원

정답 I ①
해설 I [단위 : 천원]

양도가액	1,000,000	
취득가액	500,000	=1,000,000×(400,000/800,000)
기타필요경비	12,000	=400,000×3%
양도차익	488,000	
장기보유특별공제	(117,120)	=12년×2%, 24%
양도소득금액	370,880	
양도소득기본공제	2,500	
양도소득과세표준	368,380	
산출세액	×40%	−25,940=121,412

TOPIC 8 양도소득세(주식)

26 비상장중소기업 A의 소액주주인 조운학씨가 주식을 다음과 같이 양도할 때, 양도소득세 산출세액으로 적절한 것은?(단, 당해 연도 중에는 다른 주식 등을 처분하지 않은 것으로 가정한다.)

- 양도가액 : 500,000천원
- 양도일 : 2×14년 11월 11일
- 취득가액 : 300,000천원
- 취득일 : 2×08년 5월 16일
- 필요경비 : 3,000천원(증권거래세 포함)

① 19,450천원
② 20,110천원
③ 21,310천원
④ 33,420천원
⑤ 42,330천원

정답 | ①
해설 | [단위 : 천원]

양도가액	500,000
취득가액	300,000
기타필요경비	3,000
양도차익	197,000
장기보유특별공제	– → 주식은 장기보유특별공제 적용 ×
양도소득금액	197,000
양도소득기본공제	2,500
양도소득과세표준	194,500
산출세액	×10% = 19,450천원

27 다음 내용을 참고하여 양도소득세 산출세액과 예정신고기한으로 적절한 것을 고르시오.

> 나부자씨는 상장대기업 '토마토'의 대주주이며 보유현황은 다음과 같다.
> - 양도가액 : 300,000천원
> - 양도일 : 2×14년 5월 10일
> - 취득가액 : 180,000천원
> - 취득일 : 2×08년 4월 11일
> - 기타비용 : 증권거래세 2,000천원, 수수료 500천원
> - 나부자씨는 2×14년에 해당 주식이외에 다른 자산은 양도한 사실이 없음

	양도소득세 산출세액	예정신고기한
①	19,000	2×14년 7월 10일
②	23,200	2×14년 8월 31일
③	19,500	2×14년 8월 10일
④	23,200	2×14년 7월 31일
⑤	29,250	2×14년 7월 31일

정답 | ②
해설 | [단위 : 천원]

양도가액	300,000
취득가액	180,000
기타필요경비	2,500
양도차익	118,500
장기보유특별공제	– → 주식은 장기보유특별공제 적용 ×
양도소득금액	118,500
양도소득기본공제	2,500
양도소득과세표준	116,000
산출세액	×20% = 23,200

TOPIC 9 간주취득세

28 김세진씨는 (주)A의 법인 설립 시 지분 30%를 소유한 주주이다. 설립 시 김세진씨 외의 주주로는 김세진씨의 남편이 10%, 아들이 5%가 있고, 나머지 55%는 외부 제3자 주주들이다. 20×1년 8월 15일 김세진씨는 외부 제3자 주주들에게 추가적인 지분 25%를 매입하게 되었다면, 김세진씨가 납부하여야 할 간주취득세로 적절한 것을 고르시오.

[(주)A의 20×1년 8월 15일 현재 자산 현황]
(단위 : 천원)

	취득가액	감가상각누계액	장부가액
토지	2,000,000	–	1,000,000
건물	1,000,000	200,000	800,000
차량운반구	500,000	300,000	200,000
상품(컴퓨터)	1,000,000	–	1,000,000
합계	4,500,000	500,000	3,000,000

① 10,000천원
② 25,000천원
③ 28,000천원
④ 42,000천원
⑤ 63,000천원

정답 | ③
해설 | [단위 : 천원]
- 과점주주의 판단은 특수관계인집단을 기준으로 판단한다.
  → 설립 시 : 김세진씨 30% + 남편 10% + 아들 5% = 45% → 과점주주 아님
  → 8월 15일 추가지분 취득시 : 45% + 25% = 70% → 과점주주 해당
- 과점주주의 간주취득세 = 취득세 과세대상 자산 × 과점주주의 지분율 × 간주취득세율(2%)
  = (1,000,000 + 800,000 + 200,000) × 70% × 2%
  = 28,000천원

CHAPTER 07 상속설계

TOPIC 1 대습상속/동시사망의 추정/실종선고

01 A는 노모 B, 아내 C, 딸 A1을 두었는데, A와 A1은 함께 탑승 중이던 항공기의 추락으로 사망하였고, 그 당시 A의 재산은 현금 10억원이었다. 각 상황별로 B와 C의 상속재산의 분배로 적절한 것을 고르시오.

> 가. A가 A1보다 먼저 사망한 것으로 밝혀진 경우
> 나. A1이 A보다 먼저 사망한 것으로 밝혀진 경우

	[case 1] B	[case 1] C	[case 2] B	[case 2] C
①	10억원	0원	10억원	0원
②	0원	10억원	0원	10억원
③	0원	10억원	4억원	6억원
④	0원	10억원	5억원	5억원
⑤	10억원	0원	4억원	6억원

정답 | ③

해설 | 가. A가 먼저 사망한 경우 : A의 재산이 C와 A1에게 3 : 2로 상속된 후 A1이 사망하므로, 직계존속인 C가 10억원 모두를 상속

나. A1이 먼저 사망한 경우 : A의 재산이 아내 C와 노모 B에게 3 : 2로 상속됨

02 오지환씨는 처 이혜진과 아들 오찬규, 오의윤을 두었고, 모친인 김수정씨와 함께 살고 있으며, 오찬규는 얼마 전 지민정과 결혼하여 현재 지민정은 임신을 한 상태이다. 오지환씨가 오찬규와 함께 해외 여행을 하던 중 비행기 추락사고로 부자 모두 사망하였다. 오지환씨의 남겨진 재산이 35억원일 경우, 각 상속인들의 상속분으로 적절한 것을 고르시오.

	김수정	이혜진	지민정	태아	오의윤
①	0원	15억원	10억원	4억원	6억원
②	4억원	15억원	10억원	0원	6억원
③	0원	15억원	6억원	4억원	10억원
④	4억원	15억원	6억원	0원	10억원
⑤	0원	15억원	10억원	0원	10억원

정답 | ③
해설 | • 동시사망의 추정으로 판례에 의해 오찬규의 직계비속과 배우자가 대습상속하게 됨
- 이혜진 : 35억원×3/7 = 15억원
- 지민정 : 35억원×2/7×3/5 = 6억원
- 태아: 35억원×2/7×2/5 = 4억원
- 오의윤: 35억원×2/7 = 10억원

03 다음 사례를 토대로 각 상속인들의 상속분이 적절하게 나열된 것을 고르시오.

> 조진영씨는 처 차영은과 딸 조달자를 두었고, 부 조지민과 모 장나라와 함께 살고 있다. 그런데 조진영씨와 딸 조달자씨는 함께 태국으로 여행을 가던 중 비행기가 추락하여 사망하였고 사망시간의 선후관계는 밝혀지지 않았다. 남겨진 재산으로는 조진영씨에게 7억원, 그리고 딸 조달자씨에게 1억원이 있었다.

	조지민	장나라	차영은
①	2.5억원	2.5억원	3억원
②	2억원	2억원	4억원
③	0	0	8억원
④	2억원	2억원	3억원
⑤	1억원	1억원	6억원

정답 | ②
해설 | • 조지민 : 7억원×2/7 = 2억원
- 장나라 : 7억원×2/7 = 2억원
- 차영은 : 7억원×3/7 + 1억원 = 4억원

04 다음 가계도를 토대로 적절하지 **않은** 설명을 고르시오.

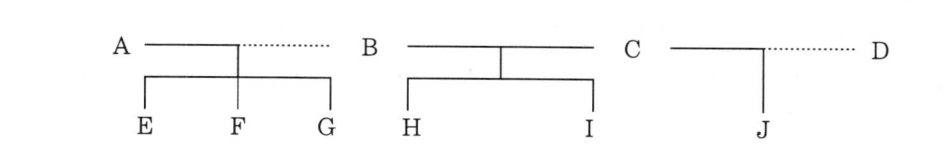

※ B에게는 배우자 C와 자녀 H, I가 있고 전혼배우자 A와의 사이에 자녀 E, F, G가 있으며 C는 전혼배우자 D와의 사이에 자녀 J가 있다.
※ B가 가지고 있는 상속재산은 8억원이다.
※ B와 C간에는 자녀를 입양하지 않았다.

① 피상속인 B가 사망한 경우, 상속인 G의 상속분은 약 133,077천원이다.
② 피상속인 B가 사망한 경우, J는 상속인이 될 수 없다.
③ 피상속인 B가 사망하기 전에 배우자 C가 먼저 사망한 경우, D는 C의 재산을 상속받을 수 없다.
④ B와 H가 동시사망한 경우, H의 자녀 K가 있다면 H를 피대습자로 하여 H의 상속분을 자녀 K가 대습상속한다.
⑤ 배우자 C가 B보다 먼저 사망한 경우, C를 피대습자로 하여 C의 상속분을 자녀 J가 대습상속 할 수 없다.

정답 | ①
해설 | ① 피상속인 B가 사망한 경우, 상속인 G의 상속분은 약 123,077천원이다.
  8억원×2/13=123,077천원

05 윤석민씨는 아내 이수진, 아들 윤정수, 딸 윤채영씨와 하나뿐인 동생 윤보라씨를 두고 있다. 얼마 전 윤정수씨는 배우자 최선아씨를 맞아 결혼하였고 둘 사이에서 윤철민이 출생하였다. 윤석민씨는 아들 윤정수씨와 함께 명절에 부친의 묘를 벌초하고 승용차로 귀가하던 중 교통사고로 두 사람 모두 사망하였다. 윤석민씨와 윤정수씨 사이에 사망의 선후가 밝혀지지 않았다면 이에 대한 설명으로 가장 적절하지 **않은** 것을 고르시오.

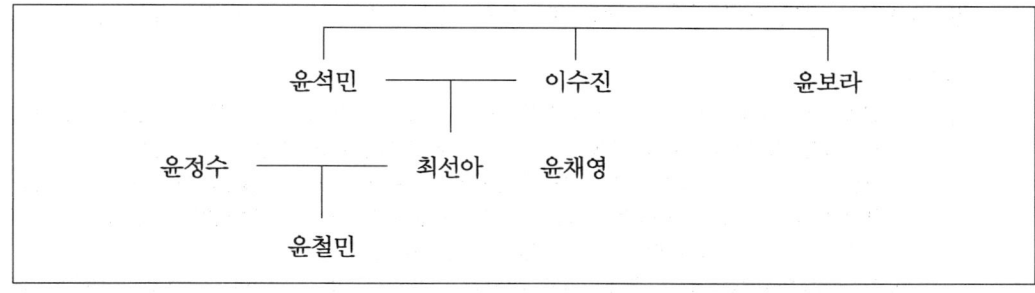

① 윤석민씨와 윤정수씨는 동시사망한 것으로 추정되며, 윤석민씨의 재산에 대하여 이수진, 윤채영, 최선아, 윤철민이 공동상속인이 된다.
② 윤석민씨와 윤정수씨 사이에는 상속이 이루어지지 않는다.
③ 윤석민씨의 민법상 상속재산이 500,000천원으로 평가되었다면, 최선아씨의 상속분은 약 85,714천원이다.
④ 윤정수씨의 직계비속과 배우자가 모두 상속을 포기한 경우, 윤석민씨의 재산은 이수진, 윤채영씨가 상속한다.
⑤ 윤석민씨의 선순위 직계비속과 배우자가 모두 상속을 포기한 경우, 윤보라씨가 윤석민씨의 재산을 상속한다.

정답 I ⑤
해설 I • 최선아씨의 상속분 = 500,000 × 3/7 × 3/5 = 85,714천원
  • 이수진씨와 윤채영씨가 모두 상속을 포기한 경우, 윤철민이 상속을 받는다.

06 다음 사례에 대한 설명 중 가장 적절한 것은?

> 김주신씨는 2013년 1월 15일 가출을 하여 10년이 넘도록 생사불명 상태이다. 김주신씨의 가족들은 실종선고(보통실종)를 신청하였으며 법원으로부터 2025년 3월 10일 실종선고가 확정되었다.

① 실종선고란 부재자의 생사불명 상태가 계속되어 사망하였을 것이라는 개연성이 큰 경우에 일정한 요건하에 부재자가 사망한 것으로 추정하는 제도를 말한다.
② 보통실종은 1년, 전쟁실종·선박실종·항공기실종·위난실종 등 특별실종에 대해서는 5년 동안 계속하여 행방을 알 수 없는 경우에 이해관계인이나 검사의 청구에 의하여 가정법원이 선고한다.
③ 김주신씨가 2025년 5월에 살아 돌아왔다면, 실종선고의 효과는 자동으로 부인되는 것이 아니고, 가정법원에 실종선고취소청구를 통하여 실종선고를 취소할 수 있다.
④ 상증법에 따른 상속개시일은 실종 기간이 만료한 때이다.
⑤ 김주신 사망에 따른 상속세 관할 세무서는 원칙적으로 상속인의 주소지이다.

정답 I ③
해설 I ① 실종선고란 부재자의 생사불명 상태가 계속되어 사망하였을 것이라는 개연성이 큰 경우에 일정한 요건하에 부재자가 사망한 것으로 의제하여 그 신분이나 재산관계를 확정시키는 제도를 말한다.
  ② 보통실종은 5년, 전쟁실종·선박실종·항공기실종·위난실종 등 특별실종에 대해서는 1년 동안 계속하여 행방을 알 수 없는 경우에 이해관계인이나 검사의 청구에 의하여 가정법원이 선고한다.
  ④ 상증법에 따른 상속개시일은 실종선고일(2025년 3월 10일)이 된다.
  ⑤ 상증법에 따른 상속개시의 장소는 상속개시 당시의 피상속인의 주소지이다. 그런데 피상속인의 주소를 알 수 없거나 피상속인이 국내에 주소를 가지지 않는 경우에 국내에 있는 거소를 알 수 없으면 사망지를 상속개시의 장소로 보아야 한다.

TOPIC 2 유언과 상속지분

07 소지섭씨가 상속재산으로 12억원을 남기고 2025년 1월 1일 사망하였는데, 소지섭씨가 호주로 있는 호적에는 소경석, 소만석, 소돌석씨가 소지섭씨의 자로 기재되어 있다. 다음 지문을 참고로 하여 상속인의 법정상속분으로 적절한 것을 고르시오.

> 가. 소지섭씨가 2014년 1월 1일 2인의 입회하에 '아들 소경석씨에게 전체 상속지분의 1/2을 줄 것'을 유언하고 공증인이 이를 필기하고 유언자 및 증인에게 읽어서 듣게 하고 유언자 및 증인이 필기의 정확한 것을 승인한 후 각자가 서명 날인하여 공증방식에 따라 작성된 뜻을 부기하여 서명 날인하였다.
> 나. 소지섭씨가 2022년 1월 1일 증인 없이 소만석씨는 자신의 친자가 아니라는 내용 및 작성 연월일, 주소, 성명을 자필하고 서명하였고, 상속인이 이를 발견하고 가정법원의 검인을 받았다.
> 다. 소지섭씨가 2023년 1월 1일 증인 2인의 참여 하에 '혼인 외의 자 소윤석씨는 자신의 친자이다.'고 유언하고 그중 1인이 이를 받아 적은 후 낭독하여 유언자와 증인이 그 정확성을 승인한 후 각자가 서명 또는 기명날인하고, 7일 이내에 가정법원에 검인을 신청하였다.

	소경석	소만석	소돌석	소윤석
①	4억원	4억원	4억원	0원
②	4억원	0원	4억원	4억원
③	6억원	3억원	3억원	0원
④	6억원	0원	3억원	3억원
⑤	6억원	2억원	2억원	2억원

정답 | ③

해설 | 가. 공정증서에 의한 유언은 유효함
　　　　나. 자필증서에 의한 유언은 날인이 아닌 서명을 하였으므로 무효임
　　　　다. 구수증서에 의한 유언은 질병, 기타 급박한 사유가 없으므로 무효임

- 소지섭 : 12억원×1/2=6억원
- 소만석, 소돌석 : 6억원×1/2=3억원
- 소윤석은 친자로 인정받지 못했으므로, 상속인이 될 수 없다.

08 다음 중 유언장의 작성에 관한 설명으로 적절한 것은?

유언장

유언자 : 김철수(311003 – 1234567)
주소지 : 서울시 영등포구 여의도동 문화아파트 1동 303호

유언사항
1. 본인 소유의 경기 양평의 별장은 처에게 상속한다.
2. 본인 소유의 가나은행 적금은 한국대학교에 기증한다.
3. 본인 소유의 대한상사 주식은 장녀에게 상속한다.
4. 유언집행자로서 본인의 사촌동생을 지정한다.

작성일자 : 20×1년 12월 26일
작성자 : 김철수 [서명] [날인]

---

① 유언집행자는 상속인만 지정할 수 있기 때문에 4번 항목은 유효하지 않다.
② 자필증서에 의한 유언은 유언의 시기를 판단하기 위해 연월일을 기재하는 것일 뿐이므로 연월만 기재하고 일의 기재가 없더라도 유언의 시기를 특정한 것으로 보아 자필증서에 의한 유언은 유효하다.
③ 김철수씨가 위 유언장을 눈에 띄지 않는 곳에 숨겨놓고 사망한 후, 5개월 뒤에 유언장이 발견되었다면 비밀증서 유언으로 봐야 한다.
④ 만일 김철수씨가 나중에 4번 항목 밑에 5번 항목으로 "본인의 골프회원권을 부인에게 상속한다."라는 문장을 삽입한 뒤 자서하고 날인한다면 그 문장은 유언의 내용으로 효력이 있다.
⑤ 재산을 상속하는 데 있어 다른 상속인의 유류분이 침해되는 내용이 포함될 경우 유언장의 내용은 전부 무효가 된다.

정답 I ④
해설 I ① 유언장은 민법에서 인정하는 법정사항(재단법인의 설립, 신탁의 설정, 인지, 후견인 지정, 친생부인, 유증, 유언집행자의 지정 또는 위탁, 상속재산 분할방법의 지정 또는 위탁, 상속재산의 분할 금지)에 한해서 작성하여야 한다. 즉, 유언집행자를 지정하는 내용의 유언은 유효하다.
② 민법 제1066조 제1항은 "자필증서에 의한 유언은 유언자가 그 전문과 연월일, 주소, 성명을 자서하고 날인하여야 한다."고 규정하고 있으므로, 연월일의 기재가 없는 자필증서에 의한 유언은 효력이 없다. 그리고 자필증서에 의한 유언의 연월일은 이를 작성한 날로서 유언능력의 유무를 판단하거나 다른 유언증서와 사이에 유언 성립의 선후를 결정하는 기준일이 되므로 그 작성일을 특정할 수 있게 기재하여야 한다. 따라서 연월만 기재하고 일의 기재가 없는 자필증서에 의한 유언은 그 작성일을 특정할 수 없으므로 효력이 없다.
③ 위 유언장이 자필로 작성되었다면 자필증서 유언으로서의 효력이 있다. 비밀증서 유언이란 유언자가 필자의 성명을 기입한 증서를 엄봉날인하고 이를 2인 이상의 증인의 면전에 제출하여 자기의 유언서임을 표시한 후, 그 봉서표면에 제출연월일을 기재하고 유언자와 증인이 각자 서명 또는 기명날인하는 방식이다.
⑤ 유류분과 유언의 효력 여부는 관련이 없다. 즉 유언으로서 효력은 유효하다.

09 다음 중 효력이 없는 유언으로 모두 묶인 것은?

가. 이현수씨는 자신의 병환이 악화되어 남은 여생이 얼마되지 않을 것 같다는 생각에 유언장을 작성하기로 하였다. 이현수씨는 유언의 내용이 되는 전문과 작성 연월일, 주소, 성명을 자신이 직접 썼지만, 도장이 없어 그냥 무인으로 날인하고 서명하였다.

나. 이현수씨는 거동이 불편하여 유언장을 작성하지 않고 대신 녹음을 하기로 하였다. 이때 이현수씨가 유언의 취지와 성명, 작성 연월일을 구술하는 내용을 녹음기로 테이프에 녹음하였다.

다. 이현수씨는 보다 확실하고 안전한 방식으로 유언하기를 원하여 공정증서 유언을 하기로 마음먹었다. 유언은 사전에 이현수씨가 유언취지를 작성하였고 이 서면을 통해 공증인이 이현수씨에게 질문으로 그 답변을 확인하였다.

라. 이현수씨는 유언의 존재는 명확히 해주고 싶지만, 자신이 살아 있는 동안에는 그 내용을 비밀로 해두고 싶었다. 그래서 이현수씨는 자신의 성명을 기입한 유언서를 엄봉날인하여 날인하고 친구인 김승환씨와 박수원씨를 불러 자기의 유언서임을 표시한 후, 그 봉서표면에 제출 연월일을 기재하고 이현수씨와 김승환, 박수원씨가 각자 서명을 하였으며, 5일 이내 공증인에게 제출하여 그 봉인상에 확정일자인을 받았다. 단, 유언서는 자필로 작성하지는 않았으며 작성 연월일을 기재하지 않았다.

마. 병환이 깊어져 병원신세를 지고 있던 이현수씨는 아직까지 유언서를 작성하지 못한 상태였다. 거동이 불편했던 이현수씨는 때마침 찾아온 절친한 친구인 김승환씨, 박수원씨에게 유언의 취지를 구수하였고, 그들은 이를 필기, 낭독하여 이현수씨와 김승환, 박수원씨가 그 정확함을 승인한 후 각자가 서명날인 하였다. 김승환씨와 박수원씨는 5일 후에 가정법원에 검인을 신청하였다.

① 가, 다, 마
② 나, 다, 라
③ 나, 라, 마
④ 가, 나, 다
⑤ 나, 다, 마

정답 | ⑤

해설 | 가. 유언서에는 반드시 날인이 있어야 하며 날인이 없는 유언장은 자필증서에 의한 유언으로서의 효력이 없다. 예를 들어 유언서에 날인 대신 서명을 하는 것도 자필증서에 의한 유언으로 효력이 없다. 이때 날인은 인장 대신에 유언자의 무인에 의한 경우에도 유효하며, 날인하는 인장은 행정관청에 신고한 인감일 필요도 없고 목도장도 가능하다.

나. 녹음에 의한 유언은 유언자가 유언의 취지, 그 성명과 연월일을 구술하고 이에 참여한 증인이 유언의 정확함과 그 성명을 구술함으로써 성립하는 유언이다. 증인은 1인만 있으면 가능하다.

다. 공정증서 유언은 유언자가 증인 2명 이상이 참여한 공증인 앞에서 유언취지를 구수하고 공증인이 이를 필기한 후 유언자 및 증인에게 낭독하고, 유언자 및 증인이 정확함을 승인한 뒤 각자 서명날인하여 공증하는 방식이다.

마. 구수증서 방식은 다른 방식으로 유언할 수 없는 경우에만 인정되는 방식이다. 자필증서, 녹음, 공정증서 및 비밀증서의 방식에 의한 유언이 객관적으로 가능한 경우까지 구수증서에 의한 유언을 허용하는 것은 아니다.

TOPIC 3 상속지분/상속결격

10 다음 정보를 바탕으로 가장 적절한 것을 고르시오.

> 피상속인 웅돌이씨의 상속인으로 배우자 A, 아들 B와 C, 딸 D가 있다. 아들 B는 결혼하여 배우자 E와 자녀 F가 있으며, 딸 D는 재혼한 배우자 G와 D의 자녀 H, G의 자녀 I가 있다.
> *웅돌이씨의 상속재산은 18억이다.

① D가 웅돌이씨 보다 먼저 사망하고 웅돌이씨가 사망할 경우 웅돌이씨의 상속재산은 B에게 600,000천원, C에게 600,000천원, H에게 360,000천원, G에게 240,000천원씩 상속된다.

② 평소 웅돌이씨와 사이가 좋지 않았던 아들B가 상속을 포기할 경우 웅돌이씨의 상속재산은 A에게 600,000천원, C에게 300,000천원, D에게 300,000천원, F에게 300,000천원씩 상속된다.

③ D가 I를 친자식으로 입양한 후 B와 D가 웅돌이씨 보다 먼저 사망한 경우 웅돌이씨의 상속재산은 A에게 600,000천원, C에게 300,000천원, E에게 150,000천원, F에게 150,000천원, G에게 128,571천원, H에게 85,714천원, I에게 85,714천원씩 상속된다.

④ D가 I를 친자식으로 입양하고 B와 D가 웅돌이씨 보다 먼저 사망한 후 웅돌이씨가 사망하였다. A는 자녀들을 위해 상속을 포기하였을 경우 웅돌이씨의 상속재산은 C에게 600,000천원, E에게 360,000천원, F에게 240,000천원, G에게 257,143천원, H에게 171,429천원, I에게 171,429천원씩 상속된다.

⑤ C는 자신의 이익을 위해 모친A를 고의로 살해하려고 하였으나 미수에 그친 경우 공동상속인 모두가 C의 처지를 딱하게 여겨 용서하였다면 C는 상속 받을 수 있다.

정답 | ④

해설 | ① D가 선사망 한 경우 웅돌이씨의 상속재산은 A, B, C, H, G에게 상속된다.
② B가 상속을 포기할 경우 웅돌이씨의 상속재산은 A, C, D에게 상속된다.
③ A의 상속분 = 18억 × 3/9 = 600,000천원
   C의 상속분 = 18억 × 2/9 = 400,000천원
   E의 상속분 = 18억 × 2/9 × 3/5 = 240,000천원
   F의 상속분 = 18억 × 2/9 × 2/5 = 160,000천원
   G의 상속분 = 18억 × 2/9 × 3/7 = 171,429천원
   H의 상속분 = 18억 × 2/9 × 2/7 = 114,286천원
   I 의 상속분 = 18억 × 2/9 × 2/7 = 114,286천원
④ C의 상속분 = 18억 × 1/3 = 600,000천원
   E의 상속분 = 18억 × 1/3 × 3/5 = 360,000천원
   F의 상속분 = 18억 × 1/3 × 2/5 = 240,000천원
   G의 상속분 = 18억 × 1/3 × 3/7 = 257,143천원

H의 상속분 = 18억×1/3×2/7 = 171,429천원
I의 상속분 = 18억×1/3×2/7 = 171,429천원

⑤ 상속결격자를 용서하여 결격효과를 소멸시킬 수 있는지가 문제되는데 학설의 다수견해는 허용되지 않는다고 본다.

11 다음 사례의 A~H 중 상속을 받을 수 있는 사람은 몇 명인지 적절한 것을 고르시오.

> 가. 완전하게 성립된 유언서를 고의로 위조한 상속인 'A'
> 나. 피상속인을 살해한 상속인 B의 배우자 'C'와 태아 'D'
> 다. 피상속인에게 고의로 상해를 가하여 사망에 이르게 한 'E', 다만, 이 고의가 상속에 유리하다는 인식은 없었다고 인정된다.
> 라. 말다툼으로 인해 피상속인의 배우자에게 상해를 가하여 부상을 입게 한 상속인 'F'
> 마. 남편과 결혼생활을 하던 중 남편이 사망하자 임신 중인 태아를 낙태한 부인 'G'
> 바. 피상속인의 살인을 예비했으나 미수로 끝난 'H'

① 1명
② 2명
③ 3명
④ 4명
⑤ 5명

정답 | ③

해설 | 가. A는 상속결격 – 유언서 위조자는 상속결격
　　　나. B는 결격, C와 D는 상속 가능 – 대습상속인은 상속 가능
　　　다. E 상속결격 – 고의로 직계존속, 피상속인과 그 배우자에게 상해를 가하여 사망에 이르게 한 경우 이 경우에도 판례(대법원 1992.5.22 선고 92다카27 판결)는 상해의 고의만 있으면 되고, 이 고의에 상속에 유리하다는 인식은 필요하지 않다고 본다.
　　　라. F는 상속 가능 – 고의로 직계존속, 피상속인과 그 배우자에게 상해를 가하여 사망에 이르게 한 경우에만 상속결격에 해당함
　　　마. G는 상속결격 – 낙태는 상속결격 사유
　　　바. H는 상속결격 – 살해하려고 한 자도 상속결격

TOPIC 4 특별수익과 기여분

12 처인 구송이씨와 3자녀 박두식, 박영민, 박영혜씨 그리고 부모 박근형, 이영란씨와 두 동생 박도만, 박구만씨와 같이 살던 박지만씨는 어느 날 교통사고로 사망하게 되었는데 유산 중 제반비용을 사용한 후 220,000천원의 재산을 남겼다. 한편, 박지만씨는 사망하기 9년 전과 15년 전에 장남 박두식씨에게 혼인자금으로 30,000천원을, 차남 박영민씨에게는 20,000천원을 각각 증여하였으며, 5년 전에는 두 동생 박도만, 박구만씨에게 생계자금으로 각각 10,000천원씩 증여하였고, 처 구송이씨에게는 노부모를 모시는 등의 배려로서 유언으로 50,000천원의 유증을 하였다. 다음 설명 중 적절하지 **않은** 것을 고르시오.

① 부모 박근형, 이영란씨와 두 동생 박도만, 박구만씨는 후순위 상속권자이므로 상속인이 되지 못한다.
② 장남 박두식씨가 박지만씨의 사망으로 인해 얻게 되는 구체적인 상속분은 30,000천원이다.
③ 두 동생 박도만, 박구만씨에 대한 증여는 특별수익으로 고려되지 않는다.
④ 처 구송이씨가 박지만씨의 사망으로 인해 얻게 되는 총이익은 90,000천원이다.
⑤ 차남 박영민씨가 박지만씨의 사망으로 인해 얻게 되는 구체적인 상속분은 20,000천원이다.

정답 | ⑤
해설 | 상속재산 220,000 + 30,000 + 20,000 = 270,000천원
② 270,000천원 × 2/9 = 60,000 − 30,000(증여) = 30,000천원(구체적인 상속분)
③ 공동상속인이 아닌 자에 대한 증여나 유증은 특별수익으로 고려되지 않음
④ 270,000천원 × 3/9 = 90,000 − 50,000(유증) = 40,000천원(구체적인 상속분)
 → 상속으로 얻게되는 총이익은 50,000천원 + 40,000천원 = 90,000천원
⑤ 270,000천원 × 2/9 = 60,000 − 20,000(증여) = 40,000천원(구체적인 상속분)

13 양사장씨는 부인 이숙자씨와 딸 양하나씨, 아들 양두리씨와 함께 살고 있었다. 양사장씨는 결혼 직후부터 의류제작 사업을 부인과 함께 하고 있었다. 어느 날 양사장씨는 미국에 있는 거래처와 사업 관련 제휴 업무차 급하게 출장을 떠났는데, 과속으로 달리던 차가 전복되어 사망하였다. 양사장씨의 상속재산은 180,000천원이며 사업관련 채무가 30,000천원이 있었다. 다음의 내용을 참고하여 이숙자씨의 구체적 상속분으로 적절한 것은?

- 이숙자씨는 양사장씨가 보관하라고 했던 유언서를 실수로 분실하였다.
- 양사장씨는 딸 양하나씨에게 40,000천원을 준다는 유언을 하였다.
- 양두리씨는 유언서를 분실한 어머니가 못마땅하여 살해하려다 실패하였다.
- 사업에 대한 기여로 이숙자씨의 기여분은 10,000천원이 인정되었다.

① 84,000천원 ② 94,000천원
③ 112,000천원 ④ 124,000천원
⑤ 150,000천원

정답 I ③
해설 I 이숙자씨가 유언서를 분실한 것이 고의가 아니므로 상속결격이 아님
고의로 직계존속을 살해하려 한 양두리씨는 상속결격임
180,000천원(총상속재산) − 10,000(기여분)
$= 170,000 \times \frac{3}{5} = 102,000$천원
∴ 구체적 상속분 = 102,000천원 + 10,000천원 = 112,000천원

14 다음 사례에서 차녀 김진경씨의 상속분[부친 김수현씨 사망 당시 상속재산(490,000천원)에서 민법상 실제 받을 수 있는 금액]은 얼마인가?(단, 각 재산의 금액은 상속개시시점 기준의 민법상 평가가액과 동일하다고 가정한다.)

> 김수현은 유족으로 배우자 강주희, 장녀 김진선, 차녀 김진경을 남겨두고 사망하였으며, 사망 당시 상속재산은 560,000천원이다. 김수현은 사망하기 6개월 전 김진경에게 140,000천원을 증여하였으며, 김진선의 기여분은 210,000천원으로 결정되었다.

① 0 ② 140,000천원
③ 210,000천원 ④ 350,000천원
⑤ 560,000천원

정답 I ①
해설 I • 기여분과 특별수익(사전증여, 유증)이 모두 있는 경우 각 상속인의 상속분
  = [(상속재산의 가액 + 특별수익 − 기여분) × 각 상속인의 법정상속비율]
    − 특별수익이 있는 자의 경우 각 특별수익 + 기여자인 경우 기여분
• 각 상속인의 상속분
  − 배우자 강주희 : 210,000천원
    = (560,000 + 140,000 − 210,000) × 3/7
  − 장녀 김진선 : 350,000천원
    = (560,000 + 140,000 − 210,000) × 2/7 + 210,000(기여분)
  − 차녀 김진경 : 0
    = (560,000 + 140,000 − 210,000) × 2/7 − 140,000(사전증여)

15 20×1년 3월에 A는 현금으로 10,000천원의 재산을 남기고 사망하였다. A에게는 배우자 B와 자식 C, D가 있다. A와 사이가 좋지 않았던 배우자 B는 상속을 포기하였다. A는 사망하기 3년 전에 배우자 B에게 10,000천원을, 사망하기 5년 전에 C에게 결혼비용으로 10,000천원을, 그리고 사망하기 12년 전에 D에게 10,000천원을 각각 증여하였다. 이 경우 B, C, D의 구체적 상속분이 적절하게 나열된 것은?

	B	C	D
①	0원	5,000천원	5,000천원
②	0원	0원	10,000천원
③	10,000천원	0원	15,000천원
④	10,000천원	5,000천원	15,000천원
⑤	0원	10,000천원	15,000천원

정답 | ①
해설 | • 상속인에게 증여한 재산은 기간에 상관없이 모두 합산
  (배우자 B는 상속포기자이므로 상속인이 아니다.)
  • C의 구체적 상속분 = (30,000천원 × 1/2) − 10,000천원 = 5,000천원
  • D의 구체적 상속분 = (30,000천원 × 1/2) − 10,000천원 = 5,000천원

···TOPIC 5 상속의 한정승인과 포기

16 피상속인 유아정씨에게는 상속인으로 자식 유인숙, 유혜정, 유경운 씨만 있다. 유아정씨는 상속재산으로 3억원과 쩌리짱에게 6억원의 채무를 지고 있다. 유인숙, 유혜정씨가 한정승인하였는데, 유인숙씨는 상속재산 중 일부를 한정승인 전에 임의로 처분하였을 경우 이들이 쩌리짱에게 갚아야 할 금액으로 적절한 것은?

	유인숙	유혜정	유경운
①	2억원	2억원	2억원
②	2억원	1억원	2억원
③	1억원	1억원	1억원
④	1억원	2억원	1억원
⑤	1억원	1억원	2억원

정답 | ②

해설 | • 유인숙씨는 상속재산을 일부 처분하여 단순승인자가 되었으므로 쩌리짱에게 2억원을 갚아야 함
• 유혜정씨는 한정승인을 하였으므로 상속받은 재산의 한도에서 채무를 갚을 의무가 있으므로 1억원을 쩌리짱에게 갚아야 함
• 유경운씨는 단순승인하였으므로 쩌리짱에게 2억원을 갚아야 함

17 다음은 상속인 허각씨의 상속 여부에 대한 선택이다. 다음 중 효력이 인정되지 않는 것은?

① 피상속인 허당씨가 사망한 후 허당씨의 재산보다 부채가 많다고 판단한 상속인 허각씨는 허당씨의 사망일로부터 3개월 내에 상속재산의 목록을 첨부하여 상속포기서를 가정법원에 제출하였으며, 첨부된 목록에 부동산 1건이 누락되었다.
② 피상속인 허당씨의 사망일로부터 3개월이 지난 후 미처 알지 못했던 채무가 발견되었고, 상속인 허각씨는 그 사실을 안 날로부터 3개월 이내에 상속채무가 상속재산을 초과하는 사실을 중대한 과실 없이 법정 기한 내에 알지 못하였다는 점을 입증하여 한정승인을 하였다.
③ 상속인 허각씨는 상속재산 중 일부를 상속인들과 협의하여 처분한 후에 피상속인 허당씨의 사망일로부터 3개월 이내에 상속포기서를 가정법원에 제출하였다.
④ 피상속인 허당씨의 사망일로부터 3개월 내에 상속재산의 목록을 첨부하여 가정법원에 한정승인의 신고를 하였다. 피상속인의 가치가 낮은 시골 토지(시가 100만원)의 존재를 미처 알지 못해 재산목록에 기입하지 못하였고, 고의가 아님은 입증되었다.
⑤ 피상속인 허당씨가 사망한 후 허당씨의 재산보다 부채가 많다고 판단하여 가정법원에 한정승인을 신청하였다. 또한 허당씨의 상속채권자에 대한 변제를 완료한 후에 비로소 유증받은 자에게 변제하였다.

정답 | ③

해설 | ① 상속포기는 상속인이 법원에 대하여 하는 단독의 의사표시로서 포괄적·무조건적으로 하여야 하므로 상속포기는 재산목록을 첨부할 필요가 없다. 재산목록은 한정승인을 신청할 때 첨부한다.
② 상속인이 중대한 과실 없이 3개월 내에 상속채무의 초과 사실을 알지 못하고 단순승인을 한 경우에는 그 사실을 안 날로부터 3개월 이내에 한정승인을 할 수 있다. 이때 상속인이 상속채무가 상속재산을 초과하는 사실을 중대한 과실 없이 법정 기한 내에 알지 못하였다는 점은 채무자인 상속인이 입증하여야 한다.
③ 상속인이 한정승인 또는 포기를 하기 전에 상속재산을 처분한 때에는 상속인이 단순승인을 한 것으로 본다.
④ 단순승인의 사유 중 "고의로 재산목록에 기입하지 아니한 때"란 한정승인을 함에 있어 상속재산을 은닉하여 상속채권자를 해할 의사로써 상속재산을 재산목록에 기입하지 않는 것을 의미한다. 즉, 위 규정에 해당하기 위하여는 상속인이 어떠 한상속재산이 있음을 알면서 이를 재산목록에 기입하지 아니하였다는 사정만으로는 부족하고, 상속재산을 은닉하여 상속채권자를 사해할 의사, 즉 그 재산의 존재를 쉽게 알 수 없게 만들려는 의사가 있을 것이 필요하다. 이러한 사정은 이를 주장하는 측에서 증명하여야 한다.

TOPIC 6 유류분

18 강기수씨는 처 이강임씨와 아들 강윤성, 강석진, 강희식씨를 두었고, 상속개시 2년 전에 장남 강윤성씨에게 3억원을 증여하였고, 상속개시 1년 6개월 전에 유류분권이 침해된다는 사실을 잘 알면서도 토마토대학교에 9억원을 증여하였으며, 상속개시 8개월 전에 차남 강석진씨에게 3억원을 증여하였고, 처 이강임씨에게 150,000천원을 유증하였다. 상속개시 시 상속재산은 6억원이며 채무는 3억원이다. 이 경우 처 이강임씨와 막내 강희식씨의 유류분으로 적절한 것을 고르시오.

	이강임	강희식
①	1억원	66,666천원
②	150,000천원	1억원
③	2억원	133,334천원
④	3억원	2억원
⑤	6억원	4억원

정답 | ④

해설 | • 유류분산정의 기초재산 : 상속재산 6억원 + 강윤성에 대한 증여 3억원 + 토마토대학교에 대한 악의의 증여 9억원 + 강석진에 대한 증여 3억원 − 채무 3억원 = 18억원

*유류분산정의 기초재산에 합산되는 증여재산
- 상속인인 경우 : 기간에 관계없이 모두 포함
- 비상속인인 경우
  ⓐ 1년 이내 : 포함 ○
  ⓑ 1년 이전 : 선의인 경우 − 포함 ×
            악의인 경우 − 포함 ○
• 이강임씨의 유류분 : 18억원 × 3/9 × 1/2 = 3억원
• 강희식씨의 유류분 : 18억원 × 2/9 × 1/2 = 2억원

19 정현욱씨는 상속재산 42억원을 남기고 지병으로 사망하였다. 가족으로는 부인 이민아씨와 첫째 정인영, 둘째 정준하, 셋째 정준기를 두고 있고, 아버지 정만호씨와 어머니 김신영씨가 있다. 정현욱씨가 42억원의 상속재산 중 33억원을 친구인 조문호씨에게 유증하였을 경우, 부인 이민아씨가 조문호씨에게 반환청구할 수 있는 유류분 금액으로 가장 적절한 것을 고르시오.

① 2억원
② 2.5억원
③ 3억원
④ 3.5억원
⑤ 4억원

정답 | ⑤
해설 | • 이민아씨의 유류분 : 42억원×3/9×1/2=7억원
- 실제 상속분 : (42억원-33억원)×3/9=3억원
- 이민아씨가 조문호씨에게 반환청구할 수 있는 유류분=7억원-3억원=4억원

20 박용택씨는 어려서 아버지를 여의고 어머니인 정유미씨와 함께 살아왔다. 형제로는 아버지는 같지만 이복형인 박병호씨와 친동생인 박용근씨와 박태환씨가 있다. 아버지 사후 박용택씨는 어머니와 함께 사업에 성공하여 부유하게 생활하였으나, 최근 정유미씨가 지병으로 사망하였다. 이 사례에 대한 다음 설명 중 적절한 것을 모두 고르시오.(단, 각 답지는 별개의 사항이다.)

> 가. 정유미씨가 박병호씨를 귀히 여겨 유증하더라도 박병호씨는 유증을 받을 수 없다.
> 나. 박용택씨가 어머니의 사업에 크게 기여한 부분이 있다면 가정법원의 심판에 의해서만 기여분을 인정받을 수 있다.
> 다. 상속재산 분할협의는 박병호, 박용택, 박용근, 박태환씨 전원이 참가하여 전원의 동의가 있어야 한다.
> 라. 정유미씨가 박병호씨에게 한 유증이 박용택씨의 기여분을 침해하는 경우라도 이 유증은 유효하다.
> 마. 정유미씨가 2년 전 박병호씨에게 유류분침해사실을 쌍방이 알면서도 전 재산을 증여한 경우, 박용택씨는 박병호씨에게 유류분을 주장할 수 없다.

① 가, 라
② 나, 다, 마
③ 다, 마
④ 라
⑤ 라, 마

정답 | ④
해설 | 가. 정유미씨가 박병호씨를 귀히 여겨 유증할 경우 박병호씨는 유증을 받을 수 있다.
나. 기여분은 상속인들의 협의에 의해 결정해야 하고 협의가 되지 않는 경우 가정법원에 신청하여 조정 또는 판결로 기여분을 결정한다.
다. 계모와 자식 간에는 상속이 이루어지지 않는다. 따라서 상속재산 분할협의는 박용택, 용근, 박태환씨 전원이 참가하여 전원의 동의가 있어야 한다.
라. 기여분은 상속이 개시된 때의 피상속인 재산가액에서 유증의 가액을 공제한 액을 넘지 못한다. 즉, 유증이 기여분보다 우선한다. 따라서, 유증시에는 기여분의 가액을 알 수 없으므로 유효하다.
마. 정유미씨가 2년 전 박병호씨에게 증여한 전 재산은 비록 사망 1년 전에 이루어진 것이지만 다른 상속인의 유류분을 침해할 것을 알면서도 한 것으로 볼 수 있다. 따라서 박용택씨는 박병호씨에게 유류분을 주장할 수 있다.

21 나열심씨는 고집녀씨와 재혼하여 아들 나태평씨, 딸 나기쁨씨를 낳았다. 한편 이혼한 전처인 한송이씨는 재혼하지 않고 살고 있으며 아들인 나도좀씨와 함께 살고 있다. 나열심씨는 사망하기 2년 전 한송이씨에게 10억원, 3년 전 나도좀씨에게 2억원을 증여하였고 나열심씨만 유류분 침해사실을 알고 있었다. 나열심씨의 재산은 7억원이 있었으며 나기쁨씨에게 1억원을 유증하였다. 다음 중 적절한 것은?

① 만약 한송이씨가 유류분 침해사실을 몰랐다고 하더라도 나열심씨가 유류분 침해사실을 알고 있었으므로, 상속인들은 한송이씨에게 유류분 반환청구를 할 수 있다.
② 상속을 받을수 있는 자는 고집녀, 나태평, 나기쁨씨 세명이다.
③ 고집녀씨의 유류분은 3억원이다.
④ 나기쁨씨의 구체적 상속분은 1억원이다.
⑤ 유류분 산정 기초재산＝상속개시 시의 상속재산＋증여재산＋유증재산－상속채무

정답 | ④
해설 | *유류분산정의 기초재산에 합산되는 증여재산
- 상속인인 경우 : 기간에 관계없이 모두 포함
- 비상속인인 경우
  ⓐ 1년 이내 : 포함 ○
  ⓑ 1년 이전 : 선의인 경우－포함 ×
     악의인 경우－포함 ○

① 유류분산정 기초재산에 가산되는 증여는 상속개시 전 1년 이내에 이루어진 것에 한하지만, 당사자 쌍방이 유류분권리자에 손해를 가할 것을 알고 증여를 한 때에는 1년 이전에 한 것도 가산한다. 사례에서는 증여 당사자 중의 일방(나열심)만 악의인 경우이므로 상속개시 전 1년 이전의 증여는 포함되지 않는다.
② 상속인은 고집녀(3/9), 나태평(2/9), 나기쁨(2/9), 나도좀(2/9)씨이다.
③ 고집녀씨의 유류분 : 9억원×3/9×1/2＝1.5억원
④ 나기쁨씨의 상속분 : 9억원×2/9－1억원＝1억원
⑤ 유류분 산정 기초재산＝상속개시 시의 상속재산＋증여재산－상속채무

TOPIC 7 상속세

22 거주자 최의성은 2025. 5. 19. 사망하였다. 최의성의 상속개시일 전 3년간 재산처분 내역, 예금 순인출액 및 채무부담내역은 다음과 같다. 최의성의 상속재산 중 추정상속재산 가액으로 가장 적절한 것은?

- 예금인출내역
  - 2024. 1. 5. 피상속인의 순예금을 350,000천원을 인출하여 사용하였으며, 상속개시일 현재 사용용도가 입증 된 금액은 100,000천원임
- 부동산 처분 내역
  - 2024. 7. 2. 보유부동산을 150,000천원에 처분하였으며, 상속개시일 현재 사용용도가 입증 된 금액은 50,000천원임
  - 2023. 8. 6. 보유 상가를 500,000천원에 처분하였으며, 상속개시일 현재 사용용도가 입증 된 금액은 100,000천원임
- 채무부담내역
  - 2023. 6. 15. 금융기관에서 최의성씨 명의로 600,000천원을 차입하였으며 상속개시일 현재 사용용도가 입증되는 금액은 200,000천원임

① 480,000천원 ② 520,000천원
③ 600,000천원 ④ 650,000천원
⑤ 920,000천원

정답 | ④
해설 | 1. 예금순인출금액 = 0원
: 1년 이내 2억원 미만, 2년 이내 5억원 미만이므로 추정상속재산 발생액은 없음
2. 부동산처분액 = 370,000천원
: 1년 이내 2억원 미만, 2년 이내 5억원 이상(650,000천원)임
- 추정상속재산 = 미입증금액(650,000천원 - 150,000천원) - Min{처분가액×20%(130,000천원), 2억원}
3. 채무부담액 = 280,000천원
: 1년 이내 2억원 미만, 2년 이내 5억원 이상(600,000천원)임
- 추정상속재산 = 미입증금액(600,000천원 - 200,000천원) - Min{처분가액×20%(120,000천원), 2억원}

23 거주자 최의성씨는 2025년 12월 2일에 사망하였다. 생전에 증여한 내역이 다음과 같을 때 상속재산에 가산 할 사전증여재산으로 적절한 것을 고르시오.

수증자	증여일	증여재산평가액	상속당시재산평가액
딸	2014. 2. 16	2억	3억
배우자	2018. 5. 19	3억	4억
부친	2020. 11. 30	4억	6억
손자	2021. 2. 3	1억	1억

① 3억원
② 4억원
③ 6억원
④ 8억원
⑤ 10억원

정답 | ②
해설 | 상속인(배우자, 자녀)에게 증여한 재산은 상속개시일로부터 10년 이내 증여분만 합산하고 상속인이 아닌 자에게 증여한 재산은 상속개시일로부터 5년 이내 증여분만 합산된다. 따라서 배우자, 손자에게 증여한 재산만 합산과세하고 합산과세하는 증여재산가액은 증여 당시의 증여재산 평가액이다.

24 A는 2025년 5월 25일 사망하였다. 다음 자료를 바탕으로 A의 상속세 계산시 상속세 과세표준으로 적절한 것을 고르시오

[A의 상속관련 자료]
- 상속세 과세표준 = 본래의 상속재산 + 사전증여재산가액 − 상속공제
- A의 상속재산은 배우자, 아들이 모두 상속받는다.
- 본래의 상속재산 5,500,000천원
- 상속공제는 일괄공제, 배우자상속공제(500,000천원으로 가정함), 금융재산상속공제만 적용한다.
  − 금융재산상속공제 적용 대상 순금융재산은 80,000천원으로 가정한다.

수증자	증여일	증여재산평가액	상속당시재산평가액
배우자	2014년 6월 20일	1,000,000천원	2,000,000천원
아들	2016년 7월 15일	3,000,000천원	4,000,000천원
손자	2019년 6월 10일	500,000천원	600,000천원
손녀	2020년 7월 20일	350,000천원	450,000천원
사위	2021년 8월 15일	150,000천원	250,000천원
이모	2022년 9월 12일	100,000천원	200,000천원

① 7,830,000천원
② 7,980,000천원
③ 8,080,000천원
④ 8,120,000천원
⑤ 9,380,000천원

정답 | ③

해설 | ※ 다음 기간 이내에 피상속인이 사전증여한 재산은 상속재산에 가산한다.
- 상속인에게 증여 : 상속개시일 전 10년 이내
- 비상속인에게 증여 : 상속개시일 전 10년 이내

※ 상속재산에 가산되는 증여자산가액은 상속개시 당시가 아닌 당초 증여당시의 증여재산가액으로 평가한다.

- 상속세 과세표준 : 8,080,000천원

	본래의 상속재산	5,500,000천원
+	사전증여재산	3,600,000천원
=	상속세 과세가액	9,100,000천원
−	상속공제	1,020,000천원
=	상속세 과세표준	8,080,000천원

- 위 사례에서 사전증여재산 = 3,000,000(아들) + 350,000(손녀) + 150,000(사위) + 100,000(이모)
  = 3,600,000천원
- 상속공제 = 500,000(일괄공제) + 500,000(배우자상속공제) + 20,000(금융재산상속공제)
  = 1,020,000천원

25 다음 자료를 토대로 계산한 상속세 과세가액으로 적절한 것은?

- 피상속인(거주자)의 상속개시일 : 2025. 8. 1
- 상속개시일 현재 보유한 부동산의 상증법상 상속재산 평가액 : 2,000,000천원
- 피상속인이 수령한 보험금 400,000천원(불입보험료 중 50%는 배우자가 불입함)
- 채무 : 상속개시일 현재 채무는 500,000천원(금융기관 채무 없음)

① 1,695,000 천원 ② 1,700,000 천원
③ 1,895,000 천원 ④ 1,900,000 천원
⑤ 2,200,000 천원

정답 | ②

해설 |

	본래의 상속재산	20억원
+	간주상속재산 : 보험금 4억원×50% =	2억원
−	채무	5억원
−	장례비용	5,000천원
=		1,695,000천원

26 다음 자료에 의하여 2025년 5월에 사망한 A의 상속세 과세표준을 계산하시오.

- 상속세 과세표준은 [본래의 상속재산+사전증여재산가액−상속공제]로 산출함
- 본래의 상속재산 : 2,000,000천원
- A가 사전 증여한 재산

수증자	증여일	증여재산	증여일 현재 평가액	상속개시일 현재 평가액
배우자	2017. 3.	주택	200,000천원	400,000천원
아들	2012. 5.	상가	300,000천원	600,000천원

- 상속공제는 다음 항목만 적용함
  - 일괄공제
  - 배우자 상속공제 : 500,000천원을 적용함
  - 금융재산 상속공제 : 금융재산 상속공제 적용대상 순금융재산가액은 70,000천원이라고 가정함

① 1,180,000천원 ② 1,186,000천원
③ 1,200,000천원 ④ 2,000,000천원
⑤ 2,200,000천원

정답 | ①
해설 |

	본래의 상속재산	20억원
=	총상속재산가액	20억원
+	사전증여재산가액	2억원
=	상속세과세가액	22억원
−	상속공제	10.2억원
=	상속세 과세표준	11.8억원

27. 다음의 자료에 의하여 상속세 산출세액을 계산하시오.

- (피상속인의 재산에 대한 상증법상평가액)
  주택 30억
  부동산 59억
  금융재산 11억

- (기타정보)
  • 장례비 12,000천원(입증서류 있음)
  • 가족사항 : 배우자, 성년자녀 2명
  • 일괄공제를 받기로 함
  • 가능한 최대로 절세하려함.
  • 사전증여나 상속인이 아닌 자에게 증여한 재산 없음
  • [상속세 세율 및 누진공제]
    - 10억 초과~30억 이하 : 40%, 누진공제 : 160,000천원
    - 30억 초과~ : 50%, 누진공제 : 460,000천원

① 2,685,000천원 ② 2,785,000천원
③ 2,790,000천원 ④ 3,935,000천원
⑤ 4,035,000천원

정답 | ①
해설 | 상속재산 100억 − 장례비 10,000 − 일괄공제 5억 − 배우자공제 30억 − 금융재산공제 2억
= 6,290,000 × 0.5 − 460,000 = 2,685,000

27. 다음 정보를 고려할 때 거주자A(50세) 사망에 따른 상속세 과세표준 계산 시 최대한 적용받을 수 있는 기초공제와 그밖의 인적공제의 합계액은 얼마인가?(단, 일괄공제가 더 큰경우, 일괄공제를 선택하시오.)

• A의 사망시 상속재산은 20억이다.

[A의 동거가족 현황]
• 배우자 : B, 45세
• 장남 : A1, 25세
• 차남 : A2, 16세(19세가 될 때까지의 연수는 3년이라고 가정)
• 부친 : 강일남, 70세, 장애인(기대여명 연수는 10년이라고 가정)
• 모친 : 최혜진, 63세

① 280,000천원   ② 330,000천원
③ 480,000천원   ④ 500,000천원
⑤ 530,000천원

정답 | ④
해설 | 1. 항목별 공제 : 4.8억원
   ⓐ 기초공제 : 2억원
   ⓑ 그 밖의 인적공제 : 2.8억원
     • 자녀공제 = 2인(A1, A2) × 50,000천원 = 100,000천원
     • 미성년자 공제 = 1인(자녀) × 3년 × 10,000천원 = 30,000천원
     • 연로자공제(65세 이상) = 1인(부친) × 50,000천원 = 50,000천원
     • 장애인공제 = 1인(부친) × 10년 × 10,000천원 = 100,000천원
     • 그 밖의 인적공제 합계액 : 280,000천원
        = 100,000 + 30,000 + 50,000 + 100,000 = 280,000천원
2. 일괄공제 : 5억원
3. 항목별공제(4.8억원) < 일괄공제(5억원) → 일괄공제를 받는 것이 유리하다.

28. 거주자 최의성의 사망 당시 재산이 다음과 같을 경우, 금융재산상속공제액으로 가장 적절한 것은?

- 은행예금 평가액(세후 이자상당액 포함) : 400,000천원
- 최의성씨의 사망으로 지급된 사망보험금 : 300,000천원(보험료의 1/2은 배우자 조아라씨가 자력으로 납부하였고, 나머지는 최의성씨가 불입함)
- 채권 평가액(세후 이자상당액 포함) : 100,000천원
- 주식(최의성씨가 최대주주임) : 250,000천원
- 현금 : 100,000천원
- 국내 은행의 대출금 잔액(미지급이자 포함) : 200,000천원
- 최의성 소유 상가의 임대보증금 : 100,000천원
- 최의성의 친구 김용완에게 빌린 채무 : 50,000천원

① 90,000천원   ② 140,000천원
③ 160,000천원   ④ 190,000천원
⑤ 200,000천원

정답 | ①
해설 | • 순금융재산재산가액 = 4.5억원
      = 은행예금 + 사망보험금 + 채권 − 은행대출금 = 4억원 + 1.5억원 + 1억원 − 2억원
      ☞ 사망보험금 상속평가액 = 사망보험금(3억원) × 피상속인불입액/총보험료(1/2) = 1.5억원
    • 금융재산상속공제액 = 4.5억원 × 20% = 9,000만원

※ 금융재산 상속공제는 상속재산 중 예금, 보험금, 채권, 주식, 수익증권 등의 금융재산이 포함되어 있는 경우 그 금융재산 합계액에서 피상속인의 금융채무를 차감한 순금융재산에 대해 공제한다.
※ 다만, 현금은 금융재산에 포함하지 않으며, 최대주주와 그 특수관계인이 보유한 주식 및 출자지분과 상속세 법정 신고기한까지 신고하지 아니한 타인명의 금융재산은 공제대상에서 제외한다.

29 다음의 거주자 존박씨의 상속 자료를 토대로 계산할 경우 동거주택상속공제액으로 적절한 것을 고르시오.

[참고]
가. 상속개시일 : 20×1년 11월 6일
나. 상속 당시 존박씨 세대의 주택으로는 존박씨가 상속한 아파트 1채뿐임
다. 상속주택평가가액 : 800,000천원
라. 상속주택에 대한 공동주택가격 : 600,000천원
마. 상속주택 취득시 필요경비 : 40,000천원
바. 상속주택의 상속인 : 배우자 김은비씨로 존박씨와 상속개시일로 소급하여 12년 동안 계속하여 함께 거주함

① 0원
② 500,000천원
③ 560,000천원
④ 600,000천원
⑤ 800,000천원

정답 | ①
해설 | 동거주택상속공제는 직계비속만 가능하다(배우자는 불가).

TOPIC 8 증여세

30 77세의 거주자 박기태씨는 절친한 친구가 사망한 후 그 유가족들이 막대한 상속세를 납부하는 것을 보고, 상속세에 대한 관심을 매우 많이 갖게 되었다. 상속세 절세의 상담을 통해 사전증여의 중요성을 깨달은 박기태씨는 재무설계사인 양지성씨에게 상속설계에 대한 상담 중 자신의 부동산을 자녀에게 사전에 증여하는 것이 좋다는 조언과 함께 그중 상가 A를 손자 박용택(30세, 증여세를 낼 여력이 있음)씨에게 증여하는 방안을 제안받았다. 다음 자료를 토대로 박용택씨가 납부해야할 증여세로 적절한 것을 고르시오.

- 증여일 현재 상가 A의 상증법상 평가가액 : 8억원
- 증여일 현재 상가 A의 기준시가 : 6억원
- 증여일 현재 상가 A와 관련된 임대보증금 : 1억원
- 증여일 현재 상가 A와 관련된 대출금 : 3억원
- 은행에 4억원을 담보대출을 받은 상태이며, 등기부등본상 5억원으로 근저당 설정되어 있음
- 부동산과 관련된 채무는 박용택씨가 모두 인수함
- 박용택씨는 상기 증여받은 상가를 제외하고는 누구에게도 증여받은 재산이 없음
- 박기태씨는 현재까지 금번 양도 상가 이외에는 양도소득세고세대상 자산을 양도한 적이 없음
- 증여세와 양도소득세는 각각 법정신고기한과 예정신고기한 이내에 신고하고 납부한다고 가정함

① 58,200천원 ② 60,000천원
③ 68,000천원 ④ 75,660천원
⑤ 78,000천원

정답 | ④

해설 |

	증여재산가액	800,000천원
−	부채액	400,000천원
=	증여세 과세가액	400,000천원
−	증여재산공제	50,000천원
=	증여세 과세표준	350,000천원
×	세율(20% 누진공제 10,000천원)	
=	산출세액	60,000천원
+	할증세액	18,000천원
=	산출세액계	78,000천원
−	신고세액공제(3%)	2,340천원
=	납부할세액	75,660천원

31 김동국씨는 20×1년 9월 1일 자신의 장남 김종수에게 보유하고 있던 비상장 중소법인 주식 100,000주를 1주당 20,000원에 양도하였다. 양도일인 20×1년 9월 1일 현재의 상증법상 주식의 평가액이 1주당 28,000원일 경우, 증여재산가액은?

① 0원
② 3억원
③ 4억원
④ 5억원
⑤ 6억원

정답 | ④
해설 | (28억원 − 20억원) − Min[28억원×30%, 3억원] = 8억원 − 3억원 = 5억원

32 다음은 20×1년도 중 거래된 내역이다. 상속세 및 증여세법상 저가양수에 따른 이익의 증여에 대한 증여재산가액을 올바르게 연결한 것은?(단, 주어진 자료는 각각 별개의 사례이며, 모두 그 대가가 정당하다고 입증되지 않았다.)

[case1]
상속세 및 증여세법상 시가 10,000,000천원에 상당하는 상가를 특수관계인에게 9,600,000천원에 양도하였다.

[case2]
상속세 및 증여세법상 시가 1,100,000천원에 상당하는 토지를 특수관계인이 아닌 자에게 790,000천원에 양도하였다.

	[case1]	[case2]
①	100,000천원	증여세 과세대상이 아님
②	100,000천원	10,000천원
③	300,000천원	증여세 과세대상이 아님
④	400,000천원	10,000천원
⑤	400,000천원	증여세 과세대상이 아님

정답 | ①
해설 | [case1]
특수관계인 간의 거래에서 시가와 대가의 차액(400,000천원)이 시가의 30%(3,000,000천원) 이상 또는 3억원 이상에 해당하므로 상증법상 저가양수에 따른 이익으로 증여세 과세 대상임
- 증여재산가액 : 100,000천원
  = (10,000,000 − 9,600,000) − Min[10,000,000×30%, 300,000] = 100,000

[case2]
특수관계인이 아닌 자 간의 거래에서 시가와 대가의 차액(310,000천원)이 시가의 30%(330,000천원) 이상에 해당하지 않으므로 증여세 과세대상이 아님
- 증여재산가액 : 0원

33 A는 B에게 상속세 및 증여세법상 시가가 800,000천원인 부동산을 500,000천원에 양도하였다. 다음 상황에 따라 각각의 증여재산가액으로 적절한 것을 고르시오.(단, 거래 대가의 정당성은 입증되지 않았다.)

[case1]
특수관계자인 경우

[case2]
특수관계자가 아닌 경우

	[case1]	[case2]
①	0	0
②	60,000천원	0
③	60,000천원	60,000천원
④	0	60,000천원
⑤	300,000천원	60,000천원

정답 | ②

해설 | [case1] 특수관계자인 경우
　　특수관계인 간의 거래에서 시가와 대가의 차액(300,000천원)이 시가의 30%(240,000천원) 이상 또는 3억원 이상에 해당하므로 상증법상 저가양수에 따른 이익으로 증여세 과세 대상임
　• 증여재산가액 : 60,000천원
　　= (800,000 − 500,000) − Min[800,000 × 30%, 300,000] = 60,000천원

[case2] 특수관계자가 아닌 경우
　　특수관계인이 아닌 자 간의 거래에서 시가와 대가의 차액(300,000천원)이 시가의 30%(240,000천원) 이상에 해당하므로 상증법상 저가양수에 따른 이익으로 증여세 과세대상임. 하지만 증여재산가액은 0원임
　• 증여재산가액 : 0
　　= (800,000 − 500,000) − 300,000 = 0

34 2025년 11월 3일 현재 25세인 거주자 김하늘씨는 할아버지인 김동주씨로부터 12억원을 증여받았다. 김하늘씨가 2017년 8월 김동주씨로부터 4억원을 증여받은 것을 제외하고는 어떠한 증여도 받지 않았을 경우, 김하늘씨가 금번 증여를 통해 납부하게 될 증여세 산출세액 계로 적절한 것을 고르시오.

① 460,000천원
② 472,000천원
③ 480,000천원
④ 598,000천원
⑤ 613,600천원

정답 | ④
해설 | 증여재산가액 : 12억원
　　　기 증여재산가액 : 4억원
　　　증여세 과세가액 : 16억원
　　　증여재산공제 : 2017년 당시 20,000천원(미성년자) + 2025년 30,000천원 = 50,000천원
　　　증여세 과세표준 : 1,550,000천원
　　　증여세 세율 : 40% − 160,000천원
　　　산출세액 : 460,000천원
　　　세대생략가산액 : 30% 할증
　　　산출세액 계 : 598,000천원

35 박재현씨는 직계존속 및 친족으로부터 많은 재산을 증여받았다. 아래 박재현씨의 과거 증여 내역을 토대로, 금번 2025년 12월 2일 모친이 추가로 증여할 경우 증여재산에 가산할 과거의 증여재산가액은 얼마인가?

구분	증여일	증여재산	증여 당시 재산평가액	현재 재산 평가액
부친	2014년 2월 1일	아파트	2억원	2.5억원
큰아버지	2016년 11월 3일	주식	1억원	2억원
할머니	2019년 2월 4일	임대상가	3억원	2억원
할아버지	2020년 4월 17일	단독주택	2억원	3억원
모친	2023년 4월 6일	주식	4억원	5억원
부친	2024년 3월 2일	임야	1억원	1.5억원

① 5억원
② 6.5억원
③ 7억원
④ 9억원
⑤ 11.5억원

정답 | ①
해설 | 금번 모친의 증여에 포함되는 과거 증여재산은 2023. 4. 6의 모친으로부터 증여 4억원과 2024. 3. 2의 부친으로부터 증여 1억원이다. 2014. 2. 1의 부친 증여는 10년이 지났기 때문에 금번 증여와 합산하지 않으며, 큰아버지, 할머니, 할아버지의 증여는 모친과 동일인으로 보지 않아 합산하지 않는다.

36 다음 A씨(40세)가 현재까지 증여받은 내역을 고려할 때 2025년 5월 어머니로부터 증여받은 재산에 대한 증여세 계산 시 최대한 적용받을 수 있는 증여재산공제액으로 가장 적절 한 것은?

구분	증여일	증여재산	증여 당시 재산평가액	현재 재산 평가액
아버지	2012년 2월	현금	50,000천원	50,000천원
할아버지	2015년 3월	아파트	500,000천원	600,000천원
할머니	2023년 7월	상가	200,000천원	400,000천원
어머니	2025년 5월	주식	100,000천원	150,000천원

정답 | ①

해설 |
- 2012년 아버지(직계존속)의 증여 당시 30,000천원 공제
- 2015년 할아버지(직계존속)의 증여 당시 20,000천원 공제
  → 증여재산공제 한도 상향으로 50,000천원 중 20,000천원 공제 가능(2012 아버지의 증여는 2015년으로부터 10년 이내에 해당하므로 증여재산공제액 50,000천원 중 이미 공제받은 30,000천원을 차감한 20,000천원을 공제받을 수 있음)
- 2023년 할머니(직계존속)의 증여 시 20,000천원 공제
  → 2023년 아버지로부터 수증 시 직계존속 증여재산공제 50,000천원 중 10년 내 기사용 액(2015년 할아버지로부터의 수증 시 20,000천원 사용)을 제외한 30,000천원 공제 가능
- 2025년 어머니(직계존속)의 증여 시 30,000천원 공제
  → 2025년 어머니로부터 수증 시 직계존속 증여재산공제 50,000천원 중 10년 내 기사용 액(2023년 할머니로부터의 수증 시 20,000천원 사용)을 제외한 30,000천원 공제 가능

[증여재산공제 정리]

증여자	증여재산 공제액
배우자(사실혼 제외)	6억원
직계존속 (2010. 1. 1 이후 계부 · 계모 포함)	① 5천만원(수증자가 미성년이면 2천만원) (2014. 1. 1. 이후 증여받는 분부터 적용. 종전 증여분은 3천만원) ② 혼인 · 출산공제 : 1억원 (2024. 1. 1. 이후 증여받는 분부터 적용)
직계비속 (수증자와 혼인 중인 배우자의 직계비속 포함)	5천만원 (2016. 1. 1. 이후 증여받는 분부터 적용, 종전 증여분은 3천만원)
기타 친족 (6촌 이내의 혈족, 4촌 이내의 인척)	1천만원 (2016. 1. 1. 이후 증여받는 분부터 적용, 종전 증여분은 5백만원)

37 거주자 이만석(33세)씨는 모친인 이복자(62세)씨로부터 20×1년 7월 14일에 증여재산가액 10억원의 아파트를 증여받는다면, 아래 자료를 토대로 증여세를 계산 시 납부할 증여세로 적절한 것을 고르시오.(단, 증여세는 법정신고기한 이내에 신고한다고 가정한다.)

- 이만석씨는 이복자씨로부터 2년 전에 창업자금으로 현금 30억원(창업자금에 대한 증여세 과세특례규정을 모두 갖추었음)을 증여받았다.
- 이만석씨는 부친으로부터 3년 전에 증여재산가액 3억원의 상가를 증여받았다.
- 이만석씨는 상기 외 증여를 받은 적이 없음

① 216,000천원　　　　　　　　② 291,000천원
③ 300,000천원　　　　　　　　④ 340,000천원
⑤ 348,000천원

정답 | ②
해설 | ※ 동일인으로부터 10년 이내에 증여를 받더라도 창업자금은 그 외 증여재산과 합산과세가 되지 않음

	증여재산가액	1,000,000천원
+	기 증여재산가액	300,000천원
=	증여세 과세가액	1,300,000천원
−	증여재산공제	50,000천원
=	증여세 과세표준	1,250,000천원
×	세율(40%, 누진공제 160,000천원)	
=	산출세액	340,000천원
−	기납부세액 공제	40,000천원 = (300,000천원 − 50,000천원)×20% − 10,000천원
−	신고세액공제	9,000천원 = (340,000천원 − 40,000천원)×3%
	납부할세액	291,000천원

38 거주자인 홍길동씨(40세, 직장인)는 2025년 7월 8일에 아버지에게 상가를 증여받았다. 홍길동씨는 금번 증여이외에도 여러차례 증여를 받았으며 그 내역은 아래와 같다. 금번 증여에 따른 증여세 산출세액은 얼마인가?

구분	증여일	증여재산	기 증여당시 증여재산평가액	금번 증여당시 증여재산평가액
어머니	2013. 4. 25	토지	3억원	6억원
형	2016. 9. 7	현금	5천만원	5천만원
어머니	2018. 10 8	상가	5억원	10억원
할머니	2023. 2. 9	아파트	7억원	9억원
아버지	2025. 7. 8	상가	–	10억원

① 350,200천원　　② 385,200천원
③ 428,000천원　　④ 588,000천원
⑤ 650,000천원

정답 | ③
해설 | 이번 아버지로부터의 증여 + 2018년 어머니로부터의 증여만 합산된다.
(10억 + 5억) − 50,000천원 = 1,450,000천원
∴ 1,450,000천원 × 0.4 − 160,000천원 = 420,000천원

39 박명자씨는 20×1년 8월 24일에 시가 8억원(부대비용 포함)의 상가를 배우자인 조운학씨가 자신의 명의로 취득하자 너무나 기뻐하였는데, 몇 개월 지나 관할세무서에서 상가 취득자금을 소명하라는 안내장을 받았다. 세법상 소명금액으로 인정받은 금액이 6억원인 경우 재산취득에 따른 증여추정 증여재산가액은 얼마인지 적절한 것을 고르시오.

① 40,000천원　　② 150,000천원
③ 160,000천원　　④ 200,000천원
⑤ 800,000천원

정답 | ④
해설 | 재산취득 채무상환자금의 출처를 입증하지 못한 경우에 입증하지 못한 금액은 증여재산으로 추정된다. 다만 입증하지 못한 금액이 재산취득 또는 채무상환금액의 20%와 2억원 중 적은 금액에 미달하는 경우는 제외한다. 즉, 증여추정금액은 입증하지 못한 금액 ≥ min[취득금액 × 20%, 2억원]인 경우, 입증하지 못한 금액 전체에 대해 증여재산가액으로 추정된다.

- 입증하지 못한 금액 vs min[취득금액 × 20%, 2억원]
- 8억원 − 6억원 = 2억원 > min[8억원 × 20%, 2억원] = 1.6억원
∴ 입증하지 못한 금액 전체인 2억원이 증여추정 증여재산가액이 된다.

40 피상속인(김선빈 45세)의 소유인 임대상가(건물에 딸린 토지 포함)를 상속받았을 경우 다음의 임대상가의 임대조건을 토대로 계산한다면 상증법상 임대상가의 상속재산 평가가액으로 가장 적절한 것을 고르시오.

- 임대상가의 매매사실 등 상증법상 시가로 볼 수 있는 가액이 없음
- 국세청장이 지정한 지역에 소재한 상업용건물이 아님
- 토지 개별공시지가 : 500,000천원
- 건물 국세청장 산정·고시한 건물기준시가 : 250,000천원
- 임대보증금 : 200,000천원
- 월 임대료 : 6,000천원

① 600,000천원 ② 650,000천원
③ 700,000천원 ④ 750,000천원
⑤ 800,000천원

정답 I ⑤
해설 I 임대차계약이 체결된 임대상가에 대한 상속재산의 평가 : max[ⓐ, ⓑ]
   ⓐ 보충적 평가방법에 의한 평가액 = 5억원 + 2.5억원 = 7.5억원
   ⓑ 1년간 임대료/12% + 임대보증금 = (6,000천원×12)/0.12 + 2억원 = 8억원

41 김마토씨는 사업승계를 위해 본인이 보유하고 있는 (주)토마토(비상장중소기업)의 주식 중 일부(6,000주)를 아들에게 증여하고자 한다. 평가기준일 현재(20×4년 1월 초) 상속세 및 증여세법상 비상장주식의 보충적 평가방법에 따라 평가할 경우 주식 평가액(6,000주)으로 적절한 것은?

- (주)토마토의 발행주식 총수 : 10,000주
- 김마토의 보유주식수 : 7,000주(70%의 지분을 소유한 최대주주임)
- 평가기준일 현재(20×4년 1월 초) 순자산가액 : 50,000천원
- 1주당 최근 3년간 순손익액

구분	20×1년	20×2년	20×3년
1주당 순손익액	800원	900원	1000원

※ (주)토마토는 부동산 과다보유 법인이 아니며, 영업권평가액은 없다고 가정하고, 신용평가기관 등이 산출한 추정이익을 순손익액으로 계산하지 않았으며, 순자산가치로만 주식을 평가하는 법인에 해당하지 않음

정답 I
해설 I • 1주당 순자산가치 : 5,000원
     = 50,000,000원 ÷ 10,000주
   • 1주당순손익가치 : 9,000원
     = 최근 3개년도의 1주당 순손익액의 가중평균액 ÷ 순손익가치 환원율(10%)
     = [(1,000원×3 + 900원×2 + 600) ÷ 6] ÷ 10%

- 1주당 평가액 : 7,400원
  = 순자산가치와 순손익가치를 3 : 2로 가중평균
  = (5,000원×2 + 9,000원×3) ÷ 5
  ※ 1주당 평가액의 최저한도 = 1주당 순자산가치×80% = 4,000원
- 아들에게 증여한 주식 6,000주의 평가액 : 7,400원×6,000주 = 44,400천원
  ※ 최대주주 및 그 특수관계인이 보유한 주식의 경우에는 평가가액의 20%를 가산하지만, (주)토마토와 같이 중소기업인 경우에는 할증평가하지 않는다.

42 A(60세)는 부동산X를 아들 B(30)에게 부담부증여하고자 한다. 다음 정보를 고려할 때 20×1는 5월 중 부동산X를 아들에게 부담부증여 시 증여세 산출세액으로 가장 적절한 것은?(단, 증여세 과세표준 계산 시 채무액 및 증여재산공제만 고려하며, 10년 내 A와 B 사이의 다른 증여거래는 없었던 것으로 가정한다.)

- 부동산X 부담부증여 관련 정보
  - 상속세 및 증여세법상 부동산X 증여재산 평가가액 700,000천원
  - 부동산X에 담보된 채무액(저당권) 200,000천원(채무액 인수가 인정된다고 가정)

① 77,600천원 ② 80,000천원
③ 81,480천원 ④ 84,000천원
⑤ 90,000천원

정답 | ②
해설 | • 증여세 산출세액 : 80,000천원

	증여재산가액	700,000천원
−	채무 부담액	200,000천원
=	증여세 과세가액	500,000천원
−	증여재산공제	50,000천원
=	증여세과세표준	450,000천원
×	세율, 누진공제	20% − 10,000천원
=	증여세산출세액	80,000천원

MEMO

PART **02**

복합사례

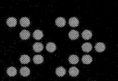

CONTENTS

CHAPTER 01 | 복합사례 기본 A 유형
CHAPTER 02 | 복합사례 기본 B 유형
CHAPTER 03 | 복합사례 응용 A – b 유형
CHAPTER 04 | 복합사례 응용 B – a 유형
CHAPTER 05 | 복합사례 응용 A – B 유형

CHAPTER 01 복합사례 기본 A 유형

> ••• 복합사례(재무/투자/은퇴)

※ 김동명씨는 자녀가 초등학교에 입학함에 따라 가족의 전반적인 재무 상황 분석을 원하고 있다. 김동명씨는 20××년 1월 초 CFP® 자격인증자인 박소진씨를 만나 재무 상담을 진행하였다.

Ⅰ. 고객정보(나이는 20××년 1월 초 만 나이임)
- 동거 가족관계(배우자 및 직계비속)
  - 김동명(37세) : 중소기업 과장
  - 박미진(37세) : 부인, 중소기업 과장
  - 김세진(7세) : 아들, 올해 초등학교 1학년이 됨
- 주거상황
  - 경기도 소재 아파트 A
  - 아파트는 구입 시 주택모기지론 300,000천원 받음
  - 모기지론 정보 : 대출기간 20년, 매월 말 원리금균등분할 상환, 대출이율 고정금리 연 4% 월복리(20××년 12월 말까지 40회차 상환)

Ⅱ. 재무목표
1. 현금흐름 분석
2. 추가 저축여력 확보 후 목적자금 마련 투자방안

Ⅲ. 경제지표 가정
- 세후투자수익률 : 연 5%
- 물가상승률 : 연 2%

Ⅳ. 부부의 재무정보

• 재무상태표(20××년 12월 31일 현재)

(단위 : 천원)

자산			부채 및 순자산		
항목		금액	항목		금액
금융자산	보통예금	12,000	유동부채	신용대출	5,000
	정기적금	3,000			
	금융자산 총액	15,000	비유동부채	담보대출	( )
사용자산	거주 부동산	500,000			
	사용자산 총액	500,000	총부채		( )
기타자산	퇴직연금(DC)	42,000			
	기타자산 총액	42,000			
총자산		557,000	순자산		(가)

• 현금흐름표(20××년 12월 1일~20××년 12월 31일)

(단위 : 천원)

구분	항목	금액
Ⅰ. 수입[1]		6,250
Ⅱ. 변동지출	용돈 및 생활비 등	(3,260)
	변동지출 총액	**(3,260)**
Ⅲ. 고정지출	보장성보험료	(70)
	대출이자[2]	(927)
	기타 고정지출	(292)
	고정지출 총액	**(1,289)**
저축 여력		1,701
Ⅳ. 저축·투자액	대출상환원금	(나)
	정기적금	(620)
	퇴직연금(DC)납입액	(다)
	저축·투자액 총액	**(1,701)**
추가저축 여력(순현금흐름)		0

1) 김동명씨 연간 근로소득 : 51,000천원, 박미진씨 연간 근로소득 : 30,000천원
2) 대출이자 927천원은 신용대출에 대한 대출이자와 주택담보대출 이자비용을 합한 금액임

Ⅴ. 자녀 교육 관련 정보

• 대학 관련 정보
 - 김세진은 19세에 국내 4년제 대학에 입학한다고 가정
 - 대학교 교육비 : 현재물가기준으로 연간 15,000천원씩 연속된 기간동안 4회 필요
 - 대학교 교육비는 매년 물가상승률만큼 상승하며 매년 초 필요

VI. 부부의 은퇴설계 관련 정보

- 은퇴 나이 : 김동명씨 나이 65세 시점에 부부 모두 은퇴(은퇴까지 남은 기간 28년)
- 은퇴기간
  - 부부의 은퇴기간 : 김동명씨 나이 65세부터 25년 간
  - 김동명씨 사망 후 박미진씨만의 은퇴기간은 없다고 가정함
- 은퇴 이후 필요한 은퇴소득(현재물가기준) : 연 50,000천원
- 국민연금 관련 정보
  - 김동명씨 나이 65세 초부터 노령연금으로 연 12,000천원을 수령함
  - 박미진씨 나이 65세 초부터 노령연금으로 연 6,000천원을 수령함
- 부부의 퇴직급여 : 김동명씨 및 박미진씨 부부는 회사에서 확정기여형 퇴직연금에 가입되어 있음
- 국민연금을 제외한 현재 준비하고 있는 은퇴자산 : 부부의 확정기여형 퇴직연금 외에 준비하고 있는 은퇴자산은 없음
- 기타
  - 아파트 A는 부부가 모두 사망할 때까지 거주하다 자녀에게 상속할 예정임
  - 부채는 은퇴 전에 모두 상환하는 것으로 가정함
- 국민연금은 매년 초에 수령하고 생활비(필요한 은퇴소득)는 매년 초 지출되며, 국민연금 수령액(노령연금 및 유족연금)과 생활비(필요한 은퇴소득)는 매년 물가상승률만큼 증액됨

※ 상기 시나리오를 참고하여 문제 1번부터 10번까지 답하시오.(단, 질문하지 아니한 상황은 일반적인 것으로 판단하며, 개별문제의 가정은 다른 문제와 관련 없다.)

01 부부의 시나리오상 재무상태표 (가)에 들어갈 순자산 금액으로 가장 적절한 것은?

① 252,000천원　　　　　　　② 265,063천원
③ 270,063천원　　　　　　　④ 286,937천원
⑤ 291,937천원

정답 | ④
해설 | • 주택담보대출 매월 원리금상환액
　　　　PV : 300,000, N : 20×12, I/Y : 4÷12, PMT(E)? 1,818천원
　　• 주택담보대출 대출잔액
　　　　AMORT, P1 : 1, P2 : 40, BAL? 265,063천원
　　• 총부채 : 5,000 + 265,063 = 270,063천원
　　• 순자산 : 557,000 − 270,063 = 286,937천원

02 부부의 시나리오상 재무상태표를 기준으로 한 총부채부담률로 가장 적절한 것은?

① 약 47.6% ② 약 48.5%
③ 약 51.5% ④ 약 53.9%
⑤ 약 54.8%

정답 | ②

해설 | 총부채부담률 : $\dfrac{\text{총부채}}{\text{총자산}} = \dfrac{270,063}{557,000} \times 100 = 48.49\%$

03 부부의 시나리오상 현금흐름표를 기준으로 할 때, (나)에 들어갈 20××년 12월의 대출상환원금으로 가장 적절한 것은?(단, '신용대출'은 대출이지만 상환하고 있으며, '대출상환원금'은 주택담보대출에 대한 상환원금으로만 구성된다.)

① 788천원 ② 853천원
③ 891천원 ④ 931천원
⑤ 1,017천원

정답 | ④

해설 | • 주택담보대출 매월 원리금상환액
　　　PV : 300,000, N : 20×12, I/Y : 4÷12, PMT(E)? 1,818천원
　　• 20××년 12월 대출상환원금
　　　AMORT, P1 : 40, P2 : 40, PRN? 931천원

04 부부는 현금흐름 분석 결과를 바탕으로 변동지출을 줄이고 추가적으로 확보한 저축여력을 이용하여 목적자금에 대한 투자를 진행하고자 한다. 다음 추가 정보를 고려할 때, 자녀 김세진의 대학교육자금 마련을 위해 매년 말 저축해야 하는 금액으로 가장 적절한 것은?

〈추가 정보〉
• 자녀 대학교육자금은 지금부터 12년간 매년 말 정액으로 저축함
• 세후투자수익률 : 연 5%
• 부부가 자녀 대학교육자금 마련을 위해 현재 투자 중인 상품은 없음
※ 자녀 대학입학시점에 준비된 자금은 자녀 대학 재학기간 동안 세후투자수익률 연 5% 상품에 예치하고 매년 초 인출하여 사용됨

① 약 3,157천원 ② 약 4,580천원
③ 약 4,945천원 ④ 약 5,102천원
⑤ 약 5,578천원

정답 | ②
해설 | • 현재시점 교육비 일시금
  CF0 : 0, C01 : 0, F01 : 11, C02 : 15,000, F02 : 4, I : (5−2)÷1.02, NPV? 40,591천원
• 매년 말 저축금액
  PV : 40,591, N : 12, I/Y : 5, PMT(E)? 4,580천원

05 부부는 자녀 대학자금 마련 투자를 위해 추천펀드의 정보를 수집하였다. 다음 정보를 고려할 때, 각 펀드의 젠센알파 값으로 가장 적절한 것은?

구분	평균수익률	베타계수	표준편차
A 펀드	6.0%	0.8	5.0%
B 펀드	8.0%	1.3	6.0%

※ 무위험이자율 : 2%, 주식시장 평균수익률 : 5%

	A 펀드	B 펀드
①	0.8%	1.5%
②	1.2%	2.5%
③	1.6%	2.1%
④	2.1%	2.6%
⑤	2.5%	1.1%

정답 | ③
해설 | • A 펀드 요구수익률 : 2%+0.8×(5%−2%)=4.4%
• A 펀드 젠센알파 : 6%−4.4%=1.6%
• B 펀드 요구수익률 : 2%+1.3×(5%−2%)=5.9%
• B 펀드 젠센알파 : 8%−5.9%=2.1%

06 부부의 은퇴시점에 필요한 총은퇴일시금으로 가장 적절한 것은?

① 577,387천원　　　　　　　　② 824,473천원
③ 902,168천원　　　　　　　　④ 976,524천원
⑤ 1,005,246천원

정답 | ⑤
해설 | • 연간 필요금액(현재물가기준) : 50,000−18,000=32,000천원
• 은퇴시점 총은퇴일시금의 현재물가기준 가치
  PMT(B) : 32,000, N : 25, I/Y : (5−2)÷1.02, PV? 577,387천원 가치
• 은퇴시점 총은퇴일시금 : $577,387 \times 1.02^{28}$ =1,005,246천원

07 다음 추가정보를 고려할 때, 부부가 은퇴목표 달성을 위해 추가적으로 매월 말 저축해야 하는 금액으로 가장 적절한 것은?

〈추가정보〉
- 은퇴시점에서 필요한 총은퇴일시금은 900,000천원이라고 가정함
- 은퇴 준비자산(다음의 항목만 준비자산으로 반영함)
  – 부부의 퇴직연금 : 은퇴시점 기준 세후 평가금액은 200,000천원이라고 가정함
- 추가로 필요한 은퇴일시금 마련을 위한 추가저축 조건
  – 지금부터 은퇴시점까지 매월 말 정액으로 저축함
  – 세후투자수익률 : 연 5%

① 약 958천원 ② 약 977천원
③ 약 999천원 ④ 약 1,232천원
⑤ 약 1,344천원

정답 | ②
해설 | • 추가적으로 필요한 은퇴일시금 : 900,000 – 200,000 = 700,000천원
　　　• 매월 저축액
　　　　FV : 700,000, N : 28×12, I/Y : 0.4074, PMT(E)? 977천원
　　　　(ICONV, EFF : 5, C/Y : 12 NOM? 연 4.8889% 월복리÷12 = 월 0.4074%)

08 부부는 추가적으로 확보한 저축여력 중 일부 금액은 은퇴자금 마련을 위해 연금계좌 상품에 투자하고자 한다. 다음 추가 정보를 고려할 때, 김동명씨가 20××년 귀속 연말정산 시 최대한 적용받을 수 있는 연금계좌세액공제 금액으로 가장 적절한 것은?(단, 지방소득세는 고려하지 않는다.)

〈추가정보〉
- 김동명씨의 20××년 귀속 연금계좌 납입액 : 연금저축계좌에 4,000천원 납입
※ 김동명씨의 퇴직연금은 고려하지 않음

① 400천원 ② 480천원
③ 600천원 ④ 800천원
⑤ 900천원

정답 | ③
해설 | • 김동명씨의 20××년 귀속 총급여액 : 51,000천원
　　　• 최대한 적용받을 수 있는 연금계좌세액공제 금액 : 4,000×0.15 = 600천원

09 부부는 은퇴자금 마련을 위해 주식투자를 고려하고 있다. 다음 정보를 고려할 때, 정률성장배당할인모형으로 계산한 토마토 전자 주식의 적정가치로 가장 적절한 것은?

- 토마토 전자 주식의 베타계수 : 1.5
- 토마토 전자 성장률(g) : 3%
- 토마토 전자 주식에 대한 요구수익률 : 9.5%
- 토마토 전자 배당금(D_0) : 1,000원/주

① 10,220원 ② 10,842원
③ 15,846원 ④ 16,846원
⑤ 23,769원

정답 | ③

해설 |
- $D_1 : D_0 \times (1+g) = 1,000 \times 1.03 = 1,030$원
- 정률성장배당할인모형 : $\dfrac{D_1}{(k-g)} = \dfrac{1,030}{(0.095-0.03)} = 15,846$원

10 은퇴 목적자금 마련을 위해 투자를 시작한 김동명씨 부부는 현재 준비자금으로 생활 시 은퇴소득 수준에 대해 궁금해 한다. 다음 정보를 고려할 때, 부부가 다음 자산으로만 은퇴생활 시 은퇴 첫해 생활비의 현재물가기준 금액으로 가장 적절한 것은?

- 부부의 국민연금(연금액은 시나리오 참고)
- 국민연금 외의 부부 은퇴시점 은퇴자산 : 400,000천원

① 12,733천원 ② 22,169천원
③ 30,733천원 ④ 31,108천원
⑤ 40,169천원

정답 | ③

해설 |
- 은퇴시점 은퇴자산에서 인출 가능한 은퇴 첫해 생활비
  PV : 400,000, N : 25, I/Y : (5−2)÷1.02, PMT(B)? 22,169천원
- 은퇴 첫해 생활비의 현재물가기준 금액 : $22,169 \div 1.02^{28} = 12,733$천원 가치
- 국민연금을 감안한 은퇴 첫해 생활비의 현재물가기준 금액 : $12,733 + 18,000 = 30,733$천원

CHAPTER 02 복합사례 기본 B 유형

••• 복합사례(세금/상속/부동산)

※ 박재현씨 부부는 올해 1월 초 CFP® 자격인증자를 찾아와 재무설계를 의뢰하였다. CFP® 자격인증자가 파악한 박재현씨 가족의 정보는 아래와 같다.

I. 고객정보
- 동거가족
  - 박재현 : 남편(48세), (주)글로벌 대표이사
  - 송윤아 : 부인(45세), 전업주부
  - 박빈 : 아들(12세)
  - 박연희 : 딸(8세)

- 부모 및 형제자매
  - 박동건 : 부친(75세), 박재현과 별도주택에서 모친과 함께 거주
  - 고소영 : 모친(73세), 전업주부, 박동건과 생계를 같이하며, 금년도 중 계속하여 함께 거주
  - 박의성 : 남동생(45세), 배우자 조아라(42세), 딸 박수린(7세)과 함께 박의성 소유주택에서 거주하고 있음

- 주거상황
  - 박재현씨는 결혼 이후 줄곧 부모님과 분가하여 왔으며, 현재 보유 중인 전용면적 128㎡형 아파트(취득당시 기준시가 7억원)에 입주 당시 대출기간 20년, 연 6% 월복리, 매월 말 원리금균등 분할 상환 조건으로 200,000천원 대출받음(작년 12월 말 현재 60회차 상환)

II. 올해 예상금융소득 현황
- 국내은행 예금이자 : 20,000,000원
- 외국법인으로부터 받은 배당 : 7,000,000원
- 비상장법인 A로부터의 배당 : 5,000,000원

- 상장법인 B로부터의 배당 : 15,000,000원
- 집합투자기구로부터의 배당 : 3,000,000원

※ 원천징수세율은 15.4%(지방소득세 포함)

III. 부모의 자산현황

1. 금융자산

(단위 : 천원)

구분	금융자산	금년도 예상 소득	비고
박동건	500,000	이자소득 : 10,000	예상 소득은 모두 원천징수세율(지방소득세 포함) 15.4% 가 적용되는 금융소득임
고소영	750,000	이자소득 : 15,000	

2. 부동산자산

(단위 : 천원)

구분	명의	취득일	취득 당시 기준시가 /취득원가	현재 기준시가 /적정시세	비고
아파트A	박동건	14.11.30.	800,000/1,000,000	1,500,000/2,000,000	취득 이후 줄곧 박동건과 고소영 거주
상가B	박동건	04.4.16.	800,000/1,000,000	2,000,000/2,700,000	임대보증금 600,000 월세 10,000
토지	박동건	14.5.5.	500,000/800,000	1,200,000/1,800,000	-

- 상가 B의 기준시가는 국세청장이 산정·고시한 개별 상업용건물의 기준시가임
- 상가 B의 임대계약은 금년 말까지 변동이 없다고 가정
- 금년 중 아파트 A의 기준시가는 변동이 없으며, 상가의 기준시가는 금년 1월 1일에 5% 상승한다고 가정
- 상가의 영업경비는 매월 1,500천원이며, 시장추출법에 따른 종합환원율은 7%로 가정

IV. 분석을 위한 가정

- 물가상승률 : 연 3.5%
- 금융자산의 세후투자수익률 : 연 6.5%

01 상기 자료를 토대로 박재현씨의 금년도 귀속 종합소득세 계산 시 적용에 대한 설명으로 적절하지 **않은** 것을 고르시오.

① 인적공제 중 박재현씨가 받을 수 있는 기본공제의 합계액은 6,000천원이다.
② 부친과 모친은 박재현의 기본공제대상자가 아니므로, 추가공제도 받을 수 없다.
③ 박재현씨는 장기주택저당차입금 이자상환액 9,992천원 전액을 주택자금으로 공제받을 수 있다.
④ 박재현씨가 신용카드로 결제한 두 자녀의 학원비는 교육비세액공제가 불가하나, 신용카드 등 소득공제는 공제가 가능하다.
⑤ 두 자녀의 초등학교 교육비는 1명당 연간 3,000천원 이내에서 전액 교육비세액공제 대상이 된다.

정답 | ③
해설 | ① 박재현 1,500 + 송윤아 1,500 + 박빈 1,500 + 박연희 1,500 = 6,000천원. 부친이 사업소득자(부동산임대업)로 모친과 생계를 같이하고 있으므로, 부친과 모친은 박재현의 기본공제대상자가 아님
③ 장기주택저당차입금 이자상환액공제 적용은 취득 당시 주택의 기준시가가 6억원 이하인 주택이어야 함
④ 교육비 세액공제 중 학원비는 취학전 아동의 경우에만 공제 가능하다. 한편, 학원비의 경우에는 요건을 갖춘 경우 교육비세액공제와 신용카드 등 소득공제 모두 적용 대상임

02 박재현씨의 금년도 금융자산 관련 소득 내용을 토대로 계산할 경우 금년도 귀속 종합소득금액에 합산되어 종합과세되는 배당소득금액으로 가장 적절한 것을 고르시오.

① 2,000천원
② 30,000천원
③ 32,000천원
④ 43,330천원
⑤ 52,000천원

정답 | ③
해설 | [단위 : 백만]

	조건부·종합	원천t	기본t	[종합과세되는 금융소득]
E	20			→ 20(이자소득금액)
×	7조 + 3 = 10		G-up 금액	→ 32
o	5 + 15 = 20		20 ×10% = ★2	→ 32(배당소득금액)
	50	− 20	= 30	
출·동	0		0	
			52	

- Gross-up 금액 = 20 × 10% = 2
- 종합과세 배당소득금액 = 30 + 2 = 32

03 박동건씨의 금년도 종합소득금액과 종합소득공제 추정액이 다음과 같을 경우, 만약 금년도 중에 박동건씨가 보유 중인 (주)토마토 비상장주식으로부터 현금배당 50,000천원(원천징수세율 14%)을 받는다면, 배당으로 인한 소득세 결정세액 증가분으로 적절한 것을 고르시오.(단, 다른 금융소득은 전혀 없는 것으로 가정한다.)

- 사업소득금액 : 124,500천원
- 종합소득공제 : 5,000천원

① 3,000천원
② 11,425천원
③ 33,385천원
④ 37,810천원
⑤ 40,810천원

정답 | ②
해설 | [단위 : 백만]
1. 과세표준

	조건부·종합	원천t	기본t	[종합과세되는 금융소득]
E				
×				
o	50		30	G-up 금액 ×10% = ★3 → 53
	50	− 20	= 30	→ 53(배당소득금액)
출·동	0			0
				53

2. 산출세액 : Max[①, ②] = 40.81
   ① 종합 : 20×14% + {(50 − 20) + 3 + 124.5 − 5}×기본t = 40.81
                              ↳ 152.5
   ② 분리 : 50×14% + (124.5 − 5)×기본세율 = 33.385
                     ↳ 119.5

3. 배당세액공제 : Min[①, ②] = 3
   ① 배당가산액(G-up) : 3
   ② 한도 : 산출세액계산시 ① − ② = 40.81 − 33.385 = 7.425

4. 종합소득 결정세액 : 2. − 3. = 37.81
5. 금융소득 추가로 인한 세액증가
   금융소득 포함 전 과세표준금액은 119,500천원(124,500천원 − 5,000천원)으로 산출세액을 계산해보면 26,385천원이다.
   금융소득 추가 후 결정세액은 37,810천원이므로 금융소득 추가로 인한 세액증가액은 11,425천원이 된다.(37,810천원 − 26,385천원)

04 상속 및 증여 관련 세금에 대한 다음 설명 중 적절하지 **않은** 것을 고르시오.(단, 각 답지는 별개의 사항이다.)

① 박재현씨의 사망으로 상속이 개시될 경우, 박빈과 박연희가 상속을 포기하고 송윤아씨가 단독으로 상속받는다면 일괄공제를 받을 수 있다.
② 박동건씨의 사망으로 고소영씨가 박동건씨의 아파트A를 상속받게 될 경우 동거주택상속공제를 받을 수 있다.
③ 박동건씨가 박재현에게 상가B를 부담부증여할 경우, 박동건씨는 양도소득세를, 박재현씨는 증여세를 부담하여야 한다.
④ 박재현씨가 보유 중인 아파트의 1/2을 금년 4월 30일에 송윤아씨에게 증여할 경우에도 가족단위로 볼 때 아파트에 대한 재산세를 절세할 수 없다.
⑤ 박동건씨가 아파트A의 1/2을 금년 5월 30일에 고소영씨에게 증여할 경우에 원칙적으로 아파트에 대한 종합부동산세를 절세할 수 있다.

정답 | ②
해설 | ① 배우자 단독 상속 시는 일괄공제×, 상속포기로 배우자가 단독으로 상속받는 경우 → 공제○
② 동거주택상속공제는 일정요건을 갖춘 직계비속의 경우에만 그 대상이 될 수 있다. 따라서 박동건씨의 사망으로 고소영씨가 박동건씨의 아파트A를 상속받게 될 경우 동거주택상속공제를 받을 수 없다.

05 박빈이 조부 박동건씨로부터 금년 12월 21일에 토지를 증여받을 경우에 납부할 증여세액으로 가장 적절한 것을 고르시오.

- 당 토지에 대한 상증법상 시가를 산정하기 어려워 보충적 평가방법으로 평가한다고 가정
- 증여세는 증여세 법정신고기한 이내에 신고한다고 가정함
- 박빈은 이번 증여 이외에 어느 누구에게도 증여받은 적이 없음
- 증여에 따른 증여세, 등기비용 등 제반비용은 박빈이 납부함

① 351,000천원 ② 365,040천원
③ 377,208천원 ④ 385,320천원
⑤ 393,432천원

정답 | ⑤
해설 | 납부할 증여세액 = {(1,200,000 − 20,000) × 40% − 160,000} × 1.3 × 0.97 = 393,432천원

06 박동건씨의 상속과 관련된 다음 설명 중 가장 적절한 것을 고르시오.(단, 각 답지는 별개의 사항이다.)

① 박동건씨 사망 전 박재현씨가 먼저 사망하였다면 박빈의 법정상속지분은 4/49이 된다.
② 부친과 사이가 좋지 않던 박의성씨가 부친의 생전에 상속받을 권리를 포기하였다면, 박동건씨가 상속재산의 대부분을 토마토장학재단에 유증한다하더라도 박의성씨는 토마토장학재단을 상대로 유류분청구를 할 수 없다.
③ 박동건씨의 상속개시 후 박의성씨가 상속을 포기하였다면 자녀 박수린이 받는 상속재산은 세대생략 할증과세를 하지 않는다.
④ 박동건씨가 상가B를 토마토장학재단에 유증한 경우, 토마토장학재단에 유증한 상가B는 특정유증에 해당되며, 유증의무자는 유증을 승인할지 포기할지 여부에 대하여 최고할 수 있고 토마토장학재단은 최고기간 내에 유증의무자에게 확답해야만 유증에 대해 승인한 것으로 본다.
⑤ 박동건씨의 유언서가 사망일로부터 5개월이 지난 후에 발견된 경우에는 유언서가 발견된 시점을 기준으로 유언의 내용이 효력을 갖는다.

정답 | ①
해설 | ② 부친의 생전에는 상속포기를 할 수 없음. 따라서 박동건씨가 상속재산의 대부분을 토마토장학재단에 유증할 경우 박의성씨는 토마토장학재단을 상대로 유류분청구를 할 수 있다.
③ 상속포기는 대습상속인 인정요건이 아니다.
④ 수증자가 최고기간 내에 유증의무자에 대하여 확답을 하지 아니한 때에는 유증을 승인한 것으로 본다.
⑤ 유증의 효력은 유언자가 사망한 때로부터 발생한다.

07 박동건씨의 향후 상속 및 증여세 절세방안에 대한 설명으로 적절하지 않은 것을 고르시오.

① 박동건씨가 보유 중인 상가B를 박재현씨에게 무상으로 임대할 경우에도 부동산 무상사용에 따른 이익을 증여로 보지는 않는다.
② 박동건씨가 보유 중인 아파트A를 친구인 이숙씨에게 양도한 후 4년 후에 고소영씨에게 다시 양도하는 경우에는 증여로 추정하지 않는다.
③ 피상속예정인의 재산 및 소득은 줄이고 상속인의 재산 및 소득을 증가시켜야 궁극적으로 상속세를 절세할 수 있으므로 향후 상승가치가 있는 재산이나 높은 소득이 예상되는 재산을 사전에 증여하면 절세 면에서 유리한 점이 많다.
④ 증여재산이 부동산인 경우, 상증법상 시가를 달리 알 수 없을 때에는 보충적 평가방법으로 평가될 수 있으므로 현금 또는 시가로 평가하는 재산을 증여했을 때보다 증여세를 줄일 수 있으며, 향후 보충적 평가방법으로 평가하는 가액이 상승하거나 앞으로 시가로 평가될 수 있는 재산을 선택하여 사전증여를 받으면 향후 상속세 절세효과에 큰 영향을 미칠 것이다.
⑤ 상속공제 한도규정은 사전증여 분을 제하기 때문에 사전증여를 과도하게 하는 경우 상속재산이 별로 없어 오히려 상속세 및 증여세 합계액이 증가할 수 있다.

정답 | ①

해설 | ① 박동건씨가 보유 중인 상가A를 박재현씨에게 무상으로 임대할 경우, 부동산 무상사용에 따른 이익을 증여로 본다.
② 증여 추정은 특수관계인에게 양도한 재산을 그 특수관계인이 양수일부터 3년 이내에 당초 양도자의 배우자 등에게 다시 양도한 경우에 적용한다. 친구인 이숙씨는 특수관계인에 해당되지 않고, 3년이 경과한 후에 양도하였으므로 증여추정의 요건이 성립하지 않는다.

08 박동건씨가 보유하고 있는 상가A의 투자분석에 대한 다음 설명 중 적절하지 않은 것을 고르시오.

① 상가A의 보증금운용수익률을 5%로 가정할 경우, 직접환원법에 따른 부동산의 가치는 1,885,714천원으로 적정시세가 고평가되어 있으므로 박동건씨는 매도를 고려하는 것이 좋다.
② 박동건씨가 금년 2월 3일 상가를 적정시세대로 양도한다면, 매도경비를 고려하지 않을 경우 세전 자기자본복귀액(BTCF)은 2,100,000천원이다.
③ 보유 중인 상가A는 상가임대차보호법에 의해 임차인이 매년 계약갱신을 10년간 할 수 있으므로 임차인 교체가 용이하지 않다.
④ 현재 보유하고 있는 상가A의 적정시세 대비 cash on cash rate는 5.86%이다.
⑤ 만기일시상환방식으로 3억원을 대출(이자율 연 7%)받을 경우, 현재 보유하고 있는 상가의 적정시세 대비 cash on cash rate는 4.5%로 낮아진다.

정답 | ④

해설 | ① PGI = 10,000 × 12 + 600,000 × 0.05 = 150,000천원
영업경비 : 1,500 × 12 = 18,000천원
NOI = 150,000 − 18,000 = 132,000천원
$V = \dfrac{NOI}{R} = \dfrac{132,000}{0.07} = 1,885,714$천원

② 적정시세 2,700,000 − 임대보증금 600,000 = 2,100,000천원
③ 상가임대차보호법에 의한 상가임대차계약기간은 1년이며, 임차인이 매년 계약갱신을 10년간 할 수 있으므로 임차인 교체가 용이하지 않다.
④ PGI = 10,000 × 12 = 120,000천원
영업경비 : 1,500 × 12 = 18,000천원
NOI = 120,000 − 18,000 = 102,000천원
cash on cash rate = $\dfrac{102,000}{2,100,000} \times 100 = 4.86\%$

⑤ DS = 300,000 × 7% = 21,000천원
수정 BTCF = 102,000 − 21,000 = 81,000천원
cash on cash rate = $\dfrac{81,000}{1,800,000} \times 100 = 4.5\%$

09 박동건씨는 보유 중인 상가를 시세대로 매도하여, 그 자금으로 노후주택을 매입 후 건물을 멸실하고 다가구 주택 25가구를 신축하는 방안을 검토 중에 CFP® 자격인증자인 당신에게 상담을 요청하였다. 매입하고자 하는 노후주택의 매입가격은 2,000,000천원이고 신축 시 기존 건물 철거비용 100,000천원, 철거로 인한 폐자재 수익 30,000천원, 건물 신축을 위한 직·간접비용 500,000천원이 소요될 것으로 예상된다. 신축 검토 중인 부동산의 경제적 타당성 여부에 대한 적절한 설명을 고르시오.

- 신축 시 가구당 보증금 : 12,000천원, 월 임대료 : 1,000천원
- 보증금운용수익률 : 8%
- 공실 및 대손충당금 : 가능총수익의 6%
- 운영경비 : 유효총수익의 20%
- 종합환원율 : 8%

	원가가격	수익가격	경제적 타당성
①	2,570,000천원	2,820,000천원	있다
②	2,570,000천원	3,045,600천원	있다
③	2,600,000천원	2,540,200천원	없다
④	2,600,000천원	2,820,000천원	있다
⑤	2,630,000천원	3,045,600천원	있다

정답 | ②

해설 | • 원가가격 : 2,000,000 + 100,000 − 30,000 + 500,000 = 2,570,000천원
  • 수익가격
    − PGI = 1,000 × 12 × 25 + 12,000 × 0.08 × 25 = 324,000천원
    − EGI = 324,000 × 94% = 304,560천원
    − NOI = 304,560 × 80% = 243,648천원
    − $V = \dfrac{NOI}{R} = \dfrac{234,648}{0.08} = 3,045,600$천원
  • 수익가격 3,045,600천원 > 원가가격 2,570,000천원으로 경제적 타당성이 있다.

10 박동건씨가 매수를 검토하고 있는 부동산의 지분환원율이 8%이며, 순영업수익(NOI)은 200,000천원이고 투자예상기간은 10년이다. 보유기간 동안 부동산의 가치는 변동이 없을 것으로 예상되며, 매수금액의 60%를 20년 만기, 매월 말 원리금균등분할상환, 연 6% 월복리 조건으로 대출을 받을 수 있다. 지분형성분을 감안할 경우 부동산의 가치를 산정하시오.

① 2,650,000천원~2,750,000천원
② 2,750,000천원~2,850,000천원
③ 2,850,000천원~2,950,000천원
④ 3,100,000천원~3,200,000천원
⑤ 3,200,000천원~3,300,000천원

정답 | ③
해설 | • 기본환원율
　　[PV : 0.6, N : 240, I/Y : 0.5, PMT(E)? 0.0043×12=0.0516]+0.4×0.08=0.0836(STO1)
• 지분형성분
　　FV : (AMORT, P1 : 1, P2 : 120, PRN?−0.2129), N : 10, I/Y : 8, PMT(E)? 0.0147(STO2)
• 종합환원율=0.0836(RCL1)−0.0147(RCL2)=0.0689, 즉 6.89%
• $V = \dfrac{NOI}{R} = \dfrac{200,000}{0.0689} = 2,903,320$천원

CHAPTER 03 복합사례 응용 A-b 유형

••• 복합사례 Ⅰ(재무/보험/투자/세금)

※ 정병채씨는 올해 1월 초에 공정미 CFP® 자격인증자를 찾아와 재무설계를 의뢰하였다. CFP® 자격인증자가 파악한 정병채씨의 정보는 아래와 같다.

Ⅰ. 고객정보
- 동거가족
  - 정병채(33세) : 본인, 대기업 근로자, 연봉 60,000천원
  - 이영미(32세) : 배우자, 전업주부
  - 정일환(3세) : 아들

Ⅱ. 자산 세부내역(2024년 12월 31일 현재)
1. 금융자산

(단위 : 천원)

구분	명의	가입일	만기일	투자원금	평가금액[1]	자금용도
MMF	정병채	19.3.7.	–	–	25,000	–
정기예금	정병채	22.12.1.	25.12.1.	19,000	20,000	교육자금
주식형펀드	이영미	21.11.15.	–	11,000	13,200	–
연금저축펀드[2]	정병채	21.3.10.	–	12,000	15,000	은퇴자금

1) 즉시 인출 가능하며 인출 관련 수수료 및 세금은 없음
2) 주식형이며 매년 3월 중 지급받는 상여금에서 4,000천원씩 납입하고 있음

2. 보장성보험
(1) 생명보험

(단위 : 천원)

구분	종신보험[1]	암보험1[2]	암보험2[2]
계약자	정병채	이영미	이영미
피보험자	정병채	정병채	이영미
수익자	이영미	이영미	이영미
보험가입금액	200,000	30,000	30,000
계약일	18.1.10.	18.1.10.	18.1.10.
만기일	–	38.1.10.	38.1.10.
월납보험료	163	28	21
해지환급금	10,210	–	–
보험료납입기간	25년납	전기납	전기납

1) 일반사망 시 주계약에서 200,000천원, 60세 만기 정기특약에서 100,000천원이 추가로 지급됨
2) 순수보장형으로 암진단 시 진단비 30,000천원이 지급됨

(2) 자동차보험

피보험자(소유자)		정병채
계약일~만기일		24.11.1.~25.11.1.
보험가입금액	대인 I	자배법 시행령에서 정한 금액
	대인 II	300,000천원
	대물	1사고당 300,000천원
	자기신체사고	1인당 20,000천원
	무보험자동차상해	1인당 최고 200,000천원
	자기차량손해	자기부담금 : 자기차량 손해액의 20% (최저 200천원~최고 500천원)
	특약	부부한정운전특약
보험료		연간 600천원

(3) 주택화재보험

계약자/피보험자	정병채
계약일~만기일	24.12.1.~25.12.1.
보험가입금액	건물 : 100,000천원, 가재도구 : 10,000천원
보험료	연간 10천원

3. 부채
- 신용카드잔액 : 2,760천원
- 주택담보대출 잔액
  - 22년 12월에 아파트(취득 당시 기준시가 550,000천원) 구입 시 70,000천원 대출
  - 대출조건 : 20년 만기, 매월 말 원리금균등분할상환, 대출이율 연 4.0% 월복리
  - 기타 : 3년 이내 조기상환 시 상환금액의 1.0%에 해당하는 금액의 조기상환수수료 부과

Ⅲ. 자녀교육 및 결혼비용
- 대학교육비 : 정일환 나이 19세부터 4년간 매년 초에 현재물가기준으로 10,000천원 필요
- 결혼비용 : 정일환 나이 30세에 현재물가기준으로 100,000천원이 필요하며, 매년 물가상승률만큼 상승함

Ⅳ. 분석을 위한 가정
- 물가상승률 : 연 2.0%
- 대학교육비상승률 : 연 3.0%
- 금융자산의 세후투자수익률 : 연 5.0%
  - 현금 및 저축성 자산 : MMF 연 1.0%, 정기예금 연 2.5%
  - 투자 및 연금 자산 : 주식형펀드 연 6.0%, 연금저축펀드 연 6.0%

---

01 정병채씨 부부의 주택담보대출에 대한 CFP® 자격인증자의 적절한 설명으로 모두 묶인 것은?

> 가. 24회를 상환한 현재시점에서 남은 주택담보대출 잔액은 65,240천원이다.
> 나. 동일한 대출이율이 적용된다고 가정 시 현재물가기준으로 비교하면 대출상환방식을 만기일시상환방식으로 변경하는 것이 유리하다.
> 다. 현재시점에서 주택담보대출 잔액을 만기일시상환방식으로 대환하게 되면 연말정산 시 장기주택저당차입금 이자상환액공제를 적용받을 수 없다.

① 가
② 가, 나
③ 가, 다
④ 나, 다
⑤ 가, 나, 다

정답 | ①

해설 | 가. 주택담보대출 잔액 : 65,240천원
PV : 70,000, N : 240, I/Y : 4÷12=0.3333, PMT(E)? −424천원
AMORT, P1 : 1, P2 : 24, BAL? 65,240천원
나. 동일한 대출이율이 적용되고 그 이율이 물가상승률보다 높다면 상환금액의 현재가치를 기준으로 원리금균등분할방식이 만기일시상환방식보다 대출자에게 유리한 상환방식임

- 원리금균등분할방식 상환금액의 현재물가기준 가치
  PMT(E) : 424, N : 216, I/Y : 0.1652, PV? 77,010천원
  (ICONV, EFF : 2, C/Y : 12, NOM? 연 1.9819% 월복리÷12=월 0.1652%)
- 월이자상환액 : 65,240×(0.04/12)=217천원
- 만기일시상환방식 상환금액의 현재물가기준 가치
  PMT(E) : 217, FV : 65,240, N : 216, I/Y : 0.1652, PV? 85,158천원

다. 장기주택저당차입금 이자상환액 공제

구분	공제한도
차입금의 상환기간이 10년 이상이면서 이자를 고정금리로 지급하거나 비거치식 분할상환하는 경우	연 6,000천원
차입금의 상환기간이 15년 이상인 경우	연 8,000천원
차입금의 상환기간이 15년 이상이면서 이자를 고정금리로 지급하거나 비거치식 분할상환하는 경우	연 18,000천원
차입금의 상환기간이 15년 이상이면서 이자를 고정금리로 지급하고 비거치식 분할상환하는 경우	연 20,000천원

02
CFP® 자격인증자가 이들 부부의 자녀 대학교육자금 마련과 관련하여 다음과 같은 제안을 하고 있다. 이와 관련한 설명으로 가장 적절한 것은?

- 대학교육자금은 정일환이 대학에 입학하는 시점까지 마련함
- 대학입학시점에 준비된 교육자금은 대학재학기간 동안 1년 단위 정기예금에 예치하고 매년 초 인출하여 사용함

① 현재 보유하고 있는 정기예금만으로는 대학입학시점에서 24,277천원이 부족하다.
② 부족한 교육자금 마련을 위해 정기예금과 동일한 금리의 정기적금으로 추가저축을 한다면 매월 말 155천원을 저축하여야 한다.
③ 정기예금을 해지하여 주식형펀드에 투자하면 목표로 하는 대학교육자금을 해결할 수 있다.
④ 정기예금을 해지하여 주식형펀드에 투자하더라도 자녀 대학입학시점에 목표로 하는 대학교육자금에 13,852천원이 부족하다.
⑤ 정기예금을 해지하여 주식형펀드에 투자하고 추가적으로 주식형펀드에 매월 말 34천원을 투자하면 목표로 하는 대학교육자금을 마련할 수 있다.

정답 | ④
해설 | ① 대학입학시점에서 부족한 교육자금
- 대학입학시점에서 준비된 교육자금 : 정기예금 20,000×1.025^{16}=29,690천원
- 대학입학시점에서 4년간 필요한 교육자금
  PMT(B) : 10,000, N : 4, I/Y : (2.5−3)÷1.03, PV? 40,294천원의 가치×1.03^{16}=64,659천원
- 대학입학시점에서 부족한 교육자금 : 64,659−29,690=34,969천원

② 부족한 교육자금 마련을 위한 추가저축액
- 저축기간 16년, 매월 말 저축, 세후투자수익률 연 2.5%
  FV : 34,969, N : 16×12 = 192, I/Y : 0.2060, PMT(E)? 149천원
  (ICONV, EFF : 2.5, C/Y : 12, NOM? 연 2.4718% 월복리÷12 = 월 0.2060%)

③, ④ 대학입학시점에서 준비된 교육자금 : 주식형펀드 20,000×1.06¹⁶ = 50,807천원
- 정기예금을 주식형펀드로 이전하여 투자하는 경우에도 대학입학시점에 부족자금(64,659 − 50,807 = 13,852천원) 발생

⑤ 부족한 교육자금 마련을 위한 추가저축액
- 저축기간 16년, 매월 말 저축, 세후투자수익률 연 6.0%
  FV : 13,852, N : 16×12 = 192, I/Y : 0.4868, PMT(E)? 44천원
  (ICONV, EFF : 6, C/Y : 12, NOM? 연 5.8411% 월복리÷12 = 월 0.4868%)

03 다음 정보를 참고로 현재시점에서 정병채씨가 사망하는 경우 자녀 독립 전 부양기간 및 배우자 은퇴기간 중 필요소득을 충족하기 위해 추가적으로 필요한 생명보험 필요보장액으로 가장 적절한 것은?

- 자녀 독립시기 : 27세
- 연간 필요소득
  − 자녀 독립 전 : 36,000천원, 자녀 독립 후 배우자 사망 시까지 : 24,000천원
- 정병채씨 사망에 따른 유족연금은 고려하지 않음
- 준비자금은 종신보험 사망보험금난 반영하여 계산
- 이영미씨의 기대수명은 90세임

① 431,607천원 ② 503,407천원
③ 594,181천원 ④ 694,181천원
⑤ 794,181천원

정답 | ③

해설 | • 부양기간 및 배우자 은퇴기간 중 필요소득

구분	부양기간	배우자 은퇴기간
기간	24년(56세−32세)	34년(90세−56세)
필요소득(연)	36,000천원	24,000천원

- 부양기 및 배우자 생애수입에 필요한 생명보험 필요보장액
  CF0 : 36,000, C01 : 36,000, F01 : 23, C02 : 24,000, F02 : 34, I : (5−2)÷1.02, NPV? 894,181천원
- 추가적으로 필요한 생명보험 필요보장금액 : 894,181 − 종신보험 사망보험금 300,000 = 594,181천원

04 정병채씨의 아파트에서 주민의 과실로 화재가 발생하여 건물에 대한 재산손해액 40,000천원, 잔존물제거비용 10,000천원, 손해방지비용 5,000천원, 기타협력비용 5,000천원 및 가재도구에 대한 재산손해가 30,000천원 발생하였다. 주택화재보험을 통해 지급받을 수 있는 보험금의 합계로 가장 적절한 것은?(단, 화재발생 후 보험가액을 평가한 결과 건물 및 가재도구의 보험가액이 각각 350,000천원, 60,000천원이다.)

① 16,800천원
② 25,893천원
③ 30,893천원
④ 52,333천원
⑤ 57,125천원

정답 | ③

해설 | • 주택건물에 대한 보험금 : 24,643천원

− 재산손해 : $40,000 \times \dfrac{100,000}{(350,000 \times 0.8)} = 14,286$천원

− 잔존물제거비용 : $10,000 \times \dfrac{100,000}{(350,000 \times 0.8)} = 3,571$천원

− 손해방지비용 : $5,000 \times \dfrac{100,000}{(350,000 \times 0.8)} = 1,786$천원

− 기타협력비용 : 5,000천원(전액보상)

• 가재도구에 대한 재산손해 보험금 : $30,000 \times \dfrac{100,000}{(60,000 \times 0.8)} = 6,250$천원

• 지급보험금 : 24,643 + 6,250 = 30,893천원

05 정병채씨가 자동차 운전 중 사고가 발생하였을 경우 가입한 자동차보험금에서 지급되는 보험금에 대한 설명으로 적절하지 **않은** 것은?

① 사망 피해자가 있을 경우 1인당 400,000천원 한도로 보험금이 지급된다.
② 음주운전 중 사고가 발생한 경우 대인배상Ⅱ와 대물배상의 음주운전에 대한 자기부담금제도가 있으며, 정병채씨가 경제적인 사유 등으로 이 사고부담금을 미납하였을 때 보험회사는 피해자에게 이 사고부담금을 포함하여 손해배상금을 우선지급하고 정병채씨에게 이 사고부담금의 지급을 청구할 수 있다.
③ 동승한 배우자가 상해를 입은 경우 보험금은 20,000천원 한도로 지급된다.
④ 무보험차량과 충돌하여 정병채씨가 상해를 입거나 사망하는 경우 보험금이 200,000천원 한도로 지급된다.
⑤ 자기차량손해액 1,500천원이 발생한 경우 보험금은 1,200천원이 지급된다.

정답 | ①

해설 | ① 대인 사망사고가 발생한 경우 대인Ⅰ에서 자배법상 보상한도인 150,000천원과 대인Ⅱ 300,000천원을 합한 450,000천원 한도로 보험금 지급
⑤ 자기차량손해담보에서는 손해액의 20%(최저 200천원~최고 500천원)를 자기부담금으로 공제하고 지급하므로 지급하는 보험금은 1,200천원[= 1,500 − Max(200, 1,500 × 20%)]

06 이들 부부의 금융자산 포트폴리오에 대한 세후투자수익률에 대한 평가와 목표로 하는 세후투자수익률을 달성하기 위한 제안내용으로 가장 적절한 것은?

① 포트폴리오의 세후투자수익률은 약 3.34%로 목표수익률 달성을 위해서는 주식형자산의 비중을 높일 필요가 있다.
② 포트폴리오의 세후투자수익률은 약 4.25%로 목표수익률 달성을 위해서는 주식형자산의 비중을 높일 필요가 있다.
③ 포트폴리오의 세후투자수익률은 약 5.06%로 현재의 포트폴리오를 유지하는 것이 바람직하다.
④ 포트폴리오의 세후투자수익률은 약 4.25%로 주식형자산의 비중을 낮추어 투자위험관리를 하는 것이 바람직하다.
⑤ 포트폴리오의 세후투자수익률은 약 3.68%로 주식형자산의 비중을 낮추어 투자위험관리를 하는 것이 바람직하다.

정답 | ①
해설 | • 금융자산의 세후투자수익률 : 연 5.0%
　　　 - 현금 및 저축성 자산 : MMF 연 1.0%, 정기예금 연 2.5%
　　　 - 투자 및 연금 자산 : 주식형펀드 연 6.0%, 연금저축펀드 연 6.0%
• 금융자산 평가금액 : MMF 25,000 + 정기예금 20,000 + 주식형펀드 13,200 + 연금저축펀드 15,000
　　　 = 73,200천원

구분	평가금액	세후투자수익률	비중	가중평균수익률
MMF	25,000	1.0%	34.15%	0.34%
정기예금	20,000	2.5%	27.32%	0.68%
주식형펀드	13,200	6.0%	18.03%	1.08%
연금저축펀드	15,000	6.0%	20.49%	1.23%
계	73,200		100.0%	3.34%

• 포트폴리오의 세후투자수익률 : [(25,000×0.01)+(20,000×0.025)+(13,200×0.06)+(15,000×0.06)]
　÷73,200=0.034×100=3.34%

07 정병채씨는 재무목표 달성을 위하여 채권투자를 고려하고 있다. 아래 정보를 참고하여 해당 채권의 매수단가로 가장 적절한 것은?

- 채권종류 : 할인채
- 발행일 : 25.6.1. 만기일 : 27.6.1. 매매일 : 25.12.30.
- 표면이율 : 연 4.0%
- 채권매매수익률 : 연 3.0%

① 9,457원　　　　　　　　　　② 9,471원
③ 9,566원　　　　　　　　　　④ 9,588원
⑤ 9,678원

정답 | ④

해설 | • 잔존기일 : 1년 153일
　　　　DATE, DT1 : 12.3025, DT2 : 6.0126, DBD? 153일

• 매수단가 $= \dfrac{10{,}000}{1.03 \times \left(1 + 0.03 \times \dfrac{153}{365}\right)} = 9{,}588.1634$원

08 정병채씨 가족이 보유하고 있는 주식형펀드에 대한 내용이 다음과 같을 때 이 펀드의 샤프척도와 트레이너척도, 정보비율을 산출한 것으로 적절하게 연결된 것은?

> • 펀드의 실현수익률 : 연 6.0%
> • 펀드 수익률의 표준편차 : 10.5%
> • 펀드의 베타계수 : 0.8
> • 벤치마크 수익률 : 연 5.0%
> • 무위험이자율 : 연 2.0%

	샤프척도	트레이너척도
①	0.1625	1.2381
②	0.2857	0.0375
③	0.3810	0.0500
④	1.2381	0.1625
⑤	1.4286	0.1875

정답 | ③

해설 | • 샤프척도 $= \dfrac{(6.0 - 2.0)}{10.5} = 0.3810$

• 트레이너척도 $= \dfrac{(6.0\% - 2.0\%)}{0.8} = 0.0500$

09 정병채씨의 올해 연말정산에 대한 설명으로 적절하지 않은 것은?

① 소득이 없는 장모(72세)의 생계를 유지하고 있을 경우 장모에 대한 인적공제로 2,500천원을 공제받을 수 있다.
② 정병채씨가 납입한 건강보험료, 고용보험료, 노인장기요양보험료 전액에 대해 보험료공제를 받을 수 있다.
③ 정병채씨는 연말정산 시 자녀세액공제를 적용받을 수 없다.
④ 정병채씨는 연말정산 시 연금계좌세액공제로 480천원을 공제받을 수 있다.
⑤ 특별소득공제, 특별세액공제, 월세세액공제 신청을 하지 않은 경우에는 150천원의 표준세액공제를 적용받을 수 있다.

정답 | ⑤
해설 | ① 장모에 대한 인적공제는 기본공제 1,500천원 + 경로우대공제 1,000천원 = 2,500천원을 공제받을 수 있음
③ 자녀가 8세 미만이므로 자녀세액공제를 받을 수 없음
④ 총급여액이 55,000천원을 초과하고 연금저축으로 4,000천원 납입하고 있으므로 연금계좌세액공제로 4,000×12% = 480천원을 공제받을 수 있음
⑤ 근로소득이 있는 거주자로서 특별소득공제, 특별세액공제, 월세세액공제 신청을 하지 않은 자에 대해서는 연 130천원을 표준세액공제로 종합소득 산출세액에서 공제한다.

10 정병채씨의 금융상품 관련 세금에 대한 설명으로 가장 적절한 것은?

① MMF에서 발생된 배당소득에 대해서는 과세하지 않는다.
② 주식형펀드에서 발생한 이익의 수입시기는 소득이 펀드(집합투자기구)에 귀속되는 때이다.
③ 주식형펀드를 환매하여 발생한 이익 모두에 대해 배당소득으로 보아 원천징수한다.
④ 연금저축펀드를 일시에 수령하게 되면 기타소득으로 보아 원천징수하며 종합과세대상이 된다.
⑤ 정병채씨가 가입하고 있는 정기예금을 개인종합자산관리계좌(ISA)로 이전하면 이자소득세 절세효과가 있다.

정답 | ⑤
해설 | ① MMF에서 발생된 배당소득에 대해서는 14%의 세율을 적용하여 원천징수
② 집합투자기구 이익의 수입시기는 소득이 집합투자기구에 귀속되는 때가 아니라 투자자에게 소득이 분배되는 때이다. 즉, 집합투자기구는 이익을 지급하는 날(원본전입특약이 있는 경우 원본에 전입된 날)에 원천징수의무가 있음
③ 주식형펀드에 편입된 주식의 매매차익 등은 배당소득이 아니며 과세하지 않음
④ 연금저축을 일시에 수령하게 되면 기타소득으로 보아 15%(지방소득세 포함 16.5%)의 세율로 원천징수하여 분리과세

••• 복합사례 II (재무/투자/은퇴/세금)

※ 이준영씨 부부는 맞벌이를 하고 있으며 은퇴설계 등에 대해 전문가와 상담을 원하고 있다. 이들 부부는 전세로 생활하다 아파트 가격이 급등하는 추세에 내 집 마련을 결심하고 4년 전 경기도 소재 아파트A를 구입하였다. 아파트 구입 과정에서 구입자금이 부족하여 주택담보대출과 신용대출을 받아 부족한 자금을 해결하였다. 이로 인해 매월 부부의 급여소득 상당부분이 대출원리금 상환으로 지출되고 있어 고민을 하던 중 올해 1월 초 김세진 CFP® 자격인증자를 만나 재무상담을 진행하였다.

I. 고객정보(나이는 올해 1월 초 나이임)
- 동거가족
  - 이준영(40세) : 중견기업 차장(근속기간 10년)
  - 김고은(40세) : 부인, 중소기업 과장(근속기간 10년)
  - 이연수(7세) : 딸, 초등학교 1학년
- 주거상황
  - 경기도 소재 아파트A(소유자 : 이준영)
  - 아파트A는 4년 전에 600,000천원에 구입
  - 아파트A 구입 시 토마토은행에서 주택담보대출 360,000천원과 신용대출 100,000천원을 받아 구입자금으로 사용

[대출조건]

구분	대출기간	대출이율(현재)	상환방법
주택담보대출	15년	4.5%(변동금리형)	매월 말 원리금균등분할상환
신용대출	3년	6.5%(변동금리형)	수시상환

※ 신용대출 및 주택담보대출의 변동금리주기는 모두 6개월 단위임

II. 재무적(정량적) 정보
- 재무상태표(2024년 12월 31일 현재)

(단위 : 천원)

자산				부채 및 순자산			
	항목	금액	명의		항목	금액	명의
금융자산	현금성자산			유동부채	마이너스통장	–	–
	보통예금 등	2,400	김고은		신용대출[5]	73,500	이준영
	저축성자산			비유동부채	담보대출	252,000	이준영
	정기적금[1]	3,690	김고은		임대보증금	–	–
	투자자산			총부채		325,500	
	연금저축펀드[2]	7,450	이준영				
	금융자산 총액	13,540					

부동산자산	토지 등3)	250,000	이준영
	부동산자산 총액	250,000	
사용자산	거주 부동산4)	750,000	이준영
	자동차 등	25,000	이준영
	사용자산 총액	775,000	
기타자산	퇴직연금(DC)1	40,270	이준영
	퇴직연금(DC)2	20,900	김고은
	보험해약환급금	5,000	가족합계
	기타자산 총액	66,170	
총자산		1,104,710	순자산 779,210

1) 정기적금은 3년 만기로 매월 300천원을 납입하며, 확정금리 연 5.5%의 이율이 적용됨
2) 연금저축펀드(주식형펀드로 운용)는 매월 500천원을 납입하며, 적립금 전액을 주식혼합형에 투자하고 있음(2024년 12월 말일 기준 14회 납입하였고, 적립금 평가액은 7,450천원)
3) 토지 : 이준영 명의, 3년 전 조부모로부터 증여받았으며, 지목은 도시지역 내 소재한 잡종지, 현재 시세 250,000천원
4) 거주용 아파트 현재 실거래가액 750,000천원
5) 신용대출은 수시상환 약정이며, 자금이 필요할 때 추가로 대출하기도 함

• 월간 현금흐름표(2024년 12월)

(단위 : 천원)

구분	항목		금액
Ⅰ. 수입1)			9,000
Ⅱ. 변동지출	본인 용돈		(600)
	배우자 용돈		(600)
	자녀(보육비, 사교육비 등)		(600)
	기타생활비(의식주, 공과금 등)		(2,500)
	변동지출 총액		(4,300)
Ⅲ. 고정지출	보장성보험료 등		(600)
	대출이자	주택담보대출	(953)
		신용대출	(398)
	고정지출 총액		(1,951)
저축 여력(Ⅰ-Ⅱ-Ⅲ)			2,749
Ⅳ. 저축·투자액	대출상환원금	주택담보대출	(1,585)
		신용대출2)	(500)
	정기적금3)		(300)
	연금저축펀드4)		(500)
	저축·투자액 총액		(2,885)
추가저축 여력(순현금흐름)(Ⅰ-Ⅱ-Ⅲ-Ⅳ)			(136)

1) 이준영 : 총급여액 80,000천원, 실수령액 월 5,000천원, 김고은 : 총급여액 60,000천원, 실수령액 월 4,000천원
2) 신용대출 상환은 비정기적이나 평균적으로 상환하는 금액임
3) 정기적금 매월 300천원(김고은 명의, 현재 12회차 납입, 3년 만기, 가입 목적은 구체적으로 없음)
4) 연금저축펀드 매월 500천원(이준영 명의, 현재 12회차 납입)

Ⅲ. 비재무적(정성적) 정보

- 이준영씨의 투자성향은 적극투자형으로 평가된다. 주식 등에 직접 투자한 경험이 전혀 없으며, 금융지식 수준은 보통수준이다.
- 김고은씨의 투자성향은 안정성장형으로 평가된다. 배우자와 마찬가지로 투자경험이 전혀 없으며, 금융지식 수준은 보통수준이다.
- 이들 부부는 여유자금이 생기면 적정수익률이 실현될 수 있는 금융상품을 선택하여 투자를 하여 은퇴자금으로 사용하고 싶어 한다.

Ⅳ. 고객 재무목표

1. 재무관리 관련 : 대출잔액 계산 및 리파이낸싱
   - 이준영씨 부부는 현재 매월 상환하는 대출금액상환액이 소득 대비 과도하다고 생각하고 있다. 또한 향후 금리 재인상 시 이자부담 증가에 대한 고민도 하고 있다.
   - 이준영씨는 현재 보유하고 있는 토지를 매각하여 대출금 상환에 사용할지, 자녀교육자금이나 은퇴자산 등 기타 목적자금으로 활용할지 고민하고 있다.

2. 은퇴설계 관련(은퇴자산 마련을 위한 대안 수립)
   - 이들 부부는 65세부터 본격적인 은퇴생활을 계획하고 있다. 은퇴기간(30년간) 중 목표은퇴소득은 현재물가기준으로 연간 48,000천원(매월 4,000천원)이다.
   - 이들 부부는 65세부터 국민연금을 수령하려고 하고 있다. 예상되는 노령연금은 이준영씨가 연간 11,400천원(월 950천원), 김고은씨는 연 10,200천원(월 850천원)이다.
   - 토지를 매각하여 일부는 신용대출 잔액을 상환하고 남은 금액 중 대부분을 은퇴자산으로 활용하면, 추가적인 은퇴저축(투자)을 하지 않고도 목표로 하는 은퇴소득을 확보할 수 있는지 알고 싶어한다.
   - 부부 모두 확정기여형(DC형) 퇴직연금에 가입되어 있으며, 적립금 운용을 위한 원리금보장형 상품으로 운용하고 있다. 퇴직연금사업자로부터 디폴트옵션 등록과 관련한 안내를 수회에 걸쳐 받았으나 아직까지 디폴트옵션을 지정하지 않은 상태이다. 부부 모두 가입일 이후 수익률이 연 1.8% 수준으로 매우 불만족스러워 하고 있다.

3. 투자설계 관련(현재 투자자산에 대한 포트폴리오 점검과 토지 매각에 따른 투자방안 마련)
   - 현재 보유하고 있는 토지를 매각하여 금융상품에 투자하는 방안을 선택할 경우 투자포트폴리오를 어떻게 구성하는 것이 적절한지에 대한 대안제시를 요청하고 있다.

4. 세금설계 관련(종합소득세 절세와 연금계좌 활용에 따른 과세문제 해결)
   - 연금저축펀드는 이준영씨가 연말정산 시 세액공제를 받으면서 50세까지 목돈마련을 하여 부부 해외여행비용으로 사용할 목적으로 가입하고 있다. 2023년 및 2024년 귀속 연말정산을 하면서 연금저축펀드에 납입한 금액은 연금계좌세액공제 한도금액까지 세액공제를 받았지만 소득공제 및 세액공제 금액이 작다고 생각하고 있다.
     - 연금저축펀드는 주식형펀드로 운용하고 있다.
     - 가입 이후 수익률이 12% 정도 실현했으나 향후 기대수익률은 7.0%로 합의하였다.
   - 은퇴자금 마련을 위해 보유하고 있는 토지를 매각하여 금융투자상품에 투자할 경우 절세가 가능한지 궁금해 하고 있다.

- 경영평가성과급 수령 시 과세되는 근로소득세가 과다하다고 생각하고 절세방법을 요청하고 있다.

V. 경제지표 가정
- 세후투자수익률 : 은퇴 전 연 5.0%, 은퇴 후 연 3.0%
- 물가상승률 : 연 3.0%
- 임금인상률 : 연 4.0%
- 토지가치상승률 : 연 3.0%

※ 본 사례의 시나리오를 참고하여 문제 11번부터 20번까지 답하시오.(단, 질문하지 아니한 상황은 일반적인 것으로 판단하며, 개별 문제의 가정은 다른 문제와 관련 없다.)

11 2020년 12월 이후 변동금리 대출 금리추이가 다음 표와 같다고 가정할 경우 2025년 1월 초 시점에서 추정한 이론상의 대출잔액으로 가장 적절한 것은?(단, 대출시점 사이에는 금리가 동일하다고 가정한다.)

대출시점	2020.12.	2021.12.	2022.12.	2023.12.	2024.12.
연간 대출이율(월복리)	3.0	2.7	4.0	6.5	4.5

① 263,655천원　　② 268,423천원
③ 279,218천원　　④ 284,079천원
⑤ 286,314천원

정답 | ④
해설 |
- 최초 대출시점 매월 원리금균등분할상환액
  PV : 360,000, N : 15×12, I/Y : 3÷12, PMT(E)? 2,486천원
- 2021.12.시점의 잔액
  N : 12, FV? 340,703천원
- 2021.12.시점 이후 매월 원리금균등분할상환액
  PV : 340,703, N : 14×12, I/Y : 2.7÷12, PMT(E)? 2,438천원
- 2022.12.시점의 잔액
  N : 12, FV? 320,400천원
- 2022.12.시점 이후 매월 원리금균등분할상환액
  PV : 320,400, N : 13×12, I/Y : 4÷12, PMT(E)? 2,637천원
- 2023.12.시점의 잔액
  N : 12, FV? 301,220천원
- 2023.12.시점 이후 매월 원리금균등분할상환액
  PV : 301,220, N : 12×12, I/Y : 6.5÷12, PMT(E)? 3,018천원
- 2024.12.시점의 잔액
  N : 12, FV? 284,079천원

12 김세진 CFP® 자격인증자는 이준영씨의 변동금리인 주택담보대출에 대해 고정금리로 대출차환 검토를 자문하였는데, 차환조건이 다음과 같을 경우 매월 절감되는 대출 관련 원리금상환액으로 가장 적절한 것은?(단, 대출잔액과 매월 말 원리금상환액은 재무제표에 제시된 금액으로 가정한다.)

[패스은행 차환조건]
- 토마토은행 대출 전액 상환
- 연 3.5% 월복리(고정), 매월 말 원리금균등분할상환
- 신규대출에 따른 수수료 총액 : 대출 총금액의 0.5%
- 대출기간 : 11년

① 약 4천원
② 약 224천원
③ 약 235천원
④ 약 950천원
⑤ 약 1,255천원

정답 l ②
해설 l
- 기존 대출 매월 말 원리금 상환액 : 대출상환원금 1,585 + 대출이자 953 = 2,538천원
- 기존 대출잔액 : 252,000천원
- 신규 대출금액 : 252,000 × 1.005 = 253,260천원
- 신규 대출원리금
  PV : 253,260, N : 11 × 12, I/Y : 3.5 ÷ 12, PMT(E)? 2,314천원
- 차환 후 줄어드는 매월 원리금상환액 : 2,538 − 2,314 = 224천원

※ 이준영씨 부부는 토지를 현재시점에서 매각하여 신용대출 잔액을 상환하고, 잔액 중 일부 금액은 은퇴자산 마련을 위해 금융상품에 투자하려고 한다. 김세진 CFP® 자격인증자는 이들 부부의 요청에 따라 제반 정보를 확인·분석한 결과를 토대로 여러 가지 재무전략 옵션 중 다음과 같은 재무전략을 마련하고 제안을 하려고 한다. 다음 은퇴설계 관련 추가정보를 토대로 문제 13번~18번까지의 질문에 답하시오.

- 토지매각 대금 중 170,000천원과 부부의 퇴직급여는 은퇴자산으로 사용할 계획이다.
- 토지매각 대금 중 170,000천원의 투자방안

구분	투자포트폴리오	투자비중	기대수익률	표준편차	베타
투자안(A)	채권형펀드	30%	연 3.0%	3%	0.35
	주식혼합형펀드	70%	연 7.0%	12%	0.75
투자안(B)	대형우량주 10개 종목으로 구성	종목별 시가총액 비례 구성	연 10.0%	15%	−

※ 채권형펀드와 주식혼합형펀드의 상관계수는 −0.34
※ 베타는 KOSPI200지수 대비 베타값임
※ 투자위험과 기대수익률을 고려하여 가입자가 선택하도록 할 계획임

- 부부의 퇴직연금 운용 관련 합의 내용

구분	은퇴 전까지 운용방법	은퇴 이후 운용방법
운용상품(변경)	TDF2050주식혼합형 – 재간접형	원리금보장형 상품 + 채권형펀드
기대수익률	연 5.5%	연 3.0%

※ 부부 모두 은퇴시점부터 각각의 IRP에서 30년간 퇴직연금을 수령할 계획임

13 김세진 CFP® 자격인증자는 이준영씨에게 은퇴자금 마련을 위해 제안하려고 하는 토지매각대금 170,000천원에 대한 투자안 중 투자안(A)에 대한 분석내용으로 가장 적절한 것은?

① 포트폴리오의 기대수익률은 5.4%로 현재 가입하고 있는 3년 정기적금보다 다소 낮은 수준이다.
② 포트폴리오의 변동성은 8.143%이다.
③ 두 펀드의 상관계수가 0이 되면 현재의 포트폴리오보다 변동성은 감소한다.
④ 포트폴리오의 베타는 0.55이다.
⑤ 향후 주식시장이 강세로 갈 것으로 예상되면 현재 포트폴리오보다 초과수익률을 추구하기 위해서 주식혼합형펀드의 투자비중을 줄이는 전략을 활용할 수 있다.

정답 I ②
해설 I ① 포트폴리오의 기대수익률 : 0.3×3% + 0.7×7% = 5.8%
② 포트폴리오의 변동성 : $\sqrt{0.3^2 \times 3\%^2 + 0.7^2 \times 12\%^2 + 2 \times 0.3 \times 3\% \times 0.7 \times 12\% \times -0.34}$ = 8.1381%
③ 상관계수가 0일 때 포트폴리오의 변동성 : $\sqrt{0.3^2 \times 3\%^2 + 0.7^2 \times 12\%^2}$ = 8.4481%
④ 포트폴리오의 베타 : 0.3×0.35 + 0.7×0.75 = 0.63
⑤ 향후 주식시장이 강세로 갈 것으로 예상되면 현재 포트폴리오보다 초과수익률을 추구하기 위해서 주식혼합형펀드의 투자비중을 늘리는 전략을 활용할 수 있다.

14 김세진 CFP® 자격인증자는 이준영씨에게 은퇴자금 마련을 위해 제안하려고 하는 투자안 중 투자안(B)에 대형우량주 10종목을 선정하여 투자포트폴리오(종목별 투자비중은 시가총액 기준으로 결정, 베타 1.5)를 구성하고, 다음의 자료조사 결과를 바탕으로 주가하락에 대비하여 주가지수선물을 이용한 헤지전략을 수립하려고 한다. 이와 관련한 검토 내용으로 가장 적절한 것은?

> 추가적인 자료조사 결과 단기간(1년 이내) 주식시장의 전망은 10% 하락할 가능성이 있음을 확인하고 이를 KOSPI200선물을 활용하여 헤지하는 방안을 검토 중이다. 현재 KOSPI200가격은 340이고 활용하려는 선물가격은 341이다(KOSPI200지수선물의 거래당 승수는 250천원을 적용함).

① 베타를 감안하지 않을 경우 주가하락 위험을 없애기 위해 주가지수선물 2계약을 매수해야 한다.
② 베타를 감안하는 경우 주가하락 위험을 없애기 위해 주가지수선물 3계약을 매수해야 한다.
③ 예상대로 주가가 10% 하락할 경우 현물시장에서 25,500천원의 손실을 보게 된다.
④ 베타를 감안하여 선물거래를 한 경우 선물시장에서는 25,500천원의 이익을 보게 된다.
⑤ 주가지수선물을 통해 헤지거래를 한 결과 최종 손익은 0원이 된다.

정답 | ③
해설 | • 170,000천원의 현물주식을 보유할 경우 주가하락을 대비하기 위해서 선물지수를 매도헤지한다.

- 베타 미반영 헤지계약수 : $\dfrac{\text{포트폴리오 금액}}{(\text{헤지시점 } KOSPI200\text{현물지수} \times 250)} = \dfrac{170{,}000}{(340 \times 250)} = 2계약$

- 베타 반영 헤지계약수 : $\dfrac{\text{포트폴리오 금액}}{(\text{헤지시점 } KOSPI200\text{현물지수} \times 250)} \times 베타 = \dfrac{170{,}000}{(340 \times 250)} \times 1.5 = 3계약$

- 현물시장 손익 : 포트폴리오 금액 × 하락률 × 베타 = 170,000 × (−10%) × 1.5 = 25,500천원 손실
- 만기 현물지수 : 340 × 0.9 = 306
- 선물시장 손익 : (헤지한 선물지수 − 만기 현물지수) × 계약수 × 250 = (341 − 306) × 3 × 250 = 26,250천원 이익
- 선물거래를 통한 최종 손익 : 26,250 − 25,500 = 750천원 이익

15 김세진 CFP® 자격인증자는 이들 부부에게 보유하고 있는 토지를 올해 1월에 매각하고 매각대금 중 170,000천원을 투자안(A)와 투자안(B) 중에서 선택하여 은퇴 시까지 투자하는 방안에 대해 설명하고 있다. 설명 내용으로 적절하지 <u>않은</u> 것은?

① 은퇴시점 물가기준으로 산정한 총은퇴일시금 규모는 1,658,272천원입니다.
② 투자안(A)를 선택하여 은퇴 전까지 투자를 하고, 은퇴기의 특성을 고려하여 기대수익률이 연 3.0%인 채권형펀드 등 안전자산으로 운용하면 퇴직급여를 제외하더라도 목표로 하는 은퇴소득을 확보할 수 있습니다.
③ 투자안(B)를 선택하여 은퇴 전까지 투자를 하고, 은퇴기의 특성을 고려하여 기대수익률이 연 3.0%인 채권형펀드 등 안전자산으로 운용하면 퇴직급여를 제외하더라도 목표로 하는 은퇴소득을 확보할 수 있습니다.
④ 투자안(B)는 투자안(A)보다 상대적으로 기대수익률은 높지만 투자위험이 높고, 장기간 동안 직접 투자관리를 해야 하는 어려움이 있습니다.
⑤ 은퇴자산 마련을 위한 투자는 장기간에 걸친 투자위험 등 투자관리가 상대적으로 용이한 간접투자를 통한 분산투자 방법이 바람직합니다. 이러한 이유로 은퇴자산 마련을 위한 투자를 한다면 투자안(A)가 투자안(B)보다 바람직해 보입니다.

정답 | ②

해설 | ① 부부의 국민연금 노령연금 합계(현재물가기준) : 11,400 + 10,200 = 21,600천원
  • 목표은퇴소득 부족액(현재물가기준) : 48,000 − 21,600 = 26,400천원
  • 은퇴시점에서의 총은퇴일시금 평가액
    PMT(B) : 26,400, N : 30, I/Y : (3−3)÷1.03, PV? 792,000천원 가치 × 1.03^{25} = 1,658,272천원
② 투자안(A)의 투자포트폴리오 기대수익률 : 0.3 × 3% + 0.7 × 7% = 5.8%
  • 투자안(A)의 은퇴시점 평가액 : 170,000 × 1.058^{25} = 695,970천원
③ 투자안(B)의 은퇴시점 평가액 : 170,000 × 1.1^{25} = 1,841,900천원

16 김세진 CFP® 자격인증자는 이준영씨 부부에게 퇴직연금의 수익률 제고를 위해 적립금 운용방법에 관한 내용을 설명하고 있다. 이와 관련한 설명으로 가장 적절한 것은?

① 부부 모두 디폴트옵션을 지정하지 않아 현재 운용하고 있는 원리금보장상품의 만기가 도래되면 만기상환금은 '만기자동재예치약정'에 따라 동일 원리금보장상품으로 재예치되어 운용됩니다.
② 부부 모두 DC형 퇴직연금의 적립금 운용수익률이 연 1.8% 수준에 머물고 있으므로, 수익률 제고를 위해 자산배분형펀드, TDF, ETF 등 실적배당형 상품으로 운용방법 변경을 검토할 필요가 있습니다.
③ 제안한 'TDF주식혼합-재간접형'을 선택한다면 은퇴시기 전후의 'TDF2050주식혼합-재간접형'을 선택하는 것이 적절해 보입니다만, 김고은씨의 투자성향에 맞춰 좀더 안정적으로 운용하고 싶다면 투자목표시점을 은퇴시기보다 5~10년 연장된 TDF를 선택하는 것도 한 방법입니다.
④ 만약 제안한 'TDF주식혼합-재간접형'을 선택한다면 은퇴시기 전후의 'TDF2050주식혼합-재간접형'을 선택하는 것이 적절해 보입니다만, 이준영씨의 투자성향에 맞춰 운용하고 싶다면 동일한 투자목표시점의 채권형 및 채권혼합형TDF를 선택하는 것도 한 방법입니다.
⑤ 만약 증권형펀드만으로 포트폴리오를 구성하여 운용하고 싶다면 위험자산에 대한 투자한도를 초과하지 않도록 주의해야 합니다. DC형 퇴직연금 적립금의 위험자산에 대한 투자한도는 적립금의 70%로 제한되어 있습니다.

정답 | ②

해설 | ① 2023년 7월 12일부터 디폴트옵션을 지정하지 않는 경우 만기상환금은 별도의 운용지시를 하지 않으면 동일상품에 자동재예치 되지 않고 현금성 대기자금으로 남아 있음
③ 동일한 자산배분 유형의 TDF : 가입자의 투자성향이 동일 연령대의 평균과 비교하여 보수적인 성향이면 투자목표시점을 은퇴시기보다 5~10년 짧은 TDF를, 공격적인 성향이면 5~10년 연장된 TDF를 선택
④ 투자목표시점이 동일한 TDF : 가입자의 투자성향이 동일 연령대의 평균과 비교하여 공격적이라면 채권형 및 채권혼합형보다는 주식혼합형 또는 주식형 TDF를 선택
⑤ DC형 퇴직연금 및 IRP의 위험자산 투자한도는 70%이며, TDF 상품은 투자위험이 낮은 운용방법으로 분류되어 적립금의 100%를 투자할 수 있음

17 이준영씨 부부는 김세진 CFP® 자격인증자의 제안에 따라 각각의 퇴직연금 운용방법을 'TDF2050주식혼합 – 재간접형'으로 변경하여 운용하기로 결정하였다. 또한 토지 매각대금 중 은퇴자산 마련을 위해 투자하는 금액은 CFP® 자격인증자가 제안하는 투자안(A)를 선택하여 투자하는 것으로 합의하였다. 이와 관련한 검토내용으로 적절하지 **않은** 것은?

① 이준영씨가 CFP® 자격인증자의 제안대로 운용하고 퇴직 시 IRP로 퇴직급여를 이전받을 경우 IRP의 은퇴시점 세전평가액은 575,646천원이다.
② 이준영씨가 퇴직 시 IRP로 퇴직급여를 이전받아 연금으로 수령할 경우 세전연금액은 28,514천원이다.
③ 김고은씨가 CFP® 자격인증자의 제안대로 운용하고 퇴직 시 IRP로 퇴직급여를 이전받아 연금으로 수령할 경우 세전연금액은 19,628천원이다.
④ 이들 부부가 DC형 퇴직연금의 적립금 운용방법을 원리금보장형상품에서 'TDF2050주식혼합 – 재간접형'으로 변경하고 운용하다 퇴직 시 동일한 퇴직연금사업자에게 IRP를 설정한다면 운용중인 TDF를 그대로 이전받을 수 있다.
⑤ 퇴직급여가 IRP로 이전된 이후 소득세법에 정한 법정인출사유 이외의 사유로 자금이 필요한 경우에도 IRP계좌의 일부를 해지하여 인출할 수 있는데, 이 경우 이연퇴직소득이 인출액에 포함되어 있다면 이연퇴직소득세의 100%가 과세된다.

정답 I ⑤
해설 I ① 이준영씨 은퇴시점 퇴직급여 세전평가액
　　　PMT(E) : (80,000÷12)/1.04 = 6,410, N : 20, I/Y : (5.5 – 4)÷1.04, PV? 110,684천원
　　　→ (110,684 + 40,270) = 150,954천원 × 1.055^{25} = 575,646천원
② 이준영씨 IRP 세전연금액
　　　PV : 575,646, N : 30, I/Y : 3, PMT(B)? 28,514천원
③ 김고은씨 은퇴시점 퇴직급여 세전평가액
　　　PMT(E) : (60,000÷12)/1.04 = 4,808, N : 20, I/Y : (5.5 – 4)÷1.04, PV? 83,012천원
　　　→ (83,013 + 20,900) = 103,913천원 × 1.055^{25} = 396,261천원
　　• 김고은씨 IRP 세전연금액
　　　PV : 396,261, N : 30, I/Y : 3, PMT(B)? 19,628천원
⑤ IRP는 소득세법에서 정한 부득이한 사유 이외의 사유로 중도인출은 허용되지 않으며, 인출하기 위해서는 IRP계좌를 해지하여야 함

18 이준영씨는 주식에 직접투자를 한 경험은 없으나 이번에 3년 전 조부모로부터 증여받아 보유 중인 토지를 매각해서 매각자금 일부를 토마토실업에 투자를 할지 고민하고 있다. 이에 김세진 CFP® 자격인증자에게 이와 관련한 문의를 했고 자격인증자는 토마토실업의 수익률을 분석하고 있다. 기대수익률은 연 10.0%이며 다음과 같이 두 가지 경제변수에 의하여 영향을 받는다고 한다. 현재 토마토실업의 주식수익률은 최근 예상하지 못했던 거래처의 부도 여파로 3.0% 하락한 상태이며 그 외의 특수한 상황은 발생하지 않았다. 다요인모형에 의한 토마토실업의 실제수익률로 가장 적절한 것은?

변수	민감도	예상수치	실제수치
시장이자율	-1	4.0%	6.0%
환율의 변화율	0.5	5.0%	7.0%

① 3.0%
② 5.0%
③ 6.0%
④ 7.0%
⑤ 9.0%

정답 I ③

해설 I • 자산의 수익률 : 기대수익률 + 여러 변수에 의한 수익률의 변화 + 고유한 특성으로 인한 예상하지 못한 수익률 변화

변수	민감도 (A)	예상수치 (B)	실제수치 (C)	예상하지 못한 변화 (C-B=D)	변화의 영향 (A×D)
시장이자율	-1	4.0%	6.0%	2.0%	-2.0%
환율의 변화율	0.5	5.0%	7.0%	2.0%	1.0%

• 실제 수익률 : 10% + (-2.0% + 1.0%) - 3.0% = 6.0%

19 이준영씨는 조부모에게 증여받아 보유하고 있는 토지를 은퇴자금 마련을 위하여 양도를 고려하고 있다. 2025년 1월 31일에 해당 토지를 양도하는 경우 다음 정보를 고려할 때 소득세법상 설명 중 적절하지 **않은** 것은?

〈토지 양도와 관련된 정보〉
- 토지 양도가액 : 250,000천원
- 이준영씨의 토지 취득 정보
  - 토지 수증일자 : 2021년 5월 20일
  - 증여세 신고 시 상속세 및 증여세법상 평가액 : 200,000천원
  - 증여세 산출세액 : 26,000천원
- 조부모의 토지 취득 정보
  - 토지 취득일자 : 2012년 1월 5일
  - 토지 취득가액 : 100,000천원(일반적 매매 취득)
- 토지 양도 시 기타필요경비 : 10,000천원
※ 해당 토지는 비사업용 토지에 해당하며, 배우자 등 이월과세 규정이 적용된다고 가정

① 토지의 양도가액에서 차감하는 취득가액은 100,000천원이다.
② 토지의 양도에 따른 양도차익은 114,000천원이다.
③ 토지의 양도에 따른 양도소득금액은 84,360천원이다.
④ 토지의 양도에 따른 과세표준은 81,860천원이다.
⑤ 토지의 양도소득세 산출세액은 30,055천원이다.

정답 | ⑤
해설 |

	구분	금액
	양도가액	250,000천원
(−)	취득가액	100,000천원(증여자의 실질 취득가액)
(−)	기타필요경비	10,000 + 26,000(증여세 산출세액) = 36,000천원
=	양도차익	250,000 − 100,000 − 36,000 = 114,000천원
(−)	장기보유특별공제	114,000 × 26%(13년 × 2%) = 29,640천원
=	양도소득금액	114,000 − 29,640 = 84,360천원
(−)	기본공제	2,500천원
=	과세표준	84,360 − 2,500 = 81,860천원
(×)	세율	24% + 10%(비사업용 토지 10% 추가과세) = 34%
(−)	누진공제액	5,760천원
=	양도소득세 산출세액	81,860 × 34% − 5,760 = 22,072.4천원

20 이준영씨 부부는 매년 연말정산 시 소득공제 및 세액공제 금액이 적다고 생각하고 있다. 연말정산과 관련하여 소득세법상 김세진 CFP® 자격인증자가 안내한 다음 설명 중 적절하지 **않은** 것은?(단, 이준영씨의 경기도 소재 아파트A는 장기주택저당차입금이자상환액 소득공제를 적용받을 수 있으며, 비거치식 분할상환방식에 의하여 이준영씨가 납부하였다고 가정하며, 지방소득세는 고려하지 않는다.)

① 이준영씨의 장기주택저당차입금이자상환액 소득공제액은 대출형태가 변동금리에 해당하므로 8,000천원이다.
② 이준영씨의 보장성보험료세액공제액은 120천원이다.
③ 이준영씨의 연금계좌세액공제액은 720천원이다.
④ 만약 이준영씨가 연금저축펀드 납부액을 증액한다고 하더라도 세액공제액은 증가하지 않을 것이다.
⑤ 이준영씨가 금년 6월 회사에서 지급하는 경영평가성과급 3,500천원을 은퇴자금 마련을 위하여 현재 보유하고 있는 확정기여형 퇴직연금계좌에 납부하였다면 연금계좌세액공제액은 1,080천원이 된다.

정답 | ①
해설 | 〈장기주택저당차입금 이자상환액 공제〉

구분	공제한도
차입금의 상환기간이 10년 이상이면서 이자를 고정금리로 지급하거나 비거치식 분할상환하는 경우	연 6,000천원
차입금의 상환기간이 15년 이상인 경우	연 8,000천원
차입금의 상환기간이 15년 이상이면서 이자를 고정금리로 지급하거나 비거치식 분할상환하는 경우	연 18,000천원
차입금의 상환기간이 15년 이상이면서 이자를 고정금리로 지급하고 비거치식 분할상환하는 경우	연 20,000천원

① 고정금리 또는 비거치식 분할상환방식에 해당하는 경우 연 18,000천원이 한도가 되므로 소득공제액은 이자상환액 953×12=11,436천원이 된다.
② 보장성보험료세액공제액 : Min[1,000천원, 600×12=7,200천원]×12%=120천원
③ Min(6,000천원, 500×12=6,000천원)×12%=720천원
⑤ Min(9,000천원, 6,000+3,500=9,500천원)×12%=1,080천원

복합사례Ⅲ(재무/보험/은퇴/투자/상속)

※ 결혼 10년 차인 이정후씨는 동생 사망에 따른 상속관계 등에 대해 전문가와의 상담을 원하고 있다. 이정후씨 부부는 2025년 1월 초 김세진 CFP® 자격인증자를 만나 재무상담을 진행하였다.

Ⅰ. 고객정보(나이는 올해 1월 초 만 나이임)

- 동거가족
  - 이정후(40세) : 대기업 기획부 과장, 근무연수 11년, 은퇴 희망연령 65세
  - 김은영(40세) : 부인, 중소기업 과장, 근무연수 14년, 은퇴 희망연령 65세
  - 이준구 : 아들, 올해 초등학교 2학년이 됨
- 부모 및 형제자매
  - 이종범(68세) : 부친, 개인사업 운영, 부동산 다수 보유
  - 박미진(65세) : 모친, 전업주부
  - 이정모(35세) : 동생, 미혼이며, 2024년 12월 31일 자동차 사고로 사망함, 이정모 명의의 경기도 소재 아파트(시가 6억원) 보유
- 주거상황
  - 경기도 소재 아파트A(이정후 부부 공동 명의), 최근 실거래가액 750,000천원
  - 아파트A는 2021년 1월 초 8억원에 취득, 구입 시 주택담보대출 3억원 받음
  - 대출은 15년간 매월 말 원리금균등분할상환 방식, 대출이율 변동금리 연 2.5% 월복리, 2022년 하반기부터 대출이율 상승, 2024년 상반기에 약간 하락

Ⅱ. 재무적(정량적) 정보

- 월간 현금흐름표(2024년 12월)

(단위 : 천원)

구분	항목		금액
Ⅰ. 수입[1]			8,400
Ⅱ. 변동지출	본인 용돈		(500)
	배우자 용돈		(800)
	부모님 용돈		(1,000)
	자녀(보육비, 사교육비 등)		(1,000)
	기타생활비(의식주, 공과금 등)		(2,000)
	변동지출 총액		**(5,300)**
Ⅲ. 고정지출	보장성보험료 등		(500)
	대출이자	주택담보대출	(1,000)
		마이너스통장	(60)
	고정지출 총액		**(1,560)**
저축 여력(Ⅰ-Ⅱ-Ⅲ)			**1,540**

구분	항목	금액
Ⅳ. 저축·투자액	대출상환원금(주택담보대출)	(1,360)
	정기적금	(500)
	청약종합저축	(100)
	개인연금(연금저축)	(500)
	저축·투자액 총액	(2,460)
추가저축 여력(순현금흐름)(Ⅰ-Ⅱ-Ⅲ-Ⅳ)		(920)

1) 이정후 : 연수입 85,000천원, 실수령액 월 5,500천원, 김은영 : 연수입 45,000천원, 실수령액 월 2,900천원

- 자산 내역
  - 토지투자(김은영 명의, 임야, 공시지가 15,000천원
  - 국내주식 투자액 40,000천원(이정후 명의, 5개 종목, 현재시점 종가 합산 시 30,000천원)

주식종목	평가금액	비중	기대 수익률	변동성 (표준편차)	시장과 상관계수
A종목	5,000천원	16.67%	7.50%	12.45%	1.36
B종목	8,000천원	26.67%	8.60%	13.45%	1.78
C종목	5,000천원	16.67%	5.78%	14.66%	1.89
D종목	7,000천원	23.33%	6.55%	12.78%	1.54
E종목	5,000천원	16.67%	7.88%	15.46%	1.65
합계	30,000천원				

  ※ 시장변동성 : 10.45%, 무위험수익률 : 3.50%
  - 자동차(이정후 명의, 현재 자동차보험상 자차 평가금액 15,000천원)
- 부채 내역
  - 급여통장을 마이너스 통장으로 사용. 현재 잔액은 (-)12,000천원, 대출금리 연 6%(1년 고정)
  - 주택담보대출 잔액 239,489천원
- 저축·투자 내역
  - 청약종합저축 매월 100천원(김은영 명의, 평가금액 9,100천원)
  - 정기적금 매월 500천원(김은영 명의, 1년 만기, 평가금액 1,500천원), 가입목적 없이 시작
  - 연금저축 매월 250천원(이정후 명의, 기납입보험료 18,000천원)
  - 연금저축 매월 250천원(김은영 명의, 기납입보험료 18,000천원)
- 퇴직급여 내역
  - 부부 모두 입사 때부터 확정기여형 퇴직연금에 가입하고 있음
  - 부부의 퇴직연금 적립금은 원리금보장상품(○○은행 정기예금)으로 운용하고 있음
  - 2024년 12월 31일 현재 퇴직연금 적립금 평가액(이정후 : 57,300천원, 김은영 : 37,500천원)
  - 만기일 : 이정후 2025년 6월 30일, 김은영 2026년 12월 31일
  - 부부 모두 '만기자동재예치' 약정이 되어 있으나 현재 디폴트옵션은 지정하지 않은 상태임
- 국민연금 내역 : 이들 부부 모두 65세부터 국민연금을 수령할 계획이며 예상되는 (월)연금액은 이정후씨는 현재물가기준으로 950천원, 김은영씨는 750천원임

- 이정후씨 보험가입현황

구분	종신보험[1]	암보험[2]	실손의료보험
보험계약자	김은영	이정후	이정후
피보험자	이정후	이정후	이정후
수익자	김은영	김은영	이정후
보험가입금액	100,000천원	20,000천원	50,000천원
선택특약	50,000천원 (재해사망특약, 80세 만기)	-	-
계약일	2019.1.	2019.1.	2021.6.
납입기간/보험기간	20년/종신	20년/90세	15년/15년(재가입)

1) 종신보험 : 사망 시 계약일부터 1년 경과 시부터 매년 보험가입금액의 5%를 체증한 금액이 추가로 지급되고, 보험가입금액의 200%가 최대한도임
2) 암보험 : 암진단 시(일반암 20,000천원, 고액암 40,000천원) 진단자금을 지급하고, 암을 직접적인 원인으로 사망 시 20,000천원이 추가로 지급됨

Ⅲ. 비재무적(정성적) 정보
- 위험수용성향 : 이정후, 김은영 모두 공격투자형임
- 돈 관리의 주체 없이 필요할 때마다 양쪽에서 번갈아 지출하고 있음

Ⅳ. 고객 재무목표

1. 상속설계 관련
   - 이정후씨와 부모님은 동생 이정모 명의 부동산을 아들 이준구 명의로 상속하기를 희망한다. 그것이 가능한지, 가능하다면 방법은 무엇인지 알고 싶어 한다.

2. 재무관리 관련
   - 이정후씨 부부는 돈 관리의 주체 없이 각자의 수입으로 그때그때 필요한 지출을 하다 보니 마이너스통장 잔액이 늘어나고 있어 부담스러워 한다. 이에 따라 현금흐름 관리에 대한 전문적인 조언을 구하고 있다. 이정후씨는 1년 이내 마이너스통장을 없애고 싶어 하며, 부채에 대한 부담으로 다른 금융상품을 정리해야 하는지 여부를 고민하고 있다.
   - 이번 기회에 막연하게 느끼고 있던 인생목표를 구체화해보고 필요한 것들이 무엇인지, 어떻게 대비해야 하는지 구체적으로 알고 싶어 한다.

3. 위험관리(보험설계) 관련
   - 이정후씨는 동생의 갑작스런 사망으로 본인의 사망보험금에 대한 관심이 높아졌으며, 유사시에 가족들이 보험금을 얼마나 받게 될지 궁금해 한다.
   - 현재 추가저축 여력이 (-)인 상황에서 추가적으로 보험을 가입하기를 희망하지는 않고 있다.

4. 투자설계 관련
- 이정후씨 부부는 부동산담보대출의 금리상승에 따른 부담을 느끼고 있다. 향후 금리가 다시 더 올라 부담이 가중되지는 않을지 걱정하고 있다.
- 투자하고 있는 주식은 재작년 주가가 고점일 때, 주변 지인의 조언을 받아 KOSPI주식 투자를 하였으나 현재 손실을 보고 있어 관심을 두지 않고 있다. 이정후씨는 최소한 원금을 회복할 때까지는 주식을 팔고 싶어 하지 않는다.

5. 은퇴설계 관련
- 이정후씨 부부는 모두 65세에 은퇴를 예상하면서 은퇴기간 동안 필요한 은퇴소득 규모가 어느 정도 되는지를 궁금해하고 있다. 동생의 부동산자산 상속으로 이준구의 독립자금을 마련해주고 싶은 이유도 그것 때문이다.
- 이정후씨 부부 모두 가입 이후 현재까지 퇴직연금 적립금의 연평균수익률이 1.8% 정도로 나타나 불만이 많은 상태이다. 이들 부부는 투자에 대한 자신감은 부족하지만 적립금을 적극적으로 운용하여 수익률을 높이고 싶어 한다.

Ⅴ. 경제지표 가정
- 물가상승률 : 연 3.0%
- 세후투자수익률 : 은퇴 전 연 5.0%, 은퇴 후 연 4.0%
- 임금인상률 : 연 3.0%

※ 상기 시나리오를 참고하여 문제 21번부터 30번까지 답하시오.(단, 질문하지 아니한 상황은 일반적인 것으로 판단하며, 개별 문제의 가정은 다른 문제와 관련 없다.)

21 김세진 CFP® 자격인증자는 정보수집 단계에서 이정후씨 부부의 다양한 재무이슈와 관심사 및 니즈를 발견하고 이를 이정후씨 부부와 공유하였다. 이를 바탕으로 한 자격인증자의 재무목표 구체화(설정)에 대한 적절한 설명으로 모두 묶인 것은?

> 가. 생애주기상 주요한 재무목표를 짚어주어 고객이 미처 생각하지 못한 중요한 재무목표들을 파악할 수 있도록 도와주었다.
> 나. 고객의 공감 없이 인증자의 임의적 판단으로 재무목표를 제시하였다.
> 다. 개방형 질문 등을 통해 고객 스스로 본인의 인생목표가 무엇인지에 대하여 구체적으로 생각해 보고 그것을 표현할 수 있도록 도와주었다.
> 라. 고객이 선택한 재무목표에 대해서 비록 그것이 현실적이지 않다고 생각되었으나 이에 대한 고객과의 논의를 배제하고, 고객의 생각대로 진행하였다.

① 가, 나
② 가, 다
③ 나, 라
④ 가, 나, 라
⑤ 나, 다, 라

정답 | ②

해설 | 나. 자격인증자는 고객이 미처 생각하지 못한 중요한 재무목표들을 파악할 수 있도록 도와주는 것도 필요하다. 이를 위해 자격인증자는 생애주기상 주요한 재무목표를 숙지하고 있어야 한다. 단 고객의 공감 없이 인증자의 임의적 판단으로 재무목표를 제시하는 것은 금물이다.

라. 고객이 선택한 재무목표에 대해서 비록 자격인증자가 그것이 현실적이지 않다고 생각되더라도 고객과의 논의를 배제하면 안 된다.

22 김세진 CFP® 자격인증자의 재무상태 분석내용 중 적절한 설명으로 모두 묶인 것은?

> 가. 이정후씨 부부는 국내주식, 연금저축 등의 투자와 부채상환을 통합적으로 고려하고 있다.
> 나. 이정후씨 부부가 분양시장에 참여할 생각은 없는데 부채가 있는 상황에서 청약종합저축을 보유하고 있는 것은 바람직하다고 할 수 없다.
> 다. 이정후씨 가정의 월 가계 순현금흐름은 (-)이다.
> 라. 소비성부채비율은 적정 소견을 낼 수 있다.
> 마. 주거관련부채상환비율은 적정 소견을 낼 수 있다.
> 바. 총부채상환비율은 위험 소견을 낼 수 있다.

① 가, 나, 다, 바
② 가, 나, 마, 바
③ 가, 라, 마, 바
④ 나, 다, 라, 마
⑤ 다, 라, 마, 바

정답 | ④

해설 | 가. 이정후씨 부부는 국내주식, 연금저축 등의 투자와 부채상환을 각각 개별적으로 운용하고 있기에 통합적으로 고려하고 있지 않다.

라. 소비성부채 : $12,000 + 12,000 \times 6\% = 12,720$천원

- 소비성부채비율 : $\dfrac{12,720 \div 12}{8,400} \times 100 = 12.62\%$로 20%의 가이드라인에 못 미치므로 적정 소견을 낼 수 있다.

마. 월 총수입 : $(85,000 + 45,000) \div 12 = 10,833$천원

- 주택담보대출 원리금상환액 : $1,000 + 1,360 = 2,360$천원
- 주거관련부채상환비율 : $\dfrac{2,360}{10,833} \times 100 = 21.78\%$로 28%의 가이드라인에 못 미치므로 적정 소견을 낼 수 있다.

바. 총부채상환액 : $1,060 + 2,360 = 3,420$천원

- 총부채상환비율 : $\dfrac{3,420}{10,833} \times 100 = 31.57\%$로 적정 소견을 낼 수 있지만 36%의 가이드라인에 근접하고 있음을 고지한다.

23 다음 김세진 CFP® 자격인증자가 제안하는 부채관리 전략(재무전략)에 대한 적절한 설명으로 모두 묶인 것은?

> 가. 부채상환 이전에 가계비상예비자금을 확보할 것을 권고하여 예기치 않은 추가지출로 부채가 다시 늘어나는 것을 미연에 방지한다.
> 나. 고객이 막연하게 유지하고 있는 금융상품 중 고객의 재무목표에 부합하지 않은 금융상품을 정리하여 마이너스통장대출 조기상환을 할 수 있도록 안내한다.
> 다. 이정후씨 부부는 대출원금 상환은 하고 있지만 이것이 결국 가계 순자산을 증가시킨다는 생각까지는 하지 못하고 있기에 현재 뚜렷한 목적 없이 불입하고 있는 정기적금을 대출원금 상환에 활용하는 방안에 대해 주지시킬 필요가 있다.
> 라. 고객의 추가저축 여력을 파악하여 (+)가 될 수 있도록 지출부분과 저축·투자액을 전체적으로 점검하고 조정한다.
> 마. 추가저축 여력이 확보되면 주택담보대출을 정기적으로 조기상환하여 금융비용을 줄일 수 있도록 자문한다.

① 가, 나
② 다, 라
③ 가, 나, 다
④ 다, 라, 마
⑤ 가, 나, 다, 라, 마

정답 | ⑤
해설 | 모두 적절한 설명이다.

24 이정후씨가 가입한 보험가입현황을 바탕으로 현재시점에서 사망 시 지급되는 사망보험금에 대한 김세진 CFP® 자격인증자의 설명으로 적절하지 **않은** 것은?

① 이정후씨가 암으로 사망 시 종신보험에서 지급되는 사망보험금은 130,000천원이다.
② 이정후씨가 교통사고로 사망 시 종신보험에서 지급되는 사망보험금은 180,000천원이다.
③ 이정후씨가 일반암으로 진단받고 사망 시 암보험에서 지급받을 수 있는 보험금(진단비 포함)은 40,000천원이다.
④ 이정후씨가 가입한 실손의료보험은 암으로 사망 시 사망보험금이 지급되지 않는다.
⑤ 이정후씨가 고액암으로 진단받고 사망 시 가입된 보험에서 지급되는 총 사망보험금은 180,000천원이다.

정답 | ⑤
해설 | ① 종신보험에서 암으로 사망 시 지급되는 사망보험금은 주계약가입금액 100,000천원과 체증보험금 30,000천원(=100,000×5%×6년)이 지급되어 총 130,000천원이다.
② 종신보험에서 교통사고로 사망 시 지급되는 사망보험금은 주계약가입금액 100,000천원, 재해사망특약 50,000천원, 체증보험금 30,000천원(=100,000×5%×6년)이 지급되어 총 180,000천원이다.
③ 암보험에서 일반암 진단 시 진단비 20,000천원과 사망보험금 20,000천원이 지급되어 총 40,000천원이다.

⑤ 암보험에서 고액암 진단 시 진단비 40,000천원과 사망보험금 20,000천원이 지급되어 총 60,000천원이 지급되며, 종신보험에서 130,000천원이 지급되므로 가입된 보험에서 지급되는 총 사망보험금은 190,000 천원이다.

25 다음 정보를 고려할 때 가해차량이 가입된 자동차보험 약관상 지급될 수 있는 이정모씨의 사망보험금에 대한 설명으로 적절하지 **않은** 것은?(단, 보험금은 사고일로부터 7일 이내에 지급한다고 가정한다.)

- 사망자 : 이정모(1989년 12월 20일)
- 사망일 : 2024년 12월 31일
- 과실관계 : 사고 후 이정모씨 과실비율은 40%로 판명됨
- 이정모씨의 월평균 현실소득액 : 4,500천원, 직업 정년은 65세임
- 취업가능월수에 대한 호프만계수 – 359개월 : 219.21, 360개월 : 219.61
- 상대방 가해 승용차는 개인용자동차보험의 모든 담보에 가입되어 있음

① 장례비는 3,000천원이 지급된다.
② 위자료는 48,000천원이 지급된다.
③ 정년까지의 취업가능월수는 359개월이다.
④ 취업가능월수에 대한 호프만계수를 적용한 상실수익액은 657,630천원이다.
⑤ 가해차량이 가입된 자동차보험 약관상 지급될 수 있는 사망보험금은 742,630천원이다.

정답 | ⑤
해설 | ① 장례비 : 5,000×60%=3,000천원
② 위자료 : 80,000×60%=48,000천원
③ 정년까지 취업가능월수 : 359개월(2054.12.20.~2024.12.31.)
④ 4,500×2/3×219.21=657,630천원
⑤ 과실비율 적용 후 상실수익액 : 657,630×60%=394,578천원
 • 과실비율 적용 후 사망보험금 : 3,000+48,000+394,578=445,578천원

26 이정후씨 부부는 부부은퇴기간을 25년 정도로 예상하고 있다. 배우자 일방이 사망하는 경우 유족배우자의 은퇴소득은 공적연금과 주택연금(종신)으로 충당할 생각으로 부부은퇴기간 중에 필요한 은퇴소득을 준비하려고 한다. 연간 필요한 은퇴생활비를 현재 부부의 용돈과 기타생활비의 70% 수준으로 정할 경우를 A안, 현재 세후소득의 70% 수준으로 정할 경우를 B안이라고 할 경우 각각의 총은퇴일시금이 적절하게 연결된 것은?

	A안	B안
①	163,362천원	1,119,432천원
②	163,362천원	2,343,842천원
③	342,044천원	1,119,432천원
④	342,044천원	2,343,842천원
⑤	618,634천원	1,574,704천원

정답 | ④
해설 | 〈A안〉
- 현재 부부 용돈과 기타생활비 : 본인 용돈 500 + 배우자 용돈 800 + 기타생활비 2,000 = 3,300천원
- 연간 필요한 은퇴생활비 : 3,300×70%×12 = 27,720천원
- 국민연금 : (이정후 국민연금 950 + 김은영 국민연금 750)×12 = 1,700×12 = 20,400천원
- 연간 부족한 은퇴생활비 : 27,720 − 20,400 = 7,320천원
- 부부 용돈과 기타생활비의 70%를 기준으로 한 은퇴일시금
  PMT(B) : 7,320, N : 25, I/Y : (4−3)÷1.03, PV? 163,362천원 가치×1.03^{25} = 342,044천원

〈B안〉
- 세후 소득의 70% : 8,400×70% = 5,880천원
- 연간 필요한 은퇴생활비 : 5,880×12 = 70,560천원
- 연간 부족한 은퇴생활비 : 70,560 − 20,400 = 50,160천원
- 현재 세후소득의 70%를 기준으로 한 은퇴일시금
  PMT(B) : 50,160, N : 25, I/Y : (4−3)÷1.03, PV? 1,119,432천원 가치×1.03^{25} = 2,343,842천원

27 김세진 CFP® 자격인증자가 이정후씨 부부에게 퇴직연금 적립금 운용수익률 제고를 위한 방안에 대해 설명한 내용으로 적절하지 **않은** 것은?

① 디폴트옵션을 선택하지 않은 상태에서 원리금보장상품의 만기금액은 수익률이 상대적으로 낮은 현금성자산으로 남아 있게 되므로, 수익률 제고를 위해서는 미리 디폴트옵션을 선택하거나 만기 도래 시 새로운 적립금운용방법을 지정하는 것이 바람직합니다.
② 은퇴시점까지 25년 남아 있는 점을 고려하여 현재의 원리금보장상품을 해지하거나 만기도래 시 적립금을 가입한 금융회사에서 제공하는 국내외의 다양한 펀드와 ETF 등으로 포트폴리오를 구성하여 분산투자하는 것도 한 방법입니다.
③ 직접 포트폴리오를 구성하여 운용하는 것이 부담되고 자신이 없다면 투자기간 경과에 따라 주식 등 위험자산의 비중을 줄여 투자위험을 자동으로 낮추어가는 TDF를 선택하여 운용하는 것이 바람직합니다.
④ TDF를 선택하는 경우 투자성향이 공격투자형으로 분석되는 점을 고려하여 금융회사에서 제공하는 TDF 중 'ㅇㅇTDF 2045' 나 'ㅇㅇTDF 2050'을 선택하는 것이 바람직합니다.
⑤ TDF는 위험자산으로 분류하지 않으므로, 퇴직연금 적립금의 100% 전액을 TDF로 운용할 수 있습니다.

정답 | ④
해설 | ④ TDF는 5년 단위로 투자목표시점(은퇴시기)를 표기하고 있고, 가입자의 투자목표시점에 맞추어 TDF를 선택하는 것이 일반적이다. 만약, 공격적 투자성향의 가입자라면 은퇴시기보다 연장된 시기를 투자목표시점으로 선택하고, 보수적 투자성향의 가입자라면 은퇴시기보다 단축된 시기를 투자목표시점으로 선택한다. 이들 부부의 투자성향이 공격투자형임을 고려하면 투자목표시점이 2050년 이후인 'ㅇㅇTDF 2050' 또는 'ㅇㅇTDF 2055' 등을 선택하는 것이 바람직하다.

28 현재 이정후씨가 보유하고 있는 A, B, C, D, E 주식에 대해 김세진 CFP® 자격인증자의 투자판단에 대한 설명으로 가장 적절한 것은?

① 현재 보유하고 있는 주식 포트폴리오의 기대수익률은 5.37%이다.
② 포트폴리오 기대수익률 중 기여도가 가장 높은 종목은 D이다.
③ 베타가 가장 높은 종목은 C종목이다.
④ 현재 포트폴리오를 상대적으로 베타가 높은 포트폴리오로 변경을 위해서 2종목을 매도한다면, B와 E종목을 매도하는 것이 바람직하다.
⑤ 일부 종목을 매도하여 포트폴리오의 변동성을 줄이고자 할 때 매도 대상으로 A종목과 D종목을 고려해볼 수 있다.

정답 | ③

해설 | ① 0.1667×7.5+0.2667×8.6+0.1667×5.78+0.2333×6.55+0.1667×7.88=7.3491%

② 비중을 반영한 종목별 기대수익률
- A : 0.1667×7.5=1.2503%
- B : 0.2667×8.6=2.2936%
- C : 0.1667×5.78=0.9635%
- D : 0.2333×6.55=1.5281%
- E : 0.1667×7.88=1.3136%

③ 각 종목의 베타
- A : $\frac{12.45\%}{10.45\%} \times 1.36 = 1.6203$
- B : $\frac{13.45\%}{10.45\%} \times 1.78 = 2.2910$
- C : $\frac{14.66\%}{10.45\%} \times 1.89 = 2.6514$
- D : $\frac{12.78\%}{10.45\%} \times 1.54 = 1.8834$
- E : $\frac{15.46\%}{10.45\%} \times 1.65 = 2.4411$

④ 현재 포트폴리오를 상재덕으로 베타가 높은 포트폴리오로 변경을 위해서 2종목을 매도한다면, A와 D종목을 매도하는 것이 바람직하다.

⑤ 일부 종목을 매도하여 포트폴리오의 변동성을 줄이고자 할 때 매도 대상으로 변동성이 상대적으로 높은 C종목과 E종목을 고려해볼 수 있으나, 최종적으로 각 종목 간의 상관관계를 반영해서 결정해야 한다.

29 김세진 CFP® 자격인증자의 상속설계에 대한 다음 설명 중 적절한 설명으로 모두 묶인 것은?

가. 상속포기는 상속재산 전체를 대상으로 하여야 하고 일부 상속포기는 인정되지 않으므로, 선순위 상속인이 상속재산 중 부동산에 대하여만 상속포기를 하여 이준구가 부동산을 상속받게 하고 나머지 재산은 선순위 상속인이 상속받는 것은 불가능하다고 설명하였다.

나. 만약 이정모가 사망 전 생명보험에 가입(계약자 및 피보험자 이정모)하였고 그 수익자가 상속인으로 되어 있는 경우 상속인이 상속포기를 하면 사망보험금을 수령할 수 없다고 안내하였다.

다. 선순위 상속인이 이정모 사망 후 상속재산분할협의를 하였더라도 고려기간 이내라면 상속포기가 가능하다고 설명하였다.

라. 후순위 상속인인 이정후씨는 선순위 상속인인 부모님이 상속포기를 하여 본인이 상속인이 되었음을 안 날로부터 3개월 내 상속포기를 하면 유효한 상속포기가 된다고 설명하였다.

① 가
② 가, 라
③ 나, 다
④ 가, 나, 라
⑤ 나, 다, 라

정답 | ②
해설 | 나. 생명보험의 수익자가 상속인인 경우 피상속인이 사망하여 발생하는 수익권은 상속인의 고유권리이지 상속재산에 해당하지 아니한다. 따라서 상속포기를 한 상속인이라도 사망보험금을 수령할 수 있다.
다. 상속재산분할협의는 법정단순승인 사유에 해당하므로, 상속인이 피상속인 사망 후 상속재산분할협의를 하였다면 단순승인으로 간주되어 더 이상 상속포기를 할 수 없다.

30 김세진 CFP® 자격인증자가 이정후씨 부부에 대한 종합재무상담 내용 중 적절한 설명으로 모두 묶인 것은?

> 가. 주택담보대출 원리금상환액 2,360천원은 고정지출로 취급하여 그 외 투자를 증가시킬 방법을 모색한다.
> 나. 현재 수익이 마이너스인 주식에 대해 이정후씨가 요구하는 최소한의 수익률을 검토해 볼 필요가 있으며, 현재 마이너스통장을 없애고 싶어 하고, 추가저축 여력이 (−)인 점을 고려해 볼 때 현재 주식투자의 목적성을 조정할 필요가 있어 보인다.
> 다. 고객정보에 따르면 2023년 상반기 금리가 하락하였는데 이는 환율요인으로 분석해 보면 환율이 하락할 거라는 전망이 높아졌기 때문이라고 볼 수 있다.
> 라. 이정후씨 부부는 현재 퇴직연금의 저조한 수익률로 불만이 있는 상태이므로, 퇴직연금 사업자가 제시하는 운용방법을 검토하고 운용방법의 변화를 모색할 필요가 있다.
> 마. 이정후씨가 가입한 종신보험의 경우 계약일부터 1년 경과 시부터 사망보험금이 매년 보험가입금액의 5%가 체증되는 조건이 있다고 가정할 경우 매월 납입하는 보험료는 사망보험금 체증에 따라 납입기간 동안 상승한다.

① 가, 다
② 가, 라
③ 나, 라
④ 나, 마
⑤ 다, 마

정답 | 정답 : ③
해설 | 가. 대출원금의 상환은 순자산의 증가를 가져오는 저축의 효과가 있기 때문에 저축·투자액으로 분류해서 현금흐름표를 작성하는 것이 좋고, 정기적으로 순자산의 증감상황을 모니터링하는 것이 중요하다.
다. 금리하락의 경우 환율요인으로 분석해 보면 환율이 상승할 거라는 전망이 높아졌기 때문이라고 볼 수 있다.
마. 매월 납입하는 보험료는 사망보험금 체증과 무관하게 납입기간 동안 일정하다.

복합사례 Ⅳ(재무/보험/투자/부동산)

※ 결혼 3년차인 여홍철씨는 주거지 이동 등과 관련하여 고민이 있다. 인터넷을 통하여 재무설계 상담의 존재를 인식하게 되었으며 주변 지인을 통해 올해 1월 초 김세진 CFP® 자격인증자를 만나게 되었다. 여홍철씨 부부는 이전에 재무설계 상담을 받아본 적이 없으며, CFP® 자격인증자와의 상담을 통해 전반적인 재무설계가 필요함을 인식하게 되었다.

Ⅰ. 고객정보(나이는 올해 1월 초 만 나이임)
- 동거가족
  - 여홍철(35세) : 대기업 대리, 근무연수 5년, 은퇴 희망연령 60세
  - 장슬아(35세) : 부인, 외자계기업 과장, 근무연수 8년, 은퇴 희망연령 55세
  - 여에스더(1세) : 딸
  - 현재 둘째 계획은 없음
- 주거상황
  - 경기도 소재 아파트A(여홍철 명의)
  - 아파트A는 2023년 12월 말 3억원에 전세 입주, 전세자금대출 1억원 받음
  - 전세자금대출 정보 : 변동금리 연 7%, 2024년 상반기 이후 연 5% 적용받음(원금상환은 하지 않고 있으며, 매월 417천원 정도 이자만 내고 있는 중임
  - 여홍철씨 가정은 이전에 경기도 소재 오피스텔을 소유하여 거주하고 있다가 아이 출산을 대비하여 현재 아파트로 전세 이주하였음

Ⅱ. 재무적(정량적) 정보
- 수입 내역
  - 여홍철 : 연수입 60,000천원, 실수령액 월 3,500천원
  - 장슬아 : 연수입 75,000천원, 실수령액 월 4,800천원
  - 장슬아씨는 2024년 3월부터 육아휴직 중이며 2025년 3월부터 복직 예정(육아휴직 기간 동안 급여는 현재 월 750천원)
- 지출 내역
  - 여홍철 용돈 월 300천원, 장슬아 용돈 월 500천원(장슬아 용돈은 현재는 생활비에 포함되어 있으며, 복직 시 예상 금액임)
  - 자녀양육비 월 1,500천원(이 중 1,000천원은 장모님이 방문하여 자녀를 돌보는 비용조로 지급 중)
  - 기타생활비 월 2,000천원
  - 종신보험 포함 보장성보험료 월 500천원(이 중 450천원은 여홍철, 장슬아 명의 보험으로 양가 부모님이 납입 중. 2023년 9월 장슬아씨가 태아보험 가입 후 보험료 50천원을 납입 중)
- 자산 내역
  - 국내주식 투자액 20,000천원(여홍철 명의, 5개 종목, 현재시점 종가 합산 시 15,000천원)
  - 여홍철 · 장슬아 급여통장에 평잔으로 각각 (-)5,000천원, 15,000천원
  - 자동차(부친 명의 차량 이용 중)

- 부채 내역
  - 급여통장을 마이너스통장으로 사용
  - 현재 잔액은 (−)5,000천원, 대출금리 6%(1년 고정)
- 저축·투자 내역
  - 청약종합저축 매월 100천원(여홍철 명의, 2020.6. 가입)
  - 청약종합저축 매월 100천원(장슬아 명의, 2018.3. 가입)
  - 연금저축 매월 250천원(여홍철 명의, 2024.1. 가입, 연말정산 목적)
- 퇴직급여 내역 : 부부 모두 입사 때부터 확정기여형 퇴직연금에 가입하고 있으며, 2024년 12월 31일 현재 적립금 평가액은 각각 18,000천원, 32,000천원

Ⅲ. 비재무적(정성적) 정보

- 위험수용성향 : 여홍철, 장슬아 모두 성장형임
- 돈 관리의 주체 없이 필요할 때마다 양쪽에서 번갈아 지출하고 있음

Ⅳ. 고객 재무목표

1. 재무관리 관련
   - 돈 관리의 주체 없이 그때그때 필요한 지출을 하다 보니 현재 마이너스통장 잔액이 늘어나고 있어 부담스러워 한다. 이에 따라 현금흐름 관리에 대한 전문적인 조언을 구하고 있다. 여홍철씨는 가능하면 빨리 마이너스통장을 없애고 싶어 한다.
   - 장슬아씨의 복직으로 수입이 다시 늘어날 것을 기대하며, 이번 기회에 현금흐름 관리를 통해 저축액을 늘리고 미래를 대비하고 싶어 한다.
   - 여홍철씨 부부는 이번 기회에 막연하게 대비해야 한다고 느끼고 있는 자녀 양육·교육자금에 대해 어떻게 준비해야 하는지 궁금해하고 있다.

2. 위험관리(보험설계) 관련
   - 여홍철씨 부부의 양가 부모님은 이제껏 납입하고 있던 여홍철·장슬아를 피보험자로 하는 계약들을 여홍철씨 부부가 가져가기를 원한다. 여홍철씨 부부는 딸인 여에스더의 돌을 계기로 이번 기회에 필요한 사망보험금을 계산해 보고 이를 고려하여 보험을 정리하고자 한다. 개인실손의료보험은 여에스더만 가지고 있고, 여홍철씨 부부는 회사단체실손을 가지고 있다.

3. 부동산설계 관련
   - 여홍철씨 부부는 경기도 소재 B아파트로 이사하고 싶어 한다. 매매 또는 전세를 고려하고 있으며, 가능하면 매매를 하고 싶어 한다.
   - 여홍철씨 부부는 보유한 금융자산 전부를 부동산 매수자금으로 사용할 계획이다.

4. 투자설계 관련
   - 여홍철씨가 투자하고 있는 주식은 재작년 주가가 고점일 때, 주변 지인의 조언을 받아 마이너스통장을 이용하여 KOSPI주식 투자를 하였으나 현재 손실을 보고 있다. 마이너스통장 금액은 꾸준히 상환해 왔으며, 현재 보유한 주식들의 투자가치에 대해 궁금해 하고 있다. 또한 일부 종목들은 정리하여 재투자하기를 원하고 있다.

V. 경제지표 가정

- 물가상승률 : 연 4.0%
- 세후투자수익률 : 연 5.0%
- 임금인상률 : 연 3.0%

VI. 재무제표

- 재무상태표(2024년 12월 31일 현재)

(단위 : 천원)

자산				부채 및 순자산			
	항목		금액	명의	항목	금액	명의
금융자산	현금성자산				유동부채	마이너스통장	5,000	여홍철
	보통예금 등	15,000	장슬아		신용대출	–	–
	저축성자산			비유동부채	전세자금대출	100,000	여홍철
	청약종합저축	5,500	여홍철		임대보증금	–	–
	청약종합저축	8,200	장슬아	총부채		105,000	
	연금저축[1]	3,000	여홍철				
	투자자산						
	국내주식	15,000	여홍철				
	금융자산 총액	46,700					
부동산자산	주거용 부동산	–	–				
	부동산자산 총액	–					
사용자산	임차 보증금	300,000	여홍철				
	자동차 등	–	–				
	사용자산 총액	300,000					
기타자산	퇴직연금(DC)1	18,000	여홍철				
	퇴직연금(DC)2	32,000	장슬아				
	보험해약환급금	12,000	가족합계				
	기타자산 총액	62,000					
총자산		408,700		순자산		303,700	

1) 연금저축은 기납입보험료로 표기하였음

• 월간 현금흐름표(2024년 12월)

(단위 : 천원)

구분	항목		금액
Ⅰ. 수입			4,250
Ⅱ. 변동지출	본인 용돈		(300)
	배우자 용돈		-
	부모님 용돈		-
	자녀(보육비, 사교육비 등)		(1,500)
	기타생활비(의식주, 공과금 등)		(2,000)
	변동지출 총액		(3,800)
Ⅲ. 고정지출	보장성보험료 등		(50)
	대출이자	전세자금대출	(417)
		마이너스통장	(25)
	고정지출 총액		(492)
저축 여력(Ⅰ-Ⅱ-Ⅲ)			(42)
Ⅳ. 저축·투자액	대출상환원금(주택담보대출)		-
	정기적금		-
	청약종합저축		(200)
	개인연금(연금저축)		(250)
	저축·투자액 총액		(450)
추가저축 여력(순현금흐름)(Ⅰ-Ⅱ-Ⅲ-Ⅳ)			(492)

※ 상기 시나리오를 참고하여 문제 31번부터 40번까지 답하시오.(단, 질문하지 아니한 상황은 일반적인 것으로 판단하며, 개별 문제의 가정은 다른 문제와 관련 없다.)

31 여홍철씨 가정의 현금흐름 관리에 대한 CFP® 자격인증자의 조언으로 적절하지 **않은** 것은?

① 비상예비자금은 '수입 측면의 비상상황 관리'에도 사용되는데, 장슬아 고객의 출산 및 육아휴직 등 일시적으로 월수입이 변동되었을 때, 가계의 변동지출과 고정지출을 감당함으로써 가계의 안전판 역할을 하게 될 비상예비자금이 없는 실정이다.

② 여홍철씨 가정의 경우 대출을 상환할 수 있는 여력이 존재함에도 불구하고, 대출을 보유한 채 저축이나 투자를 하고 있으므로, 다른 투자대안과 비교하여, 부채상환을 우선할지 여부를 결정하도록 조언하였다.

③ 제한된 월수입 내에서 현금흐름을 관리하려고 하면 지출항목의 조정 가능 여부가 매우 중요하지만, 소비통제를 강요하거나 강제하는 것은 바람직하지 않으며, 고객으로 하여금 본인의 변동지출을 가늠하게 하고, 고정지출 등을 인지시켜 스스로 불필요한 지출을 줄일 수 있게끔 조언하였다.

④ 상담시점에는 가계 순현금흐름이 (-)이므로 장슬아씨 복직에 따른 예상 현금흐름표를 작성하면서, 변화하는 상황이나 일시적인 어려움에 대처할 수 있도록 유연성 있게 현금흐름 관리를 하여야 한다고 조언하였다.

⑤ 여홍철씨 가정이 보유하고 있는 금융상품들이 여홍철씨 부부의 재무목표에 부합하는지 검토하여, 부합하지 않은 금융상품 등을 조정하여 저축 여력을 확보할 수 있도록 조언하였다.

정답 | ①
해설 | ① 장슬아씨의 보통예금통장 잔액은 육아휴직 기간 동안 가계비상예비자금의 역할을 하였다고 볼 수 있다.

32 여홍철씨의 딸 여에스더의 교육자금으로 19세에 4년제 대학의 지원을 염두에 두고 있다. 현재 물가기준으로 대학교 교육비는 연간 10,000천원이며, 자녀교육비 명목으로 현재 확보된 자산은 없다. 교육비상승률은 물가상승률과 동일하고, 세후투자수익률은 연 5.0%로 가정하였을 때 매월 말 필요한 저축액으로 가장 적절한 것은?(단, 대학자금이 필요한 시기는 19세초이고, 대학자금을 위한 저축은 올해 1월 말부터 한다고 가정한다.)

① 약 240천원
② 약 280천원
③ 약 300천원
④ 약 320천원
⑤ 약 350천원

정답 | ①

해설 | • 교육자금 마련을 위해 필요한 오늘일시금
　　　　CF0 : 0, C01 : 0, F01 : 17, C02 : 10,000, F02 : 4, I : (5−4)÷1.04, NPV? 33,193천원
　　　• 매월 말 정액저축액
　　　　PV : 33,193, N : 18×12, I/Y : 0.4074, PMT(E)? 231천원
　　　　(ICONV, EFF : 5, C/Y : 12, NOM? 연 4.8889% 월복리÷12 = 월 0.4074%)

33 여홍철씨 가정의 저축 여력 장단기 배분에 대한 CFP® 자격인증자의 설명으로 가장 적절한 것은?

① 장단기 배분 없이 단기 목적자금에만 집중하면, 인생 후반기 소득의 하락 및 단절기에는 재무목표 달성에 큰 부담으로 작용하게 된다고 조언하였다.
② 이제껏 부모님이 내주시던 보험을 인수하는 시점에 필요한 사망보험금을 계산해 보고 이를 고려하여 보험들을 정리하거나 신규 가입하고자 하는 행위는 투자자산 운용의 영역이라고 할 수 있다.
③ 여홍철씨 부부의 딸 여에스더의 교육자금 마련을 위한 추가저축은 투자자산 운용의 영역이라고 할 수 있다.
④ 가계 현금흐름을 통합하여 마이너스통장 등을 상환하고 일정액을 급여통장이 아닌 CMA 등으로 이체하여 가계비상예비자금을 운용하는 것은 투자자산 운용의 영역이라고 할 수 있다.
⑤ 현재 보유한 주식들의 투자가치를 파악하고 투자우선순위를 고려하여 일부 종목들은 정리하여 재투자하는 것은 운용자산의 영역이라고 할 수 있다.

정답 | ①
해설 | 〈저축 여력의 장단기 배분〉

구분	관련 영역		투자기간
안정자산	위험관리, 은퇴설계	세금설계	10년 이상
투자자산	투자설계, 부동산설계, 부채관리		1년 이상~10년 미만
운용자산	재무관리(비상예비자금, 단기목적자금)		1년 미만

34 여홍철씨 부부는 올해 말 경기도 소재 B아파트로 이사하고 싶어하며 최근 실거래가액은 8억원이다. 현재시점의 재무상황에서 CFP® 자격인증자의 적절한 조언으로 모두 묶인 것은?(단, 주택가격상승률은 연 2.0%, 담보대출가능액은 250,000천원이라고 가정한다.)

> 가. 전세만기 시점에서 산정한 부동산가격은 807,960천원이다.
> 나. 아파트B 매수를 위해 확보된 기존 재원은 재무목표와 부합하며 여홍철 고객이 계속 유지하고자 하는 금융자산이 있는지 확인한 후, 가용할 수 있는 금융자산과 임차보증금 등에서 보유하고 있는 부채를 차감한 금액이다.
> 다. 보유한 금융자산을 전부 인출하여 세후투자수익률로 운용하여 보유하고 있는 부채를 모두 상환한 후 부동산구입자금에 사용한다고 가정할 경우 대출 이외 필요한 부동산자금 부족액은 약 315,000천원이다.
> 라. 부동산 이전을 위한 단기저축을 집중적으로 실행하는 것은 운용자산의 영역이라고 할 수 있다.
> 마. 1년간 저축을 통해 부족자금을 마련하는 것은 비현실적임을 설명하고 부동산 매수시기를 조정해 볼 것을 권고하였다.

① 가, 다
② 가, 라
③ 나, 라
④ 나, 마
⑤ 다, 마

정답 | ④
해설 | 가. 800,000×1.02 = 816,000천원
다. 보유한 금융자산을 전부 인출하여 세후투자수익률로 운용한다고 가정할 경우 46,700×1.05 = 49,035천원
- 전세만기시점에서 확보 가능한 재원 : 금융자산 49,035 + 임차보증금 300,000 + 담보대출 250,000 - 부채 105,000 = 494,035천원
- 대출 이외 필요한 부동산자금 부족액 : 816,000 - 494,035 = 321,965천원
라. 1년에서 10년 사이의 중기 재무목표 달성을 위한 플랜은 투자자산 운용의 영역이라고 할 수 있다. 이는 주로 투자설계와 부동산설계, 부채관리의 영역이다. 또한 저축액 증대 여부가 특히 필요한 영역이기도 하다.

35 여홍철씨는 본인이 오늘 일반사망 시 생명보험 필요보장액을 생애가치방법으로 계산해 보고자 한다. 생명보험 가입정보가 다음과 같은 경우 추가적인 생명보험 필요보장액에 대한 설명으로 적절하지 **않은** 것은?

> - 가족부양비 : 세후 연소득(실수령액)의 70%
> - 예상 정년 : 59세 말까지 근무 가능
> - 부양비에 대한 할인율 : 연 5.0%
> - 현재 여홍철씨 명의로 가입된 생명보험상품 : 종신보험으로 일반사망 시 1억원, 암 사망 시 1.5억원, 재해사망 시 2억원이 지급됨
> ※ 가족부양비는 매년 말 발생하는 것으로 가정함

① 생애가치법은 가장 사망 시 상실되는 장래소득의 현재가치를 산출하는 방식으로 사망보험금, 금융자산 등을 활용해서 상실된 가장의 소득을 대체한다는 개념에 입각한 것이다.
② 가족부양비는 29,400천원이다.
③ 가족부양비의 현가는 414,362천원이다.
④ 준비자금은 종신보험 일반사망보험금으로 100,000천원이다.
⑤ 추가적인 생명보험 필요보장액은 314,362천원이다.

정답 | ①
해설 | • 세후 연소득 : 3,500×12 = 42,000천원
  • 가족부양비 : 42,000×70% = 29,400천원
  • 가족부양비의 현가
    PMT(E) : 29,400, N : 25, I/Y : 5, PV? 414,362천원
  • 추가적인 생명보험 필요보장액 : 414,362 − 종신보험 일반사망보험금 100,000 = 314,362천원
  ① 생애가치법은 가장 사망 시 상실되는 장래소득의 현재가치를 산출하는 방식으로 사망보험금을 활용해서 상실된 가장의 소득을 대체한다는 개념에 입각한 것이다.

36 여홍철씨 부부에게 가입되어 있는 4세대 단체실손의료보험이 다음 정보와 같을 경우 지급되는 보험금으로 가장 적절한 것은?(단, 통원의료비는 단체실손의료보험에서 보상하는 손해에 해당한다.)

〈단체실손의료보험 관련 정보〉
- 2023년 1월 기본형(자기부담금 20%)에 특별약관(자기부담금 30%)이 포함된 단체실손의료보험이 가입됨(보험기간 1년, 계약자는 회사, 피보험자·수익자는 여홍철 본인임)
- 질병 및 상해 입원 시 통원합산 50,000천원 한도 보상
- (급여 보장대상 의료비) 질병 및 상해 통원 시 회(건) 당 200천원
- (비급여 보장대상 의료비) 질병 및 상해 통원 시 회(건)당 200천원(연간 100회 한도)

〈질병 통원(외래) 내역〉

통원일	진단명	진료기관	급여 진료비		비급여 진료비
			본인부담	공단부담	
2월 21일	위궤양	A병원	50,000원	200,000원	165,000원
3월 13일	위염	B상급종합병원	50,000원	200,000원	205,000원

※ 비급여 진료비에는 3대 비급여 항목에 대한 치료비는 없고 증명서 발급비용이 5,000원씩 포함된 금액임

① 322,000원
② 332,000원
③ 368,000원
④ 378,000원
⑤ 460,000원

정답 | ①

해설 |
- 2월 21일 통원의료비
  - 통원의료비 보상은 통원에 대한 공단부담금은 국가에서 내주는 병원비이므로 본인부담과 비급여 항목에 대해 보상. 급여 보장대상 의료비에서 공제금액은 Max[보장대상 의료비의 20%, 최소자기부담금]이며, 최소자기부담금은 급여 보장대상 의료비는 진료한 병원이 의원급이면 1만원, 병원급은 1만원, 상급병원은 2만원이 공제됨. 비급여 보장대상 의료비는 공제금액(Max[보장대상 의료비의 30%, 최소자기부담금 3만원])을 뺀 금액이며, 최소자기부담금은 3만원이 공제됨
  - 급여 보장대상 : 외래 50,000원 − Max[50,000원×20%, 1만원] = 40,000원
  - 비급여 보장대상 : 비급여 165,000원 − 증명서 발급비용 5,000원 − Max[160,000원×30%, 3만원] = 112,000원
- 3월 13일 통원의료비
  - 급여 보장대상 의료비에서 최소자기부담금은 상급병원은 2만원이 공제됨
  - 급여 보장대상 : 외래 50,000원 − Max[50,000원×20%, 2만원] = 30,000원
  - 비급여 보장대상 : 비급여 205,000원 − 증명서 발급비용 5,000원 − Max[200,000원×30%, 3만원] = 140,000원
- 지급보험금은 급여 보장대상 의료비 70,000원(40,000원+30,000원)과 비급여 보장대상 의료비 252,000원(112,000원+140,000원)을 합산한 322,000원이 지급됨

37 여홍철씨 부부는 경기도 소재 B아파트 매입을 알아보던 중 개업공인중개사를 통해 다음의 매물을 소개받았다. 다음의 B아파트 정보를 고려할 때 거래사례비교법에 의한 B아파트의 가치로 가장 적절한 것은?

- B아파트 면적 : 120m²
- 거래사례 가격 : 6,000천원/m²
- 사정보정 : 1.00(거래사례는 거래당사자 간의 사정이 개입되지 않은 정상적인 거래로 판단)
- 시점수정치 : 0.98(아파트매매가격지수 활용)
- 지역요인 격차율 : 1.00(본 건은 거래사례와 인근지역에 위치하는 바, 지역요인 동일함)
- 개별요인 격차율(개별요인 격차율은 각각의 요인격차율을 곱하여 계산함)
  외부요인 : 아파트B가 사례부동산보다 5% 열세
  건물요인 : 아파트B가 사례부동산보다 5% 우세
  기타요인 : 아파트B보다 사례부동산이 5% 열세

① 670,320천원　　② 703,836천원
③ 705,600천원　　④ 720,000천원
⑤ 740,880천원

정답 | ⑤

해설 | $120m^2 \times 6,000 \times 0.98 \times \frac{95}{100} \times \frac{105}{100} \times \frac{100}{95} = 740,880$천원

38 여홍철씨가 보유하고 있는 기업A 주식의 정보가 다음과 같다면 내년도 추정 주당순이익을 기초로 하는 주가의 계산 과정과 평가가 가장 적절한 것은?

- 기업의 요구수익률 : 10.0%
- 배당성향 : 30%
- 자기자본수익률 : 8.0%
- 올해 주당순이익 : 9,500원

① 기업 A의 성장률은 연 6.5%이다.
② 1년 후 추정 주당순이익은 10,118원이다.
③ 1년 후 추정 주당순이익을 기초로 한 PER는 6.82이다.
④ 산업평균의 PER가 7.50일 때 1년 후 추정 주당순이익 기준 적정주가는 71,250원이다.
⑤ 1년 후 추정 주당순이익을 기초로 계산한 적정주가는 산업평균 PER 7.50을 기초로 한 적정주가보다 높다.

정답Ⅰ ③

해설Ⅰ ① 성장률 : $(1-0.3) \times 8\% = 5.6\%$
② 1년 후 추정 EPS : $9,500 \times 1.056 = 10,032$원
③ 적정 PER : $\dfrac{0.3}{(10\% - 5.6\%)} = 6.8182$(배)
④ 적정주가 : $EPS_1 \times PER = 10,032 \times 7.50 = 75,240$원
⑤ 적정주가 : $EPS_1 \times PER = 10,032 \times 6.8182 = 68,400$원

39 김세진 CFP® 자격인증자는 여홍철씨와 투자설계 상담 이후 개별 주식의 고유위험과 시장위험을 동시에 고려하는 종목투자보다는 충분한 분산투자를 통해서 시장위험에만 노출되는 연기금의 투자방식의 활용을 조언하기로 결정하였다. 이를 위해 글로벌 자산에 충분히 자산배분하는 다음의 4가지 펀드를 추천받았다면 이를 활용한 투자조언 중 가장 적절한 것은?

구분	연 수익률	표준편차	베타	젠센척도	샤프척도	트레이너척도
펀드A	3.78%	3.55%	1.15	1.23%	0.50	1.55%
펀드B	3.52%	3.12%	1.07	1.28%	0.49	1.42%
펀드C	3.16%	1.95%	1.15	1.29%	0.59	1.21%
펀드D	2.95%	2.10%	0.89	1.26%	0.45	1.07%

※ 수익률과 표준편차는 3년 평균 연환산. 4개 펀드 모두 동일한 BM사용

① 시장의 수익률 민감도가 가장 높은 펀드는 A, B이다.
② 펀드C의 경우 4개 펀드 중 상대적으로 시장의 변화에 덜 민감하게 반응하는 방어적 성격을 가지고 있다.
③ 샤프척도는 체계적위험 대비 펀드의 초과성과를 나타내며 가장 높은 성과를 보이는 펀드는 C이다.
④ 수익률이 가장 높은 펀드A가 펀드C보다 샤프척도가 낮은 이유는 펀드A의 표준편차가 펀드C보다 높기 때문이다.
⑤ 충분히 분산되어 있는 연기금의 포트폴리오의 경우 젠센척도를 사용하여 평가하는 것이 바람직하며 젠센척도가 가장 높은 펀드C가 투자목적에 적합하다.

정답Ⅰ ④

해설Ⅰ ① 시장의 수익률 민감도가 가장 높은 펀드는 A, C이다.
② 펀드D의 경우 베타가 1 미만이므로 4개 펀드 중 상대적으로 시장의 변화에 덜 민감하게 반응하는 방어적 성격을 가지고 있다.
③ 샤프척도는 총 투자위험 대비 펀드의 초과성과를 나타내며 가장 높은 성과를 보이는 펀드는 C이다.
④ 수익률이 가장 높은 펀드A가 펀드C보다 샤프척도가 낮은 이유는 펀드A의 표준편차가 펀드C보다 높기 때문이다.
⑤ 충분히 분산되어 있는 연기금의 포트폴리오의 경우 트레이너척도를 사용하여 평가하는 것이 바람직하며 트레이너척도가 가장 높은 펀드A가 투자목적에 적합하다.

40 여홍철씨 부부의 종합재무상담을 하는 과정에서 CFP® 자격인증자의 설명으로 적절하지 **않은** 것은?

① 여홍철씨 부부의 딸 여에스더는 점점 자라면서 연령에 맞게 교육기관인 어린이집과 유치원, 초등학교 등이 필요하므로 이에 대한 검토는 필수로 해야 한다.
② 올해 3월부터 장슬아씨가 복직하게 되면 현재 추가저축 여력이 (−)에서 (+)로 전환되므로 여홍철씨 가정은 향후 순자산이 늘어날 것을 기대할 수 있다.
③ 현재 보유 중인 주식으로 마이너스 통장 대출금을 상환한 후 남은 자금과 보통예금을 세후투자수익률 연 5.0% 상품에 투자하여 딸 여에스더의 대학교육자금을 준비하고자 할 경우 입학시점에서 부족자금은 발생하지 않는다.
④ 위험관리 상태의 분석 및 평가를 통해 치명적 위험, 중요한 위험, 일반적 위험으로 구분해서 우선순위를 고려해보는 것이 좋은데, 예를 들어 여홍철씨 부부와 딸 여에스더의 상해, 질병은 중요한 위험에 해당되므로 일반적 위험에 비해 선순위로 고려할 수 있다.
⑤ 여홍철씨가 딸 여에스더의 대학졸업시점까지 22년 동안 조기사망에 대해 대비하고자 할 경우 보험료가 비싼 종신보험보다는 정기보험을 고려해 보는 것이 합리적이다.

정답 | ③
해설 | • 주식 15,000천원으로 마이너스 통장 대출금 5,000천원을 상환한 후 남은 자금 10,000천원과 보통예금 15,000천원의 입학시점 평가액 : $10,000 \times 1.05^{18} = 24,066$천원
• 보통예금의 입학시점 평가액 : $15,000 \times 1.02^{18} = 21,424$천원
• 입학시점의 준비자금 합계 : $24,066 + 21,424 = 45,490$천원
• 입학시점의 총필요교육비
  PMT(B) : 10,000, N : 4, I/Y : (5−4)÷1.04, PV? 39,432천원 × 1.04^{18} = 79,882천원
• 입학시점의 부족자금 : $79,882 - 45,490 = 34,392$천원

CHAPTER 04 복합사례 응용 B-a 유형

••• 복합사례 I (세금/상속/투자/부동산)

※ 아래 주어진 내용을 참고로 하여 문제1번부터 10번까지 답하시오.(단, 질문하지 아니한 상황은 일반적인 것으로 판단되며, 각 질문은 개별적인 사항이고 질문에 등장하는 개인은 모두 세법상 거주자에 해당한다.)

남동현씨는 자수성가한 사업가로 많은 자산을 보유하고 있다. 대부분의 자산이 부동산으로 구성되어 있는 남동현씨는 부동산설계에 관심이 많으며, 또한 효율적인 상속설계에도 많은 관심이 있다. 이에 남동현씨는 지인으로부터 홍영진 CFP® 자격인증자를 소개받아 다음의 정보를 제공하고 복합재무설계를 실행하기로 합의하였다.

I. 고객정보(배우자 및 직계비속)
- 남동현 : 남편(72세, 부동산임대사업자)
- 배수지 : 부인(69세, 전업주부), 2003년 남동현과 재혼한 이후 줄곧 남동현과 함께 거주
- 남일남 : 장남(35세, 미혼), 근로소득자이며 분가하여 본인소유 주택에 홀로 거주
  - 남일남은 남동현의 전처 아이유(70세, 현재 생존)의 친자임
  - 남일남은 1주택만 소유함
- 남이남 : 차남(33세, 기혼, 소득 없음), 장애인이며 남동현과 출생 이후 계속하여 함께 거주
  - 남이남은 재혼한 배수지의 친자임
  - 남이남은 배우자 이민정(31세, 전업주부), 장녀 남하나(3세), 장남 남두리(2세)가 있음
- 남삼녀 : 장녀(32세, 기혼, 전업주부)
  - 3년 전 이혼하였으며, 얼마 전 서태지(33세)와 재혼하여 서태지 소유 주택에서 자녀와 함께 거주
  - 자녀로는 전 남편과 사이에서 얻은 아들 정유성(5세)과 서태지가 전 부인과 사이에서 얻은 아들 서퇴진(6세)이 있으며, 자녀들의 입양절차는 이루어지지 않음
- 남사녀 : 차녀(29세, 미혼), 전문직 종사자이며 분가하여 본인소유의 주택에 홀로 거주

II. 고객정보(직계존속)

- 남건희 : 아버지(2023년에 사망)
- 김태희 : 어머니(93세, 소득 없음), 남동현과 2025년도 중 계속하여 함께 거주

III. 남동현씨의 금융재산(2024년 12월 31일 현재) 및 2025년도 예상 금융소득 현황

- 은행정기예금 : 원금 1,000,000천원, 연 이자율 4%, 2025년도 이자수입 40,000천원[원천징수세율은 15.4%(지방소득세 포함)]
- 펀드 : 국내주식형펀드로 원금 500,000천원, 현재 평가가액은 800,000천원이며, 2025년도 펀드에서 발생할 과세대상 예상 배당소득은 64,500천원[원천징수세율은 15.4%(지방소득세 포함)]
- 상장주식 : S전자 주식으로 2024년 12월 31일 최종시세가액의 합계액은 200,000천원이며, 2025년도 상장주식에서 발생할 과세대상 예상 배당소득은 5,500천원[원천징수세율은 15.4%(지방소득세 포함)]
- 비상장주식(토마토물산) : 상증법상 평가액 100,000천원, 2025년도 비상장주식에서 발생할 과세대상 예상 배당은 없음
- 2025년도 중 금융재산의 종류는 변화 없고, 평가가액은 상승한다고 가정함

IV. 남동현씨의 부동산 및 임대수입 현황

(단위 : 천원)

구분	취득일자	취득 당시 기준시가/취득원가	2024.12.31 현재 기준시가/적정시세	비고
아파트 A	2011.3.	300,000 /500,000	1,400,000 /2,000,000	전용면적 148m² 남동현세대 전원이 취득 이후 계속 거주
별장 B	2015.9.	200,000 /300,000	400,000 /500,000	전용면적 135m² 남동현세대 별장
상가 C	2018.7.	400,000 /500,000	800,000 /900,000	은행대출금 : 100,000 임대보증금 : 200,000 월세 : 5,000
상가 D	2019.5.	1,200,000 /1,500,000	2,000,000 /2,500,000	은행대출금 : 500,000 (연 5% 만기일시상환방식) 임대보증금 : 300,000 월세 : 21,000

※ 상기 재산의 기준시가는 양도소득세 계산시 적용되는 기준시가 및 상증법상 보충적평가방법에 적용되는 기준시가를 의미함
※ 별장은 지방세법 및 소득세법상 별장의 요건을 모두 충족한 별장임
※ 상기 각 상가는 국세청장 산정·고시한 상업용 건물에 해당함
※ 상기 각 상가의 임대계약은 2025년도 말까지 변동 없음

V. 남동현씨의 기타재산 현황(2024년 12월 31일 현재)

- 골프회원권 : 평가가액 5억원(취득일 : 2021년 7월/취득가액 : 3억원)
- 헬스클럽회원권 : 평가가액 5천만원(취득일 : 2022년 6월/취득가액 : 40,000천원)

Ⅵ. 남동현씨의 증여 현황

(단위 : 천원)

수증자	증여일	증여재산	증여재산가액	비고
남일남	2013.12.	예금	400,000	
배수지	2015.5.	상장주식	200,000	
남이남	2021.4.	현금	200,000	
남삼녀	2023.5.	골프회원권	100,000	
토마토재단	2025.3.	현금	900,000	

Ⅶ. 기타 정보

• 세후투자수익률 : 연 8%, 물가상승률 : 연 3%

01 상기 자료를 토대로 남동현씨의 2025년 귀속 종합소득세 계산 시 적용되는 종합소득공제 및 세액공제에 대한 설명으로 가장 적절한 것을 고르시오.

① 남동현씨는 남이남씨에 대한 기본공제를 적용받을 수 없다.
② 2025년도 중 남동현씨가 상가 D를 배수지씨에게 증여할 경우, 배수지씨는 기본공제대상에 해당하지 않으나, 남동현씨가 배수지씨의 질병치료를 위해 지출한 의료비는 의료비세액공제대상이 된다.
③ 남동현씨 본인을 위한 대학원 교육비는 전액 교육비세액공제가 가능하다.
④ 2025년도 중 남동현씨가 이혼을 하게 되는 경우에도 남동현씨가 배수지씨를 위하여 이미 지급한 보험료에 대한 보험료세액공제가 가능하다.
⑤ 남동현씨가 성실신고확인대상자에 해당하여 성실신고확인서를 제출하는 경우에는 종합소득과세표준확정신고는 2026년 5월 1일부터 6월 30일까지 연장이 가능하며, 표준공제로 연 12만원 공제가 가능하게 된다.

정답 | ⑤
해설 | ① 남이남씨는 20세가 초과되었으나 소득이 없고 장애인이므로 기본공제대상이 된다.
②, ③, ④ 남동현씨는 근로소득이 없는 거주자로서 특별소득공제 및 특별세액공제를 적용받을 수 없으며, 기부금공제와 표준세액공제 7만원을 적용받을 수 있다.

02 남동현씨의 2025년 귀속 종합소득 산출세액으로 적절한 것을 고르시오.(단, 사업소득금액은 15,500천원이며, 종합소득공제액은 10,000천원으로 가정한다.)

① 15,730.5천원 ② 18,245천원
③ 18,645.5천원 ④ 18,737천원
⑤ 20,977.5천원

정답 | ⑤
해설 | [단위 : 백만]

1. 과세표준

	조건부 · 종합	원천t	기본t	
E	40			
×	64.5			
o	5.5		5.5	G-up 금액 ×10%=0.55
	110	- 20	= 90	
출 · 동				

[종합과세되는 금융소득]
→ 40(이자소득금액)
→ 70.55
→ 0
→ 70.55 (배당소득금액)

110.55
15.5   사업소득금액
126.05   종합소득금액
(-) 10   종합소득공제
116.05   과세표준

2. 산출세액 : Max[①, ②] = 20.9775
  ① 종합 : 20×14%+{(110-20)+0.55+15.5-10}×기본t = 20.9775
              ↳ 96.05
  ② 분리 : 110×14%+(15.5-10)×기본세율 = 15.73
                      ↳ 5.5

03 남동현씨가 아파트 A를 양도하는 경우 양도소득세에 관하여 적절하지 **않은** 것을 고르시오.

> [아파트 A에 대한 추가정보]
> - 양도가액은 15억이다.
> - 양도에 따른 비용은 고려하지 않는다
> - 아파트 A는 2025년 10월 1일에 처분하였다.

① 남동현씨는 아파트A에 대해 2025년의 재산세를 부담한다.
② 남동현씨의 아파트A는 고가주택이므로 양도로 인해 12억원을 초과하는 부분에 대해서는 양도소득세를 부과한다.
③ 남동현씨는 아파트A에 대해 2025년의 종합부동산세를 부담한다.
④ 남동현씨가 아파트 A를 양도할 경우 양도한 날로부터 2개월 이내에 양도소득세를 신고·납부하여야 한다.
⑤ 2025년에 다른 상가를 매각하여 양도소득세 기본공제를 받은 경우에도, 주택을 양도 시에는 기본공제를 받을 수 있다.

정답 | ⑤
해설 | ⑤ 기본공제는 그룹별 연 1회 250만원 공제한다. 이 때 그룹에는 부동산/주식 등으로 구분하며, 같은 부동산 그룹에서 1회 공제 시 이후 양도하는 부동산에 대해서는 기본공제를 받을 수 없다.

04 2025년 10월 24일 남동현씨는 갑작스런 심장발작으로 사망하였다고 가정할 경우 상속 관련 법률에 대한 설명으로 적절한 것을 고르시오.(단, 남동현씨가 남긴 상속재산이 4억원뿐이라고 가정하고, 남동현씨 사전증여 현황을 고려한다.)

① 남일남씨의 수증재산이 상속분을 초과하므로 그 초과분을 반환해야 된다.
② 초과특별수익이 유류분을 침해하는 경우에도 유류분반환청구의 대상이 되지 않는다.
③ 아이유씨가 남동현씨의 재산형성 과정에서 특별히 기여한 부분이 있다면 아이유씨는 자녀들과 협의하여 기여분을 인정받을 수 있다.
④ 남이남씨의 기여분이 인정되는 경우에는 우선 특별수익을 공제하여 상속재산을 확정한 이후 기여분을 계산하면 된다.
⑤ 배수지씨의 유류분은 3억원이며, 유류분을 침해받지 않았으므로 토마토재단에 유류분반환청구할 수 없다.

정답 | ⑤

해설 | ①, ② 수증재산이 상속분을 초과하는 경우에는 그 초과분을 반환해야 되는지 문제가 되는데 학계의 다수설은 초과분을 반환할 필요는 없다고 보며, 판례도 초과특별수익자가 초과분을 반환할 의무가 없다고 한다(서울고법 1991. 1. 18. 선고 89르2400 판결). 다만 초과특별수익이 유류분을 침해하는 경우에 유류분반환청구의 대상이 된다고 본다.
③ 기여분권리자는 반드시 공동상속인 중에서 상당한 기간 동거, 간호 그 밖의 방법으로 피상속인을 특별히 부양하거나 피상속인의 재산의 유지 또는 증가에 관하여 특별히 기여한 자이어야 한다.
④ 기여분과 특별수익이 공존하는 경우에는 우선 기여분을 공제하여 상속재산을 확정한 이후 특별수익을 계산하면 된다.
⑤ 유류분 기초 산정재산은 13억원 + 토마토재단에 증여한 9억원 = 22억원
법정 유류분은 배수지 3/22, 남일남, 남이남, 남삼녀, 남사녀 각각 2/22이며, 상속인들은 모두 유류분을 침해당하지 않았다.

05 남동현씨가 2025년 1월 5일에 사망하였다고 가정할 경우 다음 추가정보를 참고하여 각종 상속공제의 합계액으로 적절한 것을 고르시오.

[추가정보]
• 남이남의 기대여명은 35년으로 가정
• 배수지씨가 실제로 상속받은 금액은 3억원임
• 2025년 8월 홍수로 인해 별장 B가 침수되었으며 이로 인한 멸실가액은 1억원임
• 아파트 A(상속재산가액 2,000,000천원)는 남일남씨가 상속받음

① 800,000천원
② 1,200,000천원
③ 1,500,000천원
④ 1,700,000천원
⑤ 1,800,000천원

정답 | ③

해설 | • 기초공제 + 그 밖의 인적공제 : 200,000천원 + 600,000천원 = 800,000천원
  • 그 밖의 인적공제 : ① + ② + ③ = 600,000천원
    ① 자녀공제 : 4명 × 50,000 = 200,000천원
    ② 연로자공제 : 1명(어머니) × 50,000 = 50,000천원
    ③ 장애인공제 : 10,000천원 × 기대여명 35년 = 350,000천원

• 배우자 상속공제 : 500,000천원(배우자가 실제 상속받은 금액은 3억원이므로 최소 5억원 공제받음)
• 금융재산 상속공제 : 200,000천원(순금융재산이 10억원 이상이므로)
• 재해손실공제 : 상속개시 후 상속세 과세표준 신고기한 이후에 재해손실이 발생하였으므로 공제 안됨
• 동거주택상속공제 : 해당되지 않음
• 상속공제 합계액 = 800,000 + 500,000 + 200,000 = 1,500,000천원

06 남동현씨가 상가 C를 배수지씨에게 2025년도 4월에 증여할 경우, 다음 추가정보를 참고하여 증여에 따른 증여세 과세가액으로 가장 적절한 것을 고르시오.

> [증여 관련 추가정보]
> • 상가에 딸린 채무를 배수지씨가 승계하는 조건임
> • 상가의 매매사실 등 상증법상 시가로 볼 수 있는 가액이 없음
> • 상가C의 2025년 4월 현재 기준시가는 880,000천원으로 가정함

① 100,000천원   ② 180,000천원
③ 500,000천원   ④ 700,000천원
⑤ 780,000천원

정답 l ⑤
해설 l • 임대차계약이 체결된 임대상가에 대한 상속재산의 평가 : max(ⓐ, ⓑ)
       ⓐ 보충적 평가방법에 의한 평가액 = 880,000천원
       ⓑ 1년간 임대료 / 12% + 임대보증금 = (5,000×12)/12% + 200,000 = 700,000천원
   • 따라서 임대상가에 대한 증여재산의 평가가액은 880,000천원

	증여재산가액	880,000	
+	증여재산가산금액	200,000	(기증여재산)
−	채무	300,000	
	증여재산 과세가액	780,000천원	

07 남동현씨의 상속세 절세방안에 대한 다음 설명 중 가장 적절한 것을 고르시오.

① 골프회원권과 헬스클럽회원권은 원칙적으로 평가기준일까지 불입한 금액과 현재의 프리미엄에 상당하는 금액을 합한 금액으로 평가하므로 상속세 절세 측면에서 실익이 없다.
② S전자주식이 과대평가 되었다고 생각되면 2 이상의 감정평가법인에 감정평가를 의뢰하여 평가액을 적정가액으로 낮춘다.
③ 남동현씨의 아파트 A를 배수지씨가 상속하여 동거주택상속공제를 적용받는다.
④ 비상장주식의 경우에는 최대주주의 주식을 할증평가하지만, S전자주식과 같은 상장주식의 경우에는 남동현씨가 최대주주라고 할지라도 할증평가하지 않는다.
⑤ S전자주식의 경우 상속개시일 후 2개월간에 공표된 매일의 한국거래소 최종 시세가액의 평균액을 시가로 인정하므로 이를 최대한 활용한다.

정답 | ③

해설 |
- 상속재산 또는 증여재산의 가액은 원칙적으로 평가기준일 현재의 시가로 평가한다. 상증법상 시가를 산정하기가 어려운 경우에는 재산의 종류·규모·거래상황 등을 고려하여 보충적 평가방법에서 규정한 방법으로 평가한 가액을 시가로 본다.
- 특정시설물이용권의 가액은 평가기준일까지 불입한 금액과 평가기준일 현재의 프리미엄에 상당하는 금액을 합한 금액으로 평가한다.
- 평가대상 법인의 상장 여부를 불문하고 최대주주 또는 최대출자자(최대주주들 중 보유 주식 등의 수가 가장 많은 1인을 말함) 및 그와 특수관계에 있는 주주의 주식은 20%를 가산하여 할증평가한다(단, 중소기업 및 일정요건을 갖춘 중견기업, 결손금 법인 등은 할증평가 적용을 배제함).
- 코스피나 코스닥에 상장된 주식은 평가기준일 이전 2개월 및 이후 2개월(총 4개월)간 거래소 최종시세가액의 평균액으로 평가한다. 주식의 경우 감정가액을 사용할 수 없다.

08 남동현씨가 보유한 국내주식형펀드, 상장주식, 비상장주식의 기대수익률과 수익률의 표준편차가 다음과 같을 경우 세 자산만으로 구성된 포트폴리오의 기대수익률과 표준편차로 적절한 것을 고르시오.(단, 각 자산의 수익률 간의 상관계수는 0이다.)

구분	기대수익률	수익률 표준편차
국내주식형펀드	11.0%	5%
상장주식	5.5%	15%
비상장주식	16.5%	10%

① 포트폴리오의 기대수익률 10.5%, 포트폴리오의 표준편차 5.7%
② 포트폴리오의 기대수익률 10.5%, 포트폴리오의 표준편차 4.6%
③ 포트폴리오의 기대수익률 9.5%, 포트폴리오의 표준편차 5.7%
④ 포트폴리오의 기대수익률 9.5%, 포트폴리오의 표준편차 4.6%
⑤ 포트폴리오의 기대수익률 9.2%, 포트폴리오의 표준편차 0%

정답 | ②

해설 |

구분	평가금액	투자비중	기대수익률	위험(표준편차)
국내주식형펀드	800,000천원	0.7273	11.0%	5%
상장주식	200,000천원	0.1818	5.5%	15%
비상장주식	100,000천원	0.0909	16.5%	10%

- 포트폴리오의 기대수익률 : $0.7273 \times 11\% + 0.1818 \times 5.5\% + 0.0909 \times 16.5\% = 10.5\%$
- 포트폴리오의 표준편차 : $(0.7273^2 \times 0.05^2 + 0.1818^2 \times 0.15^2 + 0.0909^2 \times 0.1^2)^{1/2} = 4.64\%$

09 남동현씨는 3년 만기, 표면금리 6%, 연 단위 후급 이표채를 매매수익률 6.5%로 매입하려고 한다. 이 채권의 수정듀레이션으로 적절한 것을 고르시오.

① 2.34
② 2.50
③ 2.66
④ 2.83
⑤ 3.00

정답 | ③

해설 | • 채권의 매매단가
  CF0 : 0, C01 : 600, F01 : 1, C02 : 600, F02 : 1, C03 : 10,600, F03 : 1, I : 6.5, NPV? 9,867.5762
• 유입기간별로 가중한 유입현금의 현재가치 합계
  CF0 : 0, C01 : 600×1, F01 : 1, C02 : 600×2, F02 : 1, C03 : 10,600×3, F03 : 1, I : 6.5, NPV? 27,946.9725
• 듀레이션 = 27,946.9725 ÷ 9,867.5762 = 2.8322
• 수정듀레이션 = 2.8322 ÷ 1.065 = 2.6593

10 남동현씨는 보유하고 있는 상가 D가 노후화되어 현재 시장임대료 수준보다 약 20% 낮은 임대료를 받고있어 임대수입의 정상화를 위해 5억원을 투입하여 1년간 리모델링 후 새로운 임차인을 유치하는 방안을 검토하고 있다. 아래 정보를 근거로 하여 분석할 경우 매각이나 현 상태 유지 또는 리모델링 세 가지 방안의 투자분석에 대한 적절하지 **않은** 설명을 고르시오.(단, 세전 현금수익을 기준으로 분석하시오.)

[부동산 관련 정보]
• 리모델링 공사비는 공사 시작과 함께 일괄 지급
• 임차인은 1년간 공사종료와 동시에 입주할 예정
• 현 건물 계속 보유 시 공실률 20%, 건물유지 관리비 월 2,500천원 발생
• 리모델링 후 공실률 10%, 건물유지 관리비 월 1,500천원 발생
• 현재 적정시세로 즉시 매각 가능하며, 현 상태 5년간 보유 후 매각가 2,600,000천원, 리모델링 후 4년 경과 시 매각가 3,000,000천원 예상
• 요구수익률 연 8%
• 임대수입과 관리비는 매년 말 발생
• 매도 관련비용은 발생하지 않음
• 보증금운용수익은 없는 것으로 가정함

① 현 시세 2,500,000천원에 보유부동산을 매각하는 것보다 현 상태로 계속 보유하는 것이 약 110,381천원 유리하다.
② 보유부동산은 공실률은 다소 높으나 투입비용 500,000천원 및 공사기간 중 1년간의 공실을 감안할 때 현 상태로 유지하여 기대수익률 9.59%를 실현하는 방안이 리모델링보다 유리하다.
③ 보유부동산의 리모델링을 통한 임차인 교체가 현 시세 매각 시보다 34,845천원의 부동산가치가 증가하므로 리모델링 방안을 선택한다.
④ 보유부동산을 현 상태로 유지하는 것보다 리모델링을 통한 임차인 교체 시 부동산 가치가 75,536천원 감소하므로 리모델링을 실시하지 않는다.
⑤ 보유부동산의 리모델링을 통한 임차인 교체 시 부동산가치가 현 상태를 유지하는 것보다 기대수익률이 1.21%p 낮으므로 보유부동산을 현 상태로 유지하는 방안이 유리하다.

정답 | ③
해설 | • 현 시점에서 매각 시 부동산 가치 : 2,500,000천원(자기자본 17억원 + 타인자본 8억원)

〈현 상태를 계속 유지하는 경우〉
PGI : 21,000×12 = 252,000천원
−공실 : 20%
=EGI : 201,600천원
−OE : 2,500×12 = 30,000천원
=NOI : 171,600천원
−DS : 500,000×5% = 25,000천원
=BTCF : 146,600천원

• 세전 자기자본(BTCF) = 매도가액 26억원 − 타인자본 8억원 = 18억원
  CF0 : −1,700,000, C01 : 146,600, F01 : 4, C02 : 146,600 + 1,800,000 = 1,946,600, F02 : 1, IRR? 9.5948%, I : 8, NPV? 110,381천원
• 부동산가치 : 110,381 + 2,500,000 = 2,610,381천원

〈리모델링을 하는 경우〉
PGI : 252,000÷0.8 = 315,000천원(임대수입 정상화)
−공실 : 10%
=EGI : 283,500천원
−OE : 1,500×12 = 18,000천원
=NOI : 265,500천원
−DS : 500,000×5% = 25,000천원
=BTCF : 240,500천원

• 세전 자기자본(BTCF) = 매도가액 30억원 − 타인자본 8억원 = 22억원
  CF0 : −(1,700,000 + 500,000 = 2,200,000), C01 : 0, F01 : 1, C02 : 240,500, F02 : 3, C03 : 240,500 + 2,200,000 = 2,440,500, F02 : 1, IRR? 8.3802%, I : 8, NPV? 34,845천원
• 부동산가치 : 34,845 + 2,500,000 = 2,534,845천원
• 보유부동산의 리모델링을 통한 임차인 교체가 현 시세 매각 시보다 34,845천원의 부동산가치가 증가하나, 투입비용 500,000천원 및 공사기간 중 1년간의 공실을 감안할 때 현 상태로 유지하여 기대수익률 9.59%를 실현하는 방안이 리모델링보다 유리하다. 또한 보유부동산을 현 상태로 유지하는 것보다 리모델링을 통한 임차인 교체 시 부동산 가치가 75,536천원 감소하며 기대수익률이 1.21%p 낮으므로 보유부동산을 현 상태로 유지하는 방안이 유리하다.

••• 복합사례 II (세금/상속/부동산/은퇴)

※ 김광규(53세)씨는 대기업 임원으로 근무하고 있다. 부모로부터 상속받은 재산과 근무 중인 회사에서 받은 스톡옵션 행사를 통해 현재 약 60억대 수준의 자산을 보유하고 있다. 김광규씨는 보유하고 있는 임야를 현재시점에서 매각한 후 금융상품에 투자하는 것과 근린생활부동산에 투자하는 것 중 어느 것이 바람직한 것인지 고민하고 있다. 또한 부부의 은퇴준비와 희망하는 제반 재무목표 달성을 위해 CFP® 자격인증자에게 재무설계를 요청하고 있다.

I. 고객정보
- 동거가족
  - 김광규(53세) : 본인, 대기업 임원(연봉 2억원)
  - 채수민(52세) : 배우자, 전업주부
  - 김종민(25세) : 아들, 대학교 4학년
  - 김종혁(23세) : 아들, 대학교 2학년

II. 자산 세부내역(2024년 12월 31일 현재)

1. 금융자산

(단위 : 천원)

구분	명의	가입일	만기일	투자원금	평가금액[1]	자금용도
정기예금	김광규	24.12.30.	25.12.30.	500,000	500,000	-
채권형펀드	채수민	19.3.20.	29.3.20.	250,000	314,672	은퇴자금
주식형펀드	김광규	21.5.30.	31.5.30.	500,000	633,600	-

[1] 즉시 인출 가능하며 인출 관련 비용은 없음

2. 부동산자산

(단위 : 천원)

구분	명의	취득일	취득 당시 기준시가/취득원가	현재 기준시가/취득원가	비고
아파트	김광규	19.5.25.	500,000/700,000	800,000/1,200,000	• 125m²형/주거용
임야	김광규	14.7.15.	300,000/500,000	1,000,000/2,000,000	• 비사업용토지
다가구주택	김광규	17.5.1.	650,000/800,000	1,200,000/1,800,000	• 보증금 : 300,000 • 연간임대료 : 60,000

※ 다가구주택의 임대소득은 매년 물가상승률만큼 증가하며 매년 초에 발생

Ⅲ. 은퇴 관련 정보

- 은퇴기간
  - 부부 은퇴기간 : 김광규 나이 56세부터 30년
  - 채수민 독거기간 : 부부 은퇴기간 이후 5년
- 연간 은퇴필요소득(현재물가기준)
  - 생활비와 건강관리비

(단위 : 천원)

구분	기본생활비	유락생활비	건강관리비	계
부부 은퇴기간	48,000	24,000	12,000	84,000
채수민 독거기간	36,000	12,000	12,000	60,000

  - 간병비용 : 부부 각각 사망 전 3년간 매년 12,000천원
  - 김광규 퇴직 직후 3개월간 휴양 겸 해외여행을 계획하고 있으며 경비는 퇴직금으로 충당할 계획임
- 국민연금 : 김광규 나이 65세부터 현재물가기준으로 매년 20,000천원의 노령연금을 수급하며, 김광규 사망 시 유족연금은 매년 12,000천원 수급 예상
- 김광규 퇴직급여 : 일시금으로 세후 300,000천원 수령 예상
- 부족한 은퇴자금은 보유하고 있는 임야를 매각하여 충당하기를 희망함
- 은퇴생활비, 건강관리비, 간병비는 매년 물가상승률만큼 증가함
- 은퇴자산에 대한 세후투자수익률은 연 4.0%임

Ⅳ. 분석을 위한 가정

- 물가상승률 : 연 3.0%
- 부동산가치상승률 : 연 2.0%
- 금융자산의 세후투자수익률 : 연 4.0%
  - 저축성 자산 : 정기예금 연 2.0%
  - 투자자산 : 채권형펀드 연 4.0%, 주식형펀드 연 7.0%

11 김광규씨가 보유한 금융 및 부동산 자산과 관련된 세금에 대한 설명으로 가장 적절한 것은?

① 정기예금 만기 시 수령하는 이자소득 전액에 대해 김광규씨의 종합소득세 세율로 전환되어 과세된다.
② 주식형펀드와 채권형펀드를 이익이 나는 상태에서 올해 환매하면 종합소득세 측면에서 항상 유리하다.
③ 보유한 주택 중 아파트를 먼저 양도하면 양도가액 중 1,200,000천원을 초과하는 양도차익에 대해서만 양도소득세 과세대상이 된다.
④ 아파트를 장남에게 증여한 후 다가구주택을 현재시세대로 양도하면 양도소득세가 과세되지 않는다.
⑤ 올해 중 비사업용토지인 임야를 양도하면 장기보유특별공제를 적용받을 수 있다.

정답 | ⑤
해설 | ① 20,000천원을 초과하는 이자소득만 김광규씨의 종합소득세 세율로 전환되어 과세된다.
② 환매에 따른 이익 중 일정한 이익은 배당소득이 되고 종합과세대상 금융소득이 2천만원을 초과하면 그 배당소득도 14%의 원천징수세율이 아닌 김광규씨의 종합소득세 세율이 적용되어 종합소득세 면에서 불리하다.
③ 1세대 1주택 비과세 요건을 충족하지 못하므로 아파트를 먼저 양도하면 전체 양도차익이 양도소득세 과세대상이 된다.
④ 양도가액 중 12억원을 초과하는 양도차익이 양도소득세 과세대상이 된다.
⑤ 비사업용토지에 대한 장기보유특별공제 적용시 보유기간 기산일은 취득일이므로 올해 중 임야를 양도하면 양도차익의 20%를 장기보유특별공제 받을 수 있다.

12 김광규씨가 큰아들 김종민에게 올해 중에 500,000천원의 아파트(국민주택규모) 구입자금을 증여하는 것과 관련된 세금에 대한 설명으로 적절하지 **않은** 것은?

① 김종민의 아파트 취득에 따른 취득세(부가세제외)는 5,000천원이다.
② 김종민이 아파트 구입자금을 아버지로부터 증여받는 경우 50,000천원의 증여재산공제를 받을 수 있다.
③ 김종민이 아파트 구입자금을 아버지로부터 증여받고, 납부할 증여세 등은 할아버지로부터 증여받아 납부하였다면 할아버지로부터의 증여에 대해 산출세액의 30%가 가산된다.
④ 김종민이 아파트 구입자금을 아버지로부터 증여받고, 납부할 증여세를 할아버지로부터 증여받아 증여세 법정신고기한까지 납부하는 경우에 할아버지로부터 받은 증여에 대해 증여재산공제를 적용받을 수 있다.
⑤ 김종민이 아파트를 전세 세입자의 임대보증금 200,000천원을 승계하는 조건으로 증여받는 경우 부친 증여에 대한 증여세 산출세액은 40,000천원이다.

정답 | ④
해설 | ① 아파트 취득에 따른 취득세 : 500,000×1%=5,000천원
④ 아버지로부터의 증여 때 50,000천원의 증여재산공제를 적용 받았으므로 그 후 10년 이내에는 모든 직계존속으로부터의 증여재산공제를 적용받지 못한다.
⑤ 부친에 대한 증여세 산출세액 : (300,000−50,000)×20%−10,000=40,000천원

13 김광규씨는 자녀나 배우자에 대한 생전증여나 상속과 함께 재산의 사회환원 등 기부에 대해 긍정적으로 고민을 하고 있다. CFP® 자격인증자가 김광규씨에게 조언할 수 있는 내용으로 적절하지 않은 것은?

① 공정증서유언을 통해 다가구주택을 모교에 특정유증하고 생전에 다가구주택을 매각하게 되었다면 그 특정유증은 철회된 것으로 본다.
② 유언대용신탁은 본인 재산의 사후처분을 자신의 의사대로 실현시키는 것으로써 자녀들이 반대하는 경우에도 재산의 기부가 가능하다는 장점이 있지만 민법상 유류분 제도와 충돌할 가능성이 있다는 점을 고려해야 한다.
③ 재산의 단체에 법인격을 더한 개념인 재단법인은 비영리법인으로만 가능하며 재단 설립자인 김광규씨의 의사가 중요한 영향력을 갖지만 주무관청의 허가주의로 재단법인 설립이 까다롭다는 것을 고려해야 한다.
④ 공익신탁은 재단법인을 만들지 않고서도 일정한 재산을 기부하여 투명하게 사용될 수 있는 방법이기 때문에 재단법인이라는 부담 없이 공익신탁운용기관에 맡겨 활용할 수 있는 것이 특징이다.
⑤ 생전에 고향의 토마토보육원에 임야를 증여한 후 증여한 날로부터 4년 7개월이 지난 시점에 김광규씨의 상속이 개시된다면 그 임야는 유류분 산정 기초재산에 포함된다.

정답 | ⑤
해설 | ⑤ 유류분 산정 기초재산은 상속재산과 상속개시일로부터 1년(상속인에게 증여는 기간제한 없음) 이내 증여한 증여재산은 합산하고 부채는 차감하여 산정하므로 상속인이 아닌 토마토보육원에 상속재산 중 일부를 증여하는 경우는 증여일로부터 1년을 초과하여 상속이 개시된다면 유류분 산정 기초재산에 포함되지 않는다.

14 김광규씨는 우연히 알게 된 진선미씨와 바람직하지 못한 관계를 유지하다가 혼인외 출생자인 김일동을 낳았다. 김광규씨는 CFP® 자격인증자에게 모든 사실을 털어놓고 향후 발생할 수 있는 상황들에 대해 논의를 하고 있다. 자격인증자가 김광규씨에게 조언해 줄 수 있는 내용으로 적절하지 않은 것은?

① 김광규씨는 유언서에 혼인외 출생자 김일동에 대한 '인지'를 하여 김일동에게 상속권을 부여할 수 있으며 이러한 내용을 꼭 비밀로 유지하고 싶다면 자필증서유언이나 비밀증서유언방식을 활용하는 것이 바람직하다.
② 친생부인이나 인지와 같은 유언내용은 그 집행을 위해 반드시 유언집행자를 두어야 하기 때문에, 유언서에 김일동에 대한 인지의 내용을 남긴다면 유언을 통해 유언집행자를 지정하는 것이 바람직하다.
③ 만약 김광규씨가 인지를 하지 않고 사망한다고 하더라도 혼인외 출생자인 김일동도 김광규씨의 사망을 안 날로부터 2년 내에 재판을 통해 인지를 받을 수 있다.

④ 김광규씨 사후에 인지된 김일동은 기존 상속인들끼리 분할한 상속재산의 분할 자체를 무효로 할 수는 없고 1/4.5에 해당하는 가액의 반환을 청구할 수 있다.
⑤ 진선미씨는 법률상 배우자가 아니므로 김광규씨의 재산을 상속받을 수는 없지만 특별연고자로 인정되어 김광규씨의 재산을 분여받게 된다.

정답 | ⑤
해설 | ⑤ 특별연고자는 상속인이 아무도 없는 경우에 피상속인과의 관계에서 실질적, 구체적 관계를 고려하여 법원의 재량으로 결정하므로 상속인이 존재하는 경우 특별연고자의 재산분여청구권은 인정이 되지 않는다.

15 김광규씨가 올해 6월에 교통사고로 갑자기 사망하였는데, 담당 변호사에 따르면 김광규씨는 보유하고 있는 재산(정기예금은 만기 시 수령액, 부동산은 모두 현재시세 기준) 56억원 중 48억원을 막내인 김종혁에게 유증한다는 공정증서유언을 남겼다고 한다. 배우자 채수민씨와 장남 김종민이 김종혁에게 청구할 수 있는 유류분으로 적절하게 연결된 것은?

	채수민	김종민
①	0원	0원
②	3.6억원	2.4억원
③	7.2억원	4.8억원
④	8.57억원	5.71억원
⑤	12억원	8억원

정답 | ③
해설 |
- 배우자 채수민씨의 청구 유류분 : 7.2억원
  - 법정 상속분 : 56억원 × 3/7 = 24억원
  - 법정 유류분 : 24억원 × 1/2 = 12억원
  - 실제 상속분 : (56억원 − 48억원 = 8억원) × 3/5 = 4.8억원
  - 청구 유류분 : 12억원 − 4.8억원 = 7.2억원
- 장남 김종민의 청구 유류분 : 4.8억원
  - 법정 상속분 : 56억원 × 2/7 = 16억원
  - 법정 유류분 : 16억원 × 1/2 = 8억원
  - 실제 상속분 : (56억원 − 48억원 = 8억원) × 2/5 = 3.2억원
  - 청구 유류분 : 8억원 − 3.2억원 = 4.8억원

※ 부부는 보유하고 있는 임야를 매각 후 근린생활부동산에 투자하는 방안과 금융투자상품에 투자하는 방안 중 어느 것이 유리한지 검토하고 있다. 다음의 추가자료를 참고하여 문제 16번~문제 18번의 질문에 답하시오.

- 임야(비사업용토지)
  - 매각가액은 20억원임
  - 매각비용은 양도소득세를 포함하여 매매가액의 32%임(비사업용토지)
- 투자대상 근린생활부동산
  - 매입금액은 20억원이며 5년간 운영하고 매각할 예정임
  - 임야 매각대금으로 근린생활부동산 매입자금이 부족할 경우 정기예금을 인출하여 충당함
  - 임대 시 예상되는 임대보증금은 7억원, 월세 10,000천원임
  - 공실률 5%, 부동산가격 및 임대료 상승률 연 2.0%, 운영경비는 유효총수익의 6%로 예상됨
  - 매입비용은 매입액의 4%, 매각비용은 양도소득세 포함 매매가액의 3%임
  - 임대보증금에 대한 이자소득은 없음
  - 근린생활부동산 투자에 대한 부부의 요구수익률은 연 5.0%임
- 투자대안의 비교시 적용하는 할인율 : 연 4.0%

16. 근린생활부동산에 대한 투자의사결정과 관련하여 수익률 측면만을 고려한다고 할 때 CFP® 자격인증자가 이들 부부에게 제안하는 내용으로 가장 적절한 것은?

① 내부수익률이 연 -0.69%로 예상되어 투자부적격이다.
② 내부수익률은 연 8.42%로 예상되어 투자적격이다.
③ 순현재가치가 -4,226천원으로 예상되어 투자부적격이다.
④ 순현재가치가 231,727천원으로 예상되어 투자적격이다.
⑤ 재무수익률이 8.42%이나 순현재가치가 -4,226천원으로 투자부적격이다.

정답 | ④

해설 |
- 자기자본투자액 : 1,380,000천원
  - 총투자금액 : 2,000,000×1.04(매입비용 4%) = 2,080,000천원
  - 자기자본투자액 : 2,080,000 - 임대보증금 700,000 = 1,380,000천원
- 첫해 순영업수익(NOI) : 107,160천원
  - 가능총수익(PGI) : 10,000×12 = 120,000천원
  - 유효총수익(EGI) : 120,000×95%(공실률 5%) = 114,000천원
  - 순영업수익(NOI) : 114,000×94%(운용경비 6%) = 107,160천원
- 2차년도 순영업수익(NOI) : 107,160×1.02 = 109,303천원
- 3차년도 순영업수익(NOI) : 109,303×1.02 = 111,489천원
- 4차년도 순영업수익(NOI) : 111,489×1.02 = 113,719천원
- 5차년도 순영업수익(NOI) : 113,719×1.02 = 115,993천원

- 자본수익(CF) : 1,441,917천원
  - 매도가액 : 2,000,000×1.02⁵ = 2,208,162천원
  - 순매도가 : 2,208,162×97%(양도소득세를 포함한 매각비용 3%) = 2,141,917천원
  - 자본수익(CF) : 2,141,917 - 임대보증금 700,000 = 1,441,917천원
- 내부수익률 : 8.8078%
  CF0 : -1,380,000, C01 : 107,160, F01 : 1, C02 : 109,303, F02 : 1, C03 : 111,489, F03 : 1, C04 : 113,719, F04 : 1, C05 : 115,993+1,441,917 = 1,557,910, F05 : 1, IRR? 8.8078%
- 순현재가치 : 231,727천원
  I : 5, NPV? 231,727천원

17 부부가 투자하려고 하는 근린생활부동산에 대한 투자가치로 가장 적절한 것은?

① 1,380,000천원
② 1,441,917천원
③ 1,557,910천원
④ 1,611,727천원
⑤ 2,311,727천원

정답 | ⑤
해설 | • 자기자본의 투자가치 : NPV 231,727 + 자기자본투자액 1,380,000 = 1,611,727천원
     • 부동산의 투자가치 : 1,611,727 + 타인자본 700,000 = 2,311,727천원

18 김광규씨의 보유 부동산 운용과 사전증여전략에 대한 설명으로 적절하지 **않은** 것은?

① 임야를 현재시점에서 매각하여 근린생활부동산에 투자하여 5년간 운영하고 매각하는 것보다 연 7.0%의 세후투자수익률이 기대되는 금융상품에 투자하는 것이 유리하다.
② 임야 주변지 개발이 계획되어 임야가치가 매년 7%씩 상승한다고 가정해도 근린생활부동산을 매입 후 5년차 말에 매각하는 것이 유리하다.
③ 근린생활부동산을 배우자와 공동명의로 취득하면 임대료에 대한 종합소득세와 양도 시 양도소득세를 절세할 수 있다.
④ 자녀 및 배우자에게 부동산을 증여하는 경우 가치상승이 높을 것으로 예상되는 부동산을 우선 증여한다.
⑤ 배우자에게 증여 시 증여재산가액 6억원까지는 비과세에 해당되므로 10년 단위로 증여하는 중장기 계획을 수립하여 증여한다.

정답 | ①

해설 | ① 근린생활부동산에 투자하는 경우 내부수익률이 8.81%이므로 더 유리하다.
② 근린생활부동산의 현가 1,680,905천원이 임야의 현가 1,567,802천원보다 더 크므로 근린생활부동산이 더 유리하다.
- 근린생활부동산의 현가
  I : 4, NPV? 300,905천원 + 자기자본 투자액 1,380,000 = 1,680,905천원
- 5년 후 임야 매각가액의 현가
  - 5년 후 매도가액 : 2,000,000 × 1.07^5 = 2,805,103천원
  - 순매도가 : 2,805,103 × 68%(매도비용 32%) = 1,907,470천원
  - 현재시점 평가액 : 1,907,470 ÷ 1.04^5 = 1,567,802천원
③ 공동사업을 하는 경우 사업소득과 양도소득은 공동명의자 지분으로 안분되어 과세되기 때문에 절세가 가능하다. 다만, 부부는 소득세법상 특수관계자에 해당하므로 조세회피목적 등으로 공동사업을 영위하는 경우에는 주된 공동사업자의 소득으로 합산하게 되므로 절세효과가 떨어질 수 있다는 점에 유의하여야 한다.

19 부부는 은퇴 후 희망하는 은퇴생활을 위해 필요한 은퇴자금의 규모를 궁금해 하고 있다. 다음 중 이들 부부의 은퇴시점에서 평가한 총은퇴일시금이 적절하게 연결된 것은?

	부부 은퇴기간	배우자 독거기간	간병비	총은퇴일시금
①	1,750,169천원	176,188천원	52,406천원	1,978,763천원
②	1,848,077천원	176,188천원	52,406천원	2,076,671천원
③	1,848,077천원	176,188천원	58,614천원	2,082,879천원
④	2,019,444천원	192,525천원	52,406천원	2,264,375천원
⑤	2,019,444천원	192,525천원	58,614천원	2,270,583천원

정답 | ⑤

해설 |
- 부부 은퇴기간 중 필요한 은퇴일시금 : 2,019,444천원
  CF0 : 84,000, C01 : 84,000, F01 : 8, C02 : 84,000 − 20,000 = 64,000, F02 : 21, I : (4−3)÷1.03, NPV? 1,848,077천원의 가치 × 1.03^3 = 2,019,444천원
- 배우자 독거기간을 위해 필요한 은퇴일시금 : 192,525천원
  CF0 : 0, C01 : 0, F01 : 29, C02 : 48,000, F02 : 5, I : (4−3)÷1.03, NPV? 176,188천원의 가치 × 1.03^3 = 192,525천원
- 간병비 마련을 위해 필요한 은퇴일시금 : 58,614천원
  CF0 : 0, C01 : 0, F01 : 26, C02 : 12,000, F02 : 3, C03 : 0, F03 : 2, C04 : 12,000, F04 : 3, I : (4−3)÷1.03, NPV? 53,040천원의 가치 × 1.03^3 = 58,614천원
- 총은퇴일시금 : 2,019,444 + 192,525 + 58,614 = 2,270,583천원

20 부부의 은퇴자산 확보방안과 관련된 내용으로 가장 적절한 것은?(단, 임야 매각대금은 양도가액에서 비용 및 세금 등으로 32%를 차감하여 산정한다.)

① 임야를 은퇴시점에 매각하여 전액을 투자하여 은퇴소득으로 사용하면 은퇴시점에서 추가적으로 필요한 은퇴일시금을 해결할 수 있다.
② 임야를 현재시점에 매각하여 전액을 세후 연 4.0%의 금융상품에 투자하여 은퇴소득으로 사용하면 은퇴시점에서 추가적으로 필요한 은퇴일시금을 해결할 수 있다.
③ 임야를 은퇴시점에 매각하여 전액을 투자하여 은퇴소득으로 사용하면서 현재부터 5년간 다가구주택의 임대소득(보증금 운용수익 제외)을 은퇴소득으로 함께 사용하면 은퇴시점에서 추가적으로 필요한 은퇴일시금을 해결할 수 있다.
④ 임야를 현재시점에 매각하여 전액을 세후 연 4.0%의 금융상품에 투자하여 은퇴소득으로 사용하면서 현재부터 5년간 다가구주택의 임대소득(보증금 운용수익 제외)을 은퇴소득으로 함께 사용하면 은퇴시점에서 추가적으로 필요한 은퇴일시금을 해결할 수 있다.
⑤ 위 4가지 안 중 어떤 안을 선택하여도 부족자금이 발생하기 때문에 추가적인 저축이 필요하다.

정답 | ⑤
해설 | • 채권형펀드의 은퇴시점 평가액 : $314{,}672 \times 1.04^3 = 353{,}963$천원
• 추가적으로 필요한 은퇴일시금 : 총은퇴일시금 $2{,}270{,}583 - 353{,}963 = 1{,}916{,}620$천원

① 임야를 은퇴시점에 매각할 경우
  • 임야의 은퇴시점 양도가액 : $2{,}000{,}000 \times 1.02^3 = 2{,}122{,}416$천원
  • 임야 매각대금 : $2{,}122{,}416 \times 68\%$(비용 및 세금 32%) $= 1{,}443{,}243$천원
  • 추가적으로 필요한 은퇴일시금 : $1{,}916{,}620 - 1{,}443{,}243 = 473{,}377$천원
② 임야를 현재시점에 매각할 경우
  • 임야 매각대금 : $2{,}000{,}000 \times 68\%$(비용 및 세금 32%) $= 1{,}360{,}000$천원
  • 임야 매각대금의 은퇴시점 평가액 : $1{,}360{,}000 \times 1.04^3 = 1{,}529{,}815$천원
  • 추가적으로 필요한 은퇴일시금 : $1{,}916{,}620$천원 $- 1{,}529{,}815 = 386{,}805$천원
③ 임야를 은퇴시점에 매각하고, 다가구주택 임대소득을 은퇴소득으로 사용할 경우
  • 임대소득의 은퇴시점 평가액
    PMT(B) : 60,000, N : 5, I/Y : (4−3)÷1.03, PV? 294,286천원 $\times 1.04^3 = 331{,}032$천원
  • 추가적으로 필요한 은퇴일시금 : $473{,}377 - 331{,}032 = 142{,}345$천원
④ 임야를 현재시점에 매각하고, 다가구주택 임대소득을 은퇴소득으로 사용할 경우
  • 추가적으로 필요한 은퇴일시금 : $386{,}805 - 331{,}032 = 55{,}773$천원

복합사례 Ⅲ (세금/상속/재무/투자)

※ 박보검씨는 부친 사망 후 발견된 유언장에 따른 상속관계와 상속받을 재산의 활용에 대해 전문가와의 상담을 원하고 있다. 박보검씨는 올해 1월 초 김세진 CFP® 자격인증자를 만나 재무상담을 진행하였다.

Ⅰ. 고객정보(나이는 올해 1월 초 만 나이임)

- 동거가족
  - 박보검(52세) : 도·소매업 운영(세법상 개인사업자이며, 성실사업자 또는 성실신고확인대상사업자에 해당하지 않음)
  - 최보윤(49세) : 부인, 중소기업 차장, 오피스텔B 임대사업(개인사업) 운영
  - 자녀 2명 : 딸 박미진(23세), 딸 박소진(22세) 모두 다세대주택A에서 함께 거주
- 주거상황
  - 다세대주택A는 2020년 1월 초 구입(구입 시 주택담보대출 300,000천원 받음)
  - 담보대출은 대출기간 20년 매월 말 원리금균등분할상환, 대출이율 연 5.5% 월복리(작년 12월 말까지 60회차 상환)
- 부모 및 형제자매
  - 박영식(85세) : 부친, 올해 1월 1일 췌장암으로 사망
  - 김민주(83세) : 모친, 전업주부
  - 박보영(54세) : 누나, 전업주부, 배우자 이정모(54세), 아들 이준영(22세), 딸 이연수(21세)과 함께 이정모 소유 주택에서 거주

Ⅱ. 재무적(정량적) 정보

- 자산 내역
  - 부부의 부동산 관련 자산 현황(2024년 12월 31일 현재)

(단위 : 천원)

구분	취득일자	취득당시 기준시가 /취득원가	현재 기준시가 /적정시세	비고
다세대주택 A	2020.1.	600,000 /650,000	650,000 /750,000	• 소유자 : 박보검 • 박보검 세대가 취득 이후 계속 거주
오피스텔 B	2016.3.	150,000 /300,000	250,000 /-	• 소유자 : 최보윤 • 임대보증금 : 200,000 • 월 임대료 : 1,000

※ 기준시가의 의미는 다음과 같으며, 2025년 기준시가는 2024년도 말과 변동 없음
  - 상속세 및 증여세법상 보충적 평가방법 적용 시 다세대주택은 공동주택가격, 오피스텔은 국세청장이 산정·고시한 오피스텔 건물의 기준시가(부수토지 포함)를 의미
  - 지방세법상 시가표준액 및 종합부동산세법상 공시가격을 의미
※ 오피스텔B는 국세청장이 산정·고시한 오피스텔로서 임차인이 사업용으로 사용하고 있으며 임대계약은 2023년도 10월에 이루어져 2025년도 말까지 변동이 없음

III. 고객 재무목표

1. 세금설계 관련
   - 박보검씨는 현재 운영 중인 사업장이 계속적으로 성장함에 따라 더 넓은 면적의 상가G를 매수하여 사업을 운영하려고 계획 중이다. 신규로 취득하는 부동산을 매수하는 경우 취득세와 재산세에 대하여 궁금해하고 있다.

2. 상속설계 관련
   - 박보검씨는 부친 사망에 따른 상속세 규모와 상속세 절세를 위한 상속공제 등에 대하여 궁금해하고 있으며, 상속세를 한번에 납부하는 것이 어려워 상속세를 나누어 납부할 수 있는 방법이 있는지에 대하여 알고 싶어 한다.
   - 박보검씨는 부친 사망 후 발견된 유언장에 따른 상속관계를 궁금해하고 있다.
   - 박보검씨는 부친 사망 후 추가로 발견된 유언장이 있는 경우 두 유언장과의 관계와 그에 따른 상속재산분할에 대하여 궁금해하고 있다.

3. 재무관리 관련
   - 박보검씨는 현재 살고 있는 다세대주택A의 주택담보대출 이율이 높다고 생각되어 낮은 대출이율이 있다면 리파이낸싱을 하여 매월 말 상환하는 원리금부담을 줄이고 싶어 한다.

4. 투자설계 관련
   - 김민주씨는 박영식씨로부터 사전에 증여받은 200,000천원 중 100,000천원을 박보검씨에게 사전증여를 할 생각이고, 박보검씨는 이 자금으로 평소에 관심이 있던 ELS에 투자를 할까 고민하고 있어 자격인증자에게 이에 대한 조언을 듣고 싶어 한다.
   - 박보검씨는 박영식씨가 보유하고 있던 주식E의 가치를 분석해 보고 싶어 한다.
   - 박보검씨는 박영식씨가 보유한 주식E의 현재가치 수준이 어느 정도 인지 알고 싶어 한다.

IV. 부친 박영식씨의 사망 당시 본인 명의의 재산 및 사전증여 현황(2025년 1월 1일 현재)

- 부동산 재산 현황

(단위 : 천원)

구분	취득일자	취득당시 기준시가 /취득원가	현재 기준시가 /적정시세	비고
아파트 C	2016.8.	500,000 /700,000	800,000 /1,000,000	부친이 취득 이후 부친과 모친만 계속 거주
토지 D	2006.3.	150,000 /300,000	300,000 /500,000	소득세법상 비사업용 토지에 해당함

※ 기준시가는 상속세 및 증여세법상 보충적 평가방법 적용 시 아파트는 공동주택가격, 토지는 개별공시지가를 의미함

- 금융재산 현황

구분	상속세 및 증여세법상 평가가액	비고
주식E	550,000천원	유가증권 상장법인 주식임
예금F	300,000천원	소득세 원천징수세율은 14%임

- 사전증여 현황

수증자	증여일	증여재산	상속세 및 증여세법상 증여일 현재 증여재산 평가가액
김민주 (박보검씨의 모친)	2010.4.	현금	200,000천원
박보검	2017.7.	현금	300,000천원

- 부친 박영식씨의 자필증서 유언장

유언장

유언자 : 박영식(340101-×××××××)
주소 : ○○시 ○○구 ○○로 ××길 ××, ××동 ×××호(○○동, 아파트C)

유언사항
1. 아파트C를 배우자 김민주에게 상속한다.
2. 토지D를 딸 박보영에게 상속한다.
3. 유언집행자는 아들 박보검으로 한다.

2024년 5월 31일
작성자 본인 박영식 (인)

V. 경제지표 가정

- 세후투자수익률 : 은퇴 전 연 5.0%, 은퇴 후 연 3.0%
- 물가상승률 : 연 3.0%

※ 상기 시나리오를 참고하여 문제 21번부터 문제 30번까지 답하시오.(단, 질문하지 아니한 상황은 일반적인 것으로 판단하며, 개별 문제의 가정은 다른 문제와 관련 없다.)

21 박보검씨는 현재 운영 중인 사업장이 계속적으로 성장함에 따라 더 넓은 면적의 상가G를 매수하고자 한다. 다음 추가정보를 고려할 때 박보검씨의 상가G 취득에 따른 지방세법상 취득세 및 재산세에 대한 설명으로 적절하지 **않은** 것은?

〈매수시점의 추가정보〉
- 각 부동산의 시가표준액(소유자 : 박보검)

다세대주택 A	오피스텔 B	상가 G
650,000천원	250,000천원 -토지분 : 170,000천원 -건물분 : 80,000천원	500,000천원 -토지분 : 350,000천원 -건물분 : 150,000천원

※ 상가G는 사치성 재산에 해당하지 않으며, 농어촌특별세 등 부가되는 세금은 고려하지 않음
※ 다세대주택A의 재산세 적용 세율 : 120천원+1.5억원 초과금액의 0.2%(공정시장가액비율은 45%를 적용하며 과세표준상한액을 적용하지 않음)
※ 상가G의 재산세 적용 세율 : 토지분 0.2%, 건물분 0.25%(세부담 상한을 고려하지 않음)

- 부동산거래신고서상 상가G의 매매가격(취득가격) : 700,000천원(관련 법률에 따라 부동산거래신고서를 제출하여 검증이 이루어졌음)

① 상가G 매수 시 취득세의 과세표준은 원칙적으로 취득 당시의 가액으로 한다.
② 상가G 매수 시 납부하여야 하는 취득세는 28,000천원이다.
③ 박보검씨의 올해 다세대주택A 재산세는 405천원이다.
④ 박보검씨의 올해 상가G 재산세는 752.5천원이다.
⑤ 박보검씨는 다세대주택A에 대한 재산세를 7월과 9월에, 상가G에 대해서는 7월에 토지분의 재산세와 9월에 건물분의 재산세를 납부하여야 한다.

정답 | ⑤
해설 | ② 상가G 취득세 : 과세표준 700,000×4%=28,000천원
　　　　③ 다세대주택A 재산세 : 405천원
　　　　　　• 과세표준 : 650,000×45%(공정시장가액비율)=292,500천원
　　　　　　• 재산세 : 120+(292,500-150,000)×0.2%=405천원
　　　　④ 상가G의 재산세 : 490+262.5=752.5천원
　　　　　　• 토지분 : 350,000×70%×0.2%=490천원
　　　　　　• 건물분 : 150,000×70%×0.25%=262.5천원
　　　　⑤ 주택에 대해서 납부할 재산세는 매년 7월, 9월에 부과·징수할 세액의 1/2을 납부하여야 하며, 상가에 대해서는 건축물분 재산세는 7월, 토지분 재산세는 9월에 납부하여야 한다.

22 박보검씨는 부친 사망 후 발견된 자필증서유언의 효력과 남은 상속재산의 분할에 대한 적절한 설명으로 모두 묶인 것은?(단, '가~라'는 각각 별개의 사례이다.)

> 가. 김민주씨가 유증을 받는 것을 포기하더라도 상속인으로 상속재산분할을 할 수 있으며, 김민주씨를 제외한 나머지 상속인들 간의 상속재산분할협의는 효력이 없다.
> 나. 자필증서유언에서 상속인은 유언집행자가 될 수 없다.
> 다. 상속인들은 피상속인 사망 후 언제든지 아파트C와 토지D를 제외한 나머지 상속재산에 대한 상속재산분할을 할 수 있다.
> 라. 토지D를 유증받는 박보영씨는 피상속인 사망 후 토지D에 대한 소유권이전등기 절차를 거쳐야 소유권을 취득할 수 있다.

① 가, 나, 다
② 가, 나, 라
③ 가, 다, 라
④ 나, 다, 라
⑤ 가, 나, 다, 라

정답 | ③
해설 | 나. 자필증서유언에서 유언집행자는 상속인도 가능하다.

23 박보검씨 가족은 부친의 상속재산을 분할하고자 한다. 부친의 자필증서 유언장 및 다음 추가정보를 고려할 때 민법상 특별수익을 고려한 박보검씨의 구체적 상속분에 대한 설명으로 적절하지 <u>않은</u> 것은?

> 〈추가정보〉
> • 부친 상속 관련 재산의 상속개시시점 기준 민법상 평가가액은 다음과 같다고 가정함
>   – 부동산 재산 : 시나리오상 '현재 적정시세'
>   – 금융자산 : 시나리오상 '상속세 및 증여세법상 증여일 현재 증여재산 평가가액'
>   – 사전증여재산 : 시나리오상 '증여일 현재 증여재산 평가가액'
> • 부친 사망 후 아래와 같이 다른 날짜에 작성된 자필증서 유언장이 발견되었음
>
> > **유언장**
> >
> > 유언자 : 박영식(340101-×××××××)
> > 주소 : ○○시 ○○구 ○○로 ××길 ××, ××동 ×××호(○○동, 아파트C)
> >
> > 유언사항
> > 1. 아파트C를 배우자 김민주에게 상속한다.
> > 2. 토지D를 아들 박보검에게 상속한다.
> > 3. 현금 3억원을 딸 박보영에게 상속한다.
> >
> >   2024년 8월 25일
> >   작성자 본인 박영식 (인)
>
> • 부친 사망 전인 2024년 12월 말 딸 박보영씨는 교통사고로 사망하였음

① 박보영씨의 사망으로 배우자 이정모씨 및 자녀 이준영, 이연수는 대습상속인이 되지만, 박보영씨를 수증자로 한 유언은 효력을 잃는다.
② 작성일자가 다른 유언이 있는 경우 선후를 따져 이전 날짜에 작성된 유언은 이후 날짜에 작성된 유언의 내용과 모순되는 범위에서 철회된 것으로 보아 효력을 잃는다.
③ 유효한 유언의 내용은 아파트C는 김민주씨에게, 토지D는 박보검씨에게 유증하는 것으로 된다.
④ 상속기초재산(간주상속재산)은 28.5억원이다.
⑤ 박보검씨의 구체적 상속분은 약 514,286천원이다.

정답 | ⑤
해설 | • 상속기초재산(간주상속재산) : 8.5억원(주식E + 예금F) + 15억원(아파트C + 토지D) + 5억원(특별수익)
  = 28.5억원
 • 상속인별 법정상속비율 : 김민주(3/7) : 이정모(6/49) : 이준영(4/49) : 이연수(4/49) : 박보검(2/7)
 • 박보검씨의 구체적 상속분 : 28.5억원×2/7 − 3억원(특별수익) − 5억원(유증으로 인한 특별수익)
  = 약 14,286천원

24
다음 추가정보를 고려할 때 부친 상속재산에 대한 상속세 및 증여세법상 상속세 산출세액 계산과 관련한 설명으로 적절하지 **않은** 것은?

〈추가정보〉
• 상속세 및 증여세법상 상속재산 평가가액
 − 부동산 재산 : 시나리오상 '현재 적정시세'
 − 금융재산 : 시나리오상 '상속세 및 증여세법상 평가가액'
 − 사전증여재산 : 시나리오상 '상속세 및 증여세법상 증여일 현재 증여재산 평가가액'
• 장례비(증빙 있음) : 15,000천원(일반 장례비 7,000천원, 봉안시설 사용비용 8,000천원)
• 상속세 산출세액은 '상속세 과세표준×세율'로 산출
 ※ 상속세 과세가액 계산 시 시나리오상 'Ⅳ. 부친 박영식씨의 사망 당시 본인 명의의 재산 및 사전증여 현황'에 있는 재산만 고려하며 그 외 비과세상속재산 및 상속재산에 가산되는 금액, '장례비용을 제외한 상속재산 차감금액(채무, 공과금 등), 세대생략가산액(할증세액)'은 고려하지 않음
 ※ 기초공제와 그 밖의 인적공제 및 배우자 공제는 10억원을 적용하며, 요건을 충족하는 경우 동거주택 상속공제와 금융재산 상속공제를 적용하며 그 외의 공제는 고려하지 않음

① 상속세 과세가액은 2,638,000천원이다.
② 아파트C는 취득 이후부터 상속개시일까지 계속해서 배우자와 거주하고 해당 배우자가 상속으로 취득하였다 하더라도 동거주택 상속공제를 적용할 수 없다.
③ 금융재산 상속공제액은 170,000천원이다.
④ 상속세 과세표준에 적용되는 세율은 40%이다.
⑤ 상속세 산출세액은 587,200천원이다.

정답 | ⑤
해설 | • 본래의 상속재산 : 아파트C 1,000,000 + 토지D 500,000 + 주식E 550,000 + 예금F 300,000
= 2,350,000천원
• 사전증여재산 : 300,000천원(박보검)
• 장례비용 : 일반 장례비용 Min[7,000, 10,000] + 봉안시설 등 Min[8,000, 5,000] = 12,000천원
• 상속세 과세가액 : 2,350,000 + 300,000 − 12,000 = 2,638,000천원
• 인적공제 등 : 1,000,000천원
• 동거주택 상속공제 : 0원
• 금융재산 상속공제 : 850,000 × 20% = 170,000천원
• 상속공제 : 1,000,000 + 170,000 = 1,170,000천원
• 상속세 과세표준 : 2,638,000 − 1,170,000 = 1,468,000천원
• 상속세 산출세액 : 1,468,000 × 40% − 160,000(누진공제액) = 427,200천원

25 박보검씨는 부친의 상속재산에 대한 상속세를 납부하고자 한다. 하지만 상속세를 한 번에 납부하는 것이 자금 형편상 어려워 나누어서 납부할 수 있는 방법이 있는지 궁금해 하고 있다. 상속세 납부와 관련하여 김세진 CFP® 자격인증자가 안내한 다음 설명 중 가장 적절한 것은?(단, 각 답지는 각각 별개의 사례이다.)

① 상속세 납부세액이 2천만원을 초과하는 경우 분납할 수 있다.
② 상속세 납부세액이 1천만원을 초과하는 경우 연부연납이 가능하다.
③ 상속세 신고 시 연부연납을 하기 위해서는 국세기본법에 따른 담보를 제공하여야 한다.
④ 상속세 신고 시 연부연납을 허가받은 경우에도 분납 적용이 가능하다.
⑤ 상속세 납부세액이 상속재산가액 중 금융재산가액에 미달되는 경우에도 상속세 물납이 가능하다.

정답 | ③
해설 | ① 상속세 납부세액이 1천만원을 초과하는 경우 분납할 수 있다.
② 상속세 납부세액이 2천만원을 초과하는 경우 연부연납이 가능하다.
④ 상속세 신고 시 연부연납을 허가받은 경우에는 분납을 적용받지 못한다.
⑤ 상속세 납부세액이 상속재산가액 중 금융재산가액에 미달되는 경우 상속세를 물납할 수 없다.

26 박보검씨는 다세대주택A의 대출상품을 올해 1월부터 대출이율 연 4.5%, 대출기간 15년인 월복리 대출상품으로 바꾸려고 한다. 이 경우 기존에 은행에 매월 상환하는 대출원리금상환액보다 줄어드는 매월 상환금액으로 가장 적절한 것은?(단, 주택담보대출을 받은 이후 3년이 지나서 조기상환수수료는 없으나 신규 취급수수료는 1% 적용한다.)

① 46천원
② 66천원
③ 112천원
④ 132천원
⑤ 152천원

정답 | ③

해설 | • 최초로 대출받았을 때의 매월 상환해야 하는 원리금상환액
  PV : 300,000, N : 240, I/Y : 5.5÷12, PMT(E)? 2,064천원
• 60회차 경과 후 남아있는 대출금 잔액
  AMORT, P1 : 1, P2 : 60, BAL? 252,564천원
• 신규 대출금 : 252,564×1.01=255,090천원
• 연 4.5%의 주택담보대출이율로 재대출(리파이낸싱)하였을 때 매월 말 상환해야 하는 원리금균등분할상환액
  PV : 255,090, N : 180, I/Y : 4.5÷12, PMT(E)? 1,951천원

27 박보검씨는 모친 김민주씨로부터 100,000천원을 사전증여받을 경우 평소 관심을 가졌던 다음의 ELS에 투자를 할까 생각중이다. ELS의 손익구조 및 상환금액에 대한 설명으로 가장 적절한 것은?

[ELS 투자개요]
• 기초자산 : KOSPI200
• 발행일 : 2024년 8월 31일
• 만기일 : 2027년 8월 31일
• 투자금액 : 100,000천원
• 기초자산 기준 지수
 − 최초기준 : 330.33pt/85% : 280.78pt
   80% : 264.26pt/75% : 247.74pt
   60% : 198.19pt/40% : 132.13pt

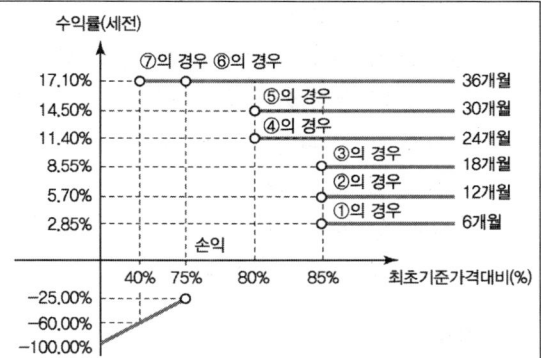

[손익구조]

구분		결정조건	수익률(세전)
자동 조기 상환	① 1차 자동조기상환평가일에 기초자산의 종가가 최초기준가격의 85% 이상인 경우		2.85% (연 5.70%)
	② 2차 자동조기상환평가일에 기초자산의 종가가 최초기준가격의 85% 이상인 경우		5.70% (연 5.70%)
	③ 3차 자동조기상환평가일에 기초자산의 종가가 최초기준가격의 85% 이상인 경우		8.55% (연 5.70%)
	④ 4차 자동조기상환평가일에 기초자산의 종가가 최초기준가격의 80% 이상인 경우		11.40% (연 5.70%)
	⑤ 5차 자동조기상환평가일에 기초자산의 종가가 최초기준가격의 80% 이상인 경우		14.25% (연 5.70%)
만기 상환	⑥ 만기평가일에 기초자산의 만기평가가격이 최초기준가격의 75% 이상인 경우		17.10% (연 5.70%)
	⑦ ⑥의 경우가 발생하지 않고 만기평가일까지 기초자산의 가격이 최초기준가격의 40% 미만(종가기준)으로 하락한 적이 없는 경우		17.10% (연 5.70%)
	⑧ ⑥의 경우가 발생하지 않고 만기일까지 종가가 최초기준가격의 40% 미만(종가기준)으로 하락한 적이 있는 경우		−25.00%~ −100.00%

구분	상환금액
①	투자원금×(100%+2.85%) 지급 후 상품종료
②	투자원금×(100%+5.70%) 지급 후 상품종료
③	투자원금×(100%+8.55%) 지급 후 상품종료
④	투자원금×(100%+11.40%) 지급 후 상품종료
⑤	투자원금×(100%+4.25%) 지급 후 상품종료
⑥	투자원금×(100%+17.10%) 지급 후 상품종료
⑦	투자원금×(100%+9.00%) 지급 후 상품종료
⑧	투자원금×(100%+손실률) 지급 후 상품종료

*손실률=만기기준가격/기초(최초)기준가격-1

① ELS는 일반적으로 스텝다운(Step-Down)형이라 불리며 투자기간 동안 총 6번의 조기상환기회가 있다.
② ELS의 조기상환 주기는 12개월이다.
③ ELS의 연환산 기대수익률은 8.55%이다.
④ 3차 조기상환평가일에 KOSPI200지수가 조기상환기준을 충족하는 경우 조기상환 시 수령액은 8,550천원이다.
⑤ 만기일까지 지수(종가)가 120.12pt까지 하락했다가 만기일에 198.20pt라면 만기상환 시 수령액은 60,000천원이다.

정답 | ⑤

해설 | ① ELS는 일반적으로 스텝다운(Step-Down)형이라 불리며 투자기간 동안 총 5번의 조기상환기회가 있으며, 1번의 만기상환이 존재하는 구조이다.
② 손익구조 그래프에서 보면 6개월 단위로 손익구조가 나타난다.
③ 손익구조 그래프에서 보면 12개월 수익률은 5.70%이다.
④ 3차 조기상환수익률은 8.55%이므로 100,000천원 기준 이익금액은 8,550천원이므로 원금 100,000천원과 같이 조기상환일에 지급된다.
⑤ 만기일이 198.20pt라면 만기 시에 최초기준가격의 75% 이하이므로 만기상환 Case ⑦ 또는 ⑧에 해당한다. 이때 투자기간 종안 최초기준가격의 40%인 132.13pt 아래로 하락한 적이 있는지를 봐야 하는데, 이 경우는 하락한 적이 있으므로 만기상환 Case ⑧에 해당된다. 따라서 만기상환 수령액은 60,000천원 $\left[100,000\times\left\{100\%+\left(\frac{198.20}{330.33}-1\right)\right\}\right]$이다.

28 박영식씨 명의의 주식E 정보가 다음과 같다면 해당하는 주식의 스타일투자전략 관점에서의 설명으로 가장 적절한 것은?

[주식E의 스타일분석 리포트 요약]

스타일지수	회귀계수(베타)
소형주 스타일	0.40
중형주 스타일	0.10
대형주 스타일	0.05
가치주 스타일	0.40
성장주 스타일	0.05
합계	1.00
R^2	0.905

① 주식E는 대형주, 성장주 스타일 주식으로 구분할 수 있다.
② 분석리포트에서 사용하고 있는 스타일지수로 주식E 수익률의 100%를 설명할 수 있다고 볼 수 있다.
③ 스타일분석은 CAPM의 자본시장선(CML)에 기초한 성과분석에 대한 대안적인 방법으로 평가되기도 한다.
④ 주식E의 가치주 스타일은 기업의 미래 성장성보다 현재의 수익이나 자산의 가치관점에 집중한다.
⑤ 대형주의 경우 산업 내 성숙단계에 돌입한 기업들이 많아 재무적으로 안정적이고, 소형주 스타일은 증권사 리서치센터와 같은 조사분석기관에서 대형주, 중형주 대비 많이 분석하기 때문에 변동성이 높은 편이다.

정답 | ④
해설 | ① 주식E는 소형주, 가치주 스타일 주식으로 구분할 수 있다.
② 분석리포트에서 사용하고 있는 스타일지수로 주식E 수익률의 90.5%를 설명할 수 있다고 볼 수 있다.
③ 스타일분석은 CAPM의 증권시장선(SML)에 기초한 성과분석에 대한 대안적인 방법으로 평가되기도 한다.
⑤ 증권사 리서치로 대표되는 주식 조사분석기관에서는 대형주에서 소형주로 갈수록 분석대상이 적게 이루어지기 때문에 소형주가 대형주에 비해서 적정가격이 책정되지 않을 가능성이 높다. 또한 소형주의 경우 대체로 초기 기업이 많아 기업의 개별 이슈에 더욱 민감하게 움직인다. 따라서 변동성이 대형주 대비 상대적으로 높은 편이다.

29 올해 주식E의 배당성향이 40%라고 하고, E주식의 정보가 다음과 같을 때 주가수익률(PER)을 고려한 적정가치로 가장 적절한 것은?

- E주식의 올해 주당순이익 추정금액 : 1,000원
- E주식 투자에 대한 요구수익률 : 10%
- 자기자본이익률(ROE) : 8.0%

① 10,000원 ② 20,000원
③ 20,960원 ④ 30,000원
⑤ 31,440원

정답 | ②

해설 | • 적정 PER : $\dfrac{\text{배당성향}}{(k-g)} = \dfrac{0.4}{(0.1-0.08)} = 20$
• 올해 주식E의 적정가격 : 적정 PER × EPS_1 = 20 × 1,000 = 20,000원

30 김세진 CFP® 자격인증자가 박보검씨의 재무상담을 하는 과정에서 설명한 다음 내용 중 가장 적절한 것은?

① 박보검씨는 돌아가신 부친 박영식씨의 상속재산을 안심상속 원스톱서비스를 통해 조회해 볼 수 있는데 사망일이 속한 달의 말일부터 6개월 이내에만 가능하다.
② 상속세를 납부하기 위해 상속세 신고기한 전에 부동산 등의 자산을 매각할 경우 그 매각가액이 재산평가액이 되어 납부해야 할 상속세가 늘어날 수 있음에 유의해야 한다.
③ 박보검씨가 상속세의 연부연납을 위해 납세담보를 제공할 경우 향후 세무서장의 승인을 얻어 그 담보를 변경할 수 있고, 납세담보물 가액이 감소된다 하더라도 박보검씨는 추가로 담보물을 제공할 필요는 없다.
④ 파생결합증권의 위험등급은 시장위험등급과 신용위험등급을 반영하는데 두 개 위험의 평균값으로 위험등급을 판정하므로, 시장위험등급이 4등급이고, 신용위험등급이 2등급인 파생결합증권의 위험등급은 3등급이다.
⑤ 박보검씨는 넓은 면적의 상가를 매수하려고 알아보는 중에 매도인의 급매로 10% 저가로 나온 상가를 알게 되었다. 이 상가의 거래사례가격이 5억원이라면 이 상가의 적정한 가격은 4.5억원으로 볼 수 있다.

정답 | ②

해설 | ① 안심상속 원스톱서비스는 사망일이 속한 달의 말일부터 1년 이내에만 가능하다.
③ 납세담보물 가액이 감소될 경우 담보물을 추가로 제공할 수도 있다.
④ 파생결합증권의 위험등급은 시장위험등급과 신용위험등급 중 높은 위험등급을 기준으로 산정한다. 예를 들어 시장위험등급이 4등급이고, 신용위험등급이 2등급인 파생결합증권의 위험등급은 3등급이다.
⑤ 5억원 × $\dfrac{100}{90}$ = 5.56억원

••• 복합사례 Ⅳ (세금/상속/부동산/보험)

※ 박준형씨는 모친이 암으로 위독함에 따라 상속설계 방안 등과 관련하여 전문가와의 상담을 원하고 있다. 지인소개로 올해 1월 초 김세진 CFP® 자격인증자를 만나서 상속설계 및 다른 재무목표에 대한 상담을 진행하였다.

Ⅰ. 고객정보(나이는 올해 1월 초 만 나이임)
- 동거가족
  - 박준형(53세) : 소매업 및 상가임대업 운영(개인사업자)
  - 송정아(48세) : 부인, 근로소득자, 연봉 30,000천원, 은퇴 희망연령 55세
  - 박미진(22세) : 딸, 올해 대학교 4학년이 됨
  - 박소진(20세) : 딸, 올해 대학교 2학년이 됨
- 부모 및 형제자매
  - 박영식 : 부친, 2022년 1월 5일 사망, 사망 당시 나이 80세
  - 이숙(78세) : 모친, 전업주부로 병원에 입원 중이며 입원하기 전까지 아파트D에서 홀로 거주
  - 박찬호(54세) : 형, 김미나(50세)와 결혼하여 자녀 박선영(19세)이 있으며, 가족 모두 박찬호 소유주택에 거주
  - 박지훈(49세) : 남동생, 최보윤(48세)과 결혼하여 자녀 박보검(16세), 박보영(15세)이 있으며, 가족 모두 박지훈 소유의 주택에 거주

Ⅱ. 고객 재무목표

1. 세금설계 관련
   - 박준형씨는 세법상 성실신고확인대상 사업자에 해당하지 않으나, 상가에서 임대소득이 있는 상태에서 소매업에서 결손이 발생할 경우 임대소득을 어떻게 신고해야 하는 지에 대해 궁금해 하고 있다.
   - 박준형씨의 종합소득세와 송하영씨의 근로소득세에 대한 점검 및 추가적인 절세방안을 검토받고자 한다.

2. 상속설계 관련
   - 박준형씨는 모친이 사망할 경우 상속세 규모와 가족 간에 상속재산분할과 관련하여 분쟁을 방지하기 위한 합리적인 대안은 어떤 것이 있는지 궁금해하고 있다.
   - 박준형씨는 모친이 사망할 경우 상속재산을 어떻게 평가하는지에 대해서도 알고 싶어한다.

3. 부동산설계 관련
   - 임대 중인 상가의 임차인이 매출감소로 계약기간 종료 시 계약해지 의사를 알려왔고, 박준형씨는 당분간은 새로운 임차인을 구하기도 어려워 임대보증금은 담보대출을 통해 반환할 계획이다.
   - 박준형씨는 상가건물임대차보호법 및 계약 시 유의사항에 대해 자세히 설명 듣고 새로운 임차계약 체결 시 문제가 발생하지 않도록 하고 싶다.

4. 위험관리(보험설계) 관련
- 박준형씨는 자신이 사망할 경우 가족들이 현재 생활수준을 유지하기를 원하며, 질병 또는 재해가 발생할 경우 보장금액이 충분한지 궁금해하고 있다.
- 현재 상가에 보험가액보다 낮은 금액의 화재보험을 가입하고 있는데 사업장에 화재가 발생할 경우 어떻게 보상이 이루어지는지 알고 싶다.

III. 자산 세부내역(2024년 12월 31일 현재)

1. 금융자산

(단위 : 천원)

구분	명의	가입일	만기일	투자원금	평가금액[1]	자금용도
CMA	송하영	16.4.7.	-	30,000	30,200	-
정기예금	박준형	23.3.5.	26.3.5.	60,000	64,000	-
적립식 주식형펀드	송하영	21.2.10.	-	100,000	120,000	자녀결혼
상장주식	박준형	16.4.7.	-	120,000	200,000	자녀결혼

1) 즉시 인출 가능하며 인출관련 수수료 및 세금은 없음

2. 부동산자산

(단위 : 천원)

구분	취득일자	취득 당시 기준시가/취득원가	현재 기준시가/취득원가	비고
다세대주택 A	2015.8.	200,000/300,000	340,000/420,000	• 소유자 : 송하영 • 박준형 세대가 거주
상가B	2018.5.	250,000/400,000	400,000/600,000	• 소유자 : 박준형 • 박준형이 소매업 운영 중
상가C	2022.1.	200,000/-	300,000/500,000	• 소유자 : 박준형 • 박준형이 상가임대업 운영 중 • 임대보증금 : 100,000 • 월임대료 : 3,500 • 박영식(부친)으로부터 상속받음

※ 기준시가의 의미는 다음과 같으며, 2025년 기준시가는 2024년도 말과 변동 없음
- 소득세법상 양도소득세 계산 시 적용되는 양도 및 취득 당시 기준시가를 의미
- 상속세 및 증여세법상 보충적 평가방법 적용 시 다세대주택은 공동주택가격, 상가는 국세청장이 산정·고시한 개별 상업용 건물의 기준시가(부수토지 포함)를 의미
- 지방세법상 시가표준액 및 종합부동산세법상 공시가격을 의미

※ 상가C는 임차인이 사업용으로 사용하고 있으며 임대계약은 2023년도 5월부터 2년간 계약조건임

3. 보장성보험
   (1) 생명보험

구분	종신보험[1]	실손의료보험[2]	실손의료보험[2]
보험계약자	박준형	박준형	송하영
피보험자	박준형	박준형	송하영
수익자	송하영	박준형	송하영
보험가입금액	100,000천원	• 입원 : 하나의 질병당 50,000천원 • 통원(외래) : 회(건)당 250천원, 약제 50천원	• 입원 : 하나의 질병당 50,000천원 • 통원(외래) : 회(건)당 250천원, 약제 50천원
계약일	2012.5.	2020.7.	2020.7.
보험료납입기간	20년납	1년 갱신형	1년 갱신형

   1) 박준형 사망 시 100,000천원의 사망보험금이 지급되며, 60세 전에 사망하는 경우는 정기특약에서 50,000천원의 사망보험금이 추가로 지급됨
   2) 3세대 실손의료보험 선택형(급여 90%, 비급여 80%) 가입됨

   (2) 일반화재보험

계약자/피보험자	박준형
계약일~만기일	2024.5.15.~2025.5.15.
보험가입금액	• 화재손해(건물) : 180,000천원 • 화재배상책임(폭발 포함) : 대인 1.5억원, 대물 10억원 • 시설소유자배상책임(화재, 폭발 제외, 자기부담금 100천원) : 대인 1억원, 대물 10억원
보험료(연납)	190천원

IV. 이숙(모친)씨 재산 및 사전증여 현황(2025년 1월 1일 현재)

1. 부동산자산

(단위 : 천원)

구분	취득일자	취득 당시 기준시가 /취득원가	현재 기준시가 /취득원가	비고
아파트 D	2022.1.	400,000 / -	450,000 /600,000	• 소유자 : 이숙 • 박영식으로부터 상속받음
오피스텔 G	2015.5.	100,000 /250,000	250,000 /300,000	• 소유자 : 이숙 • 임대보증금 : 50,000 • 월임대료 : 1,500

※ 기준시가는 상속세 및 증여세법상 보충적 평가방법 적용 시 아파트는 공동주택가격, 오피스텔은 국세청장이 산정·고시한 오피스텔 건물의 기준시가(부수토지 포함)를 의미하며, 2025년 기준시가는 현재와 변동 없음
※ 오피스텔G는 국세청장이 산정·고시한 오피스텔로서 임차인이 사업용으로 사용하고 있으며 임대계약은 2024년도 10월에 이루어져 2025년도 말까지 변동이 없음

2. 금융자산

구분	현재 금액	비고
집합투자증권 H	300,000천원 (현재 평가액)	• 소득세 원천징수세율은 14%임 • 국내 채권형펀드로 환매금지형 아님
예금 I	200,000천원 (현재 예금액)	• 소득세 원천징수세율은 14%임
종신보험 J	300,000천원 (사망보험금)	• 계약자 및 피보험자 : 이숙 • 수익자 : 박지훈 • 총 납입보험료 : 100,000천원(총 납입보험료 중 40,000천원은 이숙이 납부하였고, 나머지 60,000천원은 박지훈이 납부함)

3. 사전증여 현황

수증자	증여일	증여재산	상속세 및 증여세법상 증여일 현재 증여재산 평가가액
박지훈 (박준형의 동생)	2009.8.	현금	200,000천원
박찬호 (박준형의 형)	2016.5.	현금	200,000천원
박준형	2018.1.	현금	100,000천원

V. 박영식(부친)씨의 사망 당시 상속재산 및 상속인 분배 현황

구분	상속세 및 증여세법상 상속재산 평가가액	비고
상가C	300,000천원	박준형이 상속받고 등기함
아파트D	500,000천원	이숙(모친)이 상속받고 등기함
토지E	400,000천원	박찬호(형)이 상속받고 등기함
주식F	200,000천원	박지훈(동생)이 상속받음

VI. 경제지표 가정

- 세후투자수익률 : 연 4.0%
- 물가상승률 : 연 2.0%

VII. 부부의 국민연금 관련 정보(2024년 12월 31일 현재)

- 박준형씨의 현재시점까지 국민연금 가입기간 : 20년
- 송하영씨의 현재시점까지 국민연금 가입기간 : 15년

VIII. 자녀결혼 관련 정보

- 박미진 결혼 관련 정보
  - 예상 결혼연령 : 박미진 나이 33세
  - 결혼비용 : 현재물가기준으로 200,000천원 필요하며 매년 물가상승률만큼 상승
- 박소진 결혼 관련 정보
  - 예상 결혼연령 : 박소진 나이 33세
  - 결혼비용 : 현재물가기준으로 200,000천원 필요하며 매년 물가상승률만큼 상승

※ 상기 시나리오를 참고하여 문제 31번부터 40번까지 답하시오.(단, 질문하지 아니한 상황은 일반적인 것으로 판단하며, 개별 문제의 가정은 다른 문제와 관련 없다.)

31 다음 송하영씨의 2025년 귀속 지출 내역을 고려할 때 송하영씨가 2025년 귀속 연말정산 시 최대한 적용받을 수 있는 종합소득공제액과 세액공제액으로 적절하게 연결된 것은?

- 송하영은 자녀(박소진)가 올해 20세가 되었고, 박준형과 상의 후 요건이 충족된다면 송하영의 인적공제로 반영하기로 함
- 송하영의 2025년 귀속 연금보험료 등 지출 내역
  - 국민연금보험료 본인부담액 : 1,350천원
  - 국민건강보험료와 장기요양보험료 본인부담액 : 1,200천원
  - 고용보험료 본인부담액 : 270천원
- 송하영의 2025년 귀속 교육비 지출 내역
  - 자녀(박미진)의 대학교 교육비 : 12,000천원
  - 자녀(박소진)의 대학교 교육비 : 8,000천원
- 송하영의 2025년 귀속 의료비 지출 내역
  - 송하영 본인을 위한 의료비 : 2,000천원
  - 박준형을 위한 의료비 : 1,000천원
- 송하영 가족의 2025년 귀속 소득 내역
  - 송하영의 총급여액 : 30,000천원
  - 박준형 사업소득금액 : 1,000천원을 초과함
  - 자녀(박미진, 박소진)의 소득은 없음
- 송하영의 근로소득세액공제액은 550천원으로 가정함
※ 송하영이 지출한 교육비는 모두 교육비세액공제 적용대상임
※ 송하영이 지출한 의료비는 모두 의료비세액공제 적용대상이고, 실손의료보험으로 보전받은 금액은 고려하지 않음
※ 소득공제와 세액공제의 총 한도는 고려하지 않음

	소득공제의 합계액	세액공제의 합계액
①	5,820천원	3,163천원
②	5,820천원	3,565천원
③	5,820천원	3,700천원
④	6,320천원	3,163천원
⑤	6,320천원	3,665천원

정답 | ⑤
해설 | 〈소득공제〉
- 인적공제 : 송하영 1,500 + 박소진 1,500 = 3,000천원
- 추가공제 : 부녀자공제 500천원
- 연금보험료 공제 : 국민연금 1,350천원
- 건강보험료 등 특별소득공제 : 국민건강보험료와 장기요양보험료 1,200 + 고용보험료 270 = 1,470천원
- 소득공제의 합계 : 6,320천원

〈세액공제〉
- 자녀세액공제 : 자녀 1명 250천원
- 교육비세액공제 : 박미진 교육비 Min[12,000, 9,000]×15% + 박소진 교육비 Min[8,000, 9,000]×15% = 1,350 + 1,200 = 2,550천원
- 의료비세액공제 : [(2,000 + 1,000) − 30,000×3%]×15% = 315천원
- 근로소득세액공제 : 550천원
- 세액공제의 합계 : 3,665천원

32 박준형씨의 소매업은 장기간의 경기침체로 인해 매출감소로 이어졌고 결국 결손금이 발생하였다. 다음 정보를 고려할 때 2025년 귀속 종합소득세를 최대한 절세하고자 하는 경우 박준형씨의 2025년 귀속 종합소득 산출세액을 계산하는 과정에 대한 설명으로 적절하지 **않은** 것은?(단, 박준형씨는 항상 복식부기장부에 의해 소매업 및 상가C 임대사업 소득금액을 계산한다.)

〈박준형의 2025년 귀속 종합소득세 관련 내역〉
- 2025년 귀속 사업소득 관련 내역
  - 소매업 사업소득금액 : 결손금 10,000천원
  - 상가C 임대 사업소득금액 : 37,000천원(결손금 및 이월결손금 공제 전)
- 2025년 귀속 소매업 및 상가C 임대사업 이월결손금 내역
  - 소매업 이월결손금 : 7,000천원(2024년 발생분)
  - 상가C 임대사업 이월결손금 : 5,000천원(2022년 발생분)
- 이자소득 총수입금액 : 5,000천원
- 배당소득 총수입금액 : 5,000천원
- 박준형의 종합소득공제 : 3,000천원
※ 상기 금융소득은 모두 조건부 종합과세 대상이며, 소득세 원천징수세율은 14%임

① 박준형의 소매업에서 발생한 결손금은 상가C 임대 사업소득금액에서 차감할 수 있다.
② 박준형의 종합소득금액은 15,000천원이다.
③ 박준형의 종합소득 과세표준은 12,000천원이다.
④ 박준형의 종합소득 과세표준에 적용되는 세율은 6%이다.
⑤ 박준형의 종합소득 산출세액은 1,290천원이다.

정답 I ⑤

해설 • 금융소득은 20,000천원 이하이므로 분리과세 대상
- 종합소득금액 : 상가C 임대 사업소득금액 37,000 − 소매업 2025년 결손금 10,000 − 상가C 임대사업 이월결손금 5,000 − 소매업 2024년 이월결손금 7,000 = 15,000천원
- 종합소득 과세표준 : 15,000 − 종합소득공제 3,000 = 12,000천원
- 종합소득 산출세액 : 12,000 × 6% = 720천원

33. 다음 정보를 고려할 때 이숙(모친)씨가 사망하는 경우 민법상 구체적 상속분에 대한 설명으로 적절하지 <u>않은</u> 것은?(단, 오피스텔G의 임대보증금 등 상속채무는 없다고 가정한다.)

- 이숙씨는 박지훈씨에게 오피스텔G를 유증하는 공증유언을 함
- 사업실패로 인하여 신용불량자가 되어 채무가 많은 박지훈씨는 이숙씨 사망 후 상속재산에 대한 상속포기를 하고 추후 공동상속인들로부터 각 1억원씩 증여를 받기로 함
- 이숙씨 사망 후 공동상속인들은 박준형씨의 기여분으로 100,000천원을 인정하기로 합의함
- 이숙씨 상속 관련 자산의 상속개시시점 기준 민법상 평가가액은 다음과 같다고 가정함
  - 부동산재산 : 시나리오상 '현재 적정시세'
  - 금융재산 : 시나리오상 '현재 금액'
  - 사전증여재산 : 시나리오상 '증여일 현재 증여재산 평가가액'
  - 종신보험J의 사망보험금은 300,000천원임

① 박지훈씨는 상속포기를 함으로써 상속인에서 제외되지만 수익자가 박지훈인 종신보험J의 사망보험금은 상속재산에 포함되지 않으므로 상속포기 유무를 불문하고 박지훈씨의 고유재산으로 상속재산에 포함되지 않는다.
② 박지훈씨의 상속포기로 인하여 그가 받은 특별수익인 오피스텔G는 나머지 상속인의 구체적 상속분의 계산 시 특별수익에 포함되지 않는다.
③ 상속인은 박찬호, 박준형이 되며, 각 상속인의 법정상속분은 각각 700,000천원이 된다.
④ 특별수익과 기여분을 고려하여 박찬호씨가 실제 취득할 구체적 상속분은 450,000천원이다.
⑤ 특별수익과 기여분을 고려하여 박준형씨가 실제 취득할 구체적 상속분은 550,000천원이다.

정답 I ③

해설 • 상속재산가액 : 상속재산 11억원(아파트D 600,000 + 집합투자증권H 300,000 + 예금 200,000) + 특별수익 3억원(박찬호 200,000 + 박준형 100,000) − 기여분 100,000 = 13억원
- 특별수익과 기여분을 고려하기 전 각 상속인의 상속분 : 13억원 × 1/2 = 650,000천원
- 특별수익과 기여분을 고려하여 박찬호가 실제 취득할 구체적 상속분 : 650,000 − 특별수익 200,000 = 450,000천원
- 특별수익과 기여분을 고려하여 박준형이 실제 취득할 구체적 상속분 : 650,000 − 특별수익 100,000 + 기여분 100,000 = 650,000천원

34 박준형씨는 이숙(모친)씨가 사망하는 경우 공동상속인 간 상속분쟁이 발생하는 것을 방지하기 위하여 유언으로 상속관계를 미리 정하는 것이 유리하다고 생각하고 있다. 이에 따라 이숙씨의 유언을 미리 받아두고자 하는 경우에 대한 다음 설명 중 적절하지 **않은** 것은?

① 이숙씨가 자필에 의하여 유언장을 작성하고 유언자의 인장 날인 없이 서명만 한 경우, 그 유언은 유언자의 진정한 의사에 합치하더라도 무효이며, 상속인들이 그 내용을 인정하기로 합의하였다고 하여 그 유언이 유효로 되는 것도 아니다.
② 이숙씨는 자필증서에 의한 유언을 하기 위하여 박준형씨를 통하여 주소와 연월일이 적힌 유언장을 컴퓨터로 작성하여 출력하여 오게 한 다음 그 유언장에 이숙씨 본인이 유언의 전문, 서명을 자서하고 날인한 경우 그 자필증서에 의한 유언은 무효가 된다.
③ 이숙씨는 암으로 위독하여 곧 사망이 임박하여 다른 유언 방식의 유언을 할 수 없게 되자 급히 '상속재산은 공동상속인에게 공평하게 상속한다'는 내용으로 구수증서에 의한 유언을 하고자 하는 경우 송하영씨 및 간병인은 유언의 증인으로 결격사유에 해당하지 않는다.
④ 이숙씨가 박준형씨에게 아파트D를 유증하기로 하는 내용의 공증유언을 한 경우 이숙씨 사망 후 박준형씨가 세금을 이유로 유증을 포기하고자 하는 경우 상속포기와 달리 유증포기의 의사표시로 충분하다.
⑤ 이숙씨는 유언을 한 이후라도 언제든지 유언의 철회가 가능하며, 유언의 수유자에게 유언 철회를 금지하는 내용의 별도 약정을 한 경우 해당 약정은 효력이 없다.

정답 | ③
해설 | ② 자필증서에 의한 유언은 유언의 전문, 주소, 연월일, 이름을 모두 자서하여야 유효하므로, 그 일부라도 자서가 아닌 경우 그 유언은 무효가 된다.
③ 구수증서에 의한 유언은 질병 그 밖에 급박한 사유로 인하여 다른 방식에 따라 유언할 수 없는 경우에 2명 이상의 증인의 참여가 필요하며, 민법은 유언으로 이익을 받을 사람과 그의 배우자 등을 증인 결격사유로 정하고 있으므로, 유언으로 이익을 받는 박준형씨의 배우자는 증인결격사유에 해당한다.

35. 시나리오상 상속세 및 증여세법 평가액과 다음 추가 정보를 고려할 때 이숙씨가 오늘 사망 시 상속세 과세가액과 상속세 산출세액이 적절하게 연결된 것은?

- 상속재산에 차감되는 장례비용은 7,000천원(증빙 있음), 채무는 없는 것으로 가정함
- 상속세 과세표준은 '상속세 과세가액 – 상속공제'로 산출하며 상속공제는 다음의 공제만 고려함
  - '기초공제 + 그 밖의 인적공제' 및 '일괄공제' 중 큰 금액
  - 금융재산 상속공제 : 적용대상 순금융재산가액은 620,000천원이라고 가정함
- 상속공제 한도액은 고려하지 않음

	상속세 과세가액	상속세 산출세액
①	1,613,000천원	261,200천원
②	1,613,000천원	315,600천원
③	1,813,000천원	261,200천원
④	1,813,000천원	315,600천원
⑤	1,820,000천원	475,600천원

정답 | ④

해설 |
- 본래의 상속재산 : 아파트D 600,000 + 오피스텔G 300,000 + 집합투자증권H 300,000 + 예금I 200,000 = 1,400,000천원
- 간주상속재산 : 종신보험 $300,000 \times \frac{40,000}{100,000} = 120,000$천원
- 사전증여재산 : 박지훈 0(10년 초과) + 박찬호 200,000 + 박준형 100,000 = 300,000천원
- 장례비용 : 7,000
- 상속세 과세가액 : 1,400,000 + 120,000 + 300,000 – 7,000 = 1,813,000천원
- 금융재산 상속공제 : 620,000 × 20% = 124,000천원
- 상속공제액 : 일괄공제 500,000 + 금융재산 상속공제 124,000 = 624,000천원
- 상속세 과세표준 : 1,813,000 – 624,000 = 1,189,000천원
- 상속세 산출세액 : 1,189,000 × 40% – 160,000(누진공제액) = 315,600천원

36 박준형씨는 상가C를 담보로 대출을 받고자 한다. 다음 정보를 고려할 때 박준형씨가 받을 수 있는 최대 대출가능금액으로 가장 적절한 것은?

〈상가C 담보대출 관련 정보〉
- 은행은 LTV와 DCR 기준 중 낮게 산출된 금액으로 대출가능금액을 결정하고자 함(단, 임대보증금은 없는 것으로 가정함)
  - LTV : 현재 시세의 60%
  - DCR : 1.2 이상
- 이자율은 고정금리 연 5.0% 월복리, 대출기간 10년, 매월 말 원리금균등분할상환 방식
- 상가C 관련 현황
  - 연간 순영업소득(NOI) : '월임대료×12개월'로 산정함

① 약 216,000천원 ② 약 235,703천원
③ 약 250,000천원 ④ 약 274,987천원
⑤ 약 300,000천원

정답 | ④

해설 |
- LTV 기준 : 500,000×60% = 300,000천원
- 순영업소득(NOI) : 3,500×12 = 42,000천원
- 연간 원리금상환액
  PV : 1, N : 120, I/Y : 5÷12, PMT(E)? 0.0106×12 = 0.1273
- DCR(부채감당률) 기준 : $\frac{순영업소득}{연간\ 원리금상환액 \times 1.2} = \frac{42,000}{(0.1273 \times 1.2)} = \frac{42,000}{0.1527} = 274,987$천원
- 최대 대출가능금액 : Min[LTV 기준 300,000, DCR 기준 274,987] = 274,987천원

37 상가임대업자인 박준형씨가 임차인과 계약 시 주의할 사항으로 가장 적절한 것은?

① 박준형씨가 임대차기간이 만료되기 6개월 전부터 2개월 전까지 임차인에게 갱신거절의 통지를 하지 아니한 경우에는 그 기간이 만료된 때에 전 임대차와 동일한 조건으로 다시 임대차한 것으로 본다.
② 현 임차인과의 임대차기간이 5년을 경과하지 않은 상태라면 박준형씨는 임대차기간이 만료되기 6개월 전부터 2개월 전까지 사이에 임차인이 계약갱신을 요구할 경우 정당한 사유 없이 거절하지 못한다.
③ 임차인이 2기의 차임액에 해당하는 금액에 이르도록 차임을 연체한 사실이 있는 경우 박준형씨는 임차인의 계약갱신청구를 거절할 수 있다.
④ 박준형씨는 임차인이 주선한 신규 임차인이 되려는 자에게 직접 권리금을 요구할 수 있다.
⑤ 박준형씨와 임차인은 가능한 표준상가임대차계약서로 작성하는 것이 좋다.

정답 | ⑤

해설 | ① 박준형씨가 임대차기간이 만료되기 6개월 전부터 1개월 전까지 임차인에게 갱신거절의 통지를 하지 아니한 경우에는 그 기간이 만료된 때에 전 임대차와 동일한 조건으로 다시 임대차한 것으로 본다.
② 현 임차인과의 임대차기간이 10년을 경과하지 않은 상태라면 박준형씨는 임대차기간이 만료되기 6개월 전부터 1개월 전까지 사이에 임차인이 계약갱신을 요구할 경우 정당한 사유 없이 거절하지 못한다.
③ 임차인이 3기의 차임액에 해당하는 금액에 이르도록 차임을 연체한 사실이 있는 경우 박준형씨는 임차인의 계약갱신청구를 거절할 수 있다.
④ 임차인이 주선한 신규 임차인이 되려는 자에게 박준형씨가 직접 권리금을 요구할 수는 없다. 권리금계약이란 임차인과 신규 임차인 사이에 주고받는 계약이기 때문이다.

38 박준형씨는 가장인 본인의 조기사망위험에 대비하여 생명보험 가입을 검토하고 있다. 다음 정보를 고려할 때 박준형씨가 오늘 사망한다고 가정할 경우 니즈분석법에 따른 추가적인 생명보험 필요보장액으로 가장 적절한 것은?

- 부인과 자녀의 필요자금(다음 항목만 필요자금으로 고려)
  - 현재 박미진과 박소진의 결혼 필요자금(일시금)
  - 막내 독립(박소진 결혼시점) 전까지 가족양육비 : 현재물가기준으로 연 30,000천원이 필요하다고 가정함
- 준비자금(다음 항목만 준비자금으로 반영)
  - 박준형씨의 종신보험 사망보험금
  - 자녀결혼 목적으로 준비 중인 금융자산
  - 박준형씨 사망 시 국민연금 유족연금(막내 독립 전까지 수령하는 금액만 고려) : 현재물가기준 연 6,000천원이 지급됨(유족연금의 지급중지는 없다고 가정함)
※ 가족양육비는 매년 초 필요하고 국민연금 유족연금은 매년 초 수령하며, 가족양육비와 국민연금 수령액은 매년 물가상승률만큼 증액됨

① 125,336천원 ② 134,901천원
③ 175,336천원 ④ 234,901천원
⑤ 245,336천원

정답 | ①

해설 | • 자녀결혼자금의 현재가치
　CF0 : 0, C01 : 0, F01 : 10, C02 : 200,000, F02 : 1, C03 : 0, F03 : 1, C04 : 200,000, F04 : 1, I : (4−2)÷1.02, NPV? 316,916천원
• 막내독립 전 연간 생활비 : 30,000 − 유족연금 6,000 = 24,000천원
• 막내독립 전 생활비의 현재가치
　PMT(B) : 24,000, N : 13, I/Y : (4−2)÷1.02, PV? 278,421천원
• 총 필요자금 : 316,916 + 278,421 = 595,336천원
• 현재시점 자녀결혼 목적 준비자금 : 적립식 주식형펀드 120,000 + 상장주식 200,000 = 320,000천원
• 종신보험 사망보험금 : 주계약 100,000 + 정기특약 50,000 = 150,000천원
• 준비자금 합계 : 320,000 + 150,000 = 470,000천원
• 추가적인 생명보험 필요보장액 : 595,336 − 470,000 = 125,336천원

39 박준형씨는 계단에서 넘어져 골절상을 입고 다음과 같이 병원치료를 받았다. 박준형씨의 실손 의료보험(3세대) 의료비 보험금에 대한 설명으로 가장 적절한 것은?(단, 처방조제비는 고려하지 않는다.)

〈입원기간 및 진료비 내역〉

입원기간	진단명	진료기관	급여		비급여 진료비
			일부 본인부담	전액 본인부담	
			본인부담금 / 공단부담금		
19일	골절	B상급 종합병원	1,200천원 / 3,000천원	200천원	1,000천원

※ 비급여 진료비에는 상급병실차액과 3대 비급여 항목에 대한 치료비는 포함되어 있지 않음
※ 박준형이 납입한 진료비는 모두 보험회사에서 보상하는 사항에 해당함

① 보장대상 의료비에서 공제금액(급여항목은 보장대상 의료비의 10%, 비급여항목은 보장대상 의료비의 20%)을 뺀 금액을 보상받을 수 있다.
② 입원기간 중 1인실을 일정 기간 사용한 경우 기준병실과의 차액의 40%를 약관에서 정한 1일 평균금액 한도 내에서 보상받을 수 있다.
③ 만약 의사가 통원치료가 가능하다고 하였음에도 박준형씨 본인이 자의적으로 입원을 한 경우라고 하더라도 입원의료비에 대한 보험금이 지급된다.
④ 보험사로부터 지급받을 수 있는 보험금은 1,820천원이다.
⑤ 진료기관이 병·의원급이었을 경우에는 보험금이 다르게 지급될 수도 있다.

정답 | ①
해설 | ② 상급병실료 차액보상으로 입원기간 중 상급병실을 사용한 경우 기준병실과의 차액의 50%를 약관에서 정한 1일 평균금액(10만원) 한도 내에서 보상받을 수 있다.
③ 피보험자가 정당한 이유 없이 입원 기간 중 의사의 지시를 따르지 않거나 의사가 통원치료가 가능하다고 인정함에도 피보험자 본인이 자의적으로 입원하여 발생한 입원의료비는 보상하지 않는 사유에 해당한다.
④ 지급보험금은 급여 보상대상 의료비 1,400천원(일부 본인부담금 1,200 + 전액 본인부담금 200)에서 10%(140천원)를 공제한 1,260천원과 비급여 보상대상 의료비 1,000천원에서 20%(200천원)를 공제한 800천원이 지급되어 총 2,060천원의 보험금이 지급된다.
⑤ 입원치료비의 경우에는 진료비 금액이 동일한 경우 동일한 보험금이 지급된다.

40 박준형씨 소유 상가B(일반물건)에서 화재가 발생하였다. 다음 정보를 고려할 때 일반화재보험 보통약관상 상가B 화재로 지급될 보험금에 대한 설명으로 적절하지 **않은** 것은?

> • 보험가액 : 300,000천원
> • 화재로 인한 손해액 및 비용
>   - 재산손해액 : 40,000천원
>   - 잔존물제거비용 : 10,000천원
>   - 손해방지비용 : 5,000천원
>   - 기타협력비용 : 5,000천원
>   - 배상책임액(대물) : 100,000천원
> ※ 재고자산은 없다고 가정함

① 재산손해액에 대해 보상받을 수 있는 금액은 30,000천원이다.
② 잔존물제거비용에 대해 보상받을 수 있는 금액은 4,000천원이다.
③ 손해방지비용과 기타협력비용에 대해 보상받을 수 있는 금액은 각각 3,750천원이다.
④ 화재로 인한 배상책임액(대물)은 자기부담금 없이 100,000천원이 지급된다.
⑤ 사고 발생 시 보상받을 수 있는 금액은 총 142,750천원이다.

정답 | ③

해설 | ① 재산손해액 : $40,000 \times \dfrac{180,000}{(300,000 \times 80\%)} = 30,000$천원

② 잔존물제거비용 : $10,000 \times \dfrac{180,000}{(300,000 \times 80\%)} = 7,500$천원이지만, 재산손해액의 10% 한도 내에서 지급되므로 4,000천원이다.

③ 손해방지비용 : $5,000 \times \dfrac{180,000}{(300,000 \times 80\%)} = 3,750$천원

• 기타협력비용 : 5,000천원(전액보상)

④ 화재로 인한 배상책임액(대물) : 100,000천원(자기부담금 없음)

⑤ 사고 발생 시 보상받을 수 있는 금액 : 30,000 + 4,000 + 3,750 + 5,000 + 100,000 = 142,750천원

••• 복합사례 V (세금/상속/부동산/재무/투자)

※ 최수호씨는 모친이 암으로 사망함에 따라 상속설계 방안 등과 관련하여 전문가와의 상담을 원하고 있다. 최수호씨는 올해 1월 초 김세진 CFP® 자격인증자를 만나 재무상담을 진행하였다.

I. 고객정보(나이는 올해 1월 초 만 나이임)

- 동거가족
  - 최수호(50세) : 소매업 및 상가임대업 운영, 은퇴 희망연령 80세
  - 박소진(45세) : 부인, 중소기업 차장, 은퇴 희망연령 55세
  - 최형우(18세) : 아들, 올해 고2
  - 최보윤(15세) : 딸, 올해 중3
- 주거상황
  - 빌라A는 2017년 8월 초 구입(구입 시 주택담보대출 200,000천원 받음)
  - 담보대출은 대출기간 15년 매월 말 원리금균등분할상환 방식, 대출이율 고정금리 연 4.5% 월 복리(작년 12월 말까지 89회차 상환)
- 부모 및 형제자매
  - 최불암 : 부친, 2022년 1월 5일 사망, 사망 당시 나이 80세
  - 차주영(73세) : 모친, 암으로 병원에 입원해 있던 중 올해 1월 1일 사망하였으며, 입원하기 전까지 아파트D에서 홀로 거주
  - 최수종(54세) : 형, 배우자 김밝은(50세), 자녀 최여진(19세)이 있으며, 가족 모두 최수종 소유 주택에 거주
  - 최현욱(49세) : 남동생, 배우자 나민정(48세), 자녀 최정우(16세) 및 최정윤(15세)이 있으며, 가족 모두 최현욱 소유의 주택에 거주

II. 재무적(정량적) 정보

- 자산 내역
  - 부부의 부동산 관련 정보(2024년 12월 31일 현재)

(단위 : 천원)

구분	취득일자	취득당시 취득원가	현재 적정시세	비고
빌라 A	2017.1.	650,000	850,000	• 소유자 : 최수호 • 최수호 세대가 거주
상가 B	2016.5.	400,000	600,000	• 소유자 : 최수호 • 최수호가 소매업 운영 중
상가 C	2022.1.	–	400,000	• 소유자 : 최수호 • 임대보증금 : 100,000 • 월임대료 : 2,500 • 부친으로부터 상속받음 • 부친은 2016년 8월에 취득하였음

※ 상가C는 국세청장이 지정한 지역에 소재하는 상가로 임차인이 사업용으로 사용하고 있으며 임대계약은 2023년도 10월에 이루어져 2025년도 말까지 변동이 없음

- 금융재산 현황

구분	현재 금액	비고
주식	100,000천원 (현재 평가액)	• 5종목으로 분산되어 있으며 최초 투자금액은 120,000천원
채권	300,000천원 (액면금액)	• 소득세 원천징수세율은 14%임 • 이표채 200,000천원, 복리채 100,000천원 투자
예금	200,000천원 (현재 금액)	• 소득세 원천징수세율은 14%임

- 주식, 채권, 예금은 모두 최수호씨 명의임
- 2024년도 말 박소진씨 보통예금통장 금액은 45,000천원
- 노란우산공제 250천원(최수호 2024.1. 가입, 소득공제 목적)
- 부채 내역 : 최수호씨는 운전자금 통장으로 마이너스통장을 활용하고 있으며 현재 잔액은 (−)20,000천원, 대출금이 연 7.0%(1년 고정)

III. 비재무적(정성적) 정보

- 위험수용성향은 최수호씨는 위험선호형, 박소진씨는 안정성장형임
- 기타생활비는 박소진씨가, 그 외 지출은 최수호씨가 담당하고 있음

IV. 고객 재무목표

1. 세금설계 관련
   - 최수호씨는 최불암(부친)씨로부터 상속받아 보유 중인 상가C를 딸에게 부담부증여하는 경우에 발생하는 관련 세금에 대해서 궁금해하고 있다.
   - 최수호씨는 경기침체로 인해 현재 소매업 운영 중인 상가B를 제3자에게 양도하는 경우에 발생하는 관련 세금에 대해 궁금해하고 있다.

2. 상속설계 관련
   - 최수호씨의 모친은 사망 전 자녀들에게 사전증여를 실시했다. 최수호씨는 사전증여가 상속설계에서 어떻게 절세효과가 있는지 궁금해하고 있으며, 또한 모친 사망에 따라 본인이 받을 수 있는 구체적 상속재산이 어느 정도 되는지에 대해서도 궁금해하고 있다.
   - 상속설계 관련 추가적인 정보는 다음과 같다.
     ① 최불암(부친) 사망 당시 상속재산 및 상속인 분배 현황(2022년 1월 5일 상속개시일 현재)

구분	상속세 및 증여세법상 상속재산 평가가액	비고
상가C	300,000천원	최수호가 상속받고 등기함
아파트D	500,000천원	차주영(모친)이 상속받고 등기함
토지E	400,000천원	최수종(형)이 상속받고 등기함
주식F	200,000천원	최현욱(동생)이 상속받음

② 차주영(모친) 사망 당시 본인 명의의 재산 및 사전증여 현황(2025년 1월 1일 현재)
- 부동산 재산 현황

구분	취득일자	취득당시 취득원가	현재 적정시세	비고
아파트 D	2022.1.	–	600,000천원	• 소유자 : 차주영 • 최불암으로부터 상속받음
상가 G	2013.5.	250,000천원	300,000천원	• 소유자 : 차주영 • 임대보증금 : 50,000천원 • 월임대료 : 1,500천원

※ 상가G는 국세청장이 지정한 지역에 소재하는 상가로 임차인이 사업용으로 사용하고 있으며 임대계약은 2023년도 1월에 이루어져 2025년도 말까지 변동이 없음

- 사전증여 현황

수증자	증여일	증여재산	상속세 및 증여세법상 증여일 현재 증여재산 평가가액
최현욱 (최수호씨의 동생)	2009.8.	현금	200,000천원
최수종 (최수호씨의 형)	2016.5.	현금	200,000천원
최수호	2018.1.	현금	100,000천원

3. 부동산설계 관련
- 최수호씨는 새로운 상가를 매수하여 아들 결혼시점에 증여할 마음이 있어 상가의 현재 시장가치를 궁금해하고 있다.

4. 재무관리 관련
- 최수호씨는 개인사업자로서 80세까지 일하고 싶어 하나, 경기침체로 소매업 매출이 줄어들고 있는 것이 걱정이다. 소매업을 계속 영위할 수 있을지를 가늠하기 위해 경기회복시기를 궁금해하고 있다.
- 최수호씨는 재무목표 설정에 있어서 은퇴 후 생활비 기반으로 현재 상가C의 임대수익을 더 유지할지 아니면 향후 딸(최보윤)에게 부담부증여를 할지에 대해 고민 중에 있다.

5. 투자설계 관련
- 최수호씨는 현재 보유하고 있는 금융자산(주식, 채권 등)의 적정성과 향후 운용방법 등을 궁금해하고 있다.

※ 상기 시나리오를 참고하여 문제 41번부터 문제 50번까지 답하시오.(단, 질문하지 아니한 상황은 일반적인 것으로 판단하며, 개별 문제의 가정은 다른 문제와 관련 없다.)

41 최수호씨는 현재 경기침체로 인해 상가B의 소매업 매출의 감소 추세가 지속되고 있고 변동할 가능성이 어렵다고 판단하여 올해 11월 중에 상가B를 양도할 생각이다. 상가의 양도 과정에서 다음 정보를 고려할 때 소득세법상 양도소득 산출세액으로 가장 적절한 것은?(단, 금년 중 양도한 다른 물건은 없는 것으로 가정한다.)

〈상가B 양도와 관련된 정보〉
• 상가B의 예상 양도가액 : 현재 적정시세
• 상가B의 양도 시 기타필요경비 : 15,000천원
※ 상가B의 토지가액과 건물가액을 구분하지 않으며 복식부기장부 작성 시 건물분 감가상각액을 계상하지 않음

① 36,780천원 ② 43,076천원
③ 44,356천원 ④ 45,306천원
⑤ 52,220천원

정답 | ①
해설 | • 양도차익 : 양도가액 600,000 − 취득가액 400,000 − 기타필요경비 15,000 = 185,000천원
 • 장기보유특별공제 : 185,000 × 18%(9~10년) = 33,300천원
 • 양도소득금액 : 185,000 − 33,300 = 151,700천원
 • 과세표준 : 151,700 − 기본공제 2,500 = 149,200천원
 • 양도소득세 산출세액 : 149,200 × 35% − 누진공제액 15,440 = 36,780천원

42 다음 정보를 고려할 때, 차주영씨 사망에 따른 민법상 최수호씨의 구체적 상속분 가액으로 가장 적절한 것은?(단, 상가G의 임대보증금 등 상속채무는 없는 것으로 가정한다.)

• 차주영은 사망 전 최수종에게 200,000천원을 추가 증여함
• 공동상속인들은 최수호의 기여분으로 100,000천원을 인정하기로 합의함
• 차주영 상속 관련 재산의 상속개시시점 기준 민법상 평가가액은 다음과 같다고 가정함
 −부동산재산 : 시나리오상 '현재 적정시세'
 −사전증여재산 : 시나리오상 '증여일 현재 증여재산 평가가액'

① 100,000천원 ② 300,000천원
③ 400,000천원 ④ 500,000천원
⑤ 600,000천원

정답 | ④
해설 | • 상속재산 가액(간주상속재산) : 아파트D 600,000 + 상가G 300,000 + 특별수익 700,000 − 기여분 100,000
= 1,500,000천원
• 각 상속인(최수종, 최수호, 최현욱)의 상속분 가액 : 1,500,000 × 1/3 = 500,000천원
• 특별수익과 기여분을 고려한 구체적 상속분 가액
  − 최수종 : 500,000 − 특별수익 400,000 = 100,000천원
  − 최수호 : 500,000 − 특별수익 100,000 + 기여분 100,000 = 500,000천원
  − 최현욱 : 500,000 − 특별수익 200,000 = 300,000천원

43 최수호씨가 딸 최보윤에게 금년 12월 중 상가C를 부담부증여를 한다고 가정 시 다음 정보를 고려할 때 소득세법상 양도소득세와 상속세 및 증여세법상 증여세 산출세액이 적절하게 연결된 것은?

〈상가C 부담부증여와 관련된 정보〉
• 증여가액 : Max[시나리오상 현재 적정시세, 임대보증금 환산가액]
• 채무액 : 상가C 임대보증금
• 실지취득가액 : 상속 당시 상속재산 평가가액
• 기타필요경비 : 10,000천원
※ 상가C의 토지가액과 건물가액을 구분하지 않으며 복식부기장부 작성 시 건물분 감가상각액을 계상하지 않음

	양도소득세 산출세액	증여세 산출세액
①	1,537.5천원	40,000천원
②	1,537.5천원	46,000천원
③	1,912.5천원	40,000천원
④	1,912.5천원	46,000천원
⑤	2,797.5천원	50,000천원

정답 | ②

해설 | • 상가C의 시가 : $Max\left[400,000천원, \frac{(2,500 \times 12)}{12\%} + 100,000천원\right] = 400,000천원$

〈양도소득세 산출〉

• 양도가액 : $400,000 \times \frac{100,000}{400,000} = 100,000천원$

• 취득가액 : $300,000 \times \frac{100,000}{400,000} = 75,000천원$

• 기타필요경비 : $10,000 \times \frac{100,000}{400,000} = 2,500천원$

• 양도차익 : 100,000 − 75,000 − 2,500 = 22,500천원
• 장기보유특별공제 : 22,500 × 6%(3년~4년) = 1,350천원
• 양도소득금액 : 22,500 − 1,350 = 21,150천원

- 과세표준 : 21,150 − 기본공제 2,500 = 18,650천원
- 양도소득세 산출세액 : 18,650 × 15% − 누진공제액 1,260 = 1,537.5천원

〈증여세 산출〉
- 증여재산가액 : 400,000 − 채무액 100,000 = 300,000천원
- 과세표준 : 300,000 − 증여재산공제(미성년자) 20,000 = 280,000천원
- 증여세 산출세액 : 280,000 × 20% − 누진공제액 10,000 = 46,000천원

44 최수호씨는 차주영씨 사망 전 실시되었던 사전증여가 어떻게 상속세 절세효과에 도움이 되는지 궁금해하고 있다. 사전증여와 관련하여 상속세 및 증여세법상 적절한 설명으로 모두 묶인 것은?

> 가. 최현욱이 과거 차주영으로부터 현금 2억원을 증여받은 것은 상속재산에 가산되어 상속세 절세에 도움이 되지 않는다.
> 나. 만약 부동산 가치가 꾸준히 상승하는 상황에서 부동산을 사전증여하는 경우 상속재산에 가산하는 증여재산의 가액은 상속개시 당시의 증여재산평가 가액이 되므로 상속세 절세에 도움이 되지 않는다.
> 다. 만약 차주영씨가 2023년에 최수호의 자녀에게 현금 1억원을 증여하였다면 손자에게 사전증여한 증여재산가액은 상속재산에 가산되어 상속세 절세에 도움이 되지 않는다.
> 라. 만약 2022년 최불암씨 사망에 따른 상속재산분할 당시 상속재산 중 아파트D를 차주영씨가 상속으로 취득하지 않고 최수호의 형제들이 상속을 받았다고 하더라도 금번 모친 사망에 따른 상속세 절세에 도움이 되지 않았을 것이다.

① 다
② 가, 나
③ 다, 라
④ 가, 나, 다
⑤ 나, 다, 라

정답 | ①

해설 | 가. 상속개시일 전 10년 이내에 피상속인이 상속인에게 증여한 재산가액을 상속재산에 가산한다. 최현욱은 2009년 8월에 차주영으로부터 현금 2억원을 증여받았다. 이러한 사전증여 전략은 상속세 합산과세를 회피할 수 있어 상속세 절세에 도움이 되는 방법이라고 판단할 수 있다.

나. 상속재산에 가산하는 증여재산의 가액은 상속개시 당시가 아닌 당초 증여일 현재의 증여재산평가 가액이 된다. 따라서 부동산 가치가 꾸준히 상승하는 상황에서 부동산을 사전증여하는 경우 증여한 후 부동산 가치 상승분 만큼 상속세 합산과세를 회피할 수 있어 상속세 절세에 도움이 된다.

라. 상속재산이 동일세대(부부간 상속취득)가 아니라 자녀세대에서 취득하는 경우 상속세 절세에 도움이 된다. 따라서 2022년 최불암씨 사망에 따른 상속재산분할 당시 상속재산 중 아파트D를 차주영씨가 상속으로 취득하지 않고 최수호의 형제들이 상속을 받았다면 금번 모친 사망에 따른 상속세 절세에 도움이 될 수 있었을 것이다.

45 상가임대업을 하는 최수호씨는 새로운 상가를 매수하여 아들 결혼시점에 증여할 계획이다. 매수하고자 하는 상가의 연간 순영업이익은 60,000천원으로 기대된다. 대출가능금액은 상가건물 가치의 60%이고 대출조건은 대출기간 20년, 이자율 연 7.0% 월복리, 매월 말 원리금균등분할상환 조건이다. 최수호씨가 기대하는 지분환원율이 연 12.0%일 때 금융적 투자결합법에 의하여 산정한 상가의 시장가치로 가장 적절한 것은?

① 약 462,000천원 ② 약 556,000천원
③ 약 578,000천원 ④ 약 630,000천원
⑤ 약 761,000천원

정답 l ③
해설 l • 대출상수
  PV : 1, N : 20×12, I/Y : 7÷12, PMT(E)? 0.0078×12=0.0930
• 금융적 투자결합법에 의한 종합환원율 : 0.6×0.0930+0.4×0.12=0.1038
• 상가의 시장가치 : $\frac{순영업수익}{종합환원율} = \frac{60,000}{0.1038} = 577,915$천원

46 최수호씨는 경기침체로 인해 소매업 매출이 줄고 있어 걱정을 하고 있다. 다음 중 경제 수축기에 나타나는 현상으로 가장 적절한 것은?

① 소비자 수요 증가 ② 낮은 인플레이션
③ 낮은 실업률 ④ GDP 증가
⑤ 생산 가동률 감소

정답 l ⑤
해설 l 〈경제환경 – 확장국면 vs 수축국면〉

일반적 경제요소의 변화	확장국면	수축국면
소득	↑	↓
수요	↑	↓
소비심리	↑	↓
소비자 신용	↑	↓
소매	↑	↓
자동차 매매	↑	↓
담보대출	↑	↓
주택 착공	↑	↓
인플레이션	↓	↑
실업률	↓	↑
소비자물가수준	↓	↑

47 최수호씨가 주택담보대출의 남은 기간에 대해 다음과 같이 대출차환을 할 경우 매월 절감되는 대출 관련 원리금상환액으로 가장 적절한 것은?

[차환조건]
- 기존 대출 전액 상환
- 연 3.5% 월복리(고정), 매월 말 원리금균등분할상환
- 신규대출에 따른 수수료 총액 : 대출 총금액의 0.5%

① 약 47천원 ② 약 55천원
③ 약 67천원 ④ 약 75천원
⑤ 약 87천원

정답 I ①

해설 I
- 기존 대출 매월 말 원리금 상환액
  PV : 200,000, N : 180, I/Y : 4.5÷12, PMT(E)? 1,530천원
- 기존 대출잔액
  AMORT, P1 : 1, P2 : 89, BAL? 117,774천원
- 신규 대출금액 : 117,774×1.005=118,363천원
- 신규 대출원리금
  PV : 118,363, N : 180−89=91, I/Y : 3.5÷12, PMT(E)? 1,483천원
- 차환 후 줄어드는 매월 원리금상환액 : 1,530−1,483=47천원

48 최수호씨가 보유하고 있는 주식의 정보가 다음과 같을 경우, 주식평가에 대한 해석으로 적절하지 **않은** 것은?

	평가금액	PER			
		올해 EPS 기준	내년 예상 EPS 기준	역사적	산업내평균
종목A	25,000천원	10.34	10.10	9.12	10.44
종목B	28,000천원	9.87	10.22	9.99	9.98
종목C	23,000천원	8.67	8.50	10.40	8.77
종목D	10,000천원	4.45	4.56	3.45	5.15
종목E	14,000천원	5.65	6.12	5.12	4.33
합계	100,000천원				

① 주가를 EPS로 나누면 PER를 구할 수 있는데, PER는 기업이 배당을 하지 않아도 이익이 지속적으로 발생한다면 적용할 수 있기 때문에 주가를 예측할 때 활용도가 높은 방법이다.
② 종목A의 내년 예상 EPS를 기준으로 한 PER가 올해 EPS를 기준으로 한 PER보다 낮은 것을 볼 때, 내년 예상 EPS 값은 올해보다 낮다고 추정된다.

③ 종목A는 역사적 PER보다 최근 PER가 높아 고평가되고 있다고 판단할 수 있다.
④ 종목C는 역사적 PER보다 최근 PER가 낮아 저평가되고 있다고 판단할 수 있다.
⑤ 종목D와 종목E는 산업자체가 고평가되거나 저평가되어 적정한 판단을 내리기 어렵다.

정답 | ②
해설 | ② 종목A의 내년 예상 EPS를 기준으로 한 PER가 올해 EPS를 기준으로 한 PER보다 낮은 것을 볼 때, 내년 예상 EPS 값은 올해보다 높다고 추정된다.

49 김세진 CFP® 자격인증자는 향후 채권수익률이 하락할 가능성이 클 것으로 예상하고 있다. 최수호씨의 보유채권이 다음과 같을 때 수익률 하락에 대처할 운용방식으로 가장 적절한 것은?

- 잔존만기 2년, 표면금리 8.0%인 이표채
- 잔존만기 2년, 표면금리 6.0%인 복리채
- 잔존만기 4년, 표면금리 3.0%인 복리채
- 잔존만기 3년, 표면금리 6.0%인 이표채

① 듀레이션을 짧게 가져가는 전략을 구사한다.
② 표면금리가 높을수록 유리하며, 복리채보다는 이표채가 유리하다.
③ 표면금리가 높은 잔존만기 2년의 이표채의 비중을 증가시킨다.
④ 잔존만기 4년 복리채를 잔존만기 3년 이표채로 교체한다.
⑤ 잔존만기 2년 이표채를 잔존만기 4년 복리채로 교체한다.

정답 | ⑤
해설 | ① 듀레이션을 짧게 가져가는 것은 수익률 상승에 대비하는 전략임. 채권수익률의 하락이 예상되면 채권가격 상승 예상 → 채권가격의 상승효과가 가장 큰 채권을 편입, 듀레이션이 긴 채권 위주로 포트폴리오 개편
② 듀레이션이 긴 채권 : 만기가 길수록, 표면금리가 낮을수록, 이표채보다는 할인채나 복리채가 유리(할인채나 복리채는 만기=듀레이션)
③ 잔존만기 2년 이표채의 듀레이션이 짧기 때문에 전체 듀레이션을 감소시킴
④ 잔존만기 4년 복리채를 잔존만기 3년 이표채로 교체하면 듀레이션이 짧아짐

50 CFP® 자격인증자가 최수호씨의 재무상담을 하는 과정에서 설명한 다음 내용 중 가장 적절한 것은?

① 최수호씨가 상가C를 딸 최보윤에게 부담부증여할 경우 임대보증금 1억원은 양도소득세 과세대상이며 양도소득세는 수증자인 최보윤이 부담한다.
② 차주영씨가 자녀에게 증여한 현금은 상속재산분할의 대상이 된다.
③ 최수호씨가 보유한 주식의 PER는 주가를 주당순이익으로 나눈 값이며 낮을수록 저평가된 주식이라고 할 수 있으나, 배당을 하지 않는 주식에는 적용할 수 없다는 단점이 있다.
④ 최수호씨가 본인 사망 시 상속인에게 부과될 수 있는 상속세를 대비해 종신보험을 가입하고자 할 경우 배우자인 박소진씨를 수익자, 최수호씨를 계약자 및 피보험자로 설정해서 계약을 하는 것이 절세 측면에서 도움이 될 수 있다.
⑤ 재무관리에서 가장 중요한 부분은 현금흐름 관리를 통해 저축 여력을 만드는 것이고 이를 장단기 배분 및 통합적 자산운용을 통해 순자산을 늘려 나가는 것이므로, 현금흐름 관리가 재무관리의 첫 단추라 할 수 있다.

정답 l ⑤
해설 l ① 최수호씨가 상가C를 딸 최보윤에게 부담부증여할 경우 임대보증금 1억원은 양도소득세 과세대상이며 양도소득세는 증여자인 최수호씨가 부담한다.
② 차주영씨가 자녀에게 증여한 현금은 상속재산분할의 대상이 되지 않지만 공동상속인의 유류분을 침해하는 경우 반환대상이 된다.
③ 최수호씨가 보유한 주식의 PER는 주가를 주당순이익으로 나눈 값이며 낮을수록 저평가된 주식이라고 할 수 있고, 배당을 하지 않는 주식에도 적용할 수 있다.
④ 최수호씨가 본인 사망 시 상속인에게 부과될 수 있는 상속세를 대비해 종신보험을 가입하고자 할 경우 배우자인 박소진씨를 계약자 및 수익자, 최수호씨를 피보험자로 설정해서 계약을 하는 것이 절세 측면에서 도움이 될 수 있다.

CHAPTER 05 복합사례 응용 A-B 유형

> ••• 복합사례 I (상속/은퇴/투자)

유영제CFP® 자격인증자가 재무상담을 받고자 사무실을 방문한 최승진씨로부터 사전증여를 활용한 상속재산의 배분과 가족 재무설계에 대한 상담을 통해 얻은 최승진씨의 정보는 다음과 같다.

I. 가족관계(배우자 및 직계비속)
- 최승진 : 남편(65세, 개인사업자)
- 김효정 : 부인(57세), 최승진과 재혼했음
- 최창규 : 장남(35세, 기혼), 금융회사 과장이며 분가하여 본인 소유의 별도 주택에 거주
  - 최창규는 최승진의 전처 전효진(61세, 현재 생존)의 친자임
  - 최창규는 배우자 송영숙(30세, 회사원), 자녀 1남 최보영(2세)이 있음
- 최의성 : 차남(29세, 미혼) 대학생(장애인)이며, 최승진과 출생 이후 계속하여 함께 거주
  - 최의성은 재혼한 김효정의 친자임
- 최은정 : 장녀(27세, 회사원, 미혼), 최승진과 출생 이후 계속하여 함께 거주
  - 최은정은 재혼한 김효정의 친자임

II. 가족관계(직계존속 및 형제자매)
- 최성락 : 아버지(2020년에 사망)
- 박소영 : 어머니(86세), 최승진과 2025년도 중 계속하여 함께 거주
  - 2024년도 중 이자소득 20,000천원 이외에는 다른 소득은 없음
- 최은미 : 동생(여, 63세), 최승진과 별도 주택에 거주
  - 배우자 강윤성(67세), 자녀 강석진(남, 38세), 강덕희(여, 33세)가 있는데 자녀는 모두 결혼하여 분가함

III. 최승진씨의 금융재산(2024년 12월 31일 현재) 및 2025년도 예상 금융소득 현황
- 은행정기예금 : 원금 1,200,000천원, 연 이자율 4%, 2025년도 예상 이자수입 45,000천원[원천징수세율은 15.4%(지방소득세 포함)]
- 일반예금(CMA, 예금 등) : 원금 50,000천원, 2025년도 예상 이자수입 1,000천원

- 펀드 : 국내적립식펀드로 평가가액은 600,000천원이며, 2025년도 펀드에서 발생할 예상 배당소득은 8,000천원[원천징수세율은 15.4%(지방소득세 포함)]
- 상장주식 : 한국거래소 시가총액 20위 이내에 있는 5종목으로 상장주식의 최종시세 가액의 합계액은 1,000,000천원이며, 2025년도 상장주식에서 발생할 예상 배당소득은 20,000천원[원천징수세율은 15.4%(지방소득세 포함)]
- 2025년도 중 금융재산의 종류는 변화 없고, 평가가액은 상승한다고 가정함

Ⅳ. 최승진씨의 부동산 및 임대수입 현황

(단위 : 천원)

구분	취득일자	취득 당시 기준시가/취득원가	2024.12.31 현재 기준시가/적정시세	비고
아파트A	2012.3.	300,000/500,000	1,600,000/2,000,000	전용면적 148m² 최승진세대 전원이 취득 이후 계속 거주
별장B	2018.8.	300,000/500,000	500,000/800,000	전용면적 135m² 최승진세대 별장
상가C	2016.7.	500,000/800,000	1,200,000/1,500,000	임대보증금 300,000 월세 6,000
상가D	2017.4.	300,000/500,000	750,000/900,000	임대보증금 70,000 월세 3,000
상가E	2019.7.	250,000/450,000	550,000/600,000	임대보증금 50,000 월세 2,500
상가F	2023.3.	300,000/400,000	400,000/500,000	임대보증금 30,000 월세 2,000

※ 상기 재산의 기준시가는 양도소득세 계산 시 적용되는 기준시가 및 상증법상 보충적평가방법에 적용되는 기준시가를 의미하며, 기준시가는 2025년도 정기 변경 고시에 10% 상승한다고 가정
※ 별장은 지방세법 및 소득세법상 별장의 요건을 모두 충족한 별장임
※ 상가 D·E·F는 국세청장 산정·고시한 상업용 건물에 해당함
※ 상가 C·D·E·F의 임대계약은 2024년도 7월경에 이루어져 2025년도 말까지 변동 없음
※ 상기 각 상가의 임대에서 발생할 예상 사업소득금액은 모두 10,000천원 이상임

Ⅴ. 최승진씨의 기타재산 현황(2024년 12월 31일 현재)

- 골프회원권 : 평가가액 3억원(취득일/취득가액 : 2022년 7월 16일/2억원)
- 콘도미니엄회원권 : 평가가액 5억원(취득일/취득가액 : 2015년 4월 27일/2억원)

Ⅵ. 최승진씨 및 그와 생계를 같이 유지하는 동거가족의 2024년 12월 31일 현재 재산 및 2025년도 예상소득 현황

가족	금융재산	부동산	2025년도 예상소득	비고
최승진	위 참조	위 참조	위 소득 외 사업소득금액 200,000천원	개인사업체 운영
박소영	400,000천원		이자소득 20,000천원	
김효정	450,000천원		이자소득 20,000천원	
최의성	400,000천원		이자소득 18,000천원	
최은정	350,000천원		배당소득 15,000천원	상장주식 보유

※ 최승진은 세법상 성실사업자에 해당하지 않음

Ⅶ. 최승진씨의 증여 현황

수증자	증여일	증여재산	증여재산가액	비고
김효정	2021.3.5.	현금	300,000천원	
최창규	2021.3.5.	골프회원권	300,000천원	
최의성	2021.3.5.	현금	300,000천원	
최은정	2021.3.5.	상장주식	300,000천원	

Ⅷ. 최승진씨의 보험계약 현황

- 자동차보험 : 보험료 연 700천원(2024년 10월 가입)
- 상가 화재보험 : 보험료 연 3,000천원(2024년 8월 가입)
- 즉시연금보험(수익자 최의성) : 가입 익월부터 20년 동안 매월 3,000천원씩 연금 수령(2024년 12월 가입)
- 종신보험(피보험자 : 최승진, 수익자 : 상속인) : 보험가입금액 500,000천원(1999년 7월 가입)

Ⅸ. 최창규/송영숙씨 부부의 은퇴 관련 정보

- 은퇴기간 및 매년 필요한 은퇴소득(현재물가기준)
  - 부부 : 최창규씨 나이 65세부터 25년간 매년 36,000천원
  - 송영숙씨 단독 : 최창규씨 사망 후 10년간 매년 18,000천원
- 국민연금 수령 예상액(현재물가기준)
  - 국민연금 예상금액 : 최창규씨 부부 각각 65세부터 매년 초에 지급되며, 최창규씨가 현재물가기준으로 세후 연간 10,000천원, 송영숙씨는 세후 연간 8,000천원씩 지급됨(현재물가기준)
  - 최창규씨 사망 시 유족연금 : 현재물가기준으로 연간 6,000천원(세후금액)
- 은퇴자산에 대한 세후투자수익률 : 은퇴 전 기간은 연 6%, 은퇴기간 중에는 연 5%임
- 은퇴기간 중 매년 필요한 은퇴소득과 국민연금은 매년 초에 발생되며 매년 물가상승률만큼 증가함

Ⅹ. 기타 정보

- 물가상승률 : 3%
- 자산별 기대수익률 및 위험

자산	기대수익률	위험(표준편차)	상관계수
주식	10%	16%	주식·채권 0.0
채권	4%	2%	채권·부동산 0.0
부동산	6%	8%	부동산·주식 0.0

※ 주식의 배당수익률 : 2%

※ 상기 주어진 내용을 참고로 하여 문제 1번부터 10번까지 답하시오.(단, 질문하지 아니한 상황은 일반적인 것으로 판단되며, 각 질문은 개별적인 사항임. 질문에 등장하는 개인은 모두 세법상 거주자에 해당한다.)

01 최승진씨가 올해 7월에 사망하였다고 가정할 경우 상속에 관한 법률 및 세법에 대한 내용으로 적절하지 **않은** 것은?

① 상속개시일 현재 배우자 김효정씨의 법정상속권은 전 배우자의 생존여부에 영향을 받지 않으므로 법정상속지분이 1/3이 된다.
② 상속개시일 현재 장남 최창규씨가 사망한 상태이더라도 친모인 전효진씨는 최창규씨에 대한 대습상속권은 없다.
③ 상속이 개시되면 최승진씨의 종합소득금액을 상속인의 종합소득과 별도로 상속인이 상속개시일이 속한 달의 말일로부터 6개월 이내에 피상속인의 종합소득세를 신고하고 납부하여야 한다.
④ 최승진씨의 상속주택에 대한 종합부동산세는 상속세 공제 시 공과금으로 공제받을 수 없다.
⑤ 전배우자는 최승진씨로부터 혼인일부터 사망일까지 증여받은 적이 없고 상속 또는 유증도 받지 못한 경우에도 유류분청구권은 없다.

정답 | ④
해설 | ④ 최승진씨의 상속주택에 대한 종합부동산세의 납세성립일은 상속개시일 전인 올해 6월 1일이므로 상속세 공제 시 공과금으로 공제받을 수 있다.

02 최승진씨가 금년 중 사전증여할 경우 세금에 대한 설명으로 적절하지 **않은** 것은?(단, 각 답지는 별개의 사항이다.)

① 상가 C를 배우자 김효정씨에게 증여하면 최승진씨의 종합소득세를 절세할 수 있다.
② 상가 D를 차남 최의성씨에게 증여하면 최의성씨의 인적공제를 받지 못하므로 최승진씨의 인적공제가 감소한다.
③ 별장 B를 배우자 김효정씨에게 증여한 후 아파트 A를 양도하더라도 아파트 A 전체에 대한 양도차익 중 12억원을 초과한 양도차익에 대해서만 양도소득세가 과세된다.
④ 상가 F의 지분 1/2을 장남 최창규씨에게 증여하면 최승진씨의 종합소득세를 절세할 수 없다.
⑤ 배우자가 상가 D를 증여받은 후 최승진씨가 당 증여일부터 2년 지난 후 사망하고 그 사망일 경과 후 1년쯤에 상가 D를 양도한 경우에는 배우자 김효정씨가 상가 D를 양도 시 취득가액은 증여 당시 증여재산가액이 된다.

정답 | ④
해설 | ① 상가 C를 배우자 김효정씨에게 증여하면 최승진씨의 종합소득금액이 감소하여 종합소득세를 절세할 수 있다.
② 상가 D를 차남 최의성씨에게 증여하여 최의성씨의 소득금액이 100만원을 초과하면 최의성씨의 인적공제를 받지 못하므로 최승진씨의 인적공제가 감소한다.
③ 별장 B를 배우자 김효정씨에게 증여한 후 아파트 A를 양도하더라도 별장 B는 1세대 1주택 양도소득세 비과세 판정 시 주택에 해당하지 않으므로 아파트 A 전체에 대한 양도차익 중 12억원을 초과한 양도차익에 대해서만 양도소득세가 과세된다.
④ 상가 F의 지분 1/2을 장남 최창규씨에게 증여하면 상가 F의 사업소득금액 중 일정금액은 최승진씨의 소득금액으로 보지 않으므로 최승진씨의 종합소득세를 절세할 수 있다.
⑤ 양도당시 사망으로 혼인관계가 소멸된 경우에는 이월과세 규정을 적용하지 않으므로, 배우자 김효정씨가 상가 D를 양도 시 취득가액은 증여 당시 증여재산가액이 된다.
cf. 이혼 등 사망외의 사유로 혼인관계가 소멸되는 경우에는 이월과세 규정 적용한다.

03 최승진씨의 모친 박소영은 평소에 최창규의 친모가 이혼하여 함께 살지 못한 집안의 장손이라는 점과 손자에게 직접상속을 하면 세대간 부의 이전에 따른 세금을 절세할 수 있다는 생각으로 모친의 전재산인 예금(상속재산가액 400,000천원) 전부를 최창규에게 유증한다는 유언서를 작성하고 바로 사망한 경우에 모친에 대한 상속세 산출세액 계로 가장 적절한 것은?(단, 박소영은 생전에 증여한 적이 없으며, 장례비용은 일반장례비용 12,000천원, 봉안시설 비용 7,000천원을 소요하였으며 적법한 영수증을 모두 갖추었다.)

① 0원
② 67,000천원
③ 70,000천원
④ 77,000천원
⑤ 87,100천원

정답 | ⑤
해설 | • 손자(대습상속인 제외)가 피상속인의 상속재산(상속재산에 가산되는 증여재산 없는 경우) 전부를 유증받으면 상속공제 한도 규정에 따라 상속공제를 전혀 받지 못한다.
• 장례비용 공제액 : 10,000(한도) + 5,000(한도) = 15,000천원
• 상속세 산출세액 = [(400,000 − 15,000) − 0] × 20% − 10,000 = 67,000천원
• 세대생략 할증과세 : 67,000 × 1.3 = 87,100천원

04 최승진씨가 복합상가 E를 장애인 자녀인 최의성에게 증여하였을 경우 다음 추가자료를 참고하여 납부할 세액으로 가장 적절한 것은?

> 가. 증여일 : 2025년 7월 2일
> 나. 증여재산가액 : 620,000천원(증여일 전 1개월 전 매매사례가액)
> 다. 증여일까지 즉시연금보험에서 받은 연금총액 : 18,000천원
> 라. 증여세 법정신고기한까지 증여세를 신고함
> 마. 증여에 따른 증여세, 등기비용 등 제반 비용은 최의성의 예금에서 납부함
> 바. 최의성은 복합상가 E에 딸린 채무를 인수하지 않음

① 127,902천원 ② 156,170천원
③ 163,000천원 ④ 190,700천원
⑤ 207,000천원

정답 | ②

해설 |
- 장애인 최의성씨를 수익자로 하는 장애인전용보험에서 수령하는 보험금 중 연간 40,000천원 이내의 금액은 비과세증여재산에 해당하므로 금번 증여세 계산 시 합산과세하지 않는다.
- 금번 증여 전 2020년 3월 5일에 증여한 현금 300,000천원은 금번 증여재산에 합산된다.
- 산출세액 = [(620,000 + 300,000) − 50,000]×30% − 60,000 = 201,000천원
- 기납부세액 = Min[ⓐ, ⓑ] = 40,000천원
  ⓐ (300,000 − 50,000)×20% − 10,000 = 40,000천원
  ⓑ 201,000×250,000/870,000 = 57,758.62천원
- 신고세액공제 = (201,000 − 40,000)×3% = 4,830천원
- 납부할 세액 = 산출세액 201,000 − 기납부세액 40,000 − 신고세액공제 4,830 = 156,170천원

05 사전증여를 활용한 상속세 등의 절세방안에 대한 설명으로 적절하지 <u>않은</u> 것은?

① 상장주식은 보충적 평가방법으로 평가한 것을 시가로 보므로 갑자기 급락하여 3개월이 경과 후 상승할 것이라는 확신이 있는 경우에는 당해 상장주식의 사전증여를 절세방안으로 활용할 수 있다.

② 증여재산공제는 10년을 단위로 계산되기 때문에, 중장기적인 계획을 통해 사전증여를 하는 것이 유리하다. 예를들어 손자 최보영씨는 10년마다 아버지 최창규에게 증여받을 때, 할아버지 최승진씨에게 증여받을 때 각각 증여재산 공제액이 5,000만원(수증자가 미성년자인 경우 2,000만원) 인정된다.

③ 아파트 A의 매매사례가액이 존재하는 경우에는 증여재산가액은 매매사례가액으로 평가하지만 취득세는 공동주택가액을 과세표준으로 하므로 아파트 A의 공동주택가액이 오르기 전에 증여하면 증여에 따른 취득세를 절세할 수 있다.

④ 상가 D를 손자 최보영에게 증여하면 증여세 계산 시 증여세의 30%가 할증되지만 증여에 따른 증여세, 등기비용 등 제반부대비용을 최보영의 부친인 최창규씨가 납부해도 최승진씨의 재차증여가 되지 않으므로, 최승진씨처럼 상속재산이 많을 것으로 예상되는 경우에 세대생략 증여를 통해 증여세, 상속세, 취득세 등을 절세할 수 있다.

⑤ 미래에 가치가 증가될 것으로 보이는 재산을 사전증여하는 것이 유리하므로, 아파트A가 현재 가장 저평가되어있다고 판단된다면, 다른자산보다 아파트A를 증여하는 것이 현명하다.

정답 | ②

해설 | ① 상장주식은 증여일 전후 2개월 간의 최종시세가액으로 평가하므로 갑자기 급락하여 3개월이 경과 후 상승할 것이라는 확신이 있는 경우에는 당해 상장주식의 사전증여를 절세방안으로 활용할 수 있다.
② 증여재산공제는 직계존속을 모두 합쳐서 10년단위로 5,000만원(수증자가 미성년자인 경우 2,000천만원)을 공제한다.

06 유영제 CFP® 자격인증자는 최창규, 송영숙씨 부부가 목표하는 은퇴생활 수준을 유지하기 위해 은퇴시점에서 필요로 하는 총은퇴일시금이 어느 정도인지를 계산하여 설명하고 있다. 다음 자료를 참고하여 총은퇴일시금과 관련한 설명 중 적절하지 **않은** 것은?

> • 국민연금과 유족연금을 고려함
> • 송영숙씨는 남편 사망 후 본인의 노령연금과 유족연금의 30%를 수령함

① 은퇴시점에서 부부 은퇴기간 중 필요한 은퇴일시금은 968,995천원이다.
② 은퇴시점에서 송영숙씨 독거기간 중 필요한 은퇴일시금은 113,033천원이다.
③ 은퇴시점까지의 물가상승률이 가정한 3%보다 1%p가 높아지면 은퇴 이후 부부 은퇴기간 중 필요한 은퇴일시금은 325,811천원만큼 증가하게 된다.
④ 은퇴시점까지의 세후투자수익률을 가정한 6%보다 1%p가 높아지게 되더라도 부부 은퇴기간 중 필요한 은퇴일시금에 미치는 영향이 없고, 추가 저축액의 규모에만 영향을 미치게 된다.
⑤ 은퇴기간 중 세후투자수익률이 가정한 5%보다 1%p가 낮아지면 부부 은퇴기간 중 필요한 은퇴일시금은 461,175천원만큼 증가하게 된다.

정답 | ⑤
해설 | ① CF0 : 36,000 − 10,000, C01 : 26,000, F01 : 4, C02 : 36,000 − 10,000 − 8,000 = 18,000, F02 : 20,
I : (5 − 3) ÷ 1.03, NPV? 399,213 × 1.03^{30} = 968,995천원
② CF0 : 0, C01 : 0, F01 : 24, C02 : 18,000 − 8,000 − 6,000 × 30% = 8,200, F02 : 10, I : (5 − 3) ÷ 1.03,
NPV? 46,568 × 1.03^{30} = 113,033천원
③ CF0 : 36,000 − 10,000, C01 : 26,000, F01 : 4, C02 : 36,000 − 10,000 − 8,000 = 18,000, F02 : 20,
I : (5 − 3) ÷ 1.03, NPV? 399,213 × 1.04^{30} = 1,294,806천원
• 증가액 : 1,294,806 − 968,995 = 325,811천원
⑤ CF0 : 36,000 − 10,000, C01 : 26,000, F01 : 4, C02 : 36,000 − 10,000 − 8,000 = 18,000, F02 : 20,
I : (4 − 3) ÷ 1.03, NPV? 440,948 × 1.03^{30} = 1,070,297천원
• 증가액 : 1,070,297 − 968,995 = 101,302천원

07 아래 가정을 근거로 최창규, 송영숙씨 부부가 목표하는 은퇴생활수준을 유지하기 위해 추가적으로 저축해야 할 금액에 대한 설명으로 적절하지 **않은** 것은?

- 은퇴시점에서 추가로 필요한 은퇴일시금을 800,000천원으로 가정함
- 세후투자수익률은 연 6%
- 이들 부부의 현재 저축여력은 월 700천원임

① 지금부터 20년간 매년 말에 물가상승률만큼 증액하여 저축을 할 경우 첫해 말 저축금액은 9,565천원이다.
② 지금부터 20년간 매월 말에 정액으로 저축을 할 경우 매월 저축금액은 985천원이다.
③ 지금부터 30년간 매월 말에 정액으로 저축을 할 경우 매월 저축금액은 821천원이다.
④ 저축에 대한 세후투자수익률을 1%를 높이게 되면 20년간 매월 말 저축해야 할 금액은 현재시점에서 이들 부부의 저축여력 범위 내 금액이다.
⑤ 은퇴시점에서 예상되는 상속재산이 300,000천원이 예상되고 이 상속재산을 은퇴자산으로 활용한다면 20년간 매월 말 저축해야 할 금액은 현재시점에서 이들 부부의 저축여력 범위 내 금액이다.

정답 | ④
해설 | ① PV : 800,000÷1.06^{30}, N : 20, I/Y : (6−3)÷1.03, PMT(E)? 9,287×1.03=9,565천원
② PV : 800,000÷1.06^{30}, N : 240, I/Y : 0.4868, PMT(E)? 985천원
  (이율전환 ICONV, EFF : 6, C/Y : 12, NOM? 5.8411÷12=0.4868%)
③ PV : 800,000÷1.06^{30}, N : 360, I/Y : 0.4868, PMT(E)? 821천원
④ PV : 800,000÷1.07^{30}, N : 240, I/Y : 0.5654, PMT(E)? 801천원
  (이율전환 ICONV, EFF : 7, C/Y : 12, NOM? 6.785÷12=0.5654%)
⑤ PV : 500,000÷1.06^{30}, N : 240, I/Y : 0.4868, PMT(E)? 616천원
  (이율전환 ICONV, EFF : 6, C/Y : 12, NOM? 5.8411÷12=0.4868%)

08 유영제 CFP® 자격인증자는 최창규, 송영숙씨 부부가 은퇴시점에서 추가로 필요한 은퇴일시금을 마련하기 위한 추가저축을 연간 10,000천원으로 정하고, 추가저축액에 대한 투자방향을 제안하려고 하고 있다. 다음 조건을 참고하여 추가저축액 중 주식형에 대한 투자 배분금액으로 가장 적절한 것은?

> - 투자성향 : 안정형
> - RM포트폴리오모델에 의한 추가 저축액의 자산배분비율
>   - 확정금리형 40%, 채권 40%, 주식 20%
> - 추가 저축액에 대한 자산별 세후투자수익률
>   - 포트폴리오 세후투자수익률 연 6%
>   - 확정금리형 연 4.0%, 채권형 연 4.5%, 주식형 연 9%
> - 추가 저축은 30년간 매년 말에 저축하는 것으로 함

① 1,363천원 ② 2,000천원
③ 2,638천원 ④ 3,681천원
⑤ 4,000천원

정답Ⅰ ③
해설Ⅰ
- F → PMT(E) : 10,000, N : 30, I/Y : 6, FV? 790,582
- a → PMT(E) : 10,000, N : 30, I/Y : 4, FV? 560,849
- b → PMT(E) : 10,000, N : 30, I/Y : 4.5, FV? 610,071
- B → (560,849+610,071)×0.5=585,460
- S → PMT(E) : 10,000, N : 30, I/Y : 9, FV? 1,363,075
- 주식형펀드의 투자비중 = $\dfrac{F-B}{S-B}$ = $\dfrac{790,582-585,460}{1,363,075-585,460}$ = 26.38%
- 주식형에 대한 투자 배분금액 = 10,000×26.38% = 2,638천원

09 최승진씨는 차남 최의성에게 상가 T를 증여하였고 최의성은 보유한 금융자산으로 증여세 및 취득세 등을 납부하였다. 즉시연금보험을 제외한 최의성의 자산을 다음과 같이 재배분한 경우 포트폴리오에 대한 설명으로 적절하지 **않은** 것은?

자산	평가금액	기대수익률	위험(표준편차)	상관계수
주식	140,000천원	10%	16%	주식·채권 0.0
채권	100,000천원	4%	2%	채권·부동산 0.0
부동산	600,000천원	6%	8%	부동산·주식 0.0

① 포트폴리오의 기대수익률은 6%를 상회한다.
② 포트폴리오의 표준편차는 6.43%이다.
③ 주식에 대한 연간 기대소득 14,000천원 중 배당소득 2,800천원이 원천징수대상소득이며 나머지는 자본이득으로 과세대상이 아니다.

④ 1년 후 포트폴리오 수익률이 +0.12%~12.74% 사이에 있을 확률은 1σ 범위로 68% 정도의 확률구간을 갖는다.
⑤ 자산간 상관계수가 0이면 상당히 낮은 수치로 분산투자효과가 높다.

정답 | ②
해설 | ① 포트폴리오의 기대수익률은 6.43%(=0.1667×10%+0.1190×4%+0.7143×6%)로 6%를 상회한다.
② 포트폴리오의 표준편차 : [(0.1667×0.16)² + (0.1190×0.02)² + (0.7143×0.08)²]^(1/2) = 0.0631
③ 주식에 대한 기대소득 14,000천원 중 배당소득 2,800천원(2%)이 원천징수대상소득이며 나머지는 자본이 득으로 과세대상이 아니다.

10 최은정씨는 보유한 상장주식 중 일부를 현금화하여 펀드에 가입하기로 하였다. 다음의 펀드 정보를 가지고 평가한 내용 중 적절하지 **않은** 것은?

구분	실현수익률	수익률 표준편차	베타계수	Tracking error 표준편차	벤치마크 수익률
대형주펀드 A	21.00%	16.50%	1.05	1.50%	20.00%
중소형주펀드 B	17.50%	19.20%	0.95	2.30%	18.80%
가치펀드 C	18.50%	13.50%	0.90	2.05%	16.50%
성장펀드 D	19.00%	18.40%	1.10	2.80%	20.00%

※ 무위험수익률 : 4.0%

① 대형주펀드A의 젠센알파 값은 양수이다.
② 샤프척도로 평가할 때 가치펀드 C의 성과가 가장 우수한 것으로 나타난다.
③ 트레이너 척도로 평가할 때 성장펀드 D의 성과가 가장 부진하다.
④ 벤치마크 대비 초과수익률이 음수이면 정보비율도 음수로 나타난다.
⑤ 정보비율은 대형주펀드A가 가장 높다.

정답 | ⑤
해설 | ① 젠센알파 : 실현수익률 − 요구수익률
  • 대형주펀드A의 젠센알파 : 21.00% − (4% + 1.05×(20% − 4%)) = +0.2%

② 샤프척도 = $\dfrac{(실현수익률 - 무위험수익률)}{표준편차}$

  • 샤프척도 A : 1.0303, B : 0.7031, C : 1.0741, D : 0.8152
  따라서 가치펀드 C의 성과가 가장 우수하다.

③ 트레이너 척도 : $\dfrac{(실현수익률 - 무위험수익률)}{베타계수}$

  • 트레이너척도 A : 0.1619, B : 0.1421, C : 0.1611, D : 0.1364
  따라서 성장펀드 D의 성과가 가장 부진하다.

⑤ 정보비율 : $\dfrac{(\text{실현수익률} - \text{벤치마크수익률})}{Tracking\ Error\ \text{표준편차}}$

- 정보비율 A : 0.6667, B : -0.5652, C : 0.9756, D : -0.3571

따라서 가치펀드 C의 정보비율이 가장 높다.

PART 03

종합사례

CONTENTS

CHAPTER 01 | 종합사례 I
CHAPTER 02 | 종합사례 II
CHAPTER 03 | 종합사례 III
CHAPTER 04 | 종합사례 IV

CHAPTER 01 종합사례 I

※ 이탈리안 레스토랑을 운영해 온 이제훈씨는 그간 재산도 어느 정도 축적하여 보유하고 있고 사업도 안정적으로 진행되어 생활하는 데 크게 어려움이 없는 상황이다. 마침 지인의 소개로 올해 1월 초에 박소연 CFP® 자격인증자를 만나 상담을 받게 되었다.

I. 고객정보(나이는 올해 1월 초 만 나이임)

- 동거가족
  - 이제훈 : 남편(45세), 이탈리안 레스토랑 대표(○○시 ○○구 소재, 세법상 성실사업자 또는 성실신고확인대상사업자에 해당하지 않음), 배우자 김수지를 포함한 두 자녀와 △△구 소재 아파트에 함께 거주함
  - 김수지 : 부인(41세), 전업주부
  - 이상용 : 아들(10세)
  - 이은지 : 딸(8세)
- 부모 및 형제자매
  - 이현기 : 부친(75세), ㅁㅁ시 소재 본인 소유 아파트에서 배우자 김선미와 함께 거주함
  - 김선미 : 모친(73세)
  - 이준혁 : 남동생(42세), 결혼하여 배우자 우다정(39세), 아들 이대범(6살)과 함께 △△동 소재 본인 소유 주택에서 거주하고 있음
- 주거상황
  - 이제훈씨는 결혼 이후 줄곧 부모님과 분가하여 거주하고 있으며, 주택구입을 위해 2019년 10월 1일에 1억원을 대출받았으며, 대출이율은 연 7.5% 월복리이고 3년 거치 17년간 매월 말 원리금균등분할상환 조건임(현재까지 총 63회차 상환하였음)

II. 고객 재무목표

- 유동자산관리
- 자녀유학자금·결혼자금 마련
- 이제훈, 김수지 부부의 은퇴설계
- 이현기, 이제훈 부자의 상속설계
- 세부 재무목표 달성을 위한 투자설계

III. 재무정보(2024년 12월 31일 현재)

1. 운용가능한 금융자산

- 이제훈/김수지 부부의 투자성향 : 중립형

(단위 : 천원)

구분	가입일	가입금액	세후 기대수익률	평가금액	투자목적	명의
MMF	2023.10.1.	49,251	3.50%	62,325	–	이제훈
정기예금	2022.1.1.	240,000	4.12%	253,142	교육자금	이제훈
후순위채권	2021.10.1.	110,000	5.50%	110,000	교육자금	김수지
주식혼합형 펀드	2022.11.15.	100,000	7.00%	( )	결혼자금	김수지
변액유니버셜보험	2020.1.31.	월 2,000	6.00%	120,000	은퇴자금	이제훈
				( )		

※ 보통예금과 종신보험, 암보험의 해지환급금은 운용 가능한 금융자산에서 제외함
※ 평가금액은 상시 인출 가능하며 인출 관련 수수료 및 세금은 없는 것으로 가정함
※ 수익률의 분포는 정규분포를 가정함

- 자산군별 세후기대수익률
  - 주식자산군 세후기대수익률 : 연 8.0% 예상
  - 채권자산군 세후기대수익률 : 연 4.0% 예상
  - 현금자산군 세후기대수익률 : 연 3.0% 예상

2. 부동산 관련 정보

(단위 : 천원)

부동산	2024. 12. 31. 적정시세 (유사매매사례가액)	2024. 12. 31. 현재 기준시가	비고
아파트	1,300,000	1,100,000	이제훈 명의
상가	2,500,000	2,100,000	이제훈 명의 임대보증금 300,000 은행대출금 500,000

※ 기준시가라 함은 소득세법상 양도소득세 계산 시 적용되는 양도 및 취득 당시 기준시가를 의미하며, 또한 상속세 및 증여세법상 보충적 평가방법 적용 시 아파트는 공동주택가격, 상가는 국세청장이 산정·고시한 개별상업용건물의 기준시가를 의미함(이하 동일)
※ 상가의 임대계약은 2024년도 8월경에 이루어져 2025년도 말까지 변동이 없다고 가정. 아파트의 기준시가는 2025년 4월 30일에 그 직전년도에 비해 5% 상승하고, 상가의 기준시가는 2025년 1월 1일에 그 직전년도에 비해 5% 상승하여 2025년도 12월 31일까지 변동이 없는 것으로 가정함
※ 상가는 2015년 8월 1일 부친으로부터 증여받은 재산이며, 2024년 연간 임대료수입(임대보증금 운용수익은 없는 것으로 가정함)은 240,000천원이고, 임대료 상승률은 3%, 공실률은 5%, 운영경비는 유효총소득의 10%임

3. 보험 관련 정보

• 생명보험

구분	종신보험[1]	암보험[2]	변액유니버셜보험[3]
보험계약자	이제훈	이제훈	이제훈
피보험자	이제훈	김수지	김수지
수익자	김수지	김수지	이제훈
보험가입금액	500,000천원	30,000천원	100,000천원
계약일	2020.1.2.	2019.8.5.	2020.1.31.
만기일	–	80세 만기	–
월납보험료	980천원	34천원	2,000천원
해약환급금	10,104천원	2,010천원	120,000천원
보험료납입기간	20년납	5년단위 갱신	종신

1) 보험계약 내용 : 60세 만기 정기특약 500,000천원
2) 보험계약 내용 : 암진단 시 30,000천원, 암수술시 1회당 3,000천원 지급(만기환급형이며 사망 시 사망보험금은 지급되지 아니하며 사망시점의 해지환급금이 지급됨)
3) 변액유니버설보험은 김수지씨가 생존하여 61세부터 종신연금수령신청 시 매년 초에 28,000천원의 연금이 지급됨(연금지급개시 전에 김수지씨 사망 시 사망보험금 100,000천원과 사망시점의 해지환급금이 지급됨)

• 화재보험
 −주택화재보험은 가입하지 않음
 −상가건물 일반화재보험

보험계약자/피보험자	이제훈
계약일/만기일	2024년 12월 1일 / 2025년 12월 1일
보험가입금액	건물 : 200,000천원
연간 보험료	150천원

• 자동차보험

피보험자(소유자)		이제훈
계약일/만기일		2024년 12월 1일 / 2025년 12월 1일
대인 I		자배법 시행령에서 정한 금액
대인 II		무한
대물		200,000천원
보험가입금액	자기신체사고	1인당 30,000천원
	무보험자동차상해	1인당 최고 200,000천원
	자기차량손해	자기부담금(200천원), 차량(20,000천원)
	특약	가족운전자한정운전특약, 운전자 연령 만 35세 이상 한정운전특약
보험료		연간 1,123천원

4. 은퇴 관련 정보
   - 은퇴기간 및 은퇴 필요소득
     - 부부의 은퇴기간 : 이제훈 씨 나이 65세부터 20년간
     - 필요한 은퇴소득 : 현재물가기준으로 매년 초 48,000천원
   - 국민연금수령 예상금액
     - 이제훈씨 나이 65세부터 노령연금을 신청하여 현재물가기준으로 매년 초 세후 15,000천원 수령
   - 현재 준비하고 있는 은퇴자산
     - 변액유니버설보험 이외에 준비하고 있는 은퇴자산은 없음
   - 은퇴자산에 대한 세후투자수익률 : 연 5.2%
   - 상가와 주택은 이제훈씨가 사망할 때까지 거주하다 자녀에게 상속할 예정임

5. 이현기(부친)/김선미(모친) 부부의 재무정보(2024년 12월 31일 현재)
   - 예금 : 정기예금 원금 1,200,000천원[세전이율 연 4.5%, 원천징수세율 15.4%(지방소득세 포함)]
   - 부동산
     - 아파트(취득시기 : 2019년 2월 14일, 기준시가 : 650,000천원, 적정시세 : 800,000천원)
     - 토지(취득시기 : 2009년 4월 12일, 기준시가 : 1,200,000천원)
   - 현재까지 이현기씨의 증여 현황

수증자	증여 내용	증여일	비고
이제훈	상가	2015년 8월 1일	증여일 현재 증여재산가액 : 1,000,000천원
이준혁	아파트	2017년 2월 1일	증여일 현재 증여재산가액 : 250,000천원

6. 기타 정보
   - 이상용, 이은지 모두 국내에서 고등학교 졸업 후 19세에 유학(유학기간 7년임)을 보낼 계획임. 유학자금은 현재물가기준으로 매년 초에 100,000천원이 필요하며 매년 교육비상승률만큼 인상될 예정임
   - 이상용은 32세 초에, 이은지는 28세 초에 결혼할 예정임. 결혼 예상비용은 현재물가기준으로 각각 150,000천원, 80,000천원이 필요하며 매년 물가상승률만큼 인상될 예정임
   - 주택, 아파트, 임대상가건물, 자녀결혼비용, 은퇴 필요소득, 국민연금은 매년 물가상승률만큼 증가함

Ⅳ. 재무제표

• 재무상태표(2024년 12월 31일 현재)

(단위 : 천원)

자산				부채 및 순자산			
	항목	금액	명의		항목	금액	명의
금융 자산	현금성자산			유동 부채	신용카드 잔액	2,750	이제훈
	보통예금[1]	36,500	이제훈		–	–	–
	MMF	62,325	이제훈	비유동 부채	주택모기지	( )	이제훈
	저축성자산				임대보증금	300,000	이제훈
	정기예금	253,142	이제훈		상가대출금[7]	500,000	이제훈
	투자자산			총부채		( )	
	후순위채권[2]	110,000	김수지				
	주식혼합형펀드[3]	( )	김수지				
	변액유니버셜보험[4]	120,000	이제훈				
	금융자산 총액	( )					
부동산 자산	상가[5]	2,500,000	이제훈				
	부동산자산 총액	2,500,000					
사용 자산	거주 부동산	1,300,000	이제훈				
	자동차	39,000	이제훈				
	기타 사용자산	78,000	이제훈				
	사용자산 총액	1,417,000					
기타 자산	보험해약환급금주[6]	12,114	이제훈				
	기타자산 총액	12,114					
총자산		( )		순자산		( )	

1) 결제용 계좌임
2) 2021년 10월 1일에 매입, 만기일 2026년 10월 1일, 표면이율 연 8.5%(3개월 이표채)
3) 보유좌수 50,000천좌, 2024년 12월 31일 기준가격은 1,000좌당 2,500원, 12월 평균기준가격은 1,000좌당 2,350원
4) 2020년 1월부터 매월 말 2,000천원씩 납입 후 현재 납입중지 상태임
5) 상가는 부친으로부터 증여받았으며, 증여받으면서 증여세를 납부하였음
6) 종신보험과 암보험의 해약환급금이며, 비상예비자금으로 사용하지 않음
7) 부친이 2015년 10월 1일에 토마토은행에서 이자율 연 7.5%, 만기일시상환 조건으로 대출받았으며 만기상환일은 2035년 9월 30일임(상가수증 시 채무를 인수하였음)

- 월간 현금흐름표(2024년 12월)

(단위 : 천원)

구분	항목		금액
Ⅰ. 수입[1]			14,185
Ⅱ. 변동지출	본인 용돈		(1,000)
	배우자 용돈		(500)
	자녀(보육비, 사교육비 등)		(1,000)
	기타생활비(의식주, 공과금 등)		(1,799)
	변동지출 총액		(4,299)
Ⅲ. 고정지출	보장성보험료 등		(2,287)
	대출이자	주택담보대출	( )
		상가대출	(3,125)
	고정지출 총액		( )
저축 여력(Ⅰ-Ⅱ-Ⅲ)			2,749
Ⅳ. 저축·투자액	대출상환원금		( )
	변액유니버설보험		(2,000)
	저축·투자액 총액		( )
추가저축 여력(순현금흐름)(Ⅰ-Ⅱ-Ⅲ-Ⅳ)			1,605

1) 월 총수입

Ⅴ. 경제지표 가정
- 세후투자수익률 : 연 5.2%
- 물가상승률 : 연 4.5%
- 교육비상승률 : 연 6.2%

※ 상기 시나리오를 참고하여 문제 1번부터 20번까지 답하시오.(단, 질문하지 아니한 상황은 일반적인 것으로 판단되며, 개별 문제의 가정은 다른 문제와 관련 없음. 질문에 등장하는 개인은 모두 세법상 거주자에 해당한다.)

01 이제훈/김수지씨 부부의 재무적 강점과 약점을 분석한 내용으로 가장 적절한 것은?

① 재무상태표상의 순자산금액은 4,540,475천원이다.
② 비상예비자금으로 6개월의 고정 및 변동 지출에 해당하는 금액이 적당하다고 여겨진다면 활용할 수 있는 유동성 자산이 충분하여 추가적인 준비가 필요 없다.
③ 소비성부채는 0원이다.
④ 이들 부부의 주거관련부채상환비율은 월 총수입 대비 다소 높은 편이어서 재무적인 약점이다.
⑤ 이들 부부의 순현금흐름은 (-)로 추가저축 여력이 부족한 상태이다.

정답 | ②

해설 | ① 주식혼합형펀드 : 50,000천좌×2.5천원=125,000천원
- 금융자산 총액 : 36,500+62,325+253,142+110,000+125,000+120,000=706,967천원
- 총자산 : 706,967+2,500,000+1,417,000+12,114=4,636,081천원
- 주택모기지는 3년 거치 17년간 매월 말 원리금균등분할상환 조건이므로 36개월간 이자만 상환 후 원리금은 27회차 상환함
- 모기지 부채 매월 말 상환금액 : PV : 100,000, N : 17×12, I/Y : 7.5/12, PMT(E)? −869천원
- 현재 잔액 : AMORT, P1 : 27, P2 : 27, BAL? 92,856천원
- 총부채 : 2,750+92,856+300,000+500,000=895,606천원
- 순자산 : 4,636,081−895,606=3,740,475천원

② 주택담보대출 원리금 : AMORT, P1 : 27, P2 : 27, PRN? 287천원, INT? 582천원
- 고정지출 총액 : 2,287+582+3,125=5,994천원
- 6개월분의 비상예비자금 : (변동지출 4,299+고정지출 5,994)×6개월=10,293×6=61,758천원
- MMF 62,325천원으로 유동성 자산이 충분하여 추가적인 준비가 필요 없다.

③ 소비자부채 : 신용카드 잔액 2,750천원

④ 주거관련부채상환비율 : $\frac{\text{주거관련부채상환액}}{\text{월총수입}} = \frac{869}{14,185} = 6.12\% < $ 가이드라인 28% 이내

⑤ 순현금흐름은 (+)로 1,605천원의 추가저축이 가능하다.

02 박소연 CFP® 자격인증자가 이제훈/김수지 부부에게 두 자녀의 유학자금설계와 관련하여 설명한 내용으로 가장 적절한 것은?

① 현재 시점에서 두 자녀의 유학자금으로 준비된 교육자금은 253,142천원이다.
② 준비된 교육자금을 세후투자수익률 연 5.2%로 운용하면, 현재시점에서 두 자녀의 유학자금의 부족금액은 1,330,435천원이다.
③ 준비된 교육자금을 세후투자수익률 연 5.2%로 운용하면, 두 자녀의 부족한 유학자금은 지금부터 매월 말에 14,174천원씩을 9년 동안 저축하면 해결할 수 있다.
④ 준비된 교육자금을 세후투자수익률 연 5.2%로 운용하면, 두 자녀의 부족한 유학자금은 지금부터 매년 말에 173,236천원씩을 9년 동안 저축하면 해결할 수 있다.
⑤ 준비된 교육자금을 세후투자수익률 연 5.2%로 운용하면, 두 자녀의 부족한 유학자금은 첫해 말 129,300천원부터 시작하여 9년 동안 교육비상승률만큼 증액 저축하면 해결할 수 있다.

정답 | ④

해설 | ① 두 자녀의 유학 준비자금 : 정기예금(253,142)+후순위채권(110,000)=363,142천원

② 이상용의 유학 필요자금
CF0 : 0, C01 : 0, F01 : 8, C02 : 100,000, F02 : 7, I : (5.2−6.2)÷1.062, NPV? 784,298천원
- 이은지의 유학 필요자금
CF0 : 0, C01 : 0, F01 : 10, C02 : 100,000, F02 : 7, I : (5.2−6.2)÷1.062, NPV? 799,279천원
- 현재시점 두 자녀 유학 필요자금 : 784,298+799,279=1,583,577천원
- 현재시점에서 유학자금의 부족금액 : 1,583,577−363,142=1,220,435천원

③ 9년간 매월 말 저축해야 할 금액
  PV : 1,220,435, N : 9×12 = 108, I/Y : 0.4233, PMT(E)? 14,103천원
  (ICONV, EFF : 5.2%, C/Y : 12, NOM? 연 5.08% 월복리÷월 0.4233%)
④ 9년간 매년 말 저축해야 할 금액
  PV : 1,220,435, N : 9, I/Y : 5.2, PMT(E)? 173,236천원
⑤ 9년간 교육비상승률만큼 증액 저축할 경우 첫해 말 저축해야 할 금액
  PV : 1,220,435, N : 9, I/Y : (5.2−6.2)÷1.062, PMT(E)? 129,300×1.062 = 137,317천원

03 결혼자금 용도로 투자한 주식혼합형펀드를 감안하여 현재시점에서 두 자녀의 결혼자금 부족금액을 200,000천원으로 가정할 경우, 이제훈/김수지 부부가 자녀의 결혼자금 부족금액을 마련하기 위해 지금부터 매년 물가상승률만큼 증액하여 10년간 저축을 할 경우 첫해 초에 저축할 금액으로 가장 적절한 것은?

① 14,026천원
② 20,606천원
③ 22,194천원
④ 22,725천원
⑤ 23,193천원

정답 | ③
해설 | • 결혼자금 부족금액 해결을 위한 증액저축액
  PV : 200,000, N : 10, I/Y : (7−4.5)÷1.045, PMT(B)? 22,194천원

04 이제훈/김수지 부부의 보험 관련 정보를 분석한 결과로 가장 적절한 것은?

① 변액유니버설보험은 적립금이 충분할 경우 보험계약대출이 아니라 부분인출을 통해 자금을 활용할 수 있으나 이자에 대한 부담을 고려하여야 한다.
② 이제훈씨가 현재시점에서 사망하는 경우 가입한 생명보험에서 지급되는 사망보험금은 500,000천원이다.
③ 김수지씨가 암진단을 받은 후 2번의 수술 끝에 현재시점에서 사망하는 경우, 가입한 암보험에서 지급되는 보험금은 36,000천원이다.
④ 변액유니버설보험의 경우, 연금수령을 신청하여 연금지급개시 후 이제훈씨 사망 시 김수지가 통계청장 고시 기대여명의 연수까지의 기간동안 받게 될 매년 연금액을 기획재정부장관 고시이율로 할인한 현가금액에 대해서 상속세가 과세된다.
⑤ 전업주부인 김수지씨 사망 시 이제훈씨 사망 시까지의 가사대체비용을 현재물가기준으로 연간 12,000천원으로 가정하면, 김수지씨가 가입한 보험의 일반사망보험금으로는 부족하므로 422,660천원의 추가적인 보장이 필요하다.

정답 | ④

해설 | ① 적립금이 충분할 경우 보험계약대출이 아니라 부분인출을 통해 이자 부담없이 자금을 활용할 수 있다.
② 종신보험 : 주계약 보험가입금액 500,000 + 정기특약 500,000 = 1,000,000천원
③ 암진단 시 30,000 + 암수술 2회 6,000 + 해약환급금 2,010 = 38,010천원
⑤ 김수지 사망 시 가사대체비용의 현가
PMT(B) : 12,000, N : 40, I/Y : (5.2−4.5)÷1.045, PV? 422,660천원
- 김수지 사망 시 일반사망보험금 : 암보험 해약환급금 2,010 + 변액유니버설보험 주계약 보험가입금액 100,000 + 해약환급금 120,000 = 222,010천원
- 가사대체비용 부족금액 : 422,660 − 222,010 = 200,650천원
- 전업주부인 김수지 사망 시 가사대체비용 부족금액이 200,650천원으로 김수지를 피보험자로 하는 생명보험에 추가로 가입할 필요가 있음

05
이상용, 이은지의 유학자금에 대한 생명보험 필요보장액을 생명보험가입을 통해 해결하려고 한다. 이에 대한 박소연 CFP® 자격인증자의 제안 내용으로 가장 적절한 것은?(단, 두 자녀의 유학자금에 대한 생명보험 필요보장액은 200,000천원으로 가정한다.)

① 교육비상승을 감안한다면 갱신정기보험이 적절할 것이다.
② 정기보험에 가입 후 해약환급금을 이용하여 보험기간 중 다른 재무적 니즈에 대해 충당할 수 있으며 과세이연의 저축효과를 누릴 수 있다.
③ 이제훈씨가 자기 재산을 사업에 투자하여 사업을 막 시작한 사업 초기라면 향후 사업의 변동성을 고려하여 변액생명보험을 가입하는 것이 바람직하다.
④ 이제훈씨를 피보험자로 하는 종신보험에 100,000천원과 유학기간 종료시점을 만기로 하는 정기특약에 100,000천원을 가입하게 되면 두 자녀의 유학기간 중 이제훈씨 사망 시 100,000천원의 사망보험금이 지급된다.
⑤ 인플레이션과 보험료 납입의 융통성을 고려하면서 동시에 이제훈씨의 조기사망 시에는 두 자녀의 유학자금으로 활용하고, 두 자녀의 유학기간이 종료된 이후에는 상속세 납부재원으로 활용하고자 할 경우 이제훈씨를 피보험자로 하는 변액유니버설보험에 200,000천원을 가입하는 것이 바람직하다.

정답 | ⑤

해설 | ① 교육비상승을 감안한다면 체증정기보험이 적절할 것이다.
② 정기보험은 일반적으로 만기 시 해약환급금이 없으며, 보험기간 중 재무적 니즈에 충당할 만한 해약환급금이 없다. 또한 정기보험은 종신보험에서 가능한 과세이연의 저축효과를 누릴 수 없다.
③ 사업 초기에는 사업 자체는 아주 투기성이 높으며, 시간이 지나야 안정적인 수입을 창출할 수 있다. 정기보험은 낮은 보험료로 이러한 사업가에 대한 사망위험을 보장해 줄 수 있다.
④ 이제훈씨를 피보험자로 하는 종신보험에 100,000천원과 정기특약에 100,000천원을 가입하게 되면 두 자녀의 유학기간 중 이제훈씨 사망 시 200,000천원의 사망보험금이 지급되고, 유학기간이 종료된 후 이제훈씨 사망 시 100,000천원의 사망보험금이 지급된다.

06 이제훈씨의 상가건물에 화재가 발생하여 건물 및 집기비품, 시설 등의 화재손해액 195,000천원, 잔존물 제거비용 20,000천원, 기타 협력비용 5,000천원이 발생하였다. 이제훈씨의 화재보험 관련 정보를 분석한 결과로 가장 적절한 것은?(단, 화재발생 후 보험가액은 250,000천원으로 평가되었으며, 건물, 집기비품, 시설에 대한 보험가입금액과 화재손해액을 구분하지 않는 것으로 가정한다.)

① 주택에 대해서 주택화재보험이 가입되어 있지 않은 것은 화재발생 시 치명적 손실을 초래할 수 있으므로, 보험가입금액을 주택평가액의 80% 이상으로 하는 주택화재보험에 가입을 하는 것이 바람직하다.
② 일반화재보험의 지급보험금 계산 시 보험가액은 화재보험 가입시점에서 평가한 금액이다.
③ 상가의 경우 보험가입금액이 보험가액의 80% 이상일 경우에는 보험가입금액을 한도로 손해액 전액을 보상하지만, 보험가입금액이 보험가액의 80% 미만일 경우에는 부보비율 조건부 실손보상조항이 적용되지 않음에 유의하여야 한다.
④ 잔존물 제거비용은 재산손해액의 10% 한도로 지급하므로, 재산보험금과 잔존물 제거비용에 대한 보험금의 합계액은 214,500천원이 지급될 것이다.
⑤ 이제훈씨가 가입한 화재보험에서 지급되는 보험금은 205,000천원이다.

정답 | ⑤
해설 | ① 주택화재보험의 대상은 대지를 제외한 '건물'만이며, 주택의 가치는 '대지+건물'이다. 주택화재보험가입금액을 재무상태표상 나타난 주택평가액의 80% 이상 등으로 결정하는 것은 초과보험의 가능성이 있다. 보험가입금액은 화재발생 시 예상되는 재산손실액을 추정하고 결정하는 것이 바람직함
② 화재사고가 발생하면 가입한 목적물을 사고시점에서 가치를 평가하고 그 평가금액이 보험가액이 된다.
③ 일반화재보험의 경우 재고자산을 제외한 일반물건에 대해서는 주택화재보험과 동일하게 부보비율 조건부 실손보상조항이 적용됨
④ 재산보험금 : $195,000 \times \dfrac{200,000}{(250,000 \times 80\%)} = 195,000$천원

• 잔존물 제거비용 : $20,000 \times \dfrac{200,000}{(250,000 \times 80\%)} = 20,000$천원(단, 재산손해액의 10% 한도이므로 19,500천원)
⇒ 재산손해액과 잔존물 제거비용은 보험가입금액을 한도로 지급하므로 200,000천원이 지급됨
⑤ 기타 협력비용 : 5,000천원(전액 보상)
• 지급보험금 총액 : 200,000+5,000=205,000천원

07 이제훈/김수지씨 부부의 은퇴설계를 위한 분석 내용 중 가장 적절한 것은?

① 상가임대사업을 '은퇴시점에 맞추어 아들에게 승계할 것인지', '사전 증여는 어느 시점에서 할 것인지', '전략적 유산을 위해 매각 후 즉시 연금에 가입할 것인지' 등 상속 및 사업승계에 대한 계획은 은퇴설계와 명확히 구분하여 검토하는 것이 바람직하다.
② 가입하고 있는 국민연금의 예상 수령액이 이들 부부의 재산과 소득에 비해 낮은 수준의 금액이므로 은퇴설계 시 가급적 반영하지 않는 것이 바람직하다.
③ 이제훈씨가 가입한 변액유니버설보험은 10년 이상 가입하고 연금으로 수령할 경우 연금소득과 이자소득에 대하여 과세를 하지 아니하며, 연금지급 이후에도 원하면 일시금을 수령할 수 있다.
④ 은퇴시점에서 부부 은퇴기간 중 필요한 총은퇴일시금은 1,721,537천원이다.
⑤ 은퇴시점까지의 물가상승률이 가정한 4.5%보다 1%p가 낮아지게 되면 은퇴 이후 부부 은퇴기간 중 필요한 총은퇴일시금은 365,095천원만큼 감소하게 된다.

정답 | ④
해설 | ① 은퇴설계와 상속문제를 함께 해결해 주어야 한다.
② 국민연금은 은퇴기간 중 구매력위험을 극복할 수 있는 은퇴자산으로 국민연금의 예상수령금액이 적은 경우라도 은퇴설계 시 반영하는 것이 바람직하다.
③ 종신형 연금수령 이후에는 해지가 불가능하여 일시금을 수령할 수 없다.
④ 부부 은퇴기간 중 필요한 총은퇴일시금
PMT(B) : 48,000 − 15,000 = 33,000, N : 20, I/Y : (5.2 − 4.5) ÷ 1.045, PV? 619,899 × 1.045^{20}
= 1,495,019천원
⑤ PMT(B) : 48,000 − 15,000 = 33,000, N : 20, I/Y : (5.2 − 4.5) ÷ 1.045, PV? 619,899 × 1.035^{20}
= 1,233,468천원
• 은퇴일시금의 차이 : 1,495,019 − 1,233,468 = 261,551천원

08 이제훈/김수지 부부의 은퇴시점에서 추가적으로 필요한 은퇴일시금을 마련하기 위한 박소연 CFP® 자격인증자의 제안 내용으로 적절하지 **않은** 것은?(단, 은퇴시점에서 추가로 필요한 은퇴일시금은 781,671천원으로 가정한다.)

① 지금부터 20년간 매월 말 1,884천원씩 저축을 하여야만 은퇴시점에서 추가적으로 필요한 은퇴일시금을 마련할 수 있다.
② 은퇴자금 마련을 위한 추가 저축액의 가정한 세후수익률을 1%p 상향하게 되면 지금부터 20년간 매월 말 1,686천원을 저축하면 은퇴시점에서 추가적으로 필요한 은퇴일시금을 마련할 수 있다.
③ 지금부터 20년간 매월 말 1,605천원씩만을 저축할 수밖에 없다면, 추가 저축에 대한 세후투자수익률을 연 8% 정도로 높이는 것도 한 방법이지만 이들 부부의 투자성향과 위험감수수준을 고려해야 한다.
④ 현금흐름표를 기준으로 볼 때 은퇴시점에서 추가적으로 필요한 은퇴일시금을 마련하기 위한 저축여력이 부족하기 때문에 변동지출 항목에 대한 점검을 하여 추가적인 저축여력을 확보할 필요가 있다.
⑤ 은퇴시점에서 예상되는 상속재산이 200,000천원이 예상되고 이 상속재산을 은퇴자산으로 활용한다면 20년간 매월 말 저축해야 할 금액은 현재시점에서 이들 부부의 저축여력 범위 내 금액이다.

정답 | ③
해설 | ① FV : 781,671, N : 240, I/Y : 0.4233, PMT(E)? 1,884천원
    (ICONV, EFF : 5.2%, C/Y : 12, NOM? 연 5.08% 월복리÷월 0.4233%)
② FV : 781,671, N : 240, I/Y : 0.5025, PMT(E)? 1,686천원
    (ICONV, EFF : 6.2%, C/Y : 12, NOM? 연 6.0305% 월복리÷월 0.5025%)
③ FV : 781,671, N : 240, PMT(E) : −1,605, I/Y? 월 0.5368%×12 = 연 6.442% 월복리
  • ICONV, NOM : 6.442%, C/Y : 12, EFF? 연 6.6356%
④ 현금흐름표상 저축 여력은 월 1,605천원 정도이어서 부족한 은퇴자금 마련을 위한 월저축금액 1,884천원을 실행하기 어렵다. 월 1,884천원을 저축하기 위해서는 변동지출 항목을 점검하여 추가적인 저축 여력을 확보하는 것이 바람직함
⑤ 추가로 필요한 은퇴일시금 781,671 − 200,000 = 581,671
  • 20년간 매월 말 저축해야 할 금액
    FV : 581,671, N : 240, I/Y : 0.4233, PMT(E)? 1,402천원

09 이제훈/김수지 부부가 은퇴시점에서 딸 이은지에게 상가지분의 1/2을 증여하고 84세 말까지 공동사업을 하면서 매년 초 발생되는 세후 임대사업소득을 은퇴자산으로 활용하는 계획에 대한 박소연 CFP® 자격인증자의 검토의견으로 적절하지 **않은** 것은?(단, 세후 임대사업소득은 현재물가기준 125,775천원으로 가정한다.)

① 이제훈씨가 공동사업을 하여 매년 발생하는 세후 임대사업소득의 은퇴시점 평가금액은 1,872,247천원이다.
② 매년 발생하는 공동사업소득만을 은퇴소득으로 활용하는 것으로 하면 추가 저축 없이 목표로 하는 은퇴생활수준을 달성할 수 있다.
③ 이들 부부가 국민연금과 공동사업소득만으로 은퇴생활을 하는 경우 현재물가기준으로 연간 56,327천원의 은퇴소득을 확보할 수 있다.
④ 이들 부부가 20년간 발생하는 공동사업소득과 변액유니버설보험 및 국민연금만으로 은퇴생활을 하는 경우 현재물가기준으로 연간 63,841천원의 은퇴소득을 확보할 수 있다.
⑤ 이들 부부가 은퇴시점에서 딸 이은지씨에게 상가지분의 1/2 및 임대보증금과 상가대출금을 부담부증여를 하게 되면 증여세를 절세할 수 있다.

정답 | ②
해설 | ① 공동사업소득금액의 은퇴시점물가기준 가치
  $125,775 \times 1.03^{20} = 227,164 \div 2 = 113,582$천원
  • 공동사업소득의 은퇴시점 평가금액
    PMT(B) : 113,582, N : 20, I/Y : (5.2−3)÷1.03, PV? 1,872,247천원
② 공동사업소득으로 은퇴기간 중 은퇴시점물가기준 연간 은퇴소득
  PV : 1,872,247, N : 20, I/Y : (5.2−4.5)÷1.045, PMT(B)? 99,668천원
  • 공동사업소득으로 은퇴기간 중 확보할 수 있는 현재물가기준 연간 은퇴소득 : $99,668 \div 1.045^{20} = $ 41,327천원
③ 국민연금 15,000 + 공동사업소득 41,327 = 56,327천원
④ 변액유니버설보험의 은퇴시점 평가액
  PMT(B) : 28,000, N : 20, I/Y : 6, PV? 340,427천원
  • 변액유니버설보험으로 은퇴기간 중 확보할 수 있는 은퇴시점물가기준 연간 은퇴소득
    PV : 340,427, N : 20, I/Y : (5.2−4.5)÷1.045, PMT(B)? 18,122천원
  • 변액유니버설보험으로 은퇴기간 중 확보할 수 있는 현재물가기준 연간 은퇴소득 : $18,122 \div 1.045^{20} = $ 7,514천원
  • 은퇴기간 중 확보할 수 있는 현재물가기준 연간 은퇴소득 : 56,327 + 7,514 = 63,841천원

10 다음의 추가 정보를 참고하여 이제훈씨가 보유한 상가에 대한 자기자본기대수익률 분석내용으로 적절하지 **않은** 것은?

> [상가에 대한 추가정보]
> - 경기불황(발생확률 40%) 시 공실률이 30%로 급증할 것으로 예상됨
> - 경기불황(발생확률 40%) 시 보유상가의 운영경비는 22,800천원으로 예상됨
> - 자기자본기대수익률 분석 시 소득수익만 고려

① 경기 불황 시 상가의 세전 자기자본기대수익률은 6.34%이다.
② 경기 불황의 확률을 감안한 상가의 세전 자기자본기대수익률은 8.45%이다.
③ 현 상태에서 상가수익률의 표준편차는 1.72%이다.
④ 대출금을 전액 상환하는 경우 세전 자기자본기대수익률은 현상태보다 낮아져 8.24%가 된다.
⑤ 대출금을 전액 상환하는 경우에도 상가수익률의 표준편차는 1.72%이다.

정답 | ⑤
해설 | (단위 : 천원)

구분	현재		불황 시	
가능총수익(PGI)	240,000		240,000	
공실률	-12,000	공실률 5%	-72,000	공실률 30%
유효총수익(EGI)	228,000		168,000	
운영경비	-22,800	유효총수익(EGI)의 10%	-22,800	
순영업수익(NOI)	205,200		145,200	
대출이자	-37,500	500,000×7.5%	-37,500	500,000×7.5%
세전현금수익(BTCF)	167,700		107,700	

- 자기자본기대수익률 및 레버리지효과
(단위 : 천원)

구분	투자금액		대출이자	자기자본수익			표준편차
	자기자본	대출금		호황(60%)	불황(40%)	기대수익	
대출금 보유 시	1,700,000	500,000	37,500	167,700 (9.86%)	107,700 (6.34%)	143,700 (8.45%)	1.72%
대출금 상환 시	2,200,000	0	0	205,200 (9.33%)	145,200 (6.6%)	181,200 (8.24%)	1.34%

※ 대출금 보유 시 표준편차 : $\sqrt{(8.45\%-9.86\%)^2 \times 0.6 + (8.45\%-6.34\%)^2 \times 0.4} = 1.7244\%$
※ 대출금 상환 시 표준편차 : $\sqrt{(8.24\%-9.33\%)^2 \times 0.6 + (8.24\%-6.6\%)^2 \times 0.4} = 1.3374\%$

11 이제훈, 김수지씨 부부의 은퇴자금과 자녀결혼자금, 교육자금의 투자기간은 각각 다르며, 각 재무목표별 세후목표수익률, 주식과 채권의 세후기대수익률과 수익률 표준편차가 다음과 같을 때 위험을 최소화하면서 재무목표를 달성할 수 있는 가장 적절한 자산배분안을 고르시오.

구분		재무목표			자산군	
		은퇴자금	결혼자금	교육자금	주식	채권
세후목표(기대)수익률		6%	7%	7.5%	8.00%	4.00%
자산배분안	주식				두 자산 간 상관계수 0.2	
	채권					

※ 주식의 수익률표준편차 : 20%, 채권의 수익률표준편차 : 2%

	구분	은퇴자금	결혼자금	교육자금
①	주식	35%	55%	87.5%
	채권	65%	45%	12.5%
②	주식	45%	65%	80%
	채권	55%	35%	20%
③	주식	50%	62.5%	75%
	채권	50%	37.5%	25%
④	주식	37.5%	50%	75%
	채권	62.5%	50%	25%
⑤	주식	50%	75%	87.5%
	채권	50%	25%	12.5%

정답ㅣ⑤

해설ㅣ• 주식에 투자비중 A만큼 투자한다면 채권에 (1−A)만큼 투자하게 된다.
- 세후목표수익율 6% 달성안 : 6%=A×8%+(1−A)×4%, A=2%÷4%=0.5
- 세후목표수익율 7% 달성안 : 7%=A×8%+(1−A)×4%, A=3%÷4%=0.75
- 세후목표수익율 7.5% 달성안 : 7.5%=A×8%+(1−A)×4%, A=3.5%÷4%=0.875

12 이제훈씨는 박소연 CFP® 자격인증자와의 상담을 통해 부동산에 편중되어 있는 자산배분전략을 일부 수정하기로 하고 부동산 일부를 처분하여 주식과 채권에 포트폴리오하는 방안을 검토 중이다. 다음의 정보를 토대로 자산배분전략을 수립한 결과를 설명한 것으로 적절하지 **않은** 것은?

> [포트폴리오 정보]
> • 주식의 세후수익률 : 8.0%, 수익률표준편차 : 20.0%
> • 채권의 세후수익률 : 4.0%, 수익률표준편차 : 4.0%
> • 주식수익률과 채권수익률의 상관계수 : -0.2
> • 수익률의 분포는 정규분포곡선의 형태를 나타낸다고 가정

① 포트폴리오 세후기대수익률을 5%로 설정한 경우 주식과 채권의 투자비중은 25%와 75%로 자산을 배분하는 것이 위험을 축소하면서 목표한 기대수익률을 달성하는 방법이다.
② 포트폴리오 세후기대수익률을 높이기 위해 주식과 채권의 투자비중을 각각 50%로 설정하면 세후기대수익률은 6.00%로 상승한다.
③ 주식과 채권의 투자비중을 각각 50%로 설정하면 포트폴리오 위험(표준편차)은 9.80%로 계산된다.
④ 주식과 채권의 투자비중을 각각 50%로 설정하면 세후실현수익률이 -13.60%~25.60%에 있을 가능성이 95% 이상이다.
⑤ 포트폴리오위험을 5%로 축소하려면 주식투자비중은 20% 미만으로 해야 하는데, 이 경우 세후실현수익률은 4%에 미달할 가능성이 높다.

정답 | ⑤
해설 | ① 포트폴리오 세후기대수익률을 5%로 설정한 경우 주식의 투자비중을 A라고 하면 채권의 투자비중은 (1-A)이므로, A×8%+(1-A)×4%=5%이며 이 식을 풀면 A는 0.25, (1-A)는 0.75이다.
② 0.5×8%+0.5×4%=6%
③ $\sqrt{0.5^2 \times 0.2^2 + 0.5^2 \times 0.04^2 + 2 \times 0.5 \times 0.2 \times 0.5 \times 0.04 \times -0.2} = 0.098 = 9.8\%$
④ 세후기대수익률에 2배의 표준편차를 가감한 -13.60%~25.60%에 있을 가능성은 95% 정도이다.
⑤ 주식의 투자비중을 20%, 채권투자비중을 80%로 설정하면 세후기대수익률은 4.8%로, 실현수익률이 5%에 미달할 가능성이 높다고 할 수 있음

13 이제훈/김수지 부부는 전략적 자산배분을 통해 주식 30%, 채권 50%, 현금성 자산 20%의 비중을 유지해오고 있다. 그런데 향후 주가 상승을 예상하여 향후 1년간 채권비중을 40%로 줄이는 대신 주식비중을 40%로 10%p 늘리는 전술적 자산배분을 실시하였다. 이후 조정된 포트폴리오를 통해 자산을 운용한 결과 다음과 같은 연간 성과가 발생하였다. 아래의 연간 성과평가 내용을 토대로 전술적 자산배분에 의한 자산배분효과와 증권선택효과를 평가한 것으로 가장 적절한 것은?

구분		주식	채권	현금자산	총수익률
벤치마크 대상		주가지수	회사채지수 수익률	현금자산지수 수익률	
구성비	전략적 자산구성	30.0%	50.0%	20.0%	
	전술적 자산구성	40.0%	40.0%	20.0%	
수익률	벤치마크 수익률	11.25%	6.21%	3.32%	
	실제 수익률	12.12%	5.43%	3.54%	
전략적 자산배분 수익률		( )	3.11%	0.66%	( )
전술적 자산배분 수익률		4.5%	2.48%	0.66%	7.64%
실제 포트폴리오 수익률		4.85%	2.17%	0.71%	7.73%
전술적 자산배분 효과		( )	( )	( )	( )
증권선택효과		( )	( )	( )	( )

① 현금자산의 증권선택효과는 0.0%이다.
② 전략적 자산배분에 의한 총수익률은 7.41%이다.
③ 주식부문은 전술적 자산배분과 증권선택 모두 성공적이었다.
④ 채권의 경우 증권선택효과가 양수이다.
⑤ 전체적으로는 전술적 자산배분의 실패를 증권선택으로 일부 만회하였다.

정답 | ③

해설 |

구분		주식	채권	현금자산	총수익률
벤치마크 대상		주가지수	회사채지수 수익률	현금자산지수 수익률	
구성비	전략적 자산구성	30.0%	50.0%	20.0%	
	전술적 자산구성	40.0%	40.0%	20.0%	
수익률	벤치마크 수익률	11.25%	6.21%	3.32%	
	실제 수익률	12.12%	5.43%	3.54%	
전략적 자산배분 수익률		(3.38%)	3.11%	0.66%	(7.15%)
전술적 자산배분 수익률		4.5%	2.48%	0.66%	7.64%
실제 포트폴리오 수익률		4.85%	2.17%	0.71%	7.73%
전술적 자산배분 효과		(0.41%)	(0.09%)	(0.00%)	(0.50%)
증권선택효과		(0.35%)	(−0.31%)	(0.05%)	(0.09%)

14 이현기씨가 남긴 다음의 유언 중 유효한 유언으로만 모두 묶인 것은?(단, 각 답지는 별개의 사례이며, 제시된 조건문 외에 다른 조건은 모두 충족한 것으로 가정한다.)

> 가. 증인 없이 이현기씨가 유언의 내용이 되는 전문과 연월일·주소·성명을 자신이 쓰고 자필서명한 경우
> 나. 적법하게 작성된 자필증서 유언이나 법원의 검인을 받지 아니한 경우
> 다. 이현기씨가 자신의 성명을 기입한 증서를 봉하여 날인하고 이를 가장 친한 친구 오혜성씨의 면전에 제출하여 자기의 유언장임을 표시한 후, 그 봉서의 표면에 제출 연월일을 기재하고 이현기씨와 오혜성씨 각자 서명 또는 기명날인한 경우
> 라. 이현기씨가 비밀증서방식으로 봉서된 유언장을 그 표면에 기재된 날로부터 4일 후 공증인에게 제출하여 그 봉인상에 확정일자인을 받은 경우
> 마. 이현기씨가 변호사 앞에서 유언취지를 구수하고 변호사가 이를 필기한 후 이현기씨에게 낭독하고, 이현기씨가 정확함을 승인한 뒤 서명하고 별도의 검인절차를 거치지 않은 경우
> 바. 급박한 사유로 보통의 방식에 의하여 유언할 수 없어 구수증서에 의한 유언을 하고 그 증인이 급박한 사유가 종료한 날로부터 7일 내에 가정법원에 검인을 받은 경우

① 가, 다, 마
② 가, 라, 바
③ 나, 다, 마
④ 나, 다, 바
⑤ 나, 라, 바

정답 | ⑤

해설 | 가. 자필증서 유언의 경우에는 유언자의 자필서명과 날인을 동시에 요구하고 있으므로 주의하여야 한다.
나. 적법한 유언은 검인이나 개봉절차를 거치지 않더라도 유언자의 사망에 의하여 곧바로 그 효력이 생기는 것이며, 검인이나 개봉절차의 유무에 의하여 유언의 효력이 영향을 받지 아니한다.
다. 비밀증서에 의한 유언은 유언자가 필자의 성명을 기입한 증서를 엄봉날인하고 이를 2명 이상의 증인의 면전에 제출하여 자기의 유언서임을 표시한 후 그 봉서표면에 제출연월일을 기재하고 유언자와 증인이 각자 서명 또는 기명날인해야 한다.
라. 비밀증서로 작성된 유언봉서는 그 표면에 기재된 날로부터 5일 내에 공증인 또는 법원서기에게 제출하여 그 봉인상에 확정일자인을 받아야 한다.
마. 공정증서에 의한 유언은 유언자가 증인 2명이 참여한 공증인의 면전에서 유언의 취지를 구수하고 공증인이 이를 필기낭독하여 유언자와 증인이 그 정확함을 승인한 후 각자 서명 또는 기명날인하여야 한다.
바. 구수증서에 의한 유언은 그 증인 또는 이해관계인이 급박한 사유가 종료한 날로부터 7일 내에 가정법원에 검인을 신청하여야 한다.

15 이현기씨가 갑작스럽게 사망하였다고 가정할 때, 이현기씨의 사망 후 상속권에 대한 설명으로 가장 적절한 것은?(단, 각 답지는 별개의 사항이다.)

① 이준혁씨가 사망한 후, 이현기씨의 상속이 개시되면 이대범씨의 상속분은 6/35이다.
② 이준혁씨가 상속결격인 경우나 상속포기인 경우에도 이현기씨의 사망에 따른 우다정씨의 법정상속분에는 변함이 없다.
③ 이현기씨가 우다정씨의 간병을 받았다고 하더라도 우다정씨는 기여분권자가 될 수 없으나, 김선미씨의 간병을 받았다면 김선미씨는 기여분권자가 될 수 있다.
④ 김선미씨가 이현기씨의 재산형성에 기여한 정도가 아무리 크다 하더라도 이현기씨의 재산가액에서 유증의 가액을 공제한 금액을 넘지 못하며, 김선미씨가 상속을 포기한 경우라면 기여분을 받을 수 없다.
⑤ 이제훈씨가 사망한 후 이현기씨의 상속이 개시된 경우, 이현기씨의 유언 중에 상속재산의 1/4을 이제훈씨에게 유증한다는 내용이 있는 경우에는 김수지, 이상용, 이은지가 대신하여 유증받을 수 있다.

정답 | ④
해설 | ① 대습상속에 해당되므로 이대범씨의 상속분은 4/35이다.
② 대습상속이 인정되기 위해서는 추정상속인이 상속개시 전에 사망하거나 결격자가 되어 상속권을 상실해야 하며, 상속포기는 대습상속인 인정요건이 아니다. 상속결격인 경우 대습상속에 해당하므로 우다정씨의 상속분은 6/35이며, 상속포기인 경우 우다정씨의 상속분은 0이다.
③ 기여분권자는 상속인에 한하며, 배우자로서의 간병 등도 부부의 협조부양의무의 이행이므로 기여가 될 수 없다(판례).
⑤ 유증받을 권리는 대습되지 않는다.

16 이제훈씨의 2025년 귀속 종합소득세신고와 관련된 세금에 대한 설명으로 가장 적절한 것은?

① 이제훈씨는 자녀세액공제로 550천원을 적용받을 수 있다.
② 의료비공제 적용대상이 되는 기본 공제대상자는 나이요건과 소득금액 요건의 제한을 받지 아니하므로 부친을 위해 지출한 의료비는 소득공제를 적용받을 수 있다.
③ 만약 이제훈씨와 생계를 같이 하는 부양가족 중 소득이 없는 20세의 처제가 있다 하더라도 부양가족공제가 불가능하다.
④ 이제훈씨는 기부금 공제와 표준공제를 중복하여 적용받을 수 있다.
⑤ 기본공제대상자인 김선미씨가 연도 중에 사망하였다면 부양가족공제 1,500천원과 경로우대자공제 1,000천원 모두 공제가 불가능하다.

정답 I ④

해설 I ① 종합소득이 있는 거주자의 기본공제대상자에 해당하는 8세 이상의 자녀 및 손자녀(입양자 및 위탁아동 포함)에 대해서 첫째 250천원, 둘째 300천원, 셋째 이상 400천원(2명 초과 1인당 400천원)을 종합소득 산출세액에서 공제한다. 기본공제대상자에 해당하는 8세 이상의 자녀가 2명이므로 550천원(첫째 250천원, 둘째 300천원)으로 계산된다.
② 근로소득이 없고 세법상 성실사업자 또는 성실신고확인대상사업자에 해당하지 않으므로 부친을 위해 지출한 의료비는 소득공제를 적용받을 수 없다.
③ 공제가능 : 처제, 처남, 시동생, 친손자, 외손자, 조부모, 외조부모 등
⑤ 기본공제대상자인 김선미씨가 연도 중에 사망하였다면 부양가족공제 1,500천원과 경로우대자공제 1,000천원 모두 공제가능하다.

17 이제훈씨의 사업소득 관련 세금에 대한 설명으로 가장 적절한 것은?

① 세법상 사업자의 분류와 관련하여 소득세법에서는 사업자를 일반과세자와 간이과세자로 구분한다.
② 기준경비율에 의한 신고방법으로 신고해야 할 이제훈씨가 단순경비율에 의한 신고방법에 의하여 소득세를 신고하면 적정한 신고로 보지 아니하며 과소신고분은 신고불성실 가산세 및 납부불성실가산세가 추가로 부과된다.
③ 이제훈씨의 사업에서 실제로 적자가 발생하여 올해 납부할 세금이 없다면 세금신고는 하지 않아도 무방하다.
④ 원천징수세, 부가가치세, 사업소득세 모두 ○○세무서가 관할세무서이다.
⑤ 김수지씨가 이제훈씨의 사업에 직접 종사할 경우 김수지씨에게 지급하는 급료는 필요경비로 인정되지 않는다.

정답 I ②

해설 I ① 부가가치세법상 사업자는 일반과세자와 간이과세자로 구분하며, 소득세법에서는 사업자의 장부의 비치·기록의무의 종류에 따라 사업자를 복식부기의무자와 간편장부대상자로 분류한다.
③ 만일 사업자가 납부할 세금이 없어 세금신고조차 하지 않는다면 무신고가산세가 부과될 뿐만 아니라 실제로 사업에서 적자가 나더라도 과세당국에서는 추계결정하므로 납부세액이 발생할 수 있다. 납부할 세금은 없어도 신고는 반드시 해야 한다.
④ 원천징수세와 부가가치세는 사업장 소재지 관할세무서이지만 거주자의 경우 사업소득세는 주소지 관할세무서(△△세무서)이다.
⑤ 사업주의 인건비는 필요경비에 산입되지 않으나, 그 사업자의 배우자 또는 그 부양가족이 그 사업에 직접 종사하는 경우는 사용인의 범주에 포함하며 이들에게 지급하는 급료 등은 필요경비에 산입한다.

18 이제훈씨가 증여받은 상가와 관련된 세금에 대한 설명으로 적절하지 **않은** 것은?(단, 각 답지는 별개의 사항이다.)

① 이제훈씨가 올해 10월 중에 상가를 양도한 경우에 양도소득세 계산 시 적용되는 취득가액은 1,000,000천원이다.
② 이제훈씨가 올해 10월 중에 상가를 양도한 경우에 이제훈씨가 증여받을 시 납부한 증여세액은 필요경비로 적용받을 수 없다.
③ 김수지씨가 이제훈씨의 상가를 증여받을 경우 김수지씨가 채무를 인수한다면 채무액 부담사실이 객관적으로 입증되지 않더라도 채무가 인수되는 것으로 추정한다.
④ 김수지씨가 이제훈씨의 상가를 증여받을 경우에 임대보증금을 승계하지 않고도 증여받을 수 있다.
⑤ 이제훈씨가 상가를 2025년 2월 중에 김수지씨에게 증여한 후, 2035년 11월에 양도를 할 경우에 양도소득세 계산 시 적용되는 취득가액은 김수지씨가 증여받을 당시의 증여재산가액이다.

정답 | ③
해설 | ③ 상속세 및 증여세법에 의하면 배우자 간 또는 직계존비속 간의 부담부증여에 대하여는 수증자가 증여자의 채무를 인수한 경우에도 당해 채무액은 수증자에게 채무가 인수되지 아니한 것으로 추정한다. 다만 당해 채무액에 대한 부담사실이 객관적으로 입증되는 경우에는 그러하지 아니하다.

19 이제훈씨 가족의 부동산과 관련된 절세에 대한 조언으로 적절하지 **않은** 것은?(단, 각 답지는 별개의 사항이다.)

① 이제훈씨가 올해 5월 중에 상가의 1/2을 김수지씨에게 증여할 경우에 가족단위로 볼 때 상가의 부속토지에 대한 재산세를 절세할 수 있다.
② 이제훈씨가 올해 4월 중에 상가를 부부 공동명의로 취득하더라도 가족단위로 볼 때 상가를 단독으로 취득하는 것보다 취득세를 절세할 수 없다.
③ 이제훈씨가 올해 3월 중에 상가를 단독으로 취득하는 것보다 부부 공동명의로 취득하는 것이 부동산임대업에서 발생하는 사업소득에 대한 소득세를 절세할 수 있다.
④ 이제훈씨가 올해 4월 중에 김수지씨에게 아파트 1/2을 증여할 경우 가족단위로 볼 때 아파트에 대한 재산세를 절세할 수 있다.
⑤ 이제훈씨가 올해 5월 중에 김수지씨에게 아파트의 1/2을 증여할 경우에 가족단위로 볼 때 아파트에 대한 종합부동산세를 절세할 수 있다.

정답 | ④
해설 | 취득세, 주택에 대한 재산세 및 상가의 건축물에 대한 재산세는 공동소유로 절세할 수 없으며, 상가의 부속토지에 대한 재산세, 주택에 대한 종합부동산세 및 부동산임대업에서 발생하는 사업소득에 대한 소득세는 공동소유로 절세할 수 있다.

20 이현기씨가 갑작스럽게 사망하였다고 가정할 때, 이현기씨의 사망 후 상속세에 대한 설명으로 적절하지 **않은** 것은?(단, 각 답지는 별개의 사항이다.)

① 배우자상속공제는 최소 5억원에서 최대 30억원까지 가능하며, 배우자가 실제 상속받은 금액과 배우자 상속공제 한도액에 따라 구체적인 금액은 달라진다.
② 이현기씨가 상속개시일 전 1년(2년) 이내에 재산종류별로 처분한 금액·순인출한 금액 또는 부담한 채무액이 각각 2억원(5억원) 이상의 경우로서 이 중 사용용도를 입증하지 못한 금액에 대해서는 전액 현금으로 상속받은 것으로 추정한다.
③ 김선미씨를 제외한 다른 상속인들이 모두 상속을 포기하여 김선미씨 혼자 상속받는 경우는 배우자 단독상속에 해당하지 않으므로 일괄공제를 선택할 수 있다.
④ 이제훈씨가 상속세를 신고하지 않은 경우에는 일괄공제를 선택한 것으로 보아 5억원을 공제한다.
⑤ 이제훈씨가 이현기씨의 유증으로 취득한 재산이 있다면 이는 상속재산에 해당하므로 증여세가 아닌 상속세가 과세된다.

정답 | ②
해설 | ② 사용용도로 입증하지 못한 금액에서 처분한 금액·순인출한 금액 또는 부담한 채무액(네 가지 유형별)의 20%와 2억원 중 적은 금액을 초과하는 경우이다.

CHAPTER 02 종합사례 II

I. 고객정보(나이는 올해 1월 초 만 나이임)
  • 동거가족
    - 신해철(51세) : 본인, 대기업 차장으로 연봉 88,000천원
    - 이소연(49세) : 배우자, 개인사업자로 사업소득 40,000천원
    - 신수지(27세) : 딸, 직장인 (전처 '박신혜(52세)'의 자식), 남편 정범균(35세)과 아들 정승환(6세)과 정범균 명의의 주택에서 거주함
    - 신세경(21세) : 딸, 대학생 (장애인)
    - 신동엽(15세) : 아들, 중학생
  • 부모 및 형제자매
    - 신문선(71세) : 부친, 배다해(68세) : 모친
    - 신지(39세) : 여동생, 차승원(42세)과 혼인 후 자녀 차지연(9세), 차두리(8세)와 차승원의 주택에서 거주함
  • 주거상황
    - 신해철씨는 결혼 이후 줄곧 부모님과 분가하여 거주하고 있으며, 현재 거주 중인 ××시 ××구 소재 전용면적 $84m^2$ 아파트 구입 시 1억원을 대출받았으며, 대출이율은 연 7.5% 월복리이고 20년간 매월 말 원리금균등분할상환 조건임(현재까지 32회차 상환하였음)

II. 고객의 재무목표
  1. 자녀 교육자금 관련
     • 신동엽은 국내에서 고등학교 졸업 후 19세에 유학(유학기간 6년임)을 보낼 계획임
     • 유학자금은 현재물가기준으로 매년 초에 15,000천원이 필요하며 매년 교육비상승률만큼 인상될 예정임
     • 신세경(21세)은 2년 후 유학을 보낼 계획임

  2. 자녀 결혼자금 관련
     • 신세경은 33세에, 신동엽은 29세에 결혼할 예정임
     • 결혼 예상비용은 현재물가기준으로 신세경은 50,000천원, 신동엽은 200,000천원으로 가정하며, 물가상승률만큼 인상될 예정임

3. 은퇴설계 관련
- 은퇴기간 및 매년 필요한 은퇴소득
  - 부부 은퇴기간 : 신해철 나이 60세부터 89세 말까지 30년간
  - 필요한 은퇴소득 : 현재물가기준으로 매년 초 48,000천원
  - 신해철 씨 사망 후 부인만의 독거기간 5년으로 가정하며, 이 기간 동안 필요한 은퇴소득 현재물가기준으로 매년 초 17,500천원
- 퇴직연금수령 예상금액
  - 신해철씨는 올해 1월 초에 확정기여형 퇴직연금에 가입하였음
  - 퇴직연금 예상금액 : 60세부터 30년간 매년 초 25,000천원(종합소득세 공제 후 금액)
  - 퇴직연금계정의 투자수익률 : 4%
- 현재 준비하고 있는 은퇴자산
  - 연금보험, 변액연금보험, 퇴직금
  - 정기적금은 은퇴예비자금으로 활용하기로 함
- 은퇴자산에 대한 세후투자수익률 : 은퇴 전 연 5.5%, 은퇴 후 연 4%임
- 부채 잔액은 은퇴 전에 모두 상환하는 것으로 가정함
- 은퇴 전에 수령하는 연금액은 은퇴자산으로 사용하지 않는 것으로 가정함
- 은퇴기간 중 매년 필요한 은퇴소득과 국민연금은 매년 초에 발생되며 매년 물가상승률만큼 증가함

4. 기타 재무목표
- 신해철씨 부부의 가계 재무상태 분석/평가
- 주택규모(환율을 고려한 자금마련 방안)
- 각종 위험에 대한 대처방안
- 합리적인 부친의 재산 수증방안
- 인생목표 달성을 위한 투자, 부동산, 세금설계

III. 재무정보(2024년 12월 31일 현재)

1. 현금성 및 저축성 자산

(단위 : 천원)

구분	명의	가입일	만기일	월납입액	평가금액	자금용도
보통예금	신해철	2019.10.	–	–	3,000	결제용
CMA	신해철	2024.10.	–	–	42,400	–
정기적금	신해철	2024.1.	2027.1.	300	11,363	은퇴자금
장기주택마련저축	이소연	2021.10.	–	500	47,034	주택확장
합계				800	103,797	

※ 평가금액은 상시 인출 가능하며 인출 관련 수수료 및 세금은 없음(이하 동일)

2. 투자자산

(단위 : 천원)

구분	명의	가입일	월납입액	평가금액	세후투자수익률(연)	자금용도
거치식 채권형펀드	신해철	2022.1.	-	23,153	4%	결혼자금
적립식 주식형펀드[1]	이소연	2022.1.	500	( )	7%	유학자금
합계			500	( )		

1) 2024년 11월부터 12월까지 2개월의 평균 기준가격은 1,000좌당 1,030원이고, 12월 31일 기준가격은 1,000좌당 1,013.4원이며 보유좌수는 20,000천좌

3. 연금자산

(단위 : 천원)

구분	명의	가입일	가입금액	월납입액	평가금액
연금보험[1]	신해철	2015.2.	25,000	300	45,360
변액연금보험[2]	신해철	2022.6.	30,000	400	11,088
합계					

1) 연금보험(세제비적격)의 연금은 신해철씨 생존 시 60세부터 매년 초 8,000천원씩 20년간 정액 지급(연금지급 전 신해철씨 사망 시 사망보험금은 30,000천원＋사망시점의 해지환급금이 지급됨)
2) 변액연금보험은 신해철씨 생존 시 55세부터 매년 초 7,000천원씩 30년간 정액 지급(연금지급 전 신해철씨 사망 시 사망보험금은 25,000천원＋사망시점의 해지환급금이 지급됨)

4. 사용자산

(단위 : 천원)

구분	명의	취득일	취득당시 기준시가/취득원가	현재 기준시가/적정시세	감정평가액	비고
아파트A	신해철	2022.4.	200,000/400,000	450,000/600,000	600,000	전용면적 84㎡ 신해철 세대 거주

5. 보장성보험
(1) 생명보험

구분	통합보험[1]	종신보험[2]	CI보험[3]
보험계약자	신해철	이소연	이소연
피보험자	신해철	신해철	이소연
수익자	이소연	이소연	신해철
보험가입금액	20,000천원	100,000천원	30,000천원
계약일	2021.5.	2022.1.	2020.1.
만기일	80세만기	-	-
월납보험료	40천원	190천원	30천원
해약환급금	5,130천원	10,250천원	5,120천원

1) 신해철 사망 시 사망보험금은 20,000천원이 지급됨
2) 신해철 사망 시 사망보험금은 일반사망 시 주계약에서 100,000천원, 65세 정기특약에서 100,000천원이 지급되며, 65세 이전에 재해사망 시 150,000천원이 추가로 지급됨
3) 이소연 사망 시 사망보험금은 일반사망 시 주계약에서 30,000천원이 지급되며, 60세 이전에 재해사망 시 30,000천원 추가지급됨

(2) 자동차보험

피보험자(소유자)		이소연
계약일/만기일		2024.12.1.~2025.12.1.
대인 I		자배법 시행령에서 정한 금액
대인 II		무한
대물		1사고당 100,000천원
보험가입금액	자기신체사고	1인당 20,000천원
	무보험자동차상해	피보험자 1인당 최고 200,000천원
	자기차량손해	자기부담금 : 자기차량 손해액의 20% (최저 200천원~최고 500천원)
	특약	가족운전자한정운전특약
보험료		680천원

(3) 화재보험

보험계약자/피보험자	신해철
계약일/만기일	2024년 12월 1일~2025년 12월 1일
보험가입금액	건물 : 80,000천원, 가재도구 : 0천원
연간보험료	10천원

6. 공적연금

구분	가입자	가입일	연금개시연령	연간 연금액 (현재물가기준)
국민연금	신해철	2004.1.2.~현재	65세	12,000천원

※ 신해철씨 사망 시 국민연금 유족연금은 고려하지 않음
※ 이소연씨의 국민연금은 감안하지 않음

Ⅳ. 부친의 자산현황(2024년 12월 31일 현재)

1. 금융자산
- 예금 : 정기예금 원금 1,500,000천원, 2025년도 예상 이자수입 60,000천원[연 4%(세전), 원천징수세율 15.4%(지방소득세 포함)]
- 적립식 펀드 : 평가금액 500,000천원, 2025년 예상 배당소득금액은 7,000천원[원천징수세율 15.4%(지방소득세 포함)]

2. 부동산자산

(단위 : 천원)

구분	명의	취득일	취득당시 기준시가/취득원가	현재 기준시가/적정시세	비고
아파트B	신문선	2018.8.	500,000/700,000	700,000/900,000	• 지방세법상 고급주택이 아님 • 취득 이후 신문선씨 내외만 거주
단지내상가C	신문선	2016.3.	250,000/400,000	450,000/650,000	임대보증금 150,000 월임대료 2,500
테마상가D	신문선	2017.8.	100,000/200,000	300,000/500,000	임대보증금 100,000 월임대료 2,000

※ 아파트B, 테마상가 D는 2025년 말까지 변동이 없다고 가정
※ 단지 내 상가 C의 시세는 현 시세대비 매년 8%씩 증가하는 것으로 가정

V. 재무제표

• 재무상태표(2024년 12월 31일 현재)

(단위 : 천원)

자산				부채 및 순자산			
	항목	금액	명의		항목	금액	명의
금융 자산	현금성자산			유동 부채	신용카드 잔액	2,750	신해철
	보통예금	3,000	신해철		보험계약대출[1]	5,000	이소연
	CMA	42,400	신해철	비유동 부채	주택모기지	( )	신해철
	저축성자산				–	–	–
	정기적금	11,363	신해철		총부채	( )	
	장기주택마련저축	47,034	이소연				
	연금보험	45,360	신해철				
	투자자산						
	거치식 채권형펀드	23,153	신해철				
	적립식 주식형펀드	( )	이소연				
	변액연금보험	11,088	신해철				
	금융자산 총액	( )					
부동산 자산		–	–				
	부동산자산 총액	–					
사용 자산	거주 부동산	( )	신해철				
	자동차	21,000	이소연				
	기타 사용자산	55,000	신해철				
	사용자산 총액	( )					
기타 자산	보험해약환급금	20,500	합산				
	기타자산 총액	20,500					
총자산		( )		순자산		( )	

1) 이소연 명의의 종신보험을 담보로 보험계약대출 5,000천원 받음

- 월간 현금흐름표(2024년 12월)

(단위 : 천원)

구분	항목	금액
Ⅰ. 수입[1]		9,600
Ⅱ. 변동지출	본인 용돈	(1,000)
	배우자 용돈	(500)
	자녀(보육비, 사교육비 등)	(1,500)
	기타생활비(의식주, 공과금 등)	(1,507)
	변동지출 총액	**(4,507)**
Ⅲ. 고정지출	보장성보험료 등	(2,287)
	주택담보대출 이자	( )
	고정지출 총액	**( )**
저축 여력(Ⅰ－Ⅱ－Ⅲ)		2,749
Ⅳ. 저축·투자액	대출상환원금	( )
	정기적금	(300)
	장기주택마련저축	(500)
	적립식 주식형펀드	(500)
	연금보험	(300)
	변액연금보험	(400)
	저축·투자액 총액	**( )**
추가저축 여력(순현금흐름)(Ⅰ－Ⅱ－Ⅲ－Ⅳ)		0

1) 순수입

Ⅵ. 분석을 위한 가정

- 물가상승률 : 연 3%
- 교육비상승률 : 연 4%
- 임금인상률 : 물가상승률＋2%
- 금융자산의 세후투자수익률 : 연 5.5%
  - 현금성 및 저축성 자산 : 보통예금 연 0.1%, CMA 연 4.0%, 정기적금 연 3.0%
  - 투자자산 : 거치식 채권형펀드 연 4.0%, 적립식 주식형펀드 연 7.0%
  - 연금자산 : 연금보험 연 5.0%, 변액연금보험 연 7.0%

01 신해철/이소연씨 부부의 재무상태분석에 대한 적절한 설명으로 모두 묶인 것을 고르시오.

> 가. 재무상태표상의 순자산은 823,791천원이다.
> 나. 비상예비자금지표의 적정 수준을 월평균지출의 5개월에 해당하는 금액이라고 한다면, 비상예비자금으로 활용할 수 있는 자금이 부족하여 추가적인 준비를 할 필요가 있다.
> 다. 이들 부부의 소비성부채비율은 80.73%로 나타나 소비성부채를 과다하게 보유하고 있다고 평가할 수 있다.
> 라. 주거관련 부채상환액은 월 총수입 대비 상당히 높은 편이어서 재무적인 약점으로 분석된다.
> 마. 주거관련부채부담율은 10.12%로 가이드라인 이내이므로 재무적 강점으로 분석된다.

① 가, 나, 라
② 가, 다, 라
③ 가, 다, 마
④ 나, 다, 마
⑤ 나, 라, 마

정답 | ③

해설 | 가. PV : 100,000, N : 240, I/Y : 7.5÷12, PMT(E)? 806천원
　　　　AMORT, P1 : 32, P2 : 32, BAL? 93,625천원
　　　・총부채 : 93,625+7,750=101,375천원
　　　・적립식 주식형펀드 20,000천좌×1.0134=20,268천원
　　　・금융자산 총액 : 3,000+42,400+11,363+47,034+45,360+23,153+20,268+11,088=203,666천원
　　　・아파트A : 감정평가액 600,000천원
　　　・사용자산 총액 : 600,000+21,000+55,000+25,000=701,000천원
　　　・총자산 : 203,666+701,000+20,500=925,166천원
　　　・순자산 : 총자산−총부채=925,166−101,375=823,791천원
　　나. AMORT, P1 : 32, P2 : 32, PRN? 219천원, INT? 587천원
　　　・고정지출 총액 : 2,287+대출이자 587=2,874천원
　　　・월평균지출 : 변동지출 4,507+고정지출 2,874=7,381천원
　　　・적정 비상예비자금 : 월평균지출의 5배 7,381×5배=36,905천원
　　　・현재 재무상태표상의 CMA에 42,400천원이 준비되어 비상예비자금이 충분하다.
　　다. 소비성부채상환액 : 신용카드 잔액 2,750+보험계약대출 5,000=7,750천원
　　　・소비성부채비율 : $\dfrac{\text{소비성부채상환액}}{\text{월순수입}} = \dfrac{7,750}{9,600} = 80.73\% >$ 가이드라인 20% 이내
　　라. 연간 총수입 : 88,000+40,000=128,000천원
　　　・월 총수입 : 128,000÷12=10,667
　　　주거관련부채비율 : $\dfrac{\text{주거관련부채상환액}}{\text{월총수입}} = \dfrac{806}{10,667} = 7.56\% <$ 가이드라인 28% 이내
　　마. 주거관련부채부담율 : $\dfrac{\text{주거관련부채}}{\text{총자산}} = \dfrac{93,625}{925,166} = 10.12\% <$ 가이드라인 30% 이내

02 두 부부의 자녀 유학 및 결혼자금에 대한 적절한 설명으로 모두 묶인 것을 고르시오.(단, 거치식 채권형펀드와 적립식 주식형펀드는 해지하여 각각 세후투자수익률 5.5%의 투자상품에 재투자하는 것으로 가정한다.)

> 가. 신동엽의 교육자금 마련을 위해 필요한 오늘일시금은 74,889천원이다.
> 나. 교육비상승률이 연 6%가 되면 신동엽의 현재시점 교육필요자금은 9,793천원이 증가한다.
> 다. 신동엽, 신세경의 현재시점 결혼 부족자금은 157,304천원이다.
> 라. 두 자녀의 결혼 부족자금 마련을 위해 신세경의 결혼시점까지 매년 말 임금인상률만큼 증액하여 저축한다면 첫해 말 저축금액은 14,194천원이다.

① 라
② 나, 다
③ 나, 라
④ 다, 라
⑤ 가, 다, 라

정답 | ④

해설 | 가. 신동엽의 교육자금
  CF0 : 0, C01 : 0, F01 : 3, C02 : 15,000, F02 : 6, I : (5.5−4)÷1.04, NPV? 82,025천원
나. 교육비상승률이 4%에서 6%로 증가하면 I : (5.5−6)÷1.06, NPV? 92,812천원
  차이 = 92,812−82,025 = 10,787천원
다. 두 자녀의 결혼자금 마련을 위해 필요한 오늘일시금
  CF0 : 0, C01 : 0, F01 : 11, C02 : 50,000, F02 : 1, C03 : 0, F03 : 1, C04 : 200,000, F04 : 1,
  I : (5.5−3)÷1.03, NPV? 180,457천원
  결혼부족자금 = 180,457−23,153(거치식 채권형펀드) = 157,304천원
라. PV : 157,304, N : 12, I/Y : (5.5−5)÷1.05, PMT(E)? 13,518×1.05 = 14,194천원

03 신해철, 이소연씨 부부는 현재 거주하고 있는 아파트를 매도하고 매도금액과 대출금을 보태서 ○○동의 아파트를 매수하려고 한다. ○○동의 아파트는 현재 거주하고 있는 아파트보다 모기지 외 주거 관련 비용이 20% 더 증가할 것으로 예상된다. 신해철, 이소연씨 부부가 ○○동 아파트를 매수하면서 주거 관련 비용을 총수입 대비 30% 이하로 유지하면서 대출을 받으려고 할 경우 최대 대출 가능액으로 가장 적절한 것을 고르시오.

- 부부의 연간 총수입 : 128,000천원
- 현 아파트의 모기지 외 주거 관련 비용은 연간 6,641천원임
- 기존 모기지는 현재 아파트 매도 시 함께 상환한다고 가정함
- 대출이율 : 연 5% 월복리
- 대출기간 : 20년
- 대출상환방식 : 매월 말 원리금균등분할상환

① 310,330천원 　　② 314,787천원
③ 328,526천원 　　④ 384,253천원
⑤ 387,849천원

정답 | ④
해설 | • 총수입 대비 30%에 해당하는 주거 관련 비용 : 128,000×30%=38,400천원
 • ○○동의 아파트 모기지 외 주거 관련 비용 : 6,641×1.2=7,969.2천원
 • 신규 대출의 모기지 연상환금 : 38,400−7,969.2=30,430.8천원
 • 신규 대출의 모기지 월상환금 : 30,430.8÷12=2,535.9천원
 • 최대 대출 가능액 PMT(E) : 2,535.9, N : 240, I/Y : 5÷12, PV? 384,253천원

04 신해철/이소연 부부의 생명보험관련 정보를 적절하게 분석한 결과로 모두 묶인 것을 고르시오.

가. 신해철씨가 현재시점에서 사망하는 경우 가입한 생명보험에서 지급되는 사망보험금은 331,448천원이다.
나. 신해철씨의 소득세와 생명보험료 및 용돈이 연간 30,000천원, 소득기간을 59세 말까지, 할인율을 5.5%라고 가정하면 신해철씨가 현재시점에서 사망하는 경우 생애가치방법에 의한 추가로 필요한 생명보험 필요보장액은 76,779천원이다.
다. GMDB와 더불어 GMAB는 우리나라에서 판매 중인 대부분의 변액연금 상품에 부가되도록 제도적 장치가 마련되어 있으므로, 변액연금 가입 후 연금개시한다면 투자성과에 상관없이 납입한 보험료 이상을 돌려받을 수 있는 구조이다.
라. 이소연씨가 현재시점에서 재해사고로 사망하는 경우 가입한 생명보험에서 지급되는 사망보험금은 60,000천원이다.
마. 이소연씨가 가입한 CI보험은 중대한 질병 등에 대해 고액보장을 미리 받을 수 있는 장점이 있지만, 보장범위는 건강보험 또는 실손의료보험에 비해 훨씬 제한적이다.

① 가, 나, 다, 라　　　　　　② 가, 나, 다, 마
③ 가, 나, 라, 마　　　　　　④ 가, 다, 라, 마
⑤ 나, 다, 라, 마

정답 | ⑤

해설 | 가. 통합보험 20,000 + 연금보험 75,360 + 변액연금보험 36,088 + 종신보험 200,000 − 보험계약대출 5,000
= 326,448천원
나. 생애가치방법에 의한 추가적인 생명보험 필요보장액
- 부양비 : 88,000 − 30,000 = 58,000천원
- 현재시점 필요자금
PMT(E) : 58,000, N : 9, I/Y : 5.5, PV? 403,227천원
- 추가로 필요한 생명보험 필요보장액 : 403,227 − 326,448 = 76,779천원
라. 이소연씨 CI보험 : 일반사망보험금 30,000 + 재해사망보험금 30,000 = 60,000천원

05 신해철씨의 아파트에서 신동엽이 라면을 끓이던 중 과실로 가스가 폭발하여 50,000천원의 건물 재산손해와 5,000천원의 가재도구 재산손해가 발생하였다. 보험사고발생 시의 건물 및 가재도구의 보험가액이 각각 100,000천원, 30,000천원일 경우 주택화재보험으로 지급받을 수 있는 보험금에 대한 설명으로 적절하지 <u>않은</u> 것을 고르시오.

① 주택화재보험에서는 보험에 가입한 물건이 직접적으로 불에 타거나 벼락으로 인해 생긴 손해뿐만 아니라 폭발, 파열의 손해도 담보하고 있다.
② 지급보험금 계산 시 보험가액은 화재사고발생시 가입한 목적물을 사고시점에서 가치를 평가한다.
③ 주택화재보험에서 지급되는 재산손해액에 대한 보험금은 50,000천원이다.
④ 건물에 대한 잔존물제거비용 5,000천원, 기타협력비용 10,000천원이 각각 발생하였다면 15,000천원의 보험금이 추가로 지급된다.
⑤ 도난손해가 발생하였을 경우 1사고당 5,000천원을 한도로 손해액 전액을 보상해 주지만, 개별적인 보험목적에 따라 개당, 점당, 조당 3,000천원을 한도로 보상해 준다.

정답 | ⑤

해설 | ③ 건물은 보험가액의 80% 이상 가입하였으므로 보험가입금액을 한도로 실손보상함
가재도구는 보험에 가입하지 않았기 때문에 보험금을 지급받지 못함
④ 잔존물제거비용 5,000천원(재산손해액의 10% 한도 내, 보험가입액 한도 내), 기타협력비용 10,000천원(실제 지출한 비용 보상)
⑤ 화재가 발생했을 때 생긴 도난 또는 분실로 생긴 손해는 화재보험에서 보상하지 않는 손해임

06 다음 추가정보를 참고하여 신해철씨가 교통사고로 사망할 경우 자동차보험에서 지급되는 사망보험금에 대한 설명으로 적절하지 **않은** 것을 고르시오.

[보험 및 보험사고 관련 정보]
- 생년월일 : 1974년 9월 21일
- 사고일 : 2025년 10월 24일
- 소득가능기간 : 64세 말까지
- 월평균 현실소득금액 : 월 7,333천원
- 적용 호프만계수 : 165개월 125.376, 166개월 125.9672, 167개월 125.5568
- 과실관계 : 신해철씨 과실 30%
- 가해차량은 개인용 자동차보험의 모든 담보에 가입되어 있음

① 신해철씨의 취업가능월수는 166개월이다.
② 월평균 현실소득액의 1/3을 생활비로 공제하고 계산한 상실수익액은 615,812천원이다.
③ 장례비와 위자료에 대해서도 과실상계를 하게 되며, 사망보험금 지급 시 장례비와 위자료를 합산하여 59,500천원이 지급된다.
④ 자동차보험의 보험금 지급기준에 의한 신해철씨의 사망보험금으로 490,568천원이 지급된다.
⑤ 만약 신해철씨가 사망하지 않고 후유장해평가율(노동능력상실률) 60%의 판정을 받았다면 후유장해보험금으로 577,180천원이 지급된다.

정답 | ⑤
해설 | ① 정년 연월일 : 1974년 9월 21일생 + 65년 = 2039년 9월 21일
 • 취업가능연월일 : 2039년 9월 21일 − 2025년 10월 24일 = 13년 10월
 • 취업가능월수 : 13 × 12 + 10 = 166월

 ② 상실수익액 : 7,333 × 2/3 × 125.9672 = 615,812천원
 ③ 위자료 80,000 + 장례비 5,000 = 85,000천원
 • 과실상계 85,000 × 0.7 = 59,500천원

 ④ 615,812 × 0.7 + 59,500 = 431,068 + 59,500 = 490,568천원
 ⑤ 위자료 : 45,000 × 0.6 × 0.85 = 22,950천원
 • 상실수익액 : 7,333 × 0.6 × 125.9672 = 554,230천원
 • 합계 : 554,230 + 22,950 = 577,180천원
 • 과실상계 : 577,180 × 0.7 = 404,026천원

07 구혜림 CFP® 인증자가 신해철/이소연씨 부부에게 은퇴설계는 3층보장제도를 적절하게 활용하는 것이 매우 중요하다고 설명하고, 이들 부부가 3층보장제도에서 확보할 수 있는 은퇴소득을 평가하여 설명하고 있다. 부부 은퇴기간만을 고려하는 것으로 가정할 경우 다음 설명 중 적절하지 **않은** 것을 고르시오.

① 부부 은퇴기간 중 신해철씨의 국민연금 노령연금만으로 은퇴생활을 할 경우 확보되는 연간 은퇴소득은 현재물가기준으로 9,751천원이다.
② 60세부터 수령하는 퇴직연금의 은퇴시점 세후평가액은 449,593천원이며, 부부 은퇴기간 중 매년 수령하는 퇴직연금만으로 은퇴생활을 할 경우 확보되는 연간 은퇴소득은 현재물가기준으로 13,167천원이다.
③ 은퇴시점에서 부부 은퇴기간 중 수령하는 개인연금보험과 변액연금보험의 세후평가액은 191,968천원이며, 매년 수령하는 연금액만으로 은퇴생활을 할 경우 확보되는 연간 은퇴소득은 현재물가기준으로 7,336천원이다.
④ 은퇴기간 중 매년 수령하는 국민연금 및 퇴직연금만으로 은퇴생활을 할 경우 확보되는 연간 은퇴소득은 현재물가기준으로 22,918천원이다.
⑤ 은퇴자금 마련을 위한 추가적인 저축을 하지 않고 은퇴생활을 하는 경우, 현재물가기준으로 연간 28,540천원의 소비만 가능하여 이들 부부가 목표하는 은퇴생활수준을 달성하기 위해서는 추가 저축이 필요하다.

정답 | ③
해설 | ① 은퇴시점 국민연금 세후평가액
CF0 : 0, C01 : 0, F01 : 4, C02 : 12,000, F02 : 25, I : (4−3)÷1.03, NPV? 255,177×1.03^9 = 332,948천원
• 은퇴 첫 해 은퇴생활비
PV : 332,948, N : 30, I/Y : (4−3)/1.03, PMT(B)? 12,723천원
• 현재물가기준 은퇴소득 : 12,723÷1.03^9 = 9,751천원

② 은퇴시점 퇴직연금 세후평가액
PMT(B) : 25,000, N : 30, I/Y : 4, PV? 449,593천원
• 은퇴 첫 해 은퇴생활비
PV : 449,593, N : 30, I/Y : (4−3)÷1.03, PMT(B)? 17,180천원
• 현재물가기준 은퇴소득 : 17,180÷1.03^9 = 13,167천원

③ 은퇴시점 연금보험 세후평가액
PMT(B) : 8,000, N : 20, I/Y : 5, PV? 104,683천원
• 은퇴시점 변액연금보험 세후평가액
PMT(B) : 7,000, N : 25, I/Y : 7, PV? 87,285천원
• 합계 : 104,683+87,285=191,968천원
• 은퇴 첫 해 생활비
PV : 191,968, N : 30, I/Y : (4−3)÷1.03, PMT(B)? 7,336천원
• 현재물가기준 은퇴소득 : 7,336÷1.03^9 = 5,622천원

④ 국민연금 9,751 + 퇴직연금 13,167 = 22,918천원
⑤ 22,918 + 5,622 = 28,540천원

08 신해철/이소연 부부의 은퇴설계를 위한 분석 내용 중 적절하지 않은 것을 고르시오.

① 은퇴시점에서 부부 은퇴기간 중 필요한 총은퇴일시금은 1,306,024천원이다.

② 은퇴시점까지의 물가상승률이 가정한 3%보다 1.5%p 높아지게 되면 은퇴 이후 부부 은퇴기간 중 필요한 총은퇴일시금은 181,496천원만큼 증가하게 된다.

③ 은퇴시점에서의 부부의 은퇴기간 중 총은퇴일시금은 은퇴 전 물가가 높아지거나 은퇴 후 세후투자수익률이 낮아질 경우 증가하게 된다.

④ 은퇴기간 중 세후투자수익률이 가정한 4%보다 1%p 높아지게 되면 부부 은퇴기간 중 필요한 총은퇴일시금은 11,113천원만큼 감소하게 된다.

⑤ 신해철씨 사망 후 이소연씨 독거기간 중 필요한 은퇴일시금은 83,812천원이다.

정답 | ④

해설 | ① CF0 : 48,000, C01 : 48,000, F01 : 4, C02 : 36,000, F02 : 25, I : (4−3)÷1.03, NPV? 1,000,959 ×1.03^9 = 1,306,024천원

② 1,000,959×1.045^9 = 1,487,520천원
- 차이 : 1,487,520 − 1,306,024 = 181,496천원 증가

④ I : (5−3)÷1.03, NPV? 886,307×1.03^9 = 1,156,430천원
- 차이 : 1,156,430 − 1,306,024 = 149,594천원 감소

⑤ CF0 : 0, C01 : 0, F01 : 29, C02 : 17,500, F02 : 5, I : (4−3)÷1.03, NPV? 64,235×1.03^9 = 83,812천원

09 신해철/이소연 부부가 목표하고 있는 은퇴생활 수준을 달성하기 위한 구혜림 CFP® 자격인증자의 제안내용으로 가장 적절한 것을 고르시오.(단, 은퇴시점에서 추가로 필요한 은퇴일시금은 500,000천원으로 가정한다.)

① 지금부터 9년간 매월 초 3,572천원씩 저축을 하여야만 은퇴시점에서 추가로 필요한 은퇴일시금을 마련할 수 있다.
② 은퇴자금 마련을 위한 추가 저축액의 가정한 세후수익률을 1%p 상향하게 되면 지금부터 9년간 매월 말 3,419천원을 저축하면 은퇴시점에서 추가적으로 필요한 은퇴일시금을 마련할 수 있다.
③ 지금부터 9년간 매월 초 2,400천원씩만을 저축할 수밖에 없다면, 추가 저축에 대한 세후투자수익률을 연 14%로 높이는 것도 한 방법이지만 이들 부부의 투자성향과 위험감수수준을 고려해야 한다.
④ 지금부터 9년간 매년 말에 임금인상률만큼 증액하여 저축을 할 경우 첫해 말 저축금액은 35,135천원이다.
⑤ 재무상태표를 기준으로 볼 때 은퇴시점에서 추가적으로 필요한 은퇴일시금을 마련하기 위한 저축여력으로 CMA 42,400천원 활용만으로도 추가적인 저축여력 확보가 충분히 가능하다.

정답 | ③
해설 | ① 월저축액 FV : 500,000, N : 9×12, I/Y : 0.4472, PMT(B)? 3,595천원
　　　　(ICONV, EFF : 5.5, C/Y : 12, NOM? 연 5.366% 월복리÷12=월 0.4472%)
② 월저축액 FV : 500,000, N : 9×12, I/Y : 0.5262, PMT(E)? 3,450천원
　　(ICONV, EFF : 6.5, C/Y : 12, NOM? 연 6.314% 월복리÷12=월 0.5262%)
③ FV : 500,000, N : 9×12, PMT(B) : −2,400, I/Y? 월 1.1051%×12=연 13.2614% 월복리
　• 연 13.2614% 월복리의 실효수익률 ICONV, NOM : 13.2614, C/Y : 12, EFF? 연 14.0978%
④ PV : 500,000÷1.055^9=308,815, N : 9, I/Y : (5.5−5)÷1.05, PMT(E)? 35,135×1.05=36,892천원
⑤ 재무상태상 CMA의 42,400천원은 월 3,533천원 정도이어서 부족한 은퇴자금 마련을 위한 월저축금액을 실행하기에 다소 부족하므로(매월 초 3,595천원, 매월 말 3,611천원) 변동지출 항목을 점검하여 추가적인 저축 여력을 확보하는 것이 바람직하다.

※ 신문선씨가 보유한 단지 내 상가C에 대한 다음의 추가 정보를 참고하여 문제 10번, 문제 11번의 질문에 답하시오.

[상가에 대한 추가정보]
- 보유 예상기간 3년
- 공실률 5%, 영업경비 : 유효총수익의 10%
- 소득세 : 순영업수익의 10%
- 양도세 : 순매도가액의 10%
- 매도경비 : 매도가액의 10%
- 세후기대수익률 : 5%
- 상가의 임대료는 매년 5% 상승
- 경기불황(발생확률 40%) 시 공실률이 40%로 증가할 것으로 예상
- 현 상가대출조건 : 만기일시상환 연 7.8%
- 보증금 운용이익은 고려하지 말 것

10 신문선씨가 보유한 단지 내 상가C에 대한 수익성 분석과 부동산관리방안에 대한 설명으로 적절하지 **않은** 것을 고르시오.

① 보유상가의 요구수익률이 10%일 때 순현가는 −54,256천원이므로 임대료 인상이나 매각 등 다른 대안을 모색한다.
② 상가 C의 세후기대수익률이 투자지표상의 세후기대수익률보다 높으므로 상가를 계속 보유하는 것이 좋다.
③ 신문선씨의 요구수익률이 5.0%라고 가정한다면 순현가는 +9,311천원이므로 상가를 계속 보유하는 것이 좋다.
④ 단지 내 상가의 경우 상가운영 업종이 제한적이고 활성화되어도 성장에는 한계가 있으나 전문상가에 비해 분양가격이 저렴하고 건축법에 의한 규제로 건축의 질이 확보된다는 장점이 있다.
⑤ 상가 C의 요구수익률을 5.5%로 가정할 경우 부동산의 가치는 502,414천원이다.

정답 | ⑤
해설 |

구분	1	2	3	매도	
PGI	30,000	31,500	33,075	매도가액	818,813
공실/대손	1,500	1,575	1,654	매도경비	81,881
EGI	28,500	29,925	31,421	순매도가	736,932
운영경비	2,850	2,993	3,142	미상환대출잔액	–
NOI	25,650	26,933	28,279	보증금	150,000
BTCF	25,650	26,933	28,279	BTCF	586,932
TAX	2,565	2,693	2,828	TAX	73,693
ATCF	23,085	24,239	25,451	ATCF	513,239

① CF0 : −500,000, C01 : 23,085, F01 : 1, C02 : 24,239, F02 : 1, C03 : 25,451+513,239, F03 : 1, I : 10, NPV? −54,256천원
② IRR? 5.6773%
③ I : 5, NPV? 9,311천원
⑤ I : 5.5, NPV? 2,414천원
 • 부동산의 가치 : NPV+자기자본+타인자본=2,414+500,000+150,000=652,414천원

11 신문선씨가 현재 보유하고 있는 단지 내 상가 C에 대한 자기자본기대수익률 및 대출이율이 발생할 경우 분석내용으로 적절하지 **않은** 것을 고르시오.

① 2억원의 대출을 받아 운영할 경우 세전 자기자본기대수익률은 2.28%정도 하락하게 된다.
② 불황 시 세전 자기자본수익률은 3.24%이다.
③ 대출을 일으키는 경우 정(+)의 레버리지가 발생하여 세전 자기자본기대수익률이 높아진다.
④ 현 상태에서 상가 기대수익률의 표준편차는 0.93%이다.
⑤ 대출을 일으킬 경우 불황을 감안한 상가의 세전 자기자본기대수익률은 2.09%이다.

정답 | ③
해설 |

구분	대출이 없는 경우		대출이 있는 경우	
	현 상태	불황 시	현 상태	불황 시
PGI	30,000	30,000	30,000	30,000
공실/대손	1,500	12,000	1,500	12,000
EGI	28,500	18,000	28,500	18,000
운영경비	2,850	1,800	2,850	1,800
NOI	25,650	16,200	25,650	16,200
DS	–	–	15,600	15,600
BTCF	25,650	16,200	10,050	600

구분	투자금액		대출이자	자기자본수익			표준편차
	자기자본	대출금		호황 시	불황 시	기대수익	
현재	500,000	0	0	25,650 (5.13%)	16,200 (3.24%)	4.37%	0.93%
대출시	300,000	200,000	15,600	10,050 (3.35%)	600 (0.2%)	2.09%	1.54%

③ 대출을 일으키는 경우 부(−)의 레버리지가 발생하여 세전 자기자본기대수익률이 낮아진다.

12 신해철/이소연 부부의 투자자산 관련 정보를 적절하게 분석한 결과로 모두 묶인 것을 고르시오.

가. 현재 포트폴리오가 비효율적이라 가정할 때 만약 신해철/이소연 부부가 현 포트폴리오의 위험을 유지한 상태에서 수익률을 높이기 원한다면 이들 부부의 무차별곡선의 기울기는 완만할 것이다.
나. 주식형펀드와 채권형 펀드에 각각 가입하는 것보다는 효율적인 자산배분의 관점에서 보면 혼합형 펀드에 가입하는 것이 유리하다.
다. 변액연금의 경우 가입 후 만기까지 유지한다면 투자성과에 관계없이 납입한 보험료 이상을 보장해주며 투자수익률에 따라 높은 연금을 기대할 수 있으므로 은퇴준비를 위해 잘 가입한 것으로 판단된다.
라. 정기적금과 같이 50,000천원 한도 내에서 원리금이 보장되는 무위험자산으로 포트폴리오에 편입하면 상대적으로 위험자산의 투자비중이 작아져 효율적인 포트폴리오 구축이 어려워진다.
마. 현재 포트폴리오의 세후 기대수익률(보통예금 제외)은 목표세후기대수익률보다 낮아 주식 비중을 늘리는 조정이 필요하다.

① 가, 나, 라
② 가, 다, 라
③ 가, 다, 마
④ 나, 다, 마
⑤ 나, 라, 마

정답 | ③
해설 | 가. 수익률을 높이는 포트폴리오 업그레이딩을 원한다면 위험을 보다 선호하는 투자자이므로 무차별곡선의 기울기는 완만할 것이다.
나. 혼합형 상품은 투자자가 스스로 자산배분을 통해 주식상품과 채권상품에 분산투자하면 혼합형상품과 동일한 성과를 얻을 수 있기 때문에 투자설계에서 활용도가 떨어지는 상품이다.
라. CAPM에 따르면 무위험자산을 포트폴리오에 편입하면 보다 효율적인 포트폴리오를 만들 수 있다.
마. 현재 포트폴리오의 세후기대수익률은 4.83%로 목표수익률 5.5%보다 낮아 주식 비중을 확대하여야 한다.

(단위 : 천원)

구분	세후기대수익률	평가금액	투자비중	포트폴리오 기대수익률
CMA	4%	42,400	21.13%	
정기적금	3%	11,363	5.66%	
적립식 채권형펀드	4%	23,153	11.54%	
적립식 주식형펀드	7%	(20,268)	10.10%	4.83%
장기주택마련저축	4.8%	47,034	23.44%	
변액연금보험	7%	11,088	5.53%	
연금보험	5%	45,360	22.60%	
합계		(200,666)	100.00%	

13 신해철씨가 가입을 고려하고 있는 주식형펀드의 성과평가에 대한 자료가 다음과 같을 때 분석 내용으로 적절하지 **않은** 것을 고르시오.(단, 무위험 이자율은 3.7%이다.)

펀드명	실현 수익률	펀드 베타	수익률 표준편차	벤치마크 수익률	트래킹에러 표준편차
주식형A	8.5%	1.2	23%	9%	3%
주식형B	6.5%	0.8	11%	6%	1%

① 펀드 A의 젠센알파값은 −1.56%로 증권선택 능력이 부족하다고 할 수 있다.
② 약세장이 예상되면 주식형B 펀드를 선택하는 것이 유리하다.
③ 펀드B의 정보비율은 +0.5로 펀드A에 비해 부담한 위험 대비 수익률이 높다.
④ 펀드B의 트레이너지수는 0.035로 펀드A보다 체계적 위험 대비 성과가 낮다.
⑤ 펀드B의 샤프지수는 0.2545로 펀드A보다 총위험 대비 성과가 낮다.

정답 | ⑤

해설 |

펀드명	젠센알파	샤프척도	트레이너척도	정보비율
주식형A	−1.56%	0.2087	0.040	−0.1667
주식형B	+0.96%	0.2545	0.035	+0.5000

14 신해철/이소연씨 자녀 중 신세경이 2년 후 유학을 갈 예정이며 5년 후 주택확장을 위해 해외투자를 계획하고 있다. 아래 정보를 참고로 하여 다음 설명 중 적절하지 **않은** 것을 고르시오.(단, 적립식 주식형펀드와 장기주택마련저축은 해지하여 해외투자하고 추가저축은 없는 것으로 가정한다.)

[유학자금]
- 내년부터 현재물가기준으로 한해에 $50,000 필요하다.
- 적립식 주식형펀드를 해지하여 미국국채에 투자한다(세후 투자수익률 연 5%).
- 현재시점 환율은 1,100원/$이다.
- 2년 후 만기 선물환율은 1,100원/$으로 예상된다.
- 기타 경비 및 세금, 법률적인 문제는 없는 것으로 가정한다.

[주택확장비용]
- 주택확장비용은 현재 물가기준으로 80,000천원 정도를 예상하고 있으며 매년 2%씩 상승하는 것으로 가정한다.

① 유학자금 해외투자 시 선물환거래를 하지 않을 경우 만약 2년 후 환율이 1,080원/1$으로 하락한다면 선물환을 거래했을 때와 비교 시 원화로 406천원 정도 투자이익이 감소한다.
② 미국국채는 무위험자산이며, 선물환으로 환율변동을 헤지하였다면 향후 환율변동방향과 무관하게 투자이익은 투자당시에 고정된다.
③ 주택확장비용마련을 위해 기대수익률이 10%인 미국 IT주에 투자한다고 가정 시 투자목적 달성을 위한 5년 후 적정환율은 1,283원/1$이다.
④ 단기의 환율변동위험을 헤지하기 위한 방법으로 선물환 헤징보다는 대차가 포함된 단기금융시장헤징을 이용하는 것이 안정성 면에서 효율적이다.
⑤ 향후 환율상승이 예상되면 미리 달러로 환전하는 것이 수익률 측면에서 효율적이다.

정답 | ④
해설 | ① 선물환 거래 시 : (20,268/1.1)× 1.05^2 = 20,314.064×1.1 = 22,345.470천원
선물환 미거래 시 : (20,268.000/1.1)× 1.05^2 = 20,314.064×1.08 = 21,939.189천원
22,345.470 − 21,939.189 = 406.281천원
③ {(47,034/1.1)× 1.1^5}× 5년 뒤 적정환율 = 80,000× 1.02^5 = 88,326.464천원
5년 뒤 적정환율 = 1,282.7/1$
④ 단기의 환율변동위험을 헤지할 때 선물환과 단기금융시장헤징을 이용할 수 있으며 두 방법 중 어느 방법이 효율적이라기보다는 헤징비용이 낮은 방법을 이용하면 된다.

15 신해철/이소연 씨 부부의 2025년 귀속 종합소득세 신고에 대한 설명으로 적절하지 **않은** 것을 고르시오.

① 신해철씨가 신세경과 신동엽에 대한 공제를 모두 받는다고 가정하면, 자녀세액공제에 해당하는 금액은 250,000원이다.
② 신해철씨의 경우 보장성생명보험료와 자동차보험료 등의 합계가 연 1,000천원을 초과하여 보험료세액공제 대상에 해당하는 보험료는 1,000천원이 된다.
③ 신해철씨가 이소연씨를 위해 지출한 의료비와 교육비는 특별세액공제를 적용받을 수 없다.
④ 이소연씨가 신세경에 대한 기본공제를 받은 경우, 신해철씨가 신세경을 위하여 지출한 의료비와 교육비는 세액공제가 불가능하다.
⑤ 이소연씨가 지출한 기부금은 신해철씨가 공제를 할 수 없다.

정답 | ③
해설 | ③ 맞벌이 부부의 경우 배우자를 위해 지출한 의료비도 의료비세액공제대상 의료비에 포함되며, 배우자를 위해 지출한 교육비는 교육비세액공제대상 교육비에 포함되지 않는다.

16 신해철씨 가족의 부동산과 관련된 절세에 대한 조언으로 가장 적절한 것을 고르시오.

① 신해철씨가 아파트의 1/2을 올해 5월 중에 이소연씨에게 증여할 경우 가족단위로 볼 때 아파트에 대한 종합부동산세를 절세할 수 있다.
② 신문선씨로부터 테마상가D를 증여받을 경우 신해철씨 단독으로 증여받는 것보다 신해철씨 부부가 공동으로 증여받는 것이 취득세면에서 유리하다.
③ 신문선씨로부터 테마상가D를 증여받을 경우 부부가 공동으로 소유하면 토지분 재산세를 절세할 수 있다.
④ 소유한 아파트를 신세경에게 올해 7월 중에 증여한다면 신해철씨의 올해 재산세를 절세할 수 있다.
⑤ 신해철씨가 올해 5월 중에 이소연씨에게 아파트의 1/2을 증여할 경우 가족단위로 볼 때 재산세를 절세 할 수 있다.

정답 | ③
해설 | ① 해당 아파트는 기준시가가 9억원 미만으로 종합부동산세가 발생하지 않으므로 증여 등을 통한 절세효과가 발생하지 않는다.
② 취득세는 누진세율구조가 아니므로 절세효과가 발생하지 않는다.
④ 재산세는 과세기준일인 6월 1일 이내에 증여 또는 양도하여야 절세가 가능하다.
⑤ 재산세에서 주택은 물건별로 과세하므로 증여를 통해 절세를 할 수 없다.

17 신해철씨는 전처인 박신혜씨에게 가능한 많은 재산을 특정유증하고자 한다. 다른 상속인들의 유류분을 침해하지 않는 범위에서 유증하고자 할 때 각 상속인들의 상속분으로 가장 적절한 것을 고르시오.

> - 신해철씨의 금융재산은 13.5억원, 총부채는 9억원으로 가정함
> - 상속재산은 금융재산과 부동산만으로 한정하며, 보유 부동산은 2024년 12월 31일 현재 기준 시가로 평가함

	박신혜	이소연	신수지	신세경	신동엽
①	4.5억원	1.5억원	1억원	1억원	1억원
②	6억원	1.5억원	2억원	2억원	2억원
③	9억원	3억원	2억원	2억원	2억원
④	13.5억원	1.5억원	1억원	1억원	1억원
⑤	13.5억원	3억원	2억원	2억원	2억원

정답 | ④

해설 |

구분	법정상속분		법정유류분
	적극재산 = 금융재산 13.5억원 + 부동산 4.5억원 = 18억원	소극재산 9억원	유류분 산정에 기초가 되는 재산 : 금융재산 13.5억원 + 부동산 4.5억원 − 채무 9억원 = 9억원
이소연	18억원 × 3/9 = 6억원	9억원 × 3/9 = 3억원	9억원 × 3/9 × 1/2 = 1.5억원
신수지	18억원 × 2/9 = 4억원	9억원 × 2/9 = 2억원	9억원 × 2/9 × 1/2 = 1억원
신세경	18억원 × 2/9 = 4억원	9억원 × 2/9 = 2억원	9억원 × 2/9 × 1/2 = 1억원
신동엽	18억원 × 2/9 = 4억원	9억원 × 2/9 = 2억원	9억원 × 2/9 × 1/2 = 1억원

- 결국 적극재산 중 상속인들의 법정유류분을 제외한 금액 13.5억원(18억원 − 4.5억원)을 전처인 박신혜씨에게 특정유증하면 다른 상속인들의 유류분을 침해하지 않게 된다. 다만, 다른 상속인들의 상속재산은 소극재산이 적극재산을 초과하게 되어 한정승인을 해야 한다.

18 신해철씨가 사망할 경우 상속관계에 대한 다음 설명 중 가장 적절한 것을 고르시오.(단, 각 답지는 별개의 사항이다.)

> - 신해철씨의 금융재산은 13.5억원으로 가정함
> - 상속재산은 금융재산과 부동산만으로 한정하며, 보유 부동산은 2024년 12월 31일 현재 기준 시가로 평가함
> - 부채는 없는 것으로 가정함

① 신수지씨가 선사망할 경우 남편인 정범균씨의 상속분은 400,000천원이다.
② 신수지씨와 신해철씨가 동시사망할 경우 정승환의 상속분은 0원이다.
③ 이소연씨에게 아파트A를 특정유증하였을 경우 이소연씨의 구체적인 상속분은 600,000천원이다.
④ 신수지, 신세경, 신동엽이 동시에 상속포기할 경우 정승환의 상속분은 720,000천원이다.
⑤ 신해철씨와 신세경이 동시사망할 경우 신동엽의 상속분은 400,000천원이다.

정답 | ④
해설 | ① 18억원×2/9×3/5=2.4억원
② 18억원×2/9×2/5=1.6억원
③ 종국적인 상속분(상속이익) : 18억원×3/9=6억원
  - 구체적인 상속분 : 6억원-4.5억원(특별수익)=1.5억원
④ 신수지, 신세경, 신동엽이 동시에 상속포기할 경우 정승환은 차순위 상속권자로서 본위상속을 하게 되어 이소연, 정승환이 공동상속하게 되며 이 때 정승환은 18억원×2/5=7.2억원을 본위상속하게 된다.
⑤ 18억원×2/7=514,286천원

19 신문선씨의 상속과 관련된 세금의 내용으로 적절하지 **않은** 것을 고르시오.(단, 각 답지는 별개의 사항이다.)

① 신해철, 신지씨가 상속을 포기하여 배다해씨가 단독으로 상속받는 경우에도 일괄공제를 선택할 수 있다.
② 신문선씨의 아파트B를 배다해씨가 상속받을 경우에도 동거주택상속공제를 받을 수 없다.
③ 부동산을 상속받는 경우 상속세 부담이 클 수 있다. 따라서 상속세 납부자금 부담 때문에 부동산 매각을 고려하는 경우가 많은데, 부동산을 매각하는 시점에 따라 세금납부액이 달라질 수 있기 때문에 매각 전에 잘 따져보고 의사결정 할 필요가 있다.
④ 신문선씨의 아파트B를 신지씨가 상속 받고 추후에 양도할 때, 상속으로 취득한 부동산의 장기보유특별공제 적용 시 신문선씨가 취득한 날을 보유 기간의 기산일로 적용한다.
⑤ 신문선씨의 아파트B를 신지씨가 상속 받고 추후에 양도할 때, 상속으로 취득한 부동산의 세율 적용 시 신문선씨가 취득한 날을 보유 기간의 기산일로 적용한다.

정답 | ④

해설 | ④ 상속으로 취득한 부동산의 장기보유특별공제 적용 시 상속개시일을 보유기간의 기산일로 적용한다. 따라서 신문선씨의 아파트B를 신지씨가 상속 받고 추후에 양도할 때, 상속으로 취득한 부동산의 장기보유특별공제 적용 시 상속개시일을 취득한 날을 보유 기간의 기산일로 적용한다.

20 신해철씨의 재무설계(개인재무제표, 보장, 은퇴, 투자, 상속, 세금)에 대한 분석결과에 대한 적절한 설명으로 모두 묶인 것을 고르시오.

- 생명보험 총필요보장금액은 문제 4번에서 산출한 금액으로 함
- 자동차사고로 인한 신해철씨 사망 시 사망보험금은 문제 6번에서 산출한 금액으로 함
- 현재 보유한 포트폴리오에 대한 분석은 문제 12번에서 분석한 내용을 참고
- 각종 세제에 대한 절세효과분석은 16번과 19번 참고

가. 이들 부부의 가계수지상태지표는 69.2%이다.
나. 신해철씨가 자동차사고로 인해 사망 시 생명보험 및 자동차보험의 보험금지급액이 생애가치방법에 의한 생명보험 필요보장액보다 부족하여 추가적인 생명보험가입이 필요하다.
다. 현재 보유한 포트폴리오를 분석해보면 자료수집 시 가정했던 연 5.5%의 수익률 달성을 위해서는 상관계수가 '0'에 가까운 자산군에 자산배분하여 위험을 낮추고 기대수익률을 높일 수 있다.
라. 신문선씨 사망 시 만약 신문선씨가 정승환에게 상속재산 전액을 유증할 경우 일괄공제와 배우자상속공제로 10억원을 공제받아 상속세 부담은 감소하나 세대생략할증과세가 된다는 점을 주의하여야 한다.

① 가
② 가, 나
③ 나, 다
④ 다, 라
⑤ 가, 나, 다, 라

정답 | ①

해설 | 가. 고정지출+변동지출=2,874+4,507=7,381천원

- 가계수지상태지표 : $\frac{월총지출}{월순수입} = \frac{7,381}{10,667} = 69.19\%$

나. 생애가치방법에 의한 총생명보험필요보장액이 403,227천원이나 자동차보험의 사망보험금은 490,568천원, 생명보험상품에 지급되는 사망보험금(종신보험 재해사망특약 150,000천원 포함)은 476,448천원으로 추가적인 보험가입이 필요 없다.

다. 상관계수가 '+1'이 아닐 경우 즉, '-1'에 가까울수록 적정한 기대수익률을 유지하면서 포트폴리오 내 비체계적인 위험이 감소하는 효율적인 포트폴리오 구성이 가능하다.

라. 상속인이 아닌 자에게 상속재산 전액을 유증할 경우 항상 상속공제 한도액을 체크하여 일괄공제 및 배우자상속공제가 가능한지를 꼭 살펴보아야 한다.

CHAPTER 03 종합사례 Ⅲ

※ 근로소득자인 김동관씨는 10년 전에 박현진과 결혼하여 두 자녀를 두고 있는데 자녀들에 대한 교육에 헌신적이다. 특히 장애아인 둘째 자녀에 대한 애정이 남달라 교육뿐만 아니라 부양대책을 마련하기 위해 심혈을 기울이고 있다. 최근에는 직장에서 선배들이 조기퇴직하는 모습을 보면서 먼 장래라고 생각하고 있던 부부의 은퇴준비에 대해서도 관심이 많다. 이에 CFP® 자격인증자에게 종합재무설계를 의뢰하기로 하였다.

Ⅰ. 고객정보

- 동거가족
  - 김동관(42세) : 본인, 대기업 과장으로 9년 근속 중 연봉 66,000천원(실수령액 4,400천원)
  - 박현진(40세) : 배우자, 전업주부
  - 김민혁(10세) : 아들
  - 김준승(7세) : 아들, 장애인
- 부모 및 형제자매
  - 김종현(72세) : 부친, 김동관의 친모는 7년 전에 사망하였으며 김종현은 이숙희와 2년 전에 재혼하였음
  - 이숙희(62세) : 모친, 전 남편(17년 전 사별)과의 사이에 자녀 2명이 있으며 자녀들은 각각 분가하여 거주하고 있음
  - 김종관(38세) : 동생, 한서희와 결혼하여 자녀 김민주(4세)가 있으며 결혼하면서 분가하여 전세로 거주하고 있음
- 주거상황
  - 김동관은 2억원을 대출받아 현재의 주택을 구입함. 대출이율은 연 4.5% 월복리, 20년간 매월 말 원리금균등분할상환(현재 51회차 상환하였음)

Ⅱ. 고객 재무목표

1. 자녀교육자금 관련
   - 김민혁은 19세에 대학교에 입학하며 재학기간은 4년임
   - 대학교의 연간 교육비는 현재물가기준으로 20,000천원임
   - 교육비는 매년 교육비상승률만큼 상승하고 매년 초 필요함

2. 은퇴설계 관련
   - 은퇴기간 및 매년 필요한 은퇴소득(현재물가기준)
     - 부부 은퇴기간 : 김동관 나이 60세부터 85세까지 25년
     - 김동관 사망 후 박현진 독거기간 : 10년
     - 부부 은퇴기간 동안 필요 은퇴생활비 : 매년 36,000천원(박현진 독거기간에는 18,000천원)
     - 부부 각각 사망 전 3년간 간병비용 : 매년 10,000천원
   - 퇴직연금
     - 김동관이 근무하는 회사는 작년 12월 31일 퇴직금을 정산·지급하였으며, 올해 1월부터 확정기여형 퇴직연금제도를 도입하여 시행 중임
     - 김동관은 55세에 퇴직할 예정이며 퇴직연금은 60세부터 연금으로 수령할 계획임
   - 현재 준비하고 있는 은퇴자산은 변액연금보험뿐이며 은퇴자금 마련을 위한 추가저축은 적립식 채권혼합형펀드에 투자하기를 희망하고 있음
   - 은퇴 후 은퇴자산의 세후투자수익률 : 연 5.0%
   - 국민연금은 매년 초 지급되고 은퇴소득 및 간병비용은 매년 초 필요하며 매년 물가상승률만큼 증가함

3. 상속증여 관련
   - 김종현은 생전증여를 통해 장애인인 손자 김준승의 부양대책을 마련해줄 계획을 하고 있음

4. 기타 재무목표
   - 주택담보대출상환 관리
   - 각종 위험에 대한 보험설계
   - 재무목표 달성을 위한 투자설계
   - 절세를 위한 세금설계

Ⅲ. 재무정보(2024년 12월 31일 현재)

1. 현금성 및 저축성 자산

(단위 : 천원)

구분	명의	가입일	만기일	투자원금	평가금액	자금용도
CMA	김동관	2024.8.	–	17,130	17,340	–
보통예금	박현진	2024.1.		4,000	4,000	–
정기예금	박현진	2022.4.	2025.4.	6,100	6,582	–
합계				27,230	27,922	

*평가금액은 상시 인출 가능하며 인출 관련 수수료 및 세금은 없음(이하 동일)

2. 투자자산

(단위 : 천원)

구분	명의	가입일	월납입액	투자원금	평가금액	세후투자수익률 (연)[1]	자금용도
거치식 주식혼합형펀드	김동관	2022.9.	–	20,000	24,335	7.17%	김민혁 자녀교육
적립식 주식형펀드[2]	박현진	2023.1.	500	12,000	12,813	7.00%	자녀결혼
합계			500	32,000	37,148		

1) 투자 이후 현재까지의 수익률
2) 첫째 결혼시점까지 계속 납입할 계획임

3. 연금자산

(단위 : 천원)

구분	명의	가입일	납입기간	월납입액	투자원금	평가금액
변액연금보험	김동관	2023.1.	60세납	500	12,000	3,640

*피보험자는 김동관이며 60세부터 종신연금으로 수령할 예정
*연금개시 전에 김동관 사망 시 10,000천원의 사망보험금과 사망시점의 해약환급금이 지급됨

4. 사용자산

(단위 : 천원)

구분	명의	취득일	취득 당시 기준시가/취득원가	현재 기준시가/적정시세	비고
아파트A	김동관	2020.10.	300,000/350,000	360,000/420,000	전용면적 85m²

5. 보장성보험
   (1) 생명보험

구분	종신보험[1]	암보험[2]
계약자	박현진	김동관
피보험자	김동관	박현진
수익자	박현진	박현진
보험가입금액	200,000천원	30,000천원
계약일	2020.8.6.	2017.2.16.
만기일	–	80세 만기
월납보험료	215천원	45천원
해지환급금	5,100천원	1,220천원
보험료납입기간	20년납	20년납

1) 일반사망 시 주계약에서 200,000천원, 재해사망 시 60세까지 100,000천원이 추가로 지급됨
2) 만기환급형형이며 암 진단 시 30,000천원, 암수술 1회당 3,000천원, 암 사망 시 사망보험금 10,000천원이 지급됨

(2) 자동차보험

피보험자(소유자)		김동관
계약일~만기일		2024.12.1.~2025.12.1.
보험가입금액	대인 I	자배법 시행령에서 정한 금액
	대인 II	100,000천원
	대물	자배법 시행령에서 정한 금액
	자기신체사고	미가입
	무보험자동차상해	미가입
	자기차량손해	자기부담금 : 자기차량 손해액의 20% (최저 200천원~최고 500천원)
	특약	부부한정운전특약
보험료		연간 580천원

(3) 주택화재보험

계약자/피보험자	김동관
계약일~만기일	2024.12.1.~2025.12.1.
보험가입금액	건물 : 100,000천원, 가재도구 : 20,000천원
보험료	연간 120천원

6. 공적연금

구분	가입자	가입일	연금개시연령	연간 연금액(현재물가기준)
국민연금	김동관	2013.1.3.~현재	65세	9,600천원

Ⅳ. 부모 재산현황(2024년 12월 31일 현재)

1. 금융자산
   - 김종현 명의의 예금 : 58,000천원
   - 이숙희 명의의 예금 : 85,000천원

2. 부동산자산

(단위 : 천원)

구분	명의	취득일	취득 당시 기준시가/취득원가	현재 기준시가/적정시세	비고
아파트B	김종현	2007.5.	80,000/150,000	550,000/650,000	
상가A	김종현	2011.3.	100,000/200,000	400,000/600,000	• 임대보증금 : 200,000 • 월세 : 3,000
상가B	김종현	2018.7.	300,000/400,000	500,000/800,000	• 임대보증금 : 300,000 • 월세 : 3,500

*상가A와 B의 요구수익률은 5.5%이며, 상가에서 사업소득금액이 5천만원 정도 발생함

3. 기타
   - 김종현은 김동관이 2020년 아파트A 구입자금이 부족하여 현금 100,000천원을 증여하였음

V. 재무제표

• 재무상태표(2024년 12월 31일 현재)

(단위 : 천원)

자산				부채 및 순자산			
	항목		금액	명의	항목	금액	명의
금융 자산	현금성자산				유동 부채	신용카드 잔액	1,670	김동관
	보통예금	4,000	박현진				
	CMA[1]	17,340	김동관	비유동 부채	주택모기지	( )	김동관
	저축성자산				–	–	–
	정기예금	6,582	박현진	총부채	( )	
	투자자산						
	거치식 주식혼합형펀드	24,335	김동관				
	적립식 주식형펀드	12,813	박현진				
	변액연금보험	3,640	김동관				
	금융자산 총액	68,710					
부동산 자산		–	–				
	부동산자산 총액	–					
사용 자산	거주 부동산	420,000	김동관				
	자동차	27,500	김동관				
	기타 사용자산	15,000	김동관				
	사용자산 총액	462,500					
기타 자산	보험해약환급금[2]	6,320	합산				
	기타자산 총액	6,320					
총자산		537,530		**순자산**	( )	

1) 2024년 8월 6일에 상장주식을 매도한 금액
2) 종신보험과 암보험 해약환급금

• 월간 현금흐름표(2024년 12월)

(단위 : 천원)

구분	항목	금액
Ⅰ. 수입		4,400
Ⅱ. 변동지출	본인 용돈	(500)
	배우자 용돈	(0)
	자녀(보육비, 사교육비 등)	(500)
	기타생활비(의식주, 공과금 등)	(875)
	변동지출 총액	(1,875)
Ⅲ. 고정지출	보장성보험료 등	(260)
	주택담보대출 이자	(644)
	고정지출 총액	(904)
저축 여력(Ⅰ - Ⅱ - Ⅲ)		1,621

IV. 저축·투자액	대출상환원금	(621)
	적립식 주식형펀드	(500)
	변액연금보험	(500)
	저축·투자액 총액	**(1,621)**
추가저축 여력(순현금흐름)(Ⅰ-Ⅱ-Ⅲ-Ⅳ)		0

Ⅵ. 분석을 위한 가정

- 물가상승률 : 연 2.0%
- 부동산가치상승률 : 연 2.0%
- 교육비상승률 : 연 4.0%
- 금융자산의 세후투자수익률 : 연 5.0%
  - 현금성 및 저축성 자산 : CMA 연 2.0%, 보통예금 연 0.1%, 정기예금 연 2.5%
  - 투자자산 : 거치식 주식혼합형펀드 연 7.0%, 적립식 주식형펀드 연 7.0%, 적립식 채권혼합형펀드 연 5.0%
  - 연금자산 : 변액연금보험 연 3.0%

---

01 김동관씨 부부의 재무상태표를 분석한 내용에 대한 적절한 설명으로 모두 묶인 것은?

> 가. 현금성자산을 비상예비자금으로 사용한다면 부부가 보유한 비상예비자금은 21,340천원이다.
> 나. 적립식 주식형펀드 금액은 작년 11월~12월 2개월 기준가격의 평균값이다.
> 다. 현재 남은 모기지 잔액은 178,384천원이다.
> 라. 순자산 금액은 364,762천원이다.

① 가, 다 ② 가, 라
③ 나, 다 ④ 나, 라
⑤ 다, 라

정답 | ②

해설 | 가. 보통예금 4,000 + CMA 17,340 = 21,340천원
　　　　나. 적립식 주식형펀드 금액은 재무상태표 작성일 당시 평가금액이다.
　　　　다. 주거관련 모기지 잔액 : 171,098천원
　　　　　　PV : 200,000, N : 240, I/Y : 4.5÷12, PMT(E)? 1,265천원
　　　　　　AMORT, P1 : 51, P2 : 51, BAL? 171,098천원
　　　　라. 순자산 : 총자산 537,530 - 총부채 172,768(= 1,670 + 171,098) = 364,762천원

02 김동관씨 부부의 재무상태 분석 및 평가에 대한 적절한 설명으로 모두 묶인 것은?

> 가. 이들 부부의 가계수지상태지표는 63.16%이다.
> 나. 주거관련부채상환비율은 23.0%로 가이드라인 28% 이내이다.
> 다. 주거관련부채부담률은 31.8%로 가이드라인 30%를 초과하고 있다.
> 라. 비상예비자금지표는 월생활비의 약 7.7배로 비상예비자금을 충분히 보유하고 있다.

① 가, 나, 다
② 가, 나, 라
③ 가, 다, 라
④ 나, 다, 라
⑤ 가, 나, 다, 라

정답 | ⑤

해설 | 가. 가계수지상태지표 : $\dfrac{월총지출}{월순수입} = \dfrac{(1,875+904)}{4,400} = \dfrac{2,779}{4,400} = 63.16\%$

나. 월 총수입 : 66,000÷12 = 5,500천원

• 주거관련부채상환비율 : $\dfrac{주거관련부채상환액}{월총수입} = \dfrac{1,265}{5,500} = 23.01\%$

다. 주거관련부채부담률 : $\dfrac{주거관련부채}{총자산} = \dfrac{171,098}{537,530} = 31.83\%$

라. 비상예비자금지표 : $\dfrac{21,340}{2,779} = 7.679$배

03 CFP® 자격인증자가 자녀 김민혁의 대학교육자금 마련을 위해 다음과 같은 제안을 하고 있다. 이와 관련한 CFP® 자격인증자의 설명으로 가장 적절한 것은?

> • 교육자금 마련을 위한 기존의 저축과 추가저축은 김민혁이 대학입학하기 전까지 계속 투자한다.
> • 교육자금 마련을 위한 추가저축은 적립식 주식형펀드를 새로 가입하여 매월 말 500천원을 저축한다.

① 대학입학시점에서 22,723천원이 부족하여 매월 153천원씩을 추가로 저축하면 된다.
② 현재시점에서 22,723천원이 부족하여 매월 282천원씩을 추가로 저축하면 된다.
③ 대학입학시점에서 35,044천원이 부족하여 매월 236천원씩을 추가로 저축하면 된다.
④ 현재시점에서 35,044천원이 부족하여 매월 335천원씩을 추가로 저축하면 된다.
⑤ 교육자금 마련을 위해 CFP의 제안대로 실천하면 추가저축 없이 교육자금을 마련할 수 있다.

정답 | ⑤
해설 | • 자녀 김민혁의 대학교육비(현재시점)
　　　　CF0 : 0, C01 : 0, F01 : 8, C02 : 20,000, F02 : 4, I : (7−4)÷1.04, NPV? 59,379천원
　　• 현재시점 교육자금 부족액 : 59,379−주식혼합형펀드 24,335=35,044천원
　　• 매월 필요 저축액
　　　　PV : 35,044, N : 9×12, I/Y : 0.5654, PMT(E)? 434천원
　　　　(ICONV, EFF : 7, C/Y : 12, NOM? 연 6.785% 월복리÷12=월 0.5654%)
　　※ 제안받은 500천원 저축 외에 추가저축 필요 없음

04 김동관씨가 질병으로 조기사망할 경우 유가족이 현재 보유한 유동자산만으로 생활할 수 있는 기간으로 가장 적절한 것은?

> • 김동관 부부의 연간 가계지출은 고정지출과 변동지출의 합으로 계산함
> • 김동관 본인의 지출비용은 연간 20,000천원임
> • 총부채상환액은 주택담보대출 잔액, 신용카드 등의 합계금액임
> • 김동관 사망에 따른 국민연금의 유족연금은 반영하지 않음

① 1년 이하　　　　　　　　　　　② 1년 초과~2년 이하
③ 2년 초과~3년 이하　　　　　　 ④ 3년 초과~4년 이하
⑤ 4년 초과~5년 이하

정답 | ②
해설 | • 유동자산 : 현금성 및 저축성 자산+사망보험금−총부채=68,794천원
　　　　−사망보험금 : 종신보험 200,000+변액연금보험 13,640=213,640천원
　　　　−유동자산 : 27,922+213,640−172,768=68,794천원
　　• 매년 필요비용 : 58,000−20,000=38,000천원
　　• 유지기간 : 1.82년
　　　　PV : 68,794, I/Y : (5−2)÷1.02, PMT(B) : −38,000, N? 1.8322년

05 김동관씨 부부가 가입한 보험상품에 대한 분석내용으로 가장 적절한 것은?

① 김동관이 오늘 재해로 사망할 경우 종신보험에서 지급되는 사망보험금은 100,000천원이다.
② 김동관 사망 시 종신보험에서 지급되는 사망보험금은 상속세 과세대상이다.
③ 김동관이 보장성보험료세액공제를 받을 수 있는 상품은 박현진이 피보험자인 암보험이 유일하다.
④ 주택에 화재가 발생하는 경우 지급보험금은 가입 시 평가한 보험가액을 기준으로 산정한다.
⑤ 변액연금보험은 가입자의 선택에 의해 연금수령기간 중 특별계정에서 운용하면서 연금을 수령할 수 있다.

정답 | ⑤
해설 | ① 김동관이 재해로 사망할 경우 주계약에서 200,000천원에 재해사망특약 100,000천원이 추가로 지급되어 총 300,000천원이 지급됨
② 박현진이 계약자, 수익자이므로 과세대상 아님
③ 박현진이(기본공제대상자)이 계약자인 종신보험과 자동차보험, 주택화재보험도 보장성보험료세액공제를 받을 수 있음
④ 주택화재보험의 지급보험금 산정시 보험가액은 사고발생시점에서 평가한 보험가액을 기준으로 산정

06 김동관씨가 가입한 자동차보험에 대한 설명으로 적절하지 않은 것은?

① 김동관이 운전 중 과실로 피해자가 사망을 하였다면 최대 150,000천원이 보상된다.
② 김동관이 운전 중 대물사고가 발생한 경우 최대보상금액은 20,000천원이다.
③ 김동관이 운전 중 과실로 사고가 발생하여 본인의 신체손해가 있어도 보상받지 못한다.
④ 김동관이 다른 자동차를 운전 중 대인사망사고가 발생하는 경우 보험금이 지급되지 않는다.
⑤ 김동관의 과실로 차량손해가 발생한 경우 손해액의 20%(최대 500천원)는 본인이 부담해야 한다.

정답 | ①
해설 | ① 대인사망사고의 사망보험금은 최대 2.5억원(대인 I에서 1.5억원, 대인 II에서 1억원)까지 보상됨
④ 무보험차상해특약 또는 다른자동차운전특약을 가입하지 않았으므로 김동관이 다른 자동차를 운전하다 발생하는 대인/대물사고 손해에 대한 보험금을 지급하지 않음

07 이들 부부의 은퇴소득원에 대한 분석내용으로 적절하지 않은 것은?

① 이들 부부가 은퇴기간 중 수령하는 국민연금의 가치를 은퇴시점에서 일시금으로 평가하면 현재물가기준으로 152,460천원이 된다.
② 김동관이 55세에 퇴직하는 경우 퇴직급여는 개인형 퇴직연금(IRP)계좌로 지급받고 연금수령하는 경우 이연퇴직소득세의 30%(40%)가 경감된다.
③ 김동관이 퇴직하면서 퇴직급여를 지급받은 IRP계좌에서 이전된 적립금 전액을 일시금으로 인출하는 경우 인출금액 전액에 대해 퇴직소득세가 과세된다.
④ 변액연금보험은 특별계정의 투자실적에 따라 연금적립금이 변동될 수 있기 때문에 투자위험 관리에 유의해야 한다.
⑤ 변액연금보험의 연금개시 이후 적립금은 일반계정 또는 특별계정에서 운용할 수 있다.

정답 | ③
해설 | ① 은퇴시점에서 평가한 노령연금 및 유족연금의 일시금 가치(현재물가기준) : 152,460천원
CF0 : 0, C01 : 0, F01 : 4, C02 : 9,600, F02 : 20, C03 : 5,760, F03 : 10, I : (5−2)÷1.02, NPV? 152,460천원 가치
③ 김동관 퇴직 시 DC형 퇴직연금계좌의 적립금(사용자부담금, 본인부담금 및 운용수익)이 IRP계좌로 이전 지급되며, IRP에서 일시금 인출을 하는 경우 사용자부담금은 퇴직소득세, 세액공제 받은 본인부담금과 퇴직연금계좌의 운용수익에 대해서는 기타소득세가 과세됨

08 이들 부부의 은퇴목표를 달성하기 위한 은퇴필요소득에 대한 분석내용으로 적절하지 않은 것은?

① 간병비를 제외한 부부의 총은퇴일시금은 은퇴시점물가기준으로 819,681천원이다.
② 은퇴시점에서 부부의 간병비는 은퇴시점물가기준으로 27,140천원이다.
③ 총은퇴일시금의 크기는 은퇴까지의 기간, 기대수명, 은퇴소득목표, 물가상승률 및 은퇴기간 중 은퇴자산의 세후투자수익률 등에 영향을 받는다.
④ 은퇴기간 중 은퇴자산에 대한 연평균수익률이 가정한 수익률과 동일하게 발생하더라도 은퇴 초기에 가정한 세후투자수익률이 평균수익률보다 낮을 경우 총은퇴일시금은 증가하게 된다.
⑤ 총은퇴일시금 산정시 제반 가정조건의 불완전성 때문에 은퇴예비자금을 추가적으로 준비하는 것이 바람직하다.

정답 | ②
해설 | ① 간병비 제외 총은퇴일시금 : 819,681천원
• 은퇴기간 중 매년 부족소득액
− 부부 은퇴기간 : 60세~64세말 36,000천원, 65세~84세말 26,400천원(=36,000−9,600)
− 박현진 독거기간 : 박현진 나이 83세~92세말 12,240천원(=18,000−9,600×0.6)
• 총은퇴일시금
CF0 : 36,000, C01 : 36,000, F01 : 4, C02 : 26,400, F02 : 20, C03 : 12,240, F03 : 10, I : (5−2)÷1.02, NPV? 573,907천원 가치×1.02^{18}=819,681천원

② 간병비 : 38,470천원

　　CF0 : 0, C01 : 0, F01 : 21, C02 : 10,000, F02 : 3, C03 : 0, F03 : 7, C04 : 10,000, F04 : 3,
　　I : (5−2)÷1.02, NPV : 26,935천원 가치×1.02^{18} = 38,470천원

④ 총은퇴일시금 산정 시 적용하는 은퇴자산에 대한 세후투자수익률은 계산의 편의상 은퇴기간 중 연평균수익률을 사용하고 있으며, 이때 사용하는 연평균수익률은 금액가중 평균수익률 개념이 아니어서 은퇴초기에 평균수익률보다 낮은 수익률이 발생하게 되면 필요한 총은퇴일시금 규모가 증가하게 되는 수익률 발생순서 위험에 노출됨

09 부부의 정보와 다음의 추가정보를 참고한 다음 설명 중 적절하지 **않은** 것은?

- 은퇴시점에 추가로 필요한 은퇴일시금 : 496,000천원
- 추가저축에 대한 세후투자수익률 : 연 5.0%

① 현재시점에서 일시금으로 15,985천원을 투자하면 부부 각각의 간병비를 해결할 수 있다.
② 현재시점에서 일시금으로 206,098천원을 투자하면 은퇴시점에서 추가로 필요한 은퇴일시금을 마련할 수 있다.
③ 지금부터 13년간 매월 초 1,273천원을 투자하면 은퇴시점에서 추가적으로 필요한 은퇴일시금을 마련할 수 있다.
④ 만약 은퇴자금 마련을 위한 추가저축을 하지 않고 부부의 은퇴기간만을 고려하면 필요한 은퇴소득에 현재물가기준으로 매년 19,247천원의 은퇴소득이 부족하게 된다.
⑤ 추가저축으로도 추가적으로 필요한 은퇴일시금 마련이 어려운 경우 은퇴시기를 늦추거나 은퇴목표를 조정하는 방안도 검토할 필요가 있다.

정답 | ③
해설 | ① 간병비 해결을 위한 현재시점에서의 투자액 : 38,470÷1.05^{18} = 15,985천원
　　② 현재시점에서 추가적으로 필요한 일시금 : 496,000÷1.05^{18} = 206,098천원
　　③ 추가적으로 필요한 은퇴일시금 마련을 위한 저축액 : 1,781천원
　　　• 13년간 저축하는 경우 매월 초 저축액
　　　　PV : 206,098, N : 13×12 = 156, I/Y : 0.4074, PMT(B)? 1,781천원
　　　　(ICONV, EFF : 5, C/Y : 12, NOM? 연 4.8889% 월복리÷12 = 월 0.4074%)
　　④ PV : 496,000, N : 25, I/Y : (5−2)÷1.02, PMT(B)? 27,489천원÷1.02^{18} = 19,247천원
　　⑤ 추가저축에 대한 세후투자수익률을 1%p 높일 경우
　　　• 현재시점에서 추가적으로 필요한 일시금 : 496,000÷1.06^{18} = 173,771천원
　　　• 연 6%의 월이율(이율전환)
　　　　ICONV, EFF : 6, C/Y : 12, NOM? 연 5.8411% 월복리÷12 = 월 0.4868%
　　　• 13년간 저축하는 경우 매월 초 저축액
　　　　PV : 173,771, N : 13×12 = 156, I/Y : 0.4868, PMT(B)? 1,585천원

10 김동관씨와 그의 부친이 보유하고 있는 부동산에 대한 적절한 설명으로 모두 묶인 것은?

> 가. 김동관이 보유한 아파트를 배우자에게 증여하면 증여세를 납부해야 한다.
> 나. 부친이 장애가 있는 손주를 위해 생전증여를 고려할 경우 절세측면만 고려하면 아파트 등 주거용부동산을 증여하는 것이 좋다.
> 다. 수익용부동산은 임대수익을 기준으로 투자가치를 분석하므로 상가B의 투자가치가 더 높다고 할 수 있다.
> 라. 이들 부부가 은퇴자산이 부족한 경우 주택연금을 신청하여 추가적인 은퇴소득을 확보할 수 있다.

① 라
② 가, 나
③ 다, 라
④ 가, 나, 다
⑤ 나, 다, 라

정답 | ①

해설 | 가. 배우자에게 증여 시 증여재산공제 금액이 6억원이므로 증여세는 0원임
　　　나. 증여세를 감안하면 시가 산정이 어려워 보충적 평가방법이 적용되는 부동산을, 부동산 중에는 현금흐름이 있는 수익용부동산을 증여하는 것이 좋음
　　　다. 상가B의 현재가치가 더 크지만 수익용부동산 투자결정은 임대소득과 매각대금의 현재가치에서 초기투자 금액을 공제한 금액(NPV)이 큰 투자안을 결정해야 하므로, 임대소득만을 대상으로 한 투자가치분석은 바람직한 방법이 아님
　　　라. 주택연금은 부부 중 1인이 55세 이상이고, 부부기준 공시가격 등이 12억원 이하인 경우 신청가능하며, 김동관의 은퇴시점에서 주택평가액은 599,863천원으로 주택연금 신청이 가능함
　　　　・ $420{,}000 \times 1.02^{18} = 599{,}863$천원

11 김동관씨가 보유하고 있는 아파트의 대출에 대해 아래와 같은 조건으로 대환대출을 제안할 경우, 이와 관련한 CFP® 자격인증자의 설명으로 적절하지 **않은** 것은?

> ・신규대출 조건
> 　－이자율 : 연 3.6% 월복리
> 　－대출기간 : 20년
> 　－상환방식 : 매월 말 원리금균등분할상환
> ・재대출 시 대출비용 : 35천원
> ・기존대출에 대한 조기상환수수료는 없음
> ・매월 원리금차액 및 일시금 현가 산출 시 연 6% 월복리로 산출함
> ・DSR(총부채원리금상환비율) 산출 시 신용카드 잔액은 무시함

① 현재 대출잔액은 171,098천원으로 지난 51개월 동안 대출금상환액이 28,902천원이다.
② 대출금상환에 따른 작년도 소득공제 대상액은 15,180천원이며, 대환대출 시 올해 소득공제 대상액은 12,131천원이다.
③ DSR 적용 지표가 20%라고 하더라도 대환대출이 가능하다.
④ 현재의 대출을 정상적으로 상환해 나가면 10년 후 잔액은 76,799천원이며, 현재시점에서 대환대출을 할 경우 10년 후 대출잔액은 100,761천원이다.
⑤ 신규 대출금으로 원리금상환시 10년 동안 매월 원리금차액 및 일시금 차액의 현재가치는 10,591천원이 절감되므로 대출갈아타기를 할 필요가 있다.

정답 | ②
해설 | 〈현재의 대출 관련 분석〉
- 현재 대출잔액 : 171,098천원, 51개월 동안 대출금상환액 28,902천원
  PV : 200,000, N : 240, I/Y : 4.5÷12, PMT(E)? 1,265천원
  AMORT, P1 : 1, P2 : 51, BAL? 171,098천원, PRN? 28,902천원
- 작년도 소득공제 대상 이자상환액
  P1 : 40, P2 : 51, INT? 7,879천원
- 현재의 대출을 정상적으로 상환할 경우 10년 후 잔액
  P2 : 171, BAL? 76,799천원

〈대환대출 관련 분석〉
- 대환대출 시 올해 소득공제 대상 이자상환액
  PV : 171,098, N : 240, I/Y : 3.6÷12, PMT(E)? 1,001천원
  AMORT, P1 : 1, P2 : 12, INT? 6,062천원
- 올해 DSR : 12,013(=1,001×12)÷66,000=18.2%
- 10년 후 대출잔액
  P2 : 120, BAL? 100,761천원

〈대출상환 원리금의 현금흐름 분석〉
- 월상환액 차액의 현가
  - 월상환액 차액 : 1,265−1,001=264천원
  - 월상환액 차액의 현가
    PMT(E) : 264, N : 120, I/Y : 0.5, PV? 23,796천원
- 대출잔액 차액의 현가
  - 대출잔액 차액 : 76,799−100,761=−23,962천원
  - 대출잔액 차액의 현가 : $-23,962 \div 1.005^{120} = 13,170$천원
- 10년간 절감액의 현가 : 23,796−13,170−35(재대출 시 대출비용)=10,591천원

12 김동관씨의 부친이 추가적인 생활자금이 필요하여 보유 중인 상가A 또는 상가B를 담보로 2억원을 대출받으려고 한다. 이 경우 상가A, B 각각의 기대수익률 변화에 대한 설명으로 가장 적절한 것은?(단, 만기일시상환이며 대출이율은 연 5.4% 가정한다.)

① 상가A의 임대수익이 현상태를 유지하는 경우 자기자본투자수익률이 현재보다 약 4.4%p 상승하는 긍정적(+) 레버리지효과가 발생한다.
② 상가B의 임대수익이 현상태를 유지하는 경우 자기자본투자수익률이 현재보다 약 2.0%p 상승하는 부정적(-) 레버리지효과가 발생한다.
③ 상가A의 임대수익이 현상태 유지와 30% 하락할 확률이 각각 50%일 경우 자기자본수익률은 9.9%로 현재보다 낮아지게 된다.
④ 상가B의 임대수익이 현상태 유지와 30% 하락할 확률이 각각 50%일 경우 자기자본수익률은 8.3%로 현재보다 낮아지게 된다.
⑤ 임대수익이 30% 하락할 확률이 50%가 된다면 상가B를 담보로 대출을 받는 것이 유리하다.

정답 | ④
해설 | ① 자기자본투자수익률이 3.6%p 상승하는 긍정적(+) 레버리지효과가 발생
- 대출 전 자기자본투자수익률 : 9%
  - 자기자본 : 600,000 - 보증금 200,000 = 400,000천원
  - 자기자본투자수익률 : $\frac{36,000}{400,000}$ = 9%
- 대출 후 자기자본투자수익률 : 12.6%
  - 자기자본 : 400,000 - 대출금 200,000 = 200,000천원
  - NOI : 36,000 - 10,800(연 5.4%) = 25,200천원
  - 자기자본투자수익률 : $\frac{25,200}{200,000}$ = 12.6%
- 12.6% - 9% = 3.6%p 상승

② 자기자본투자수익률이 2%p 상승하는 긍정적(+) 레버리지효과가 발생
- 대출 전 자기자본투자수익률 : 8.4%
  - 자기자본 : 800,000 - 보증금 300,000 = 500,000천원
  - 자기자본투자수익률 : $\frac{42,000}{500,000}$ = 8.4%
- 대출 후 자기자본투자수익률 : 10.4%
  - 자기자본 : 500,000 - 대출금 200,000 = 300,000천원
  - NOI : 42,000 - 10,800(연 5.4%) = 31,200천원
  - 자기자본투자수익률 : $\frac{31,200}{300,000}$ = 10.4%
- 10.4% - 8.4% = 2%p 상승

③ 대출 후 A상가의 자기자본투자수익률은 9.9%로 현재보다 0.9%p 상승함
- 임대수익이 30% 하락할 경우 자기자본투자수익률 : $\frac{(36,000 \times 0.7 - 10,800)}{200,000}$ = 7.2%
- 확률을 감안한 자기자본수익률 : (0.5 × 12.6%) + (0.5 × 7.2%) = 9.9%

④ 대출 후 B상가의 자기자본투자수익률은 8.3%로 현재보다 0.1%p 낮아짐
- 임대수익이 30% 하락할 경우 자기자본투자수익률 : $\frac{(42,000 \times 0.7 - 10,800)}{300,000} = 6.2\%$
- 확률을 감안한 자기자본수익률 : $(0.5 \times 10.4\%) + (0.5 \times 6.2\%) = 8.3\%$

⑤ 임대수입이 30% 감소할 확률이 50%인 경우 상가A는 긍정적(+) 레버리지, B는 부정적(-) 레버리지 효과가 나타나므로 상가A에서 대출하는 것이 바람직함

13 김동관씨 부부가 현재 저축 및 투자하고 있는 금융자산 포트폴리오(보통예금과 변액연금보험 제외)에서 기대되는 세후투자수익률로 가장 적절한 것은?

① 포트폴리오의 세후투자수익률은 약 3.10%로 목표수익률 달성을 위해서는 주식형자산의 비중을 높일 필요가 있다.
② 포트폴리오의 세후투자수익률은 약 4.21%로 목표수익률 달성을 위해서는 주식형자산의 비중을 높일 필요가 있다.
③ 포트폴리오의 세후투자수익률은 약 4.93%로 현재의 포트폴리오를 유지하는 것이 바람직하다.
④ 포트폴리오의 세후투자수익률은 약 5.10%로 현재의 포트폴리오를 유지하는 것이 바람직하다.
⑤ 포트폴리오의 세후투자수익률은 약 5.53%로 주식형자산의 비중을 낮추어 투자위험관리를 하는 것이 바람직하다.

정답 | ④
해설 | • 평가금액 합계 : 17,340 + 6,582 + 24,335 + 12,813 = 61,070천원
- 포트폴리오의 후기대수익률 : $[(17,340 \times 0.02) + (6,582 \times 0.025) + (24,335 \times 0.07) + (12,813 \times 0.07)] \div 61,070 = 5.10\%$

14 김동관씨는 작년에 매도한 A회사의 주식이 최근 가격이 하락함에 따라 저평가 구간이라고 판단하여 재매수 할지에 대하여 고민 중에 있다. A회사의 주가수익비율(PER)과 주가수익비율을 고려한 A주식의 적정 가치로 적절하게 연결된 것은?

- A주식의 올해 주당순이익 추정 금액 : 1,000원
- 자기자본이익률(ROE) : 10%
- A주식 투자에 대한 요구수익률 : 8.0%
- 배당성향 : 60%

	주가수익비율(PER)	주식의 적정가치
①	10배	10,000원
②	15배	15,000원
③	16.67배	16,666원
④	20배	20,000원
⑤	24배	24,000원

정답 | ②

해설 |
- 잠재성장률(g) = ROE × 내부유보율 = ROE × (1 − 배당성향) = 10% × 40% = 4%
- 적정PER : $\frac{배당성향}{k-g} = \frac{0.6}{0.08-0.04} = 15$배
- 적정 주가 : EPS1 × 적정 PER = 1,000 × 15 = 15천원

15 투자자산 배분을 다음과 같이 재조정하였을 경우 95.45%의 확률로 1년 후 실제 수익률이 나타날 수 있는 범위를 적절하게 표시한 것을 고르시오. (단, 수익률 분포는 정규분포를 가정한다.)

자산	투자비중	세후기대수익률	수익률 표준편차
현금	15%	1.50%	0.00%
채권	40%	3.00%	1.50%
주식	45%	8.00%	20.00%

*현금자산은 무위험자산으로 운용, 채권과 주식의 상관계수는 0.2

① −4.05%~14.10% ② −4.12%~14.17%
③ −4.58%~14.63% ④ −13.25%~23.30%
⑤ −14.18%~24.23%

정답 | ④
해설 | • 포트폴리오 기대수익률 : 0.15×1.5%+0.4×3%+0.45×8%=5.025%
• 포트폴리오 위험(표준편차) : $\sqrt{(0.4\times0.015)^2+(0.45\times0.2)^2+2\times0.4\times0.015\times0.45\times0.2\times0.2}$ =9.14%
• 발생확률 95.45% 가정 시 수익률의 범위 값은 [기대수익률±2σ(표준편차)]의 구간을 나타내므로 5.025% ±9.14%×2인[−13.25%~23.30%]의 범위

16 현재 투자하고 있는 거치식 주식혼합형펀드의 위험조정 성과평가 내용으로 가장 적절한 것을 고르시오.

- 펀드 실현수익률 : 10%
- 펀드베타 : 1.1
- 펀드수익률 표준편차 : 15%
- 벤치마크수익률 : 8%
- 추적오차(Tracking Error)의 표준편차 : 2%
- 무위험이자율 : 1.5%

	젠센알파	샤프척도	트레이너척도	정보비율
①	1.35%	0.0773	0.5667	0.5
②	1.00%	0.0773	0.5667	1
③	1.35%	0.5667	0.0773	1
④	1.00%	0.5667	0.0773	0.5
⑤	1.35%	0.5667	0.0773	0.857

정답 | ③
해설 | • 젠센알파 : 1.35%
  − 요구수익률(k)=1.5%+1.1(8%−1.5%)=8.65%
  − 젠센알파 : 10%−8.65%=1.35%
• 샤프척도= $\dfrac{(10.0-1.5)}{15}$ =0.5667
• 트레이너척도= $\dfrac{(10.0\%-1.5\%)}{1.1}$ =0.0773
• 정보비율= $\dfrac{(10.0-8.0)}{2.0}$ =1

17 김동관씨의 연말정산에 대한 설명으로 가장 적절한 것은?

① 김동관은 계모인 모친에 대해 인적공제를 받을 수 없다.
② 김동관은 인적공제 중 추가공제로 3,000천원을 공제받을 수 있다.
③ 김동관이 연 1,000천원을 지출한 김민혁의 수학학원비는 교육비세액공제대상 교육비에 해당한다.
④ 김동관의 부양가족 중 장애인이 있으므로 보험료세액공제로 240천원을 공제받을 수 있다.
⑤ 김동관이 납입하는 변액연금보험의 보험료는 일정 요건 충족시 연금계좌세액공제 대상이 된다.

정답 | ②
해설 | ① 부친이 계모에 대한 배우자공제를 받지 않는 경우에는 계모도 인적공제 대상이 될 수 있음
② 경로자공제(김종현) 1,000천원 + 장애인공제(김준승) 2,000천원
③ 학원비의 교육비세액공제는 취학전아동에 한해서만 예외적으로 가능함
④ 부양가족 중 장애인이 있더라도 장애인보험을 가입하고 있지 않으므로 보험료 세액공제는 120천원(1,000천원×12%)을 공제받을 수 있음
⑤ 연금저축과 퇴직연금계좌에 납입한 금액이 없으며, 변액연금보험 납입액은 연금계좌세액공제대상이 아니므로 연금계좌세액공제는 적용받지 못함

18 김동관씨 부부의 보험 관련 세금에 대한 설명으로 가장 적절한 것은?

① 박현진이 가입한 종신보험의 보험료를 김동관이 납입하는 경우에는 납입한 시점에 보험료를 증여한 것으로 본다.
② 박현진이 가입한 종신보험의 보험료를 김동관이 납입하다가 김동관이 사망하여 수령한 보험금은 상속재산에 해당하지 않는다.
③ 박현진이 가입한 종신보험의 보험료 총액 중 50%를 김종현이 납부하고 나머지를 박현진이 납부하다가 김동관의 사망으로 200,000천원의 사망보험금을 수령하는 경우의 증여재산가액은 100,000천원이다.
④ 박현진이 암으로 사망 시 암보험에서 지급되는 사망보험금은 박현진의 상속재산에 포함된다.
⑤ 김동관이 납부하고 있는 자동차보험에서 보험사고로 수령한 보험금은 기타소득으로 보아 소득세가 과세된다.

정답 | ③
해설 | ① 보험사고(만기보험금 포함)시점에 보험료를 증여한 것으로 봄
② 실제 보험료 납부자가 김동관이므로 상속재산에 해당
③ 증여재산가액 : 200,000×50% = 100,000천원
④ 보험료 납부자가 김동관이므로 지급되는 사망보험금은 상속재산에 해당하지 않음
⑤ 사고로 수령한 보험금은 소득세가 과세되지 않음

19 김동관씨가 박현진에게 올해 3월 7일에 소유하고 있는 아파트 지분의 50%를 증여할 경우 증여세 납부세액과 취득세(부가세포함)로 적절하게 연결된 것은?(단, 증여 당시 시가로는 매매사례가액으로 420,000천원이 있다.)

	증여세 납부세액	취득세
①	0원	8,400천원
②	29,760천원	8,400천원
③	32,000천원	8,400천원
④	0원	7,200천원
⑤	29,760천원	7,200천원

정답 | ①
해설 | • 증여세 : 증여재산가액 210,000천원(=420,000×50%)보다 배우자에 대한 증여재산공제액 600,000천원이 크므로 증여세는 과세되지 않음
• 취득세 : 증여 당시 시가인정액×4%=420,000×50%×4%=8,400천원

20 김종현씨의 사전증여 및 유증 관련 세금에 대한 설명으로 가장 적절한 것은?

① 김종현이 상가A를 김민혁에게 증여할 경우 증여세 계산 시 30%의 할증세율이 적용된다.
② 김종현이 상가B를 장애인 손자 김준승에게 증여할 경우 증여재산공제로 5천만원을 받을 수 있다.
③ 김종현이 아파트B를 이숙희의 자녀에게 유증하기로 한 상태에서 갑자기 사망한 경우에는 그 유증에 대해서는 할증세액이 적용된다.
④ 김종현이 김종관에게 현금 1억원을 증여할 경우 증여세 산출세액은 10,000천원이다.
⑤ 김종현이 김동관에게 현금 5억원을 증여할 경우 증여세 과세표준은 450,000천원이다.

정답 | ①
해설 | ① 세대생략증여에 해당하나 증여재산가액이 2,000,000천원을 초과하지 않으므로 증여세 계산 시 할증세율은 30% 적용함. 만일 수증자가 미성년자인 경우로서 증여재산가액이 20억원을 초과하는 경우 증여세 할증세율 40%를 적용함
② 김준승은 미성년자이므로 증여재산공제는 2천만원이 적용됨
③ 이숙희의 자녀는 직계비속에 해당하지 않으므로 세대생략에 따른 할증세액이 적용되지 않음
④ 증여세 산출세액 : (100,000-50,000)×10%=5,000천원
⑤ 증여세 과세표준 : (500,000+100,000)-50,000=550,000천원

CHAPTER 04 종합사례 IV

※ 근로소득자인 한수진씨는 이혼한 남편 사이에 한 장애인인 자녀를 두고 있으며 부친과 이혼한 모친과 함께 살고 있다. 한수진씨는 요즘 자녀에 대한 부양대책과 본인의 은퇴준비, 부친의 재산상속에 대한 대비 등에 대한 고민이 심해 올해 1월 초 지인의 소개로 CFP® 자격인증자에게 상담을 의뢰하였다.

I. 고객정보

- 동거가족
  - 한수진(47세) : 본인, 중견기업 차장으로 연봉 72,000천원
  - 김연철(15세) : 아들(장애인), 특수학교 재학
  - 유정희(75세) : 모친, 전업주부
- 부모 및 형제자매
  - 한철수(77세) : 부친, 유정희와 이혼하고 전미자와 재혼하여 전미자와 함께 본인 소유주택에서 거주하고 있음
  - 전미자(68세) : 계모, 전남편 최종국과 사이에 딸 최아람(34세, 미혼)이 있음
  - 한진기(31세) : 동생(부친과 계모 사이의 자녀), 직업군인
- 주거상황
  - 12년 전 이혼한 한수진씨는 친모(유정희) 및 자녀와 함께 아파트A에서 거주하고 있음

II. 고객 재무목표

1. 장애인 자녀인 김연철에 대한 부양대책 마련
   - 한수진은 자녀 김연철의 나이 30세부터 80세까지 필요한 부양비를 미리 마련하기를 희망하고 있으며, 부양비는 매년 초에 현재물가기준으로 18,000천원이 필요하고 매년 물가상승률로 증가됨

2. 한수진의 은퇴생활을 위한 은퇴설계
   - 은퇴시 연간 필요소득(현재물가기준)

(단위 : 천원)

구분	필요기간	연간 필요소득
은퇴생활비	한수진씨 은퇴기간(65세부터 35년간)	30,000
간병비	사망 전 3년간	20,000

- 한수진 나이 60세에 퇴직할 예정이며, 퇴직 시 직장에서 가입하고 있는 확정급여형 퇴직연금의 일시금 평가액(세후)은 95,420천원임
- 은퇴필요소득, 간병비용, 국민연금은 매년 초에 발생되며 매년 물가상승률만큼 증가함
- 은퇴자산의 세후투자수익률은 연 5.0%임
- 부채잔액은 은퇴 전에 모두 상환하는 것으로 가정함

3. 기타 재무목표
   - 한수진의 조기사망에 대비한 보험설계
   - 부친의 재산상속에 대한 대안 마련
   - 금융자산 포트폴리오의 구성과 절세 대안 마련

Ⅲ. 재무정보(2024년 12월 31일 현재)

1. 현금성 및 저축성 자산

(단위 : 천원)

구분	명의	가입일	만기일	월납입액	평가금액	자금용도
보통예금	한수진	2001.1.	-	-	1,480	-
MMF	한수진	2020.1.	-	-	6,000	-
정기적금	한수진	2022.6.	2025.6.	300	9,270	친모의료비
합계				300	16,750	

*평가금액은 상시 인출 가능하며 인출 관련 수수료 및 세금은 없음(이하 동일)

2. 투자자산

(단위 : 천원)

구분	명의	가입일	월납입액	투자원금	평가금액	세후투자수익률(연)	자금용도
적립식 채권형펀드	한수진	2020.1.	400	24,000	26,550	4.0%	자녀부양자금
적립식 주식형펀드	한수진	2020.1.	600	36,000	42,960	7.0%	창업자금
합계			1,000	60,000	69,510		

3. 연금자산

(단위 : 천원)

구분	명의	가입일	납입기간	월납입액	투자원금	평가금액
변액연금보험	한수진	2017.6.	20년납	200	18,200	20,170

*한수진 나이 60세부터 매년 초에 3,000천원의 종신연금이 지급되며, 연금지급개시 전 피보험자 사망 시 사망보험금 10,000천원과 사망시점의 해약환급금이 지급됨

4. 사용자산

(단위 : 천원)

구분	명의	취득일	취득 당시 기준시가/취득원가	현재 기준시가/적정시세	비고
아파트A	한수진	2018.6.	200,000/250,000	320,000/400,000	전용면적 85m²

5. 보장성보험
   (1) 생명보험

구분	실손의료비보험A[1]	실손의료비보험B[1]	실버보험[2]
계약자	한수진	한수진	한수진
피보험자	한수진	유정희	유정희
수익자	한수진	한수진	유정희
보험가입금액	50,000천원	50,000천원	10,000천원
계약일	2023.1.5.	2023.1.5.	2024.10.5.
만기일	100세	100세	86세
월납보험료	24천원	27천원	32천원
해약환급금	–	–	–
보험료납입기간	100세납	100세납	10년납

   1) 1년 단위 갱신형임
   2) 무심사보험으로 일반사망 시 주계약에서 10,000천원, 재해사망특약에서 20,000천원의 사망보험금이 지급되며, 5년 단위 갱신형임

   (2) 자동차보험

피보험자(소유자)		한수진
계약일~만기일		2024.1.31.~2025.1.31.
보험가입금액	대인 I	자배법 시행령에서 정한 금액
	대인 II	무한
	대물	1사고당 200,000천원
	자기신체사고	1인당 20,000천원
	무보험자동차상해	1인당 최고 200,000천원
	자기차량손해	자기부담금 : 자기차량 손해액의 20% (최저 200천원~최고 500천원)
	특약	가족한정운전특약
보험료		연간 650천원

   (3) 주택화재보험

계약자/피보험자	한수진
계약일~만기일	2024.12.1.~2025.12.1.
보험가입금액	건물 : 100,000천원, 가재도구 : 30,000천원
보험료	연간 10천원

6. 공적연금

구분	가입자	가입일	연금개시연령	연간 연금액(현재물가기준)
국민연금	한수진	2001.1.~현재	65세	10,000천원

Ⅳ. 부모 자산현황

1. 금융자산
- 한철수 명의의 정기예금 : 300,000천원
  - 한철수는 정기예금 전액을 장애인인 손자 김연철의 부양비로 한수진에게 증여할 예정임

2. 부동산자산

(단위 : 천원)

구분	명의	취득일	취득 당시 기준시가/취득원가	현재 기준시가/적정시세	비고
주택B	한철수	2002.4.	40,000/85,000	150,000/200,000	재혼 후 전미자와 줄곧 같이 거주하였음

3. 부친의 증여 현황

수증자	증여일	증여재산	증여재산가액	비고
딸 한수진	2018.6.30.	현금	200,000천원	주택구입자금

Ⅴ. 재무제표

- 재무상태표(2024년 12월 31일 현재)

(단위 : 천원)

자산				부채 및 순자산			
	항목	금액	명의		항목	금액	명의
금융 자산	현금성자산			유동 부채	신용카드 잔액	2,650	한수진
	보통예금	1,480	한수진				
	MMF	6,000	한수진	비유동 부채	자동차할부 잔액[1]	( )	한수진
	저축성자산				–	–	–
	정기적금	9,270	한수진		총부채	( )	
	투자자산						
	적립식 주식형펀드	42,960	한수진				
	적립식 채권형펀드	26,550	한수진				
	변액연금보험	20,170	한수진				
	금융자산 총액	106,430					
부동산 자산		–	–				
	부동산자산 총액	–					
사용 자산	거주 부동산	400,000	한수진				
	자동차	32,500	한수진				
	기타 사용자산	6,000	한수진				
	사용자산 총액	438,500					
기타 자산		–					
	기타자산 총액	–					
총자산		544,930		순자산		( )	

[1] 올해 1월 31일에 중형 승용차를 매각하고 중대형 승용차를 구입하면서 10,000천원의 할부금융 이용. 할부조건은 대출이율 연 7.5% 월복리로 36개월간 매월 말 원리금균등상환(현재 11회차 상환하였음)

• 월간 현금흐름표(2024년 12월)

(단위 : 천원)

구분	항목	금액
Ⅰ. 수입[1]		4,800
Ⅱ. 변동지출	본인 용돈	(500)
	부모님 용돈	(500)
	자녀(보육비, 사교육비 등)	(1,000)
	기타생활비(의식주, 공과금 등)	(905)
	변동지출 총액	**(2,905)**
Ⅲ. 고정지출	보장성보험료 등[2]	(83)
	자동차할부금 이자	(47)
	고정지출 총액	**(130)**
저축 여력(Ⅰ-Ⅱ-Ⅲ)		1,765
Ⅳ. 저축·투자액	대출상환원금	(265)
	정기적금	(300)
	적립식 채권형펀드	(400)
	적립식 주식형펀드	(600)
	변액연금보험	(200)
	저축·투자액 총액	**(1,765)**
추가저축 여력(순현금흐름)(Ⅰ-Ⅱ-Ⅲ-Ⅳ)		0

1) 순수입
2) 실손의료비보험A, B 및 실버보험의 보험료

Ⅵ. 분석을 위한 가정

- 물가상승률 : 연 2.0%
- 금융자산에 대한 세후투자수익률 : 연 5.0%
  - 현금성 및 저축성 자산 : 보통예금 연 0.1%, MMF 연 1.5%, 정기적금 연 2.5%
  - 투자자산 : 적립식 채권형펀드 연 4.0%, 적립식 주식형펀드 연 6.0%
  - 연금자산 : 변액연금보험 연 5.0%

01 한수진씨의 개인재무제표 분석을 통해 CFP® 자격인증자가 제안한 적절한 내용으로 모두 묶인 것은?

> 가. 가계수지상태지표는 63.23%로 양호하다.
> 나. 비상예비자금의 크기를 4개월의 고정 및 변동지출에 해당하는 금액이 적당하다고 여겨진다면 비상예비자금지표는 월평균지출의 4.15배로 4배 이상을 충족하고 있으므로 추가적인 비상예비자금 확보는 필요 없다.
> 다. 총부채가 9,829천원이므로 총부채부담지표 1.8%는 가이드라인 기준으로 양호한 상태이다.

① 다
② 가, 나
③ 가, 다
④ 나, 다
⑤ 가, 나, 다

정답 | ③

해설 | 가. 가계수지상태지표 : $\dfrac{월총지출}{월순수입} = \dfrac{(2,905+130)}{4,800} = \dfrac{3,035}{4,800} = 63.23\%$

나. 현금성자산 : 보통예금 1,480 + MMF 6,000 = 7,480천원

- 비상예비자금지표 : $\dfrac{현금성자산}{월총지출} = \dfrac{7,480}{3,035} = 2.4646$배(비상예비자금이 부족함)

다. 자동차할부금잔액(11회차 상환시점) : 7,179천원
PV : 10,000, N : 36, I/Y : 7.5÷12, PMT(E)? 311천원
AMORT, P1 : 1, P2 : 11, BAL? 7,179천원

- 총부채 : 신용카드 잔액 2,650 + 7,179 = 9,829천원
- 총부채부담지표 : $\dfrac{9,829}{544,930} = 1.8\%$

02 한수진씨가 김연철의 부양비 마련을 위해서 부족한 자금과 부족분을 해결하기 위한 현재시점에서의 추가저축금액이 적절하게 연결된 것은?

- 부양을 위한 준비자산
  - 적립식 채권형펀드는 세후 연 4.0%로 매월 초 400천원씩 퇴직 직전까지 13년간 투자
  - 한철수로부터의 예상되는 증여는 반영하지 않음
- 부양기간 중 부양자금의 세후투자수익률은 연 5.0%임
- 추가저축은 세후 연 5.0%로 매년 초 정액으로 퇴직 직전까지 13년간 저축

	현재시점 부족자금	추가저축금액
①	236,610천원	24,000천원
②	236,610천원	25,020천원
③	246,707천원	25,020천원
④	491,895천원	24,000천원
⑤	512,886천원	25,020천원

정답 | ③

해설 |
- 준비자산 평가액(김연철 나이 30세 시점) : 135,995천원
  PV : 26,550, PMT(B) : 40, N : 13×12=156, I/Y : 0.3274, FV? 125,735천원×1.04^2=135,995천원
  (ICONV, EFF : 4, C/Y : 12, NOM? 연 3.9285% 월복리÷12 = 월 0.3274%)
- 부양비 일시금(김연철 나이 30세 시점) : 648,882천원
  PMT(B) : 18,000, N : 50, I/Y : (5−2)÷1.02, PV? 482,129천원 가치×1.02^{15}=648,882천원
- 김연철 나이 30세 시점에서의 부양비 부족금액 : 648,882−135,995=512,886천원
- 부족자금 마련을 위해 필요한 오늘일시금 : 512,886÷1.05^{15}=246,707천원
- 부족자금 마련을 위한 추가저축금액 : 연 25,013천원
  PV : 246,707, N : 13, I/Y : 5, PMT(B)? 25,013천원

03 한수진씨의 보험 관련 정보를 분석한 결과로 적절하지 않은 것은?

① 현재 시점에서 유동자산으로 분류할 수 있는 생명보험의 사망보험금은 30,170천원이다.
② 한수진은 변액연금보험을 제외한 의료실비보험, 실버보험, 주택화재보험, 자동차보험 등에 납입한 보험료에 대해 연말정산 시 100만원 한도 내에서 보장성보험료 세액공제를 받을 수 있다.
③ 한수진 본인의 고의 또는 중과실로 인해 화재가 발생할 경우 주택화재보험에서 보험금을 지급받을 수 없다.
④ 한수진의 소득세와 생명보험료 및 용돈이 연간 24,000천원, 소득기간을 59세 말까지, 할인율을 5%라고 가정하면 한수진이 현재시점에서 사망하는 경우 생애가치법에 의해 추가적인 생명보험 필요보장액은 450,892천원이다.
⑤ 자동차종합보험에 가입한 경우 교통사고와 관련된 배상문제는 보험사가 처리해주지만 사망사고나 12대 중과실사고, 중상해사고인 경우에는 보험처리와는 관계없이 형사처벌을 받을 수 있다.

정답 | ④
해설 | ④ 부양비 : 72,000 − 24,000 = 48,000천원
  • 생애가치법에 의한 생명보험 필요보장액
   PMT(E) : 48,000, N : 13, I/Y : 5, PV? 450,892천원
  • 추가적인 생명보험 필요보장액 : 450,892 − 30,170 = 420,722천원

04 한수진씨의 아파트에서 친모인 유정희가 요리를 하던 중 과실로 화재가 발생하여 30,000천원의 건물 재산손해와 15,000천원의 가재도구 재산손해가 발생하였다. 건물 및 가재도구의 보험가액이 각각 200,000천원, 50,000천원일 경우 주택화재보험에서 지급받을 수 있는 보험금에 대한 설명으로 적절하지 않은 것은?

① 친모 유정희의 과실로 인한 화재손해이므로 보험금이 지급된다.
② 지급보험금 계산 시 보험가액은 주택화재보험 가입시점에서 평가한 금액이다.
③ 건물분 재산손해액에 대한 보험금은 18,750천원이다.
④ 가재도구의 재산손해액에 대한 보험금은 11,250천원이다.
⑤ 화재로 발생된 비용손해(기타협력비용 제외)가 있다면 보험가입금액이 보험가액의 80% 미만이므로 재산손해와 마찬가지로 비례보상이 된다.

정답 | ②
해설 | ② 가입한 목적물을 사고시점에서 가치를 평가하고 그 평가금액이 보험가액이 됨
  ③ 건물분 지급보험금 : 손해액 × $\frac{보험가입금액}{(보험가액 \times 80\%)}$ = 30,000 × $\frac{100,000}{(200,000 \times 80\%)}$ = 18,750천원
  ④ 가재도구 지급보험금 : 15,000 × $\frac{30,000}{(50,000 \times 80\%)}$ = 11,250천원

05 한수진씨가 아래와 같은 자동차 사고로 사망시 가해자가 가입한 자동차보험에서 지급되는 사망보험금으로 가장 적절한 것은?

- 사망자 : 한수진(1978년 3월 15일생)
- 사고일(사망일) : 2025년 1월 7일
- 과실관계 : 사망자 과실비율 20%
- 한수진씨 월소득은 6,000천원, 직업정년은 65세임
- 취업가능월수(218개월)에 대한 호프만계수 : 154.8575, 라이프니쯔 계수 : 143.0502
- 가해차량은 책임보험과 보상한도가 무한인 대인배상Ⅱ 담보에 가입되어 있음

① 525,761천원 ② 563,544천원
③ 572,201천원 ④ 619,430천원
⑤ 657,201천원

정답 | ②
해설 | • 상실수익액 : 6,000×2/3×154.8575 = 619,430천원
    • 과실비율 적용 전 사망보험금 : 장례비 5,000 + 위자료 80,000 + 상실수익액 619,430 = 704,430천원
    • 과실비율 적용 후 사망보험금 : 704,430×80% = 563,544천원

06 한수진씨의 노후준비와 관련된 설명으로 가장 적절한 것은?

① 60세부터 조기노령연금을 수령하면 현재물가기준으로 연간 6,000천원을 연금으로 받는다.
② 노령연금 지급의 연기 신청은 연금지급개시 전까지 하여야 한다.
③ 60세에 퇴직할 때 퇴직연금 적립금은 금액의 크기에 상관없이 의무적으로 IRP로 이체한 다음 연금으로 수령해야 한다.
④ 지금 한수진이 사망하면 친모인 유정희가 국민연금의 유족연금을 수령하게 된다.
⑤ 퇴직급여를 IRP로 이전하여 운용하고 연금수령 할 경우 이연퇴직소득에 대해서는 다른 소득과 합산과세하지 않는다.

정답 | ⑤
해설 | ① 60세부터 조기노령연금을 수령하면 30% 감액되므로, 60세부터 현재물가기준으로 연간 7,000천원을 연금으로 수령함
    ② 노령연금 수급자가 희망하는 경우 연금 수급권을 취득한 이후부터 최대 5년의 기간 동안 연금액의 전부 또는 일부에 대해 지급의 연기를 신청할 수 있음
    ③ 퇴직연금 가입자가 퇴직 시 55세 이전(300만원 이상)인 경우에는 IRP에 의무적으로 이전하는 방식으로 지급하여야 하나 55세 이후 퇴직하거나 퇴직급여가 300만원 미만인 경우 퇴직급여를 IRP로 의무이체하지 않아도 됨
    ④ 국민연금의 유족급여는 배우자, 자녀(25세 미만 또는 장애인) 순으로 수급권이 발생하므로 한수진 사망 시 유족급여 수급권은 김연철이 승계하게 됨

07 한수진씨는 노령연금 수령시기를 5년 앞당겨 60세부터 수령하려고 한다. 한수진씨가 100세에 사망한다면 조기노령연금 수령으로 얻는 평가금액의 손익을 현재시점에서 계산한 것으로 가장 적절한 것은?

① 17,000천원~18,000천원 이익
② 16,000천원~17,000천원 이익
③ 동일하다.
④ 16,000천원~17,000천원 손해
⑤ 17,000천원~18,000천원 손해

정답 | ⑤
해설 | • 정상적으로 65세부터 연금을 수령하는 경우 연금액의 가치
  CF0 : 0, C01 : 0, F01 : 17, C02 : 10,000, F02 : 35, I : (5−2)÷1.02, NPV? 132,404천원
• 60세부터 조기노령연금을 수령하는 경우 연금액의 가치(30% 감액)
  CF0 : 0, C01 : 0, F01 : 12, C02 : 7,000, F02 : 40, I : (5−2)÷1.02, NPV? 115,361천원
• 차액 115,361 − 132,404 = −17,044천원

08 한수진씨는 은퇴 전에 변액연금보험에서 지급되는 연금은 재투자(세후투자수익률 연 5.0%)하여 은퇴자금으로 사용하고자 한다. 이럴 경우 한수진씨가 은퇴하는 시점에서 추가적으로 필요한 은퇴일시금으로 가장 적절한 것은?

① 341,000천원~354,000천원
② 479,000천원~480,000천원
③ 548,000천원~549,000천원
④ 583,000천원~584,000천원
⑤ 670,000천원~671,000천원

정답 | ②
해설 | • 필요자금 : 670,228천원
  CF0 : 30,000−10,000=20,000, C01 : 20,000, F01 : 31, C02 : 20,000+20,000=40,000, F02 : 3, I : (5−2)÷1.02, NPV? 469,266천원 가치×1.02^{18}=670,228천원
• 준비자금 : 121,783+68,984=190,767천원
  확정급여형 퇴직연금 : 95,420×1.05^5=121,783천원
  변액연금보험(65세 시점 평가액) : 68,984천원
  PMT(B) : 3,000, N : 40, I/Y : 5, PV? 54,051천원×1.05^5=68,984천원
• 65세 시점 부족한 자금 : 필요자금 670,228 − 준비자금 190,767 = 479,461천원

09 한수진씨는 부친 한철수씨로부터 부친이 소유하고 있는 주택B가 속한 지역에 최근 재개발 추진위원회가 설립되었다는 소식을 들었다. 주택재개발과 관련된 내용으로 적절하지 **않은** 것은?

① 재개발구역의 지정고시는 해당 토지의 토지이용계획확인서에 명시되어 있으므로 이를 이용하여 지정 여부를 확인할 수 있다.
② 재개발사업으로 인한 종전 토지평가액의 산정기준은 당해 사업으로 인한 개발이익배제와 현황평가원칙이 적용된다.
③ 종전 토지는 공시지가기준법을 적용하고, 종전 건물은 이전이 어렵거나 이전으로 인하여 건축물을 본래의 용도대로 사용할 수 없는 경우가 일반적이므로 종전 건물의 취득비는 원가법을 적용하여 산정한다.
④ 주택재개발사업의 추진위원회가 조합을 설립하고자 하는 때에는 토지 등 소유자의 1/2 이상 및 전체 토지면적의 1/2 이상의 토지소유자의 동의를 얻어 시장·군수의 인가를 받아야 한다.
⑤ 재개발사업으로 인해 각 조합원이 부담하여야 할 추가부담금은 관리처분계획이 고시되기 이전까지는 확정되는 것이 아니므로 관리처분계획고시 이전에 개략적으로 산정된 추가부담금은 관리처분계획고시 이후 변동될 수 있다.

정답 | ④
해설 | ④ 토지 등 소유자의 3/4 이상 및 전체 토지면적의 1/2 이상의 토지소유자의 동의가 필요

10 한수진씨의 부친 한철수는 최근 재개발과 관련하여 동의할 것인지 여부를 고민 중이다. 최근 재개발추진위원회가 알려온 아래의 내용을 토대로 산정한 추가부담금으로 가장 적절한 것은?

- 재개발에 따른 개략적으로 산정된 분양수입은 80,000,000천원, 사업비용은 50,000,000천원, 종전 자산총액 40,000,000천원
- 종전 자산총액 중 한철수의 종전 토지 평가액은 150,000천원, 종전 건물 평가액은 50,000천원
- 재개발 완료 후 분양아파트의 일반분양자에 대한 매매가는 400,000천원이며 조합원은 일반분양자에 대한 매매가의 90% 금액으로 분양가격이 책정됨

① 0원
② 120,000천원
③ 210,000천원
④ 220,000천원
⑤ 350,000천원

정답 | ③
해설 | • 비례율 : $\frac{(80,000,000 - 50,000,000)}{40,000,000} = 0.75$
• 한철수의 종전 감정평가액 : 150,000 + 50,000 = 200,000천원
• 한철수의 권리가액 : 감정평가액 200,000 × 비례율 0.75 = 150,000천원
• 조합원 분양가 : 400,000 × 0.9 = 360,000천원
• 조합원 분담금 : 조합원 분양가 360,000 − 권리가액 150,000 = 210,000천원

11 한수진씨의 부친 한철수는 최근 조합원과 재개발추진위원회의 분쟁으로 재개발추진위원회가 해산할 수도 있다는 이야기를 전해 들었다. 만약 추진위원회가 해산하고 재개발구역에서 해제될 경우 부동산개발업자에게 주택을 매도할 생각이다. 한철수가 부동산개발업자에게 요구할 수 있는 주택의 최대 매매가로 가장 적절한 것은?

> • 한철수의 노후주택 매입 후 건물을 멸실하고 다가구주택 10가구를 신축할 경우 기존건물 철거비용 30,000천원, 건물신축을 위한 직접공사비 400,000천원, 간접공사비 100,000천원이며 철거 후 고철수입은 약 10,000천원 예상
> • 다가구주택 10가구를 신축할 경우 가구당 보증금은 10,000천원, 월임대료 500천원이며 공실 및 대손충당금은 가능총수익의 5%, 운영경비는 유효총수익의 6%, 종합환원율은 7%, 보증금 운용이율 5%임

① 약 207,000천원 ② 약 309,000천원
③ 약 400,000천원 ④ 약 410,000천원
⑤ 약 510,000천원

정답 | ②
해설 | • 노후건물 매입가를 제외한 원가가치 : 30,000 − 10,000 + 400,000 + 100,000 = 520,000천원
• 연간 임대료 : 500 × 12개월 × 10가구 = 60,000천원
• 보증금 운용이익 : 10,000 × 5% × 10가구 = 5,000천원
• 가능총수익 : 연간 임대료 60,000 + 보증금 운용이익 5,000 = 65,000천원
• 유효총수익 : 65,000 × 95% = 61,750천원
• 순영업수익 : 61,750 × 94% = 58,045천원
• 수익가치 : $\dfrac{58,045}{0.07}$ = 829,214천원
• 노후주택의 최대 매입가 : 829,214 − 520,000 = 309,214천원

12 한수진씨는 지인에게 소개받은 A주식회사 보통주 주식의 매수를 고려하고 있으며 CFP® 자격인증자에게 해당 주식에 대하여 분석을 요청하였다. 다음과 같은 정보를 가지고 분석한 A주식회사의 적정 주식가치로 가장 적절한 것은?

- A주식회사의 금년 말 주당순이익 예상액 : 1,000원
- A주식회사의 금년 말 주당배당금 예상액 : 400원
- 자기자본순이익률(ROE) : 10%
- A주식회사 주식의 베타계수 : 1.2
- 무위험이자율 : 3%
- 주식시장의 기대수익률 : 8%

① 10,000원
② 12,000원
③ 13,333원
④ 15,000원
⑤ 16,666원

정답 | ③

해설 |
- 배당성향 : $\frac{400}{1,000} = 0.4$
- g(성장률) : RR×ROE = (1-배당성향)×ROE = (1-0.4)×10% = 0.6×10% = 6%
- k(요구수익률) : R_f + 베타×($R_m - R_f$) = 3% + 1.2×(8% - 3%) = 9%
- $V = \frac{D_1}{(k-g)} = \frac{400}{(0.09-0.06)} = 13,333$원

13 다음은 한수진씨가 가입한 변액연금의 특별계정펀드를 검토한 결과이다. 각 펀드의 성과평가에 대한 적절한 설명으로 모두 묶인 것은?

펀드명	실현수익률	베타	표준편차	벤치마크 수익률	Tracking Error 표준편차
A가치형펀드	6.30%	0.9	11.0%	7.2%	1.00%
B성장형펀드	8.42%	1.1	15.0%	8.5%	2.00%
C인덱스펀드	6.27%	1.0	13.0%	6.0%	0.30%

※ 무위험이자율은 연 3.0% 가정

가. A가치형펀드의 경우 젠센알파가 −0.63%로 CFP® 자격인증자의 자산배분능력이 떨어지는 것으로 분석된다.
나. 총위험 대비 성과가 좋은 펀드는 C인덱스펀드이다.
다. 강세장이 예상되면 B성장형펀드를 선택하는 것이 성과가 좋을 것이다.
라. 체계적인 위험 대비 성과가 좋은 펀드는 B성장형펀드이다.
마. 정보비율이 높을수록 성과가 좋은 펀드이며 C인덱스펀드가 우수하다.

① 나, 마
② 가, 나, 라
③ 다, 라, 마
④ 가, 다, 라, 마
⑤ 나, 다, 라, 마

정답 | ③

해설 | 가. 젠센알파 값은 CFP® 자격인증자의 자산배분능력이 아닌 펀드매니저의 종목선택능력을 나타낸다.
- A가치형펀드의 요구수익률 : 3% + 0.9 × (7.2% − 3%) = 6.78%
- A가치형펀드의 젠센알파 : 6.3% − 6.78% = −0.48%

나. 총위험 대비 성과(샤프척도)가 좋은 펀드는 B성장형펀드이다.

	샤프척도	트레이너척도	정보비율
A	$\frac{(6.3\% - 3\%)}{11\%} = 0.3$	$\frac{(6.3\% - 3\%)}{0.9} = 0.0367$	$\frac{(6.3\% - 7.2\%)}{1\%} = -0.9$
B	$\frac{(8.42\% - 3\%)}{15\%} = 0.3613$	$\frac{(8.42\% - 3\%)}{1.1} = 0.0493$	$\frac{(8.42\% - 8.5\%)}{2\%} = -0.04$
C	$\frac{(6.27\% - 3\%)}{13\%} = 0.2515$	$\frac{(6.27\% - 3\%)}{1.0} = 0.0327$	$\frac{(6.27\% - 6.0\%)}{0.3\%} = +0.9$

14 한수진씨는 CFP® 자격인증자와 상담을 통해 전략적 자산배분으로 주식 40%, 채권 50%, 현금 10%로 배분하기로 하였다. 그러나 1년간 주식시장이 하락할 것으로 예상되어 현금자산과 채권의 비중을 늘리고 주식자산 비중을 줄이는 전술적 자산배분을 실시하였다. 1년이 지난 후 성과평가의 분석내용으로 가장 적절한 것은?

구분	주식	채권	현금자산	총수익률
벤치마크	코스피지수	채권종합지수	CD수익률	
전략적 자산배분 비중	40%	50%	10%	
전술적 자산배분 비중	20%	60%	20%	
벤치마크 수익률	10%	4%	3%	
실현수익률	8%	6%	3%	
전략적 자산배분 수익률	4.00%	2.00%	0.30%	6.30%
전술적 자산배분 수익률	2.00%	2.40%	0.60%	
실제포트폴리오 수익률	1.60%	3.60%	0.60%	
자산배분효과				
증권선택효과				

① 전술적 자산배분에 의한 총수익률은 전략적 자산배분에 의한 총수익률보다 높게 나타났다.
② 실제포트폴리오 총수익률은 전술적 자산배분에 의한 총수익률보다 낮게 나타났다.
③ 채권부문은 전술적 자산배분효과와 증권선택효과 모두 양수(+)이다.
④ 전술적 자산배분효과는 긍정적으로 평가된다.
⑤ 증권선택효과는 긍정적으로 평가된다.

정답 | ⑤

해설 |

구분	주식	채권	현금자산	총수익률
벤치마크	코스피지수	채권종합지수	CD수익률	
전략적 자산배분 비중	40%	50%	10%	
전술적 자산배분 비중	20%	60%	20%	
벤치마크 수익률	10%	4%	3%	
실현수익률	8%	6%	3%	
전략적 자산배분 수익률	4.00%	2.00%	0.30%	6.30%
전술적 자산배분 수익률	2.00%	2.40%	0.60%	5.0%
실제포트폴리오 수익률	1.60%	3.60%	0.60%	5.8%
자산배분효과	$(0.2-0.4) \times (10\% - 6.3\%) = -0.74\%$	$(0.6-0.5) \times (4\% - 6.3\%) = -0.23\%$	$(0.2-0.1) \times (3\% - 6.3\%) = -0.33\%$	-1.30%
증권선택효과	$0.2 \times (8\% - 10\%) = -0.40\%$	$0.6 \times (6\% - 4\%) = 1.20\%$	$0.2 \times (3\% - 3\%) = 0$	0.80%

15 한수진씨의 금년 귀속 종합소득세 신고와 관련된 세금에 대한 적절한 설명으로 모두 묶인 것은?

> 가. 한수진은 근로소득만 있으므로 과세표준확정신고를 하지 않을 수 있다.
> 나. 한수진이 부친 한철수를 위해 지출한 의료비는 의료시세액공제를 적용받을 수 있다.
> 다. 한수진이 가입한 보장성보험에 대하여 보험료세액공제를 적용받을 수 있다.
> 라. 한수진의 종합소득 과세표준 계산시 인적공제 합계액은 8,500천원이다.
> 마. 만약 한수진이 거주 주택을 자녀 김연철에게 증여한 후 그대로 거주할 경우 한수진의 종합소득 과세표준 계산시 인적공제는 감소하지 않는다.
> 바. 한수진은 소득세 확정신고시 자녀세액공제로 550천원을 적용받을 수 있다.

① 가, 마
② 가, 나, 다, 마
③ 가, 다, 라, 마
④ 나, 다, 라, 마
⑤ 가, 나, 다, 마, 바

정답 | ②
해설 | 라. 기본공제(본인, 자녀, 아버지, 어머니) 4×1,500＋추가공제(경로자 1,000, 장애인 2,000) 3,000＋한부모 1,000 ＝ 10,000천원
　　　바. 기본공제대상자녀(8세 이상)가 1명이므로 250천원의 자녀세액공제 적용

16 투자자산 관련 정보를 참고하여 한수진씨의 소득세에 대한 설명으로 가장 적절한 것은?

① MMF는 초단기예금으로 소득세가 부과되지 않는다.
② 정기적금의 이자수익에 대한 소득세는 매년 은행에서 한수진 이름으로 납부하고 있다.
③ 적립식 채권형펀드의 경우 내년까지 한시적으로 소득세가 비과세된다.
④ 적립식 주식형펀드의 경우 펀드 수익의 원천에 따라 과세 여부를 결정하며 펀드에 편입된 상장주식의 매매차익은 소득세가 비과세된다.
⑤ 한수진은 종합소득세 신고기간에 투자자산에서 발생한 금융소득을 무조건 근로소득과 합산하여 신고해야 한다.

정답 | ④
해설 | ① 채권과 예금 등으로 구성된 펀드로 각 성격에 따라 소득세 과세
　　　② 만기에 일시 납부
　　　③ 비과세 상품이 아님
　　　⑤ 금융소득 2천만원 이상인 경우만 신고대상(세후투자수익률 고려 시 금융소득 종합과세자가 아님)

17 한수진씨는 배우자와 법정이혼을 하면서 자녀 김연철의 단독 친권자로 지정되었다. 한수진씨가 갑자기 교통사고로 사망할 경우 김연철을 대신해서 보험금을 청구할 수 있는 사람에 대한 적절한 설명으로 모두 묶인 것은?

> 가. 단독 친권자가 사망한 경우 다른 친생부모가 자동으로 친권자가 된다.
> 나. 단독 친권자가 사망한 경우 가정법원의 심리를 거쳐 다른 친생부모 대신 제3자를 후견인으로 지정할 수 있다.
> 다. 한수진이 미리 유언으로 김연철의 후견인을 지정할 수 있다.
> 라. 한수진이 김연철의 후견인을 지정할 때 유정희와 한철수 2명을 지정할 수 있다.
> 마. 후견인 지정에 대한 유언의 효력은 유언자의 사망 시부터 효력이 발생한다.

① 가, 나, 다
② 가, 나, 라
③ 가, 나, 마
④ 나, 다, 라
⑤ 나, 다, 마

정답 | ⑤
해설 | 가. 단독 친권자가 사망한 경우 다른 친생부모가 있더라도 가정법원의 심리를 거쳐야만 친권자로 지정됨
　　　라. 미성년 후견인은 1인만 가능

18 한철수씨가 정기예금 300,000천원을 장애인인 손자 김연철의 부양비로 한수진에게 증여하려고 할 경우에 대한 적절한 설명으로 모두 묶인 것은?

> 가. 한철수는 이미 한수진에게 주택구입자금 용도로 2억원을 증여하였기 때문에 추가로 3억원을 증여할 경우 설사 손자 김연철의 부양비 명목이더라도 자칫 유류분 반환청구를 받을 수 있다.
> 나. 유류분 반환청구가 가능하다면 전미자, 한진기, 최아람이 청구할 수 있다.
> 다. 장애인에 대한 치료비, 생활비 등을 이유로 하는 증여는 비과세하므로, 한철수는 증여세 비과세 요건에 맞추어 손자 김연철에게 직접 증여하는 것이 유리하다.
> 라. 유류분 반환청구는 유류분권리자가 상속의 개시 사실과 반환하여야 할 증여 사실을 안 때로부터 2년 내에 행사하여야 한다.
> 마. 유류분 산정 기초재산의 산출방법에서는 상속채무를 공제하지만 특별수익자의 상속분 산정방법에서는 상속채무를 공제하지 않는다.

① 가, 나, 다
② 가, 나, 라
③ 가, 다, 마
④ 나, 다, 라
⑤ 나, 다, 마

정답 | ③
해설 | 나. 최아람은 유류분권자가 아님
　　　라. 1년 내에 행사하여야 함

19 한수진씨가 사망할 경우의 상속권자 및 후견인에 대한 설명으로 적절하지 <u>않은</u> 것은?

① 아들인 김연철이 단독으로 상속받는다.
② 유언으로 김연철의 후견인을 지정한다면 계모의 전남편인 최종국도 가능하다.
③ 친모 유정희와 계모 전미자 중에서는 가정법원의 허가를 받는 사람이 상속권자가 된다.
④ 한수진의 동생 한진기도 경우에 따라 상속권자가 될 수 있으며 유류분을 청구하지는 못한다.
⑤ 계모의 딸 최아람은 어떠한 경우에도 상속권자가 되지 못한다.

정답 | ③
해설 | ③ 계모는 상속권자가 아님

20 만약 한철수씨가 올해 1월 초 사망할 경우 상속세에 대한 설명으로 적절하지 <u>않은</u> 것은?(단, 주택B의 적정 평가액은 200,000천원으로 가정한다.)

① 상속세 과세가액에 한수진에게 2018년 증여한 200,000천원을 합산하여야 한다.
② 상속세 과세가액에 장애인 부양비로 증여 예정인 금액은 차감되므로 정기예금은 200,000천원을 차감한 100,000천원만 합산한다.
③ (기초공제 + 그 밖의 인적공제) 금액이 5억원보다 적으면(기초공제 + 그 밖의 인적공제)를 적용받는 대신 일괄공제 5억원을 적용할 수 있다.
④ 피상속인의 사망으로 인하여 문상객으로부터 받는 부의금은 피상속인에게 귀속되는 재산에 해당하지 않는다.
⑤ 납부할 세액을 구할 때 과세표준에 상속세율을 곱한 금액에서 기존에 납부한 증여세는 차감할 수 있다.

정답 | ②
해설 | ② 증여할 예정인 것을 차감하지는 않음

> [참고] 비과세되는 증여재산으로 장애인과 관련된 조문
> 장애인을 보험금 수령인으로 하는 보험으로서 소득세법 시행령 제107조 제1항 각 호의 어느 하나에 해당하는 자를 수익자로 한 보험의 보험금. 이 경우 비과세되는 보험금은 연간 4천만원을 한도로 한다(상증령 제35조제6항).

토마토패스
CFP® 사례형 핵심정리문제집

저자와의 협의하에 인지 생략

초 판 발 행	2025년 10월 15일
저 자	홍영진, 김인회
발 행 인	정용수
발 행 처	(주)예문아카이브
주 소	경기도 파주시 광인사길 79 4층(문발동)
T E L	031) 955-0550
F A X	031) 955-0660
등 록 번 호	제2016-000240호
정 가	37,000원

- 이 책의 어느 부분도 저작권자나 발행인의 승인 없이 무단 복제하여 이용할 수 없습니다.
- 파본 및 낙장은 구입하신 서점에서 교환하여 드립니다.

홈페이지 http://www.yeamoonedu.com

ISBN 979-11-6386-510-0 [13320]